예수님은 자신이 길이요 "진리"라고 하셨다. 그런데 우리는 '진리'이신 예수님께는 관심이 많지만 '길'이신 예수님께는 그다지 관심을 두지 않는다. 유진 피터슨은 '길'이라는 은유를 탁월하게 풀어내어, 구원이라는 목적을 향해 나아가는 과정, 즉 '방식'이 얼마나 중요한지를 밝히고 예수님의 방식대로 살았던 위대한 인물들의 이야기를 들려준다. 혼란한 시대 속에서 참된 길, 참된 방식을 발견하기 원하는 그리스도인은 반드시 정독하기를 바란다.

— 임영수, 모새골교회 담임목사

깊이 있는 통찰과 영적 지혜를 소유한 유진 피터슨은, 예수님을 우리의 길로 삼는 삶의 방식이 얼마나 단순하고도 절실한 것인지를 잘 보여 준다. 그가 제시하는 삶의 방식은 단순히 스스로 그리스도인이라 고백하거나 성경을 몇 구절 인용하는 수준을 넘어 예수님과 내적으로 연합하여 하나님 나라의 방식대로 사는 것을 말한다. 이러한 삶의 방식은 '예수님처럼' 되지 않으면서도 '예수님을 위해' 어떤 것을 행하는 것과 관련된 모든 생각과 지혜를 철저히 무력화한다. 그분의 길에 헌신하는 것이 진정으로 무엇인지를 보여 주는 탁월한 책이다.

— 달라스 윌라드, 「하나님의 음성」 저자

섬세한 작가인 유진 피터슨은 성경의 구조와 색조, 맥락과 뉘앙스 등을 섬세하게 들여다보며 우리가 예수님의 길을 예수님의 방식대로 걷는 제자로 형성되도록 돕는다. 피터슨은 우리의 실패를 인식하게 하는 동시에 그분의 용서의 충만함을 알게 한다. 그리고 그분을 따르는 길 위에 있는 온갖 장애물을 경고하는 동시에 그분이 얼마나 성실하게 우리를 지키시는지를 보게 한다. 실로 유진 피터슨은 내가 가장 신뢰하는 인도자이자 멘토다.

— 마르바 던, 「안식」 저자

'또 다른 길'을 제시하는 유진 피터슨의 담대하고 용기 있는 주장은 온건하고도 예리한 분별력을 갖추고 있으며, 단선적 개념이 아닌 성경의 내러티브에 근거한 문체를 통해 우리를 대화로 초대한다. 이러한 문체에서도 알 수 있듯이, 이 책이 전달하는 예수님의 길은 결코 형식적이거나 프로그램화될 수 없으며, 외적 강제에 의해 걸어갈 수도 없는 길이다. 예수님의 길을 이야기하는 무수한 책들 중에서도 이 책이 특별히 신선하게 다가오는 이유는, 궁극적 목적으로서의 예수님을 논하는 것을 넘어 그분을 따르는 방식 자체가 얼마나 중요한지를 일깨워 주기 때문이다.

- 로드 윌슨, 리젠트 칼리지 총장

유진 피터슨이 창조해 낸 또 하나의 걸작이다! 지혜와 통찰로 가득한 이 책은, 성경의 역사를 통해 면면히 흘러 왔고 궁극적으로 예수님 안에서 발견되는 수많은 길과 언어들을 탐색하고, 예수님 당시에 만연해 있던 교만의 길과 폭력의 길, 힘의 길을 보여 준다. 피터슨은 모든 장에 걸쳐 현대 교회를 잠식하는 소비주의를 경계하는 동시에, 성령을 새롭게 분별하고 부활하신 그리스도를 따르는 열정을 새로이 하도록 촉구한다.

- 데일 어빈, 뉴욕 신학교 총장

그 누구도 유진 피터슨의 글을 무시하거나 가볍게 읽고 넘어갈 수 없으며, 우리는 피터슨이 성경을 연구하듯 그의 글을 연구해야 한다. 그의 책 「그 길을 걸으라」는 우리로 하여금 성경을 새롭게 읽도록 일깨우고 자극한다. 이 책을 읽는 당신은 '그 길'을 탐험하는 피터슨과 함께 "길이요 진리"이신 예수님을 탐험하고, 예수님과 함께 그분의 길을 예비하였던 구약 인물들의 여정을 따라가게 될 것이다. 그리고 예수님의 길이 당대의 여러 길을 통해 어떻게 형성되고 어떻게 도전받았는지를 놀랍게 발견하게 될 것이다.

- 스캇 맥나이트, 노던 신학교 신약학 교수

그 길을 걸으라

IVP(InterVarsity Press)는
캠퍼스와 세상 속의 하나님 나라 운동을 지향하는
IVF(InterVarsity Christian Fellowship)의 출판부로
생각하는 그리스도인을 위한 문서 운동을 실천합니다.

ⓒ 2007 Eugene H. Peterson
Originally published in English as *The Jesus Way: A Conversation On the Ways That Jesus Is the Way*
by Wm. B. Eerdmans Publishing Co.
Grand Rapids, Michigan, USA.
All rights reserved.

This Korean translation edition ⓒ 2007, 2018 by Korea InterVarsity Press
156-10 Donggyo-ro, Mapo-gu, Seoul 04031, Republic of Korea.

This Korean edition is published
by arrangement of Wm. B. Eerdmans Publishing Co.
through rMaeng2, Seoul, Republic of Korea.

이 한국어판의 저작권은 알맹2를 통하여
Wm. B. Eerdmans Publishing Co.와 독점 계약한 IVP에 있습니다.
신 저작권법에 의하여 한국 내에서 보호받는 저작물이므로
무단 전재와 무단 복제를 금합니다.

그 길을 걸으라

유진 피터슨 | 양혜원 옮김

lvp

예수님의 길을 따르는
이들의 무리에 속한 지혜로운 동반자
마이클과 낸시 크로우 부부에게

차례

감사의 글   11
들어가는 글: 우리의 수단을 정결케 하기   13

제1부 **예수님의 길**

1. 예수님: "나는 길이요…"   47

   은유 | 분별 | 유혹 | 길에 대해 더 생각할 것들

2. 아브라함: 모리아 산을 오르다   85

   믿음 | 희생 | 시험

3. 모세: 모압 평지에 서다   115

   모세와 오경 | 모든 무익한 말들… | 회중의 언어
   "나를 복음으로 주의 동산에 데려다 주소서"

4. 다윗: "내 죄악을 숨기지 아니하였더니"   145

   내러티브 | 기도

5. 엘리야: "너는…그릿 시냇가에 숨고"   185

   아합 | 과부 | 바알 | 여호와 | 나봇 | 아하시야

6. 예루살렘의 이사야: "거룩"   229

   "웃시야 왕이 죽던 해에…" | "주께서 높이 들린 보좌에 앉으셨는데…"
   미디안 그리고 밧모 | "그것을 내 입술에 대며…"
   거룩하신 하나님, 거룩한 그루터기 | 타협할 수 없는 거룩

7. 유배 시절의 이사야
: "산을 넘는 발이 어찌 그리 아름다운가"   269

유배 | 너희 하나님 | 나의 종 | 아름다움

제2부 다른 길들

8. 헤롯의 길   347

예수님과 헤롯 | 바리새인들 | 예수님과 바리새인들
마리아와 함께 기도하며 가는 예수의 길

9. 가야바의 길   389

예수님과 가야바 | 에세네파 | 예수님과 에세네파
도마와 함께 기도하며 가는 예수의 길

10. 요세푸스의 길   429

예수님과 요세푸스 | 열심당 | 예수님과 열심당
부활의 그리스도인들과 함께 기도하며 가는 예수의 길

주   479
부록: 예수님의 길을 분별하는 데 도움을 주는 작가들   493
인명 색인   502
주제 색인   504
성구 색인   522

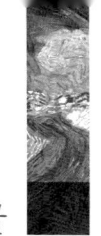

감사의 글

이 책의 여러 부분은 밴쿠버의 리젠트 칼리지와 영국 옥스퍼드 대학의 위클리프 홀 그리고 텍사스에 있는 평신도의 집(Laity Lodge)에서 했던 강의에서 시작되었다. 이 책에서는 상당 부분 수정했지만 "예루살렘의 이사야"는 원래 리젠트 칼리지에서 했던 강의에서 나왔고,「전복적 영성」(Subversive Spirituality)에 실렸던 글이다. 엘리야에 대한 장에 나오는 몇몇 부분은「메시지」(The Message)의 "예언서 개론"에 실린 글이다. 그리고 헤롯, 가야바, 요세푸스에 대한 내용들은 2003년 맥코믹 신학교와 루터 신학교, 2005년 베일러 대학교의 조지 트루엣 신학교 그리고 2005년 위스콘신 주의 크리스천 센추리 포럼에서 강의한 것이다.

나를 격려해 주었고 내 글을 바로잡아 준 많은 이들에게 감사를 전하고 싶다. 존 스타인(John Stine)과 나누었던 15년 간의 대화는 이 책의 거의 모든 행간에 깃들어 있다. 구약 신학자 엘머 조이(Elmer Joy) 박사는 관대하게 자신의 시간을 내어 주의 깊게 내 글을 읽어 주었다. 데이비드 우드(David Wood), 앨런 레이놀즈(Alan Reynolds), 버지니아 스템 오언스(Virginia Stem Owens), 월트 라이트(Walt Wright), 루시 쇼(Luci Shaw), 폴 스티븐스(Paul Stevens), 마르바 던(Marva Dawn), 아서 폴 보어스(Arthur Paul Boers) 그리고 우리 교회 목사인 웨인 프리스(Wayne Pris)가 내게 큰 도움을 주었고, 그 외에도 많은 사람들이 교회와 교실과 가정에서 나를 도와 주었다. 아마도 자신들이 나를 돕고 있는지조차도 모르는 경우가 많았을 것이다. 내 아내 잰(Jan)은 언제나 기도 가운데 내 곁을 지켜 주었다.

마지막으로, 이 책을 마이클과 낸시 크로우 부부에게 바친다. 나는 그들의 삶과 우정에서, 예수님의 길을 가는 자의 지혜로운 분별을 날마다 보게 된다.

들어가는 글: 우리의 수단을 정결케 하기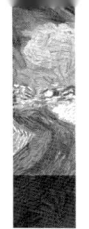

이 책은 유일한 길이 되신 예수님을 따르는 여러 방식과 관련된 영성에 대한 대화다. 예수님이 이 세상을 사랑하고 구원하시는 방식은 인격적이다. 실체가 분명하고, 추상적이지 않으며, 비인격적이지 않다. 예수님의 방식은 육체를 입고 있고, 피와 살이 있으며, 관계적이고, 개별적이고, 구체적 현장이 있다.

반면 내가 사는 북미 문화권에서 사용하는 방식은 매우 비인격적이다. 우리는 프로그램, 조직, 기교, 일반적인 지침, 구체적 현장이 없는 정보 등을 사용한다. 수단과 방법의 문제에 관한 한 개인의 이름보다는 사람의 수가 선호되며, 이데올로기가 진정한 생각을 몰아내고, 추상성이라는 회색 안개가 주변의 친숙한 얼굴과 거리들이 가진 개별성을 덮어 버린다.

스스로 예수님을 따르는 자라고 하면서도 아무런 망설임 없이, 그리고 분명 아무런 생각 없이 이러한 문화의 수단과 방법을 가지고 날마다 "예수님의 이름으로" 살아가는 사람들이 참으로 많은 것을 보고 나는 이 문제에 관심을 가지게 되었다. 우리 문화를 지배하는 방식들은 예수님이 우리를 인도하시는 방식에 무지한 채, 혹은 그에 대한 의도적인 반항으로 발전되어 온 방식들이다. 그 방식들은 우리가 살고 있는 이 세상, 하나님이 창조하시고 구원하시고 복을 주시고 다스리시는 이 세상에서 길을 걷고, 골목을 다니고, 오솔길을 산책하고, 도로에서 운전하는 우리를 인도하시는 예수님의 방식을 몰라서 혹은 그 방식에 대한 의도적인 도전으로 생긴 것이다. 그런데 소위 예수님을 따른다고 하는 사람들이 "이 세상에서 살아간다"는 말을 이 세상의 방식대로 살아간다는 뜻으로 이해하는 것 같다. 그리고 예수님의 방식은 우리 인생에서 따로 구획을 지어 "종교"라는 딱지를 붙여 놓은 영역에서만 소용이 있다고 생각하는 것 같다.

이는 매우 잘못된 생각이고, 잘못된 삶이다. 예수님은 이 세상의 지배적인 방식에 대한 대안이지 보완이 아니다. 인격적으로 행동하거나 말하기 위해서 비인격적인 방법을 사용할 수는 없는 법이다. 따라서 인격성이 전부라고 할 수 있는 복음에 대해서는 말할 것도 없다.

이 방식의 문제, 예수님을 따르면서 이 세상을 살아가는 '방법'의 문제는 인격을 배제한 간단한 공식으로 축소시킬 수 없다.

우리는 감정과 생각, 날씨와 일, 친구와 적, 유혹과 환상, 입법과 선거 등 여러 요소로 구성된 삶을 매우 인격적이고, 상호 관계적이고, 역동적인 방식으로 살아내고 있다. 이러한 요소들은 계속해서 달라지고 언제나 유동적이다. 그리고 그러한 삶의 요소들은 매우 인격적이고 거룩하신 하나님과, 매우 인격적인 (하지만 그다지 거룩하지는 않은!) 우리의 형제자매들과 반드시 연관이 있다.

수단과 방법은 예배와 공동체 안에 있는 우리의 '존재' 전체에 스며들어 있다. 하지만 그 어떤 수단과 방법도 우리가 예수님을 따라가는 이 성경적이고 삼위일체적인 세상, 모든 것을 포괄하는 이 세상과 따로 떼어서, 기능으로만 구분하거나 개념으로 분리할 수 없다. 수단과 방법은 우리의 존재 전체와 우리가 하는 일 전체에 스며들어 있다. 우리가 예수님을 따르는 데 사용하는 '방법들' 중에서 어느 하나라도 예수님 안에 있는 우리의 존재와 상관 없는 것이 있다면(따로 분리된 대상 혹은 역할 모델과 같은 것이 있다면) 그 방법은 예수님을 따르는 '목표'를 손상시킨다. 우리가 사용하는 방법들이, 그토록 오래 전부터 경고를 받아 온 "이 세상과 육신과 마귀의 일"에서 파생되지는 않았는가? 혹은 그 방법들은, 역사와 예전(禮典)을 통해 오랫동안 도제 훈련을 받고 하나님 나라를 살고 예수님을 따르는 우리를 지지하는가?

북미 문화'에 널리 퍼져 있는 수단과 방법의 교육 과정은 어떤 일을 하든 그 분야에서 성공하는 데 도움을 주기 위해 고안되었다. 이러한 수단과 방법의 교육 과정은 우선 기술과 원칙을 가르쳐 주면서 그것이 그 일의 기본이라고 말한다. 그리고 이 말라서 바짝 좁아든 "세상과 육신과 마귀"의 분야에서 원하는 것을 얻어 낼 수 있도록 그러한 기술들을 사용하라고 부추긴다. 물론 이 방법은 아주 놀라운 효과를 발휘한다. 여기서의 '목표'는 '일'을 해내는 것이기 때문이다.

그런데 '사람'의 문제로 오게 되면 이 세상의 방식들은 매우 파괴적이다. 그 방법들은 하나님에 대해 무관심한 세상에서 성공하는 데는 매우 효과적이지만, 예수님의 공동체 안에서, 하나님 나라 안에서 살아가는 데는 효과가 없다. 이 세상에서 살아가는 방식을 익히는 최우선 방침으로서 이러한 교육 과정을 무비판적으로 받아들이게 되면, 우리는 예수님이 그토록 단호하게 거부하신 마귀의 유혹에 순진하게 빠져들고 만다.

우리 시대의 현인과 예언자들은, 순전히 실용적인 이 세상의 수단과 방법은 세례 받은 자들의 공동체를 약하게 만들고 기운을 빼앗는다는 사실을 알려 주기 위해서 곳곳에 경고 문구를 붙여 놓는다. 북미의 모든 수단과 방법은 기본 가정에서부터 전략에 이르기까지 성경이 우리에게 들려주는 풍성한 질감의 내러티브와는 맞지 않는다. 성경은 의의 길을 걷고, 율법의 길을 달려가고, 예수님을 따르는 삶에 대해 이야기한다. 수단과 방법의 문제에 관한 한 이 세상은 '사는 것'의 진정한 의미에 거의 주의를 기울이지 않는다. 정말로 사는 것, 평범한 시간 속에서 영원한 생명을 사는 것에는 별로 관심이 없다. 하나님을 예배하지도 않고, 예수님을 따르지도 않으며, 성령께 말할 기회도 주지 않는다.

이 세상에 맞도록 재단된 수단과 방법으로 훈련받은 사람을 데려다가, 예배하고 복음을 전하고 증거하고 화해시키고 화평하게 하고 정의를 옹호하는 하나님의 백성 가운데에 놓는 것은, 마치 속도에 매료되어 무조건 액셀러레이터만 밟아 대는 능력과 라디오를 조작하는 솜씨만 갖춘 청소년을 최신형 포르쉐 승용차 운전석에 앉혀 놓는 것과 같다.

남다른 선견지명으로 날카롭게 예언자의 목소리를 낸 20세기의 현인 자크 마리탱(Jacques Maritain)은, 기독교 공동체의 일원이 되기로 한 모든 사람에게 "수단을 정결케 하는 일"에 깨어 있고 적극적이 되라고 촉구한다. 그는 이 "수단을 정결케 하는 일"을 매우 긴박한 일로 보았으며, 예수님이 우리를 인도하는 자유를 향해 따라가려면, 그리고 영혼을 상실한 문화의 노예로 전락하고 싶지 않다면, 결코 지체해서는 안 되는 일로 보았다.[2]

미국의 방식

이러한 문제에 분명하게 초점을 맞추는 예수님의 말씀이 있다. "내가 곧 길이요, 진리요, 생명이니"(요 14:6). 예수님의 길이 예수님의 진리와 결합해서 예수님의 생명이 생겨난다. 예수님의 진리를 선포해 놓고는 우리가 원하는 방식대로 아무렇게나 그 진리를 따를 수는 없는 일이다. 역으로 예수님의 진리를 말하지 않고는 예수님의 길을 따를 수 없다.

그러나 진리로서의 예수님이 길로서의 예수님보다 훨씬 더 많은 관심을 받는다. 북미 문화권에서 목사로 50년 간 일하면서 나와 함께했던 그리스도인들이 가장 많이 회피하는 은유가 바로 길이 되신 예수님이다. 예수님이 그토록 분명하게 그리고 명확하게 우리에게 제시하는 그 본문을 보면 길이 제일 먼저 나온다. 예수님을 예배하고 선포하면서 예수님의 진리에 서둘러 도달하려는 마음에 예수님의 길을 건너뛸 수는 없는 일이다. 예수님의 길은 우리가 예수님의 진리를 실천하고 이해하는 방식이다. 가정과 일터에서 친구와 가족과 함께 예수님의 방식을 살아내면서 우리는 예수님의 진리를 실천하고 이해하게 된다.

그리스도인의 회중, 그러니까 우리 동네의 지역 교회는 언제나 이와 같은 예수님의 '길'과 '진리'와 '생명'을 우리가 날마다 오가는 장소에서 우리와 가장 상관이 있는 사람들 사이에서 구현해 내고, 그 사람들로 하여금 그 길과 진리와 생명을 믿게 하는 가장 중요한 장소였다. 물론 교회는 이와 같은 지역 회중보다 더 큰 의미를 지니기도 한다. 여러 세기에 걸쳐서 지속되는 교회 공동체 즉 계속해서 우리에게 영향을 미치고 우리를 가르치는 선조들이 있다. 그리고 세계 전역에 퍼져 있는 교회, 기도와 고난과 사명을 통해서 만나게 되는 공동체들이 있다. 성령의 역사가 미치는 범위와 사례들을 우리가 전혀 알지 못하는 비가시적 교회가 있으며, 승리를 거둔 교회 즉 계속해서 우리를 둘러싸고 있는 "구름같이 둘러싼 허다한 증인들"(히 12:1)이 있다. 그러나 우리가 이 모든 것을 통합하고 실천하는 곳, 우리의 직접적인 상황 속에서, 그리고 우리와 함께 사는 남자와 여자와 아이들 가운데서 그 모든 교회의 양상을 통합하고 실천할 곳은 바로 지역 교회다. 바로 그 곳에서 이 예수님의 말씀은 구체적 '현장'을 가지게 되고 '인격성'을 가지게 된다.

지역 교회는 그리스도의 명령을 듣고 그 명령에 순종하는, 사람들에게 "나를 따르라"고 하신 예수님의 초대를 생각해 보고 그 초대에 응하라고 청하는, 그리고 하나님을 예배하는 장소이자 공동체다. 지역 교회는 세례를 받아 성삼위일체의 정체성을 얻고 "그리스도의 장성한 분량이 충만한 데까지"(엡 4:13) 성장하는 장소이자 공동체이며, 성경을 배우는 곳이고, 유일한 길이신 예수님을 따르는 방식들을 분별하도록 배우는 곳이다.

지역 교회는 개별적인 사건들을 다루고 함께 사는 사람들을 대면하는 가장 중요한 장소다. 성령께서 만드시고 유지하시는 곳으로서 교회는 집요하게 현장 중심적이고 인격적이다. 불행히도 교회와 관련해서 다른 어떤 전략보다도 많은 인기를 누리고 있는 미국 교회의 전략들은 현장성과 인격성을 별로 좋아하지 않는다. 사람의 마음을 사로잡는 표어를 잘 쓰고 환상을 품게 만드는 경향이 있는 미국의 방식은 현장성을 더럽힌다. 그리고 사람들을 프로그램으로 다루면서 인격성을 침해하고 친밀감을 기능으로 대체한다. 북미의 교회는 현재 예수님의 길을 미국의 길로 대체하는 특징을 가지고 있다. 예수님이 유일한 길이 되시는 방식들을 이해하고 추구함으로써 예수님을 진지하게 따르고자 하는 그리스도인들은 이와 같은 교회의 해체를 특히 더 걱정하며, 이러한 현상이 우리를 예수님의 길에서 벗어나게 만들 것이라고 본다.

성령께서 형성하신 그리스도인의 회중이란, 주로 일요일에 모여서 예배를 드리고 그 후에는 빛과 소금으로서 세상으로 나가는, 기도하며 사는 이들의 무리를 일컫는다. 하나님은 우리를 통해 무엇인가를 하시고자 하는데, 그 일을 공동체 안에서 하고자 하신다. 우리는 하나님이 하시는 일에 참여하는 자들이며, 제각기 참여하는 것이 아니라 모두 함께 참여하고 있다.

우리가 하나님이 하시는 일에 참여하는 방식은 다음과 같다. 바로 예배를 통해서 하나님이 우리와 함께 그리고 우리를 위해서 하시고자 하는 일에 참여하고, 우리에게 오시는 하나님께 우리도 나아간다. 예배와 관련해서 성경에서 사용하는 은유는 희생 제사인데 이는 우리 자신이 제단으로 나아가 하나님이 당신의 뜻대로 우리에게 행하시게 하는 것이다. 성찬식 탁자로 나아온 우리는 우리를 형성하는 그 위대한 네 단계의 전례 형식 즉 떡을 가져다가, 축사하고, 뜯어서, 나누어 주는 성례전에 들어간다.

그 성찬의 삶은 이제 우리의 삶을 형성한다. 우리 자신이, 우리 안에 계신 그리스도가, 증언과 섬김의 삶, 공의와 치유의 삶 속에서 취해지고, 복을 얻고, 떼어지고, 나누어지도록 스스로를 내어 줄 때 성찬의 삶이 우리의 삶을 형성해 간다.³⁾

하지만 미국의 방식은 그렇지 않다. 교회에 일어난 위대한 미국적 혁신은 교회를 소비자들의 기업으로 바꾼 일이다. 미국인들은 인수 합병의 문화를 발전시켰는데, 인수 합병이란 사람들이 더 많은 것을 원하고, 더 많은 것을 **요구**해야 계속 발전되는 경제다. 우리에게 있는지도 몰랐던 욕구들을 부추기는 거대한 광고 산업과 함께, 우리는 도무지 만족할 수 없는 존재들이 되어 버렸다.

미국에서 인수 합병의 문화가 발전되자 곧 몇몇 그리스도인들이 소비자 회중을 개발해 냈다. 만약 미국이 소비자들로 이루어진 민족이라면, 그들을 우리의 회중 가운데로 들어오게 하는 가장 빠르고도 효과적인 방법은 당연히 그들이 원하는 바를 규명해 주고 제공하는 일, 그들의 환상을 만족시켜 주는 일, 별이라도 따다 주겠다고 약속하는 일, 복음을 소비자의 용어로 재구성하는 일이다. 오락, 만족, 흥분, 모험, 문제 해결 등의 용어로 말이다. 미국인들은 이러한 언어를 들으며 성장하고, 이러한 언어로 말해야 이해한다. 우리는 세상에서 제일가는 소비자들이다. 그러니 교회도 예술의 경지에 오른 소비자 중심 교회로 만들지 못할 이유가 무엇이겠는가?

우리 문화에 널리 확산된 여건으로 볼 때, 그렇게 하면 가장 효과적으로 부유한 회중을 아주 많이 끌어 모을 수 있으며, 미국인들이 앞장서서 그 길을 보여 주고 있다. 이 방법의 문제점은, 하나님이 우리를 예수님의 삶에 부합하도록 이끌고 구원의 길로 이끄시는 방법이 아니라는 점이다. 그 방법은 우리가 더 작아지고 예수님이 더 커지는 방법이 아니다. 정의와 섬김의 삶을 살기 위해 희생하고 다른 사람들에게 자신을 내어주는 방법이 아니다. 소비자 영성은 희생하는 회중, "너 자신을 부인하라"를 주장하는 회중과는 정면으로 대립된다. 소비자 중심 교회는 적그리스도 교회다.

소비자를 만족시키고 상품 지향적인 회중을 양성하는 방법으로는, 하나님을 경외하고 예배하는 회중을 모을 수 없다. 만약 그러한 방법을 계발한다면 우리는 바퀴가 빠지기 직전의 마차처럼 흔들리기 시작할 것이다. 지금 우리는 그 바퀴가 '이미' 빠져나가는 지경에 와 있다. 예수님의 진리를 팔기 위해서 예수님의 길을 억압할 수는 없다. 예수님의 길과 예수님의 진리는 반드시 일치해야 한다. 예수님의 길이 예수님의 진리와 유기적으로 결합되어야만 우리는 비로소 예수님의 생명을 얻을 수 있다.

목적과 방법

여러 세기를 지나오면서 사람들이 도달하게 된 합의는, 방법의 본질이 타협되어 목적의 본질과 대립하게 되면, 그 목적이 더럽혀지고 오염되고 혐오의 대상이 되어 버린다는 사실이다.[4]

'목적'이란 목표, 종착지, 의도, 인생의 **무엇**과 관련된 것, 곧 인생의 궁극적 의미다. '방법'이란 우리가 그 목표에 도달하는 길, 사용하는 언어, 하는 일, 개발하는 성품, 형성하는 가족과 친구들, 곧 인생의 **어떻게**와 관련된 것이다.

그리스도인에게 목적은 하나님의 구원 사역이다. 이 구원은 포괄적이면서 복잡하게 얽혀 있고, 끈기 있게 인격성을 견지하며, 사회성을 기꺼이 끌어안으며, 정치적 관계성을 끈질기게 고수한다. 구원은 이 세상과 우리를 온전하게 회복시키는 하나님의 일이다. 구원은 완성된 하나님의 일, 영광, 영원한 생명이다. 그런데 놀라운 것은 우리가 그 구원에 참여하고 있다는 것이다. 내가 누구이건, 내가 역사의 어느 시점에 살게 되었건, 지리적으로 어느 곳에 살고 있건, 병들었건 건강하건, 어떤 상황에 있건, 나는 하나님의 구원 사역 한가운데 있다. 예수님은 그것을 '하나님의 나라'라고 부르셨다. 지금 우리에게 그러한 구원의 일이 일어나고 있다.

그렇다면 그 방법은? 한마디로 말해서 예수님이다. 아무것도 섞이지 않은 예수님 그 자체다. 우리가 '동참'하기를 원한다면, (그냥 한쪽 구석으로 물러가서 자기 할 일을 하는 것이 아니라) 그 목적에, 그 구원에, 하나님의 나라에 참여하기를 원한다면, 그 목적에 적합한 방법으로 참여해야 한다. 우리는 예수님을 따른다. "아버지께서는 모든 충만으로 예수 안에 거하게 하시고, 그의 십자가의 피로 화평을 이루사 만물 곧 땅에 있는 것들이나 하늘에 있는 것들이 그로 말미암아 자기와 화목하게 되기를 기뻐하심이라"(골 1:19-20). 우리는 자신이 선호하는 수단과 방법을 선택할 수 없다. 대중적으로 사용되는 약어인 WWJD("What would Jesus do?", 예수라면 무엇을 하겠는가?)는 사실 그다지 정확하다고 할 수 없다. 우리는 오히려 "예수라면 '어떻게' 하겠는가?"라고 물어야 한다. 옛 청교도 설교가 조셉 홀(Joseph Hall)은 이를 정확하게 표현했다. "하나님은 부사를 무척 좋아하신다. 그래서 얼마나 좋으냐(how good)가 아니라 얼마나 잘하느냐(how well)에 신경 쓰신다."[5] 부사는 '따르다'라는 동사를 꾸며 주면서 그 의미를 더 명확하게 한다. 예수님을 따르는 '방법'의 의미에 일상적이면서도 세밀한 질감을 부여해 준다.

그렇다. 예수님이다. 내가 예수님이 인도하시는 방식에 관심을 가지는 이유는 그것이 내가 따라야 하는 방식이기 때문이다. 나는 내가 좋아하는 방식대로 아무렇게나 예수님을 따를 수 없다. 나의 따름은 그분의 인도와 일치해야 한다. 예수님이 인도하시는 방식과 내가 예수님을 따르는 방식은 공생 관계에 있다. 그런데 이러한 공생을 북미의 그리스도인 공동체는 충분히 진지하게 그리고 깊이 있게 다루지 않는다.

얼마나 많은 그리스도인 형제자매들이 오늘날 큰 기업과 조직, 민족, 혹은 대의를 이끌고 있는 유명인들의 수단과 방법들을 비판 없이 받아들이고 있는지 모른다. 그 사람들은 돈을 버는 방법, 전쟁에서 이기는 방법, 사람을 관리하는 방법, 상품을 파는 방법, 감정을 조작하는 방법을 보여 주고는 자신들이 하고 있는 일을 어떻게 하면 우리도 할 수 있는지를 알려 주는 책을 쓰고 강의를 한다. 하지만 이와 같은 수단과 방법들은 예수님의 방법을 모독한다. 북미의 그리스도인들은 자신이 속한 문화에서 카리스마적이고, 성공적이고, 영향력 있는 것이라면 무엇이든지 따르는 사람들로 정평이 나 있다. 그들은 일이 되게 하는 것이면 무엇이든, 추종자의 무리를 끌어 모을 수 있는 것이면 무엇이든 따르면서, 이것들이 예수님이 가셨고 또한 우리를 부르신 그 길과 완전히 상충한다는 사실을 눈치 채지 못한다. 사람들이 종종 열정적으로 사용하는 수단과 방법들이, 예수님이 인도하는 방식과는 불경스러울 정도로 상충한다는 사실을 눈치 채는 사람이 정말로 아무도 없는 것일까? 왜 그 누구도 눈치 채지 못하는 것일까?

예수님의 하나님 나라 은유는 우리가 사는 세계를 규정해 준다. 우리는 그리스도가 왕이신 세계에서 살고 있다. 만약 그리스도가 왕이라면, 말 그대로 모든 사물과 사람이 예수님을 순종적으로 따르는 삶의 방식으로 다시 상상되고, 다시 배열되고, 다시 방향을 잡아야 한다. 그러나 이는 쉬운 일이 아니다. 기도 모임 한두 개에 참여하는 것으로, 학교나 교회의 제자 훈련 7단계 과정에 등록하는 것으로, 혹은 연간 조찬 기도회에 참석하는 것으로 성취될 수 있는 일이 아니다. 그 일은 우리 상상력과 사물을 보는 방식을 전적으로 혁신해야 하는 일이다. "회개하라!"는 예수님의 근엄한 명령을 따라야 하는 일이다.

이 세상에서 권장되고 실천하는 수단과 방법들은 하나님의 통치를 인간의 주권으로 대체하려는 체계적인 시도다. 그러한 세상은 십자가에 못박히신 왕을 따르는 일에는 아무런 관심이 없다. 물론 대통령에서부터 목회자에 이르기까지, 다양한 계층의 사람들이 입에 발린 말은 많이 하고 있지만, 실제 삶의 방식 문제에 이르면 그들이 했던 대부분의 말은 그저 법정에서 의례적으로 따라하는 선서처럼 빈말이었음을 알게 된다. 우리가 하는 말이 우리가 실제로 일을 해내는 '방식'과는 아무런 상관이 없는 것이다.

많은 사람이 스스로를 예수님을 따르는 자라고 생각하지만, 할 일 혹은 완수해야 할 사명이 주어질 때, 즉 무엇인가를 '예수님의 이름으로' 해내야 할 때, 예수님의 길을 버리고 세상의 길을 도입할 위험이 크다. 무엇인가를 성취하는 데 매우 유용한 이 세상의 수단과 방법들이, 이 세상의 야망과 가치와 전략들이 "예수의 이름으로"라는 제목의 시험에서는 하나같이 낙방한다는 사실을 아는 사람은 많지 않다. 그러나 일단 예수님의 방식들에 주의를 기울이기 시작하면 예수님을 따르는 것이 다른 누구를 따르는 것과 얼마나 다른지를 우리는 이내 알아차릴 것이다.

이 세상에서 인정받고 보상받는 수단과 방법들에 대해서 긍정적으로 말할 수 있는 점 하나는, 거창하게 설정된 목표를 달성하는 데는 그 방법이 큰 효과가 있다는 점이다. 우리는 그 방법으로 전쟁에서 싸워서 이기고, 부를 축적하고, 선거에서 이기고, 이런저런 승리를 얻는다. 하지만 그와 같은 목적들이 달성되는 수단을 보면 유감스러운 점이 많다. 그 과정에서 많은 사람이 죽고, 많은 사람이 가난하게 되고, 많은 결혼 관계가 깨어지며, 많은 아이들이 버려지고, 많은 회중이 기만당한다.

나의 관심은 그리스도인들의 책임, **모든** 그리스도인의 책임에 있다. 가정과 일터에서, 동네와 교회에서 일상의 삶을 살면서 예수님을 따를 때, 예수님의 방식을 더 잘 인식하고 그 방식에 더 능숙해져서 자신의 따름을 그분의 인도와 일치시키는 모든 그리스도인의 책임 말이다. 나는 예수 그리스도의 복음을 침해하는 방식들에 대해서 단호하게 "아니오"라고 말하는 분별력을 개발하고 싶다.

여기서 강조하고 싶은 것은, 참으로 많은 그리스도인이 이 세상과 한패가 되어서 예수님이 거절한 바로 그 수단과 방법들을 무분별하게 받아들이면서 마귀의 약속들(권력과 영향력, 지배와 성공을 보증한다는 약속들)이 제시하는 방법들을 따르고 있다는 사실이다. 그러한 행동 하나하나가 예수님의 공동체로부터 힘을 빼앗아 가며, 예수님의 방식에 나타나는 분명한 차이를 흐리게 하고, 날마다 "주의 나라가 임하옵시며"라고 기도하는 수천만 그리스도인들의 기도에 반항하는 요소를 은연중에 심어 준다.

평신도 신화

나는 누구라도 이 대화에 참여하는 것을 환영하지만 소위 평신도라고 불리는 사람들(비전문가들, 아마추어들, "순전한" 그리스도인들, "난 그냥 평신도입니다"라고 말하는 기독교 공동체의 일원들)이 내 말을 들어 주었으면 하는 특별한 바람이 있다. 50년 동안 목회자로 지내면서 내가 가장 많은 관심을 기울여야 했던 사람들이 바로 그 평신도들이다.

"난 그냥 평신도입니다"라는 말은, 주로 "난 그냥 가정 주부입니다" 혹은 "난 신학교도 다니지 않았는걸요" 혹은 "내가 누구라고 감히 바로 앞에 나가겠습니까?"(모세) 혹은 "난 그냥 어린 남자 아이일 뿐입니다"(예레미야)처럼 자기를 비하하는 투의 말이다. 이것은 아주 오랜 습관으로서 인간 고유의 풍토병과도 같다. 즉 사회적으로 인정받는 역할을 맡고 있지 않다면 전문적으로 인증된 위치에 있지 않다면 우리는 스스로를 부적절하다고 느끼고 자신에 대해 변명하게 된다. 그냥 우리 자신의 모습만으로는 아무런 '신분'도 되지 못한다고 생각한다. 우리는 '단지' 평신도일 뿐이다.

나는 이와 같은 "평신도 신화"의 거짓을 폭로하고자 내 인생의 상당 부분을 바쳤다. 나의 동료들과 함께 '평신도'라는 단어가 암시하는 짐짓 겸손한 체하는 어투를 다 지워 버리고, 예수님을 따르는 사람이라면 누구든지 성경이 부여하는 위엄을 회복시켜 주고, 복음의 활기를 제대로 복구해 주고자 노력해 왔다.

나는 그리스도인들이 전문가의 눈치도 보지 않고, 변명을 덧붙이지도 않으면서 담대하게 평신도라는 명칭을 달고 일터와 시장을, 그리고 가정과 교회를 활보하기를 바란다. 나는 그들이 달고 다니는 평신도(laity)라는 명칭이 성경의 용어로는 하나님의 '백성'을 뜻한다는 사실을 알기를 원한다(신약 성경에 사용된 *laos*라는 그리스어는 "백성"이라는 뜻이다). 그들은 지금의 모습 그대로도 예수님을 따르면서 당대 최고의 사람들과 마찬가지로 말씀을 듣고, 순종하고, 사랑하고, 서로 도울 능력이 충분한 평신도들이다. 이들은 마리아와 엘리사벳, 베드로와 요한만큼이나 그러한 능력을 가지고 있다. 사실 마리아와 엘리사벳, 베드로, 요한도 모두 평신도였다.

기독교 공동체 내에서 '평신도'라는 말만큼이나 사람을 무력하게 만드는 말을 찾기 힘들다. 이 말은 예수님을 따르는 사람들 사이에는 두 단계의 계급이 있다는 인상을 주며, 이러한 인상은 재빠르게 우리를 속이는 거짓말로 굳어진다. 한 쪽은 훈련받은 사람들, 때로는 '부름받은 자들'이라고 일컬어지는 사람들, 금전적인 보상을 받으면서 가르치고 설교하고 또 그리스도인이 가야 할 길을 안내해 주는 사람들로서, 이들이 상위 계급을 차지하고 있다. 하위 계급은 나머지 사람들로 구성되어 있다. 이들은 하나님이 가게 점원, 변호사, 기자, 부모, 컴퓨터 프로그래머 등의 직업을 부과하신 사람들이다.

이는 노골적인 거짓말, 마귀가 기독교 공동체 안에 은근슬쩍 집어넣은 거짓말이다. (마귀는 아주 좋은 말을 가지고 거짓말을 만들어 내는 데 명수다.) 그것이 거짓말인 이유는, 그 말 때문에 수많은 그리스도인들이 자신이 하는 일을 가지고는 그리스도의 큰 뜻에 제대로 사용될 수 없다고 생각하기 때문이다. 그러니까 자신들은 하나님 나라의 변두리 일을 도우면서 예수님을 위해서 시간제로만 일할 수밖에 없다고 생각하는 것이다. 이러한 생각은 수단과 방법의 문제에 특히 더 파괴적인 영향을 미치는데, 우리는 수단과 방법과 같은 문제들을 자격을 갖춘 전문가들이 결정하도록 일임하는 데 익숙하기 때문이다.

이와 같은 '평신도' 개념이 그토록 널리 퍼져 있는 이유를 설명하기는 그리 어렵지 않다. 남의 영향을 가장 잘 받는 어린 시절에는 자기 주변에 있는 대부분의 사람들이 자신보다 더 크고, 힘도 더 세고, 지식도 더 많고, 경험도 더 많다. 그러한 사람들 틈에서 자란 사람이 이처럼 자신이 무언가 부족하다고 느끼는 감정을 성인기까지 가지고 가는 것은 사실 그렇게 놀랍지 않다. 우리는 대개 무엇인가를 성취했음을 증명하기 위해서 학위를 받고, 자격증을 따고, 상장을 받음으로써 그러한 감정을 보상하려고 한다. 아니면 동호회에 들거나, 어떤 스승을 따르거나, 최신형 자동차를 사거나, 최신 유행의 옷을 입거나, 어느 스포츠 팀과 자신을 동일시해 주는 모자를 쓴다. 우리는 사회에서 일정한 위치에 도달했음을 보여 주는 역할을 취하거나 일정한 기능을 수행하여 사회에서 명예와 돈을 보상으로 받음으로써 중요한 존재가 된다.

사람들이 우리를 어떻게 생각하느냐, 그들이 얼마나 많은 돈을 우리에게 지불하느냐가 우리의 친구와 이웃, 동료들로부터 우리의 부적절한 감정을 감추는 데 큰 효과를 발휘한다. 인생에는 우리가 '그냥 평신도'가 아닌 영역이 적어도 하나는 있다. 내가 만약 정비공이라면 나는 당신의 자동차에 대해 당신보다 더 많이 알고 있을 것이다. 내가 당신의 자동차를 수리하는 동안만큼은 나는 '평신도'가 아니다. 내가 만약 의사라면, 당신의 몸에 대해 당신보다 내가 더 잘 알 것이다. 청진기를 두르고 손에 메스를 들고 있을 때 나는 평신도가 아니다. 만약 내가 언어학 교수라면 나는 당신이 쓰는 언어에 대해 당신보다 더 많은 것을 알고 있을 것이다. 내가 강의실에서 강의를 하고 있는 한 나는 평신도가 아니다. 이러한 예는 수도 없이 많다.

그러나 그리스도인의 모임에서는 그와 같은 전문성의 수준이 전혀 효력이 없다. 예수님의 무리에는 전문가가 하나도 없다. 우리는 모두 초보자이며 주님을 따르는 자일 수밖에 없다. 우리가 어디로 가는지 모르기 때문이다. 가만히 생각해 보면, '평신도'라는 용어와 그 용어에서 파생되는 억측들이 어떻게 그토록 많은 그리스도인들로 하여금 전력을 다해 예수님을 따르지 못하게 하고 그들을 계속해서 주변부로 내몰 수 있었는지 잘 납득이 되지 않는다. 결국 예수님도 오직 평신도만을 불러서 자신을 따르라고 하시지 않았던가? 열두 명의 남자 제자들과 수많은 여자 제자들 중에는 사제나 교수가 하나도 없었다. 천막 짓는 사람이었던 바울도 평신도였다.

그리스도인으로서 우리가 가지는 공통된 정체성은 세례를 통해서 가장 명백하게 주어진다. '그리스도인'이라는 용어를, 단순히 공산주의자나 무신론자, 불교 신자가 아닌 사람을 일컫는 말로 사용하는 세속적 용법과 구분할 필요가 있다면, 나는 '세례 받은 자의 무리' 혹은 '세례 받은 자의 정체성', '세례 받은 그리스도인'이라는 표현을 택할 것이다. 세례는 우리가 성부, 성자, 성령의 사역의 결과임을 표시해 준다. 세례를 통해 얻는 정체성은 우리가 스스로 성취하는 정체성이 아니며, 우리가 다른 사람보다 우월하다는 표시도 아니다. 따라서 이 책의 대화가 진행되는 내내 나는 우리의 공통된 정체성을 상기시키는 말로서 '세례'라는 용어를 다양하게 바꾸어 가며 사용할 것이다.[6]

분명한 사실은 예수님을 따라 나섰고 계속해서 따르고 있는 대부분의 사람들이 평신도라는 사실이다. 그렇다면 왜 그토록 많은 사람들이 신앙의 문제만큼은 습관적으로 순순히 인증 받은 전문가들에게 종속되기를 자처하는가? 목사인 나는 그토록 많은 사람들이 비굴할 정도의 존경심을 가지고 나를 대하는 것이 지금도 여전히 놀랍고 당황스럽다. 그리스도인의 정체성을 정의하자면 "그리스도 안에서 새로운 피조물이 된 사람들"인데, 그리고 새로운 피조물이라면 분명히 (새로 태어난 생명이라면 누구나 그렇듯) 주님의 선하심을 직접 보고 체험하기를 간절히 바랄 텐데, 이 그리스도인들은 도대체 어디에서 이러한 자기 비하적인 태도를 배웠을까? 분명 성경이나 복음에서 배우지는 않았을 것이다. 그리고 예수님에게서 배우지 않은 것도 분명하다. 그들은 문화로부터 배운 것이다. 세속 문화와 교회 문화로부터 그러한 태도를 배웠다.

그들은 전문성의 특권과 권력을 좋아하는 지도자들로부터 그러한 태도를 배웠다. 그러한 지도자들은 자신들의 매혹적인 허세를 사용해서 사람들로 하여금 그리스도 안의 새 생명이 가지는 원래의 영광을 포기하게 만들고, 그들을 비참한 소비자의 상태로 전락시킨다. 소비자는 객체로 전락한 수동성의 전형적인 모습이다. 교회 의자에 혹은 텔레비전 앞에 수동적으로 앉아 있으면서, 종교적이건 세속적이건 온갖 종류의 착취와 유혹에 노출되어 있다. 그리고 무엇보다도 나쁜 것은 예수님을 따르는 수단과 방법의 문제에서도 수동적이 된다는 사실이다. 그래서 자신보다 더 잘 알 것이라고 판단되는 사람들이 우리를 가르치도록 내버려둔다.

하지만 그렇게 살아야 하는 사람은 아무도 없다. 우리는 가정과 이웃, 일터와 공공 장소에서 살고 일하는 방식에 대해 책임을 질

수 있으며 또 져야만 한다! 우리는 어떻게 인생을 살아야 하는지에 대해 우리의 문화가 지시하는 방법을 따르지 않겠다고 거절할 수 있다. 우리가 예수님을 따르는 방식을 전문가들이 결정하도록 내버려두지 않아도 된다.

노예로 살다가 자유를 얻은 지 얼마 안 된 히브리인들이 자유로운 백성으로 형성되어 가는 여정을 시작하기 위해서 시내 산에 모였을 때, 하나님은 그들에게 이집트라는 매우 계급적인 나라에서 4세기 동안 노예로 살았던 그들의 정체성에 정면으로 대치되는 말씀을 하셨다. 그들을 규정해 주는 문구 중 하나는 "제사장 나라"(출 19:6)였다. '제사장'은 그들이 이제 막 떠나온 문화권에서는 특권층이었으며 큰 영향력을 행사하는 지위, 그들로서는 감히 상상도 못할 지위였다. 그런데 이제 그들 모두가 제사장인 것이다! 그 의미를 그들이 다 소화해 내는 데는 오랜 시간이 걸릴 터였다. 당시에 많은 사람들이 그 의미를 제대로 이해하지 못했으며, 오늘날에도 여전히 많은 사람들이 그 의미를 제대로 이해하지 못하고 있다.

그로부터 약 1,200년이 지나, 베드로가 사방에서 공격을 받던 1세기의 그리스도인 회중에게 편지를 쓰면서 이 문구를 다시 사용했다. 그는 그 회중이 예수님 안에서 그들이 가진 세례 받은 자의 정체성을 이해하고 살아내도록 돕기 위해 그 용어를 사용했다. "왕 같은 제사장들"(벧전 2:9). 밧모 섬에 유배되었던 요한은 이 문제에 관한 한 성경에서 최종적 발언을 하는 위치에 서게 되었는데, 그 역시 자신의 회중에 속한 그리스도인들을 규명하는 데 '제사장'이라는 용어를 사용했다. 이 용어는 히브리 전통에서 나온 용어로서 그리스도인의 자기 이해를 돕는 기본적인 용어다. "그[예수]의 아버지 하나님을 위하여 우리를 나라와 제사장으로 삼으신"(계 1:6). "우리 하나님 앞에서 나라와 제사장들을 삼으셨으니"(계 5:10).

종교개혁가들이 주장한 "만인 제사장설"이 받고 있는 심각한 오해 중 하나는, 그것이 우리 각자가 자신에게 제사장 구실을 할 수 있다고 주장한다는 것이다. 사람들은 말한다. "고맙습니다만, 나에게는 제사장이 필요 없습니다. 나 혼자서 예수님과 잘 해낼 수 있습니다." 하지만 마르틴 루터가 교회의 개혁을 위한 기본 교의에 만인 제사장설을 포함시켰을 때 의도했던 바는, 그러한 의미가 결코 아니다. 그 말이 의미하는 바는, 우리 모두가 자기 자신이 아닌 서로를 위한 제사장이라는 것이다. "당신은 내 제사장이 되어 주어야 합니다. 그리고 당신이 그 일을 하는 동안에 나도 당신의 제사장이 되어 줄 수 있습니다."

모든 신자가 제사장이라는 말은, 하나님을 만나는 문제에서만큼은 다른 누구도 필요하지 않다는 식의 교만한 개인주의를 뜻하지 않는다. 그 말은 상호성의 고백이다. 예수님의 길을 따르는 일에 기꺼이 서로를 인도하고 또한 인도받고, 기꺼이 서로를 돕고 격려하며, 기꺼이 예수님의 이름으로 말하고 행동하고자 하는 자세다. 세례 받은 자의 공동체 안에서는 이처럼 제사장으로서 인도하고 인도받는 일에 참여하지 않는 사람은 단 한 사람도, 결단코 단 한 사람도 없다. 심지어 "어린 아이에게 끌리며"(사 11:6)라고 성경은 말하고 있다.

이 책의 대화 전체를 관통하는 나의 의도는 예수님을 따르는 방식들을 탐험해 보는 것이다. 그 방식들은 오직 예수님이 정하신 조건대로 예수님을 직접 따라야만 분명하게 알 수 있다. 그 어떤 방식도 예수님과 분리되어 추상화될 수 없으며, 예수님의 인격 없이 원칙이나 전략으로 축소될 수 없다. 나는 또한 우리로 하여금 길을 잃고 헤매게 만들고 절망적인 막다른 골목으로 가게 만드는, 광고를 통해 널리 알려진 여러 수단과 방법들을 경계하라는 경고 표시를 붙이고 싶다. 그리고 자크 마리탱이 "방법을 정결하게 하는 일"이라고 정의한 그 일을 위해서 그리스도 안에 있는 내 친구들을 불러 모으고 싶다.

예수님과 예수님을 증언하는 성경으로부터 분리되거나 개념화된 수단과 방법들은 이내 예수님을 배반하는 수단과 방법이 되어 버린다. 하나님 나라라는 세계에서는, 우리가 따르는 그 사람이 우리가 어떤 사람으로 형성되느냐에 최고의 영향을 미친다. 그리스도인들은 예수님을 따른다.

제1부 "예수님의 길"에서 나는 길에 대한 은유를 발전시키려고 한다. 예수님이 자신의 삶과 죽음 그리고 부활 속에서 온전하게

표현해 내신 그 길에 대해 생각해 볼 것이다. 그런데 그 길은 예수님이 처음 걸으신 길은 아니다. 비록 예수님이 그 길에 대해 궁극적이고도 결정적인 표현을 하셨지만 말이다. 예수님은 하나님 나라에서 어떻게 살아야 하는지 명백한 강의나 세미나를 하신 적이 없다. 예수님은 그냥 "나를 따르라"고 말씀하셨다. 예수님은 1,800여 년 동안 "의인들의 길"(시 1:6)을 걸어온 이들이 기대하며 기다렸던 분이다. 우리는 그들이 누구인지 알기에, 예수님이 1세기의 팔레스틴에서 걸으신 길뿐만 아니라 광범위한 역사적·신학적 풍경 속에서 다른 많은 사람들이 걸었던 길에 대해서도 알 수 있다. 그 풍경은 예수님이 오시기를 기대하며 그 길을 예비했던 예수님의 선조들이 속했던, 우리가 예수님을 전체적으로 조망할 수 있을 만큼 충분히 큰 배경이다.

나는 '주의 길'을 갔던 예수님 이전의 여섯 명의 대표적 인물들을 선정했다. 각각의 인물은 예수님에 의해서 그리고 예수님 안에서 완성되었던 그 길을 더 풍성하게 해주고 더 깊이 있게 해준다. 아브라함과 믿음의 길, 모세와 언어의 길, 다윗과 불완전의 길, 엘리야와 주변성의 길, 예루살렘의 이사야와 거룩의 길, 유배 시절의 이사야와 아름다움의 길.

제2부 "다른 길들"에서는 예수님의 길을 따르지 않았던 1세기의 저명한 지도자 세 명을 배경으로 예수님을 생각해 본다. 예수님이 나타나셔서 "나를 따르라"고 말씀하셨을 때 그 말을 들은 이 중에는 이 세상을 잘 헤쳐나가는 여러 방법들을 대표하는 매

우 안정적이고 성공적인 지도자들도 있었다. 그들이 사용한 방법은 예수님의 생애에서 매우 중요한 세 시점에 예수님의 길을 아예 말살해 버릴 수도 있는 방법들이었다. 예수님 탄생 시의 헤롯과 예수님의 죽음 당시의 가야바 그리고 예수님의 부활 이후의 요세푸스가 바로 그들이다. 예수님은 그들을 무시하셨다. 이 각각의 지도자들은 이 세상에 자신의 흔적을 상당히 많이 남겼을 뿐만 아니라, 종교적인 열성과 하나님에 대한 관심에서 비롯된 격렬한 평신도 저항 운동에 불을 지폈다. 그럼으로써 그들은 예수님의 길과 대조되는 또 다른 방식들을 보여 주었다. 정치적인 수단과 방법의 대가였던 헤롯의 길에는 바리새인들이 저항했으며, 종교적인 수단과 방법의 대가였던 가야바의 길에는 에세네파가 저항했으며, 유명 인사의 수단과 방법의 대가였던 요세푸스의 길에는 열심당원들이 저항했다. 정치, 종교, 유명 인사의 방식에서 당대의 대가였던 사람들과 그 각각의 방식이 자극했던 평신도 저항 운동은 우리 시대에도 계속해서 나타나고 있다. 그러한 방식들은 다른 것과 분명하게 구별되는 예수님의 길을 더 부각시켜 주고, "나를 따르라"고 하신 예수님의 명령을 따르는 우리에게 요구되는 분별력이 무엇인지를 보여 준다.

1,800년이라는 기간 동안 하나님의 백성인 히브리인들은 위대한 세계 문명들이 잇달아 일어난 지역 근처에서 살았다. 정말로 대

단한 문명들이었다. 참으로 뛰어난 건축물과 예술품을 만들어 냈고, 최신 기술에 정통해 있었으며, 오늘날까지도 우리의 상상력을 들끓게 하는 군사적인 업적을 이루었고, 거대한 노동력과 국제 경제를 감독할 수 있는 정교한 조직과 관료 체계를 가지고 있었으며, 인구 전체의 신앙과 관습을 통합한 종교 체계를 가진 문명들이었다. 이 문명들은 한 번 반짝하고 마는 그러한 문명들이 결코 아니었다. 이 문명들은 수백 년, 어떤 것들은 수천 년 동안이나 계속해서 영향을 미쳤다.

히브리인들은 운 좋게도 이 문명들의 덕을 보기 딱 좋은 장소에 그리고 딱 좋은 시기에 살았다. 그들은 이 문명들이 돌아가는 모습을 직접 볼 수 있었다. 하나님의 백성은 '그 곳'에 있었고, 이 세상이 줄 수 있는 최고의 것을 직접 경험했다. 그 제국들의 이름을 하나씩 불러 보는 것만으로도 우리는 여전히 흥분을 느끼게 된다. 수메르, 이집트, 아시리아, 바벨론, 페르시아, 그리스, 로마. 이 제국들을 이끈 지도자들은 명예의 전당에 우뚝 서 있는 자들이다. 함무라비, 람세스, 디글랏-빌레셀 3세, 느부갓네살, 고레스, 알렉산더 대제, 카이사르 아우구스투스.

그러나 또 한편으로 생각해야 할 것은, 그 수백 년의 세월 동안 자신들 주변에서 제국을 유지하기 위한 탁월한 제도가 세워질 때에도(정교한 종교, 장엄한 건축 공사, 예술품의 전시, 용감무쌍한 군대를 보면서도) 히브리 백성들은 자신들 나름의 방식을 고수했으며 독특한 대항 문화를 유지했다는 사실이다. 특히

나 수단과 방법의 문제에서 그들은 독특한 대항 문화를 견지했다. 그 제국의 왕과 여왕들, 장군과 사제들, 남신과 여신들이 자랑스럽게 휘둘러 댄 권력과 아름다움 그리고 부와 학식에 히브리인들이 흡수되지 않았다는 것은 세계의 불가사의 중 하나다. 히브리인들은 그러한 온갖 쇼에 무감각한 듯했다. 그들은 자신을 둘러싼 사회 정치적 조건으로 미루어 볼 때 늘 불안정하다고 할 수밖에 없는 정체성을 견지했다. 불안정하기는 했지만 어쨌거나 그들은 그것을 지켰다. 어떻게 그렇게 할 수 있었을까?

히브리 백성이 거의 말살될 지경에 이르렀던 때가 한 번 있었다. 주전 1000년 경에 히브리 백성은 '다른 민족들', 성공적인 민족들, 세계 정상급의 민족들과 같아지고 싶다고 생각했다. 그들은 왕을 원했다. 당시에 그들의 영적 지도자였던 사무엘은 마지못해 그들의 요구를 들어주었다. 그들의 첫 번째 왕이었던 사울은 인상적인 취임식을 가졌지만 이내 실패하고 말았다. 사울을 대체할 사람으로 지명된 다윗은 국내에서는 상당한 인기를 끌었지만, 당시의 군사적, 정치적, 국제적 환경에서는 아주 보잘것없는 사람이었다. 그의 아들 솔로몬은 정교한 성전 건축과 지혜로운 삶, 많은 아내를 거느린 것으로 명성을 얻기는 했지만, 오랜 기간의 대치 상태 이후 결국 사후에 나라가 둘로 쪼개지는 상황을 맞이하게 되었으며, 왕국 전체가 와해되기에 이르렀다. 그렇게 와해되는 과정은 꽤 오랜 시간을 끌었지만(500년 동안 혼돈과 혼란이 계속되었다) 결국에는 더 이상 왕도 왕국도 남지 않게 되었다.

하지만 그러한 세월 동안에도, 아브라함에서부터 예수님에 이르기까지 하나님의 백성은 '하나님 나라'에서 사는 방법들을 개발하고 있었고, 그 방법들은 예수님 안에서 완전하게 나타났다. 그 방법은 이 세상을 구원하는 데 결정적으로 작용할 바로 그 방법이었다.

기독교 전통을 유산으로 물려받은 나라에 사는 그리스도인들은, 그리스도인의 숫자가 아무리 줄어든다 할지라도 자신이 이 세상과 얼마나 다른지를 분별하기가 어려울 때가 있다. 우리는 믿지 않는 사람들과 같은 언어를 사용하고, 같은 음식을 먹고, 같은 차를 운전하고, 같은 선거에서 투표를 한다. 하지만 우리는 세상 사람들이 따르는 지도자와는 무척 다른 지도자를 따르고 있으며, 그 지도자는 이 세상 삶의 방식과는 대립되는 삶의 방식으로 우리를 세밀하게 인도하고 있다. 그분은 우리를 인도할 뿐만 아니라, 우리에게 아무런 조건도 달지 않고 그냥 "나를 따르라"고 말하는 지도자다.

「그 길을 걸으라」는, 내가 「현실, 하나님의 세계」에서 시작했고 「이 책을 먹으라」에서 이어 갔던 영성 신학의 대화를 계속하고 있는 책이다. 나는 '대화'라고 하는 용어가 문자 그대로 받아들여지기를 바란다. 이는 말 그대로 저자와 독자 사이에 오가는 대화를 뜻한다. 전반적으로 영성 신학이라는 것은, 그리고 이 책의 대화에서 다루고 있는 주님의 방법에 대한 영성은 정확한 범주를 만들 수 없으며, 공식으로 굳어진 개념 정의나 규정으로 고정할 수 없다. 그 길을 가면서 오직 기도와 실습을 통해서만 해결할 수 있는 모호함이 있기 때문이다.

예수님의 길은 강요할 수도 없고 지도로 그릴 수도 없다. 예수님의 길은, 때로는 이상하고 낯선 영역으로 우리를 인도하시는 예수님을 적극적으로 따르라고 요구한다. 그리고 머뭇거림과 질문 속에서만 분명해지는 상황들, 동료와 함께 그리고 예수님과 함께 기도에 젖은 대화를 나누는 잠깐의 멈춤과 성찰 속에서만 분명해지는 상황들에 적극 동참하라고 요구한다. 결국 우리는 하나님에 대해서 바르게 사고하는 방법만을 배우려는 것은 아니지 않은가. 그렇게 하려면 우리를 산만하게 만드는 것들을 떠나 집중할 수 있는 강의를 신청하면 된다. 그리고 단순히 하나님 앞에서 바르게 행동하는 방식들을 연습하고자 하는 것도 아니지 않은가. 그렇게 하려면 행동 변화를 위해 세워진 훈련소에 가면 된다. 거기라면 우리를 방해하는 것들을 막아 내는 데 필요한 보호를 받을 수 있을 것이다.

우리는 그 길을 배울 수 있는 더 좋은 조건들을 확보하기 위해서 그 길에서 벗어나 다른 곳으로 옮겨갈 수 없다. 우리는 이미 "그 길을 가고" 있다. 통찰을 얻고 순종의 습관을 개발하면서, 우리의 가정과 이웃과 일터에서 예수님을 따르면서 우리는 그 길을 가고 있다. 그러면서 우리의 존재와 일이 일관성 있게 그리고 포괄적으로 실현될 수 있도록, 서서히 점증적으로 그 길을 가는 일에 성숙해지고 있다.

제1부
예수님의 길

나는 길이요…나를 따르라…

요한복음 14:6; 마가복음 8:34

성경적 지도자의 길은 언제나 지도를 받는 과정을 의미한다.

마르틴 부버, 「이스라엘과 세계」(Israel and the World)

예수님: "나는 길이요…"   1

 예수님은 길이다. 요한복음에서 예수님이 자기 자신에 대해서 정의하신 위대한 일곱 개의 "나는…이다" 진술 중 여섯 번째 진술에서 예수님은 그렇게 말씀하셨다. "나는 길이요, 진리요, 생명이니." 이 말씀은 가장 많이 기억되고 가장 자주 인용되는 말씀 중 하나다. 그리고 오늘날 북미 문화권에서 가장 자주 무시당하는 말씀 중 하나이기도 하다. 이 '길'을 따르지 않는 사람들이 이 말씀에 주의를 기울이지 않는다는 사실은 예상할 만하지만, 예수님의 공동체에서 살며 이 세상에서 누룩으로 사는 방법을 지도하고 안내하는 사람들 사이에서 그러한 태도가 나타나는 것은 참으로 놀랍고 걱정스러운 일이다.
 마가복음에서 "나를 따르라"는 예수님이 세 번째로 사용하신 명령법이다(막 1:17). 이 말씀 앞에는 "회개하라" 그리고 "믿으라"(막 1:15)라는 명령의 말이 나온다. 이 세 개의 명령은, 예수님이 "하나님의 나라가 가까이 왔으니"(막 1:15)라고 말씀하시며 급진적으로 새 시대를 선포하신 직후에 주신 첫 명령들이다. 복음서의 이야기가 진행되면서, 예수님이 "나라"라는 용어를 사용하신 이유가 우리의 실재를 하나님의 실재라는 포괄적인 의미로 정의하기 위해서였음이 드러난다. ("나라"라는 말보다 더 포괄적으로 모든 것을 포함하는 단어는 없다.) 예수님이 계시하는 것은 바로 나라다. 끈덕지게 말씀 하나하나로 그리고 행동 하나하나로 예수님은 하나님 나라를 계시하신다. 실제 생활, 실제 세계가 바로 구원이 이루어지는 거대한 무대이며, 전적으로 참여하시는 지혜로운 하나님이 그 무대를 감독하신다. 이 세 개의 명령법 문장은 바로 **이** 실재, **이** 나라를 예수님을 따르는 가운데 살라고 하는 초대다.

첫 번째 명령인 "회개하라"는 한 인생의 길을 버리고 다른 인생의 길을 시작하기로 결심하라는 요구다. 생각이나 마음을 바꾸어서 방향을 바꾸라는 요구다. 두 번째 명령인 "믿으라"는 이처럼 실재를 포괄적으로 재구성하는 일에 인격적이고 관계적이며 신뢰하는 태도로 참여하라는 요구다. 그리고 세 번째 명령인 "따르라"는 예수님이 보여 주시고 들려주신 길로 순종하며 가게 한다. 그 길은 바로 지금 이 곳에 있는 하나님 나라의 실재와 일치하여 말하고 생각하고 상상하고 기도하는 길이다.

예수님을 따른다는 말에는 우리를 부르신 바로 그분이 성격과 모양과 방향을 잡아 놓으신 길로 들어선다는 암시가 들어 있다. 예수님을 따른다는 의미는, 종종 말로 표현되지는 않지만 언제나 예수님에게서 파생되고 예수님의 영향으로 형성되는 리듬과 행동 방식을 따른다는 말이다. 예수님을 따른다는 의미는, 예수님이 하시는 말씀을 예수님이 하시는 행동 및 그 방식과 분리할 수 없다는 말이다. 예수님을 따르는 일은 우리의 귀와 눈을 요구하는 것만큼이나 직접 행동하는 발도 요구한다. 아니 어쩌면 발을 더 많이 요구하는지도 모른다.

　예수님이 자기를 정의하신 '길'이라는 단어는 풍부한 여운을 지닌 단어다. 그로부터 2천 년 후에 미국의 권위 있는 시인 중 한 사람인 로버트 프로스트(Robert Frost)는 어느 시에서 같은 은유를 사용했는데, 일부 사람들은 그 시를 자신의 신조로 삼았지만 다수의 미국인들은 그 시를 외면했다. "나는 인적이 드문 길을 갔다⋯." 이는 사실 예수님이 사용하신 문장이다. 실재를 폭넓게 내다보게 해주는 간결하면서도 강력한 문장⋯.

　'길.' 목적지로 인도하는 길을 지칭하는 단순한 명사이면서, 다양한 의미로 갈래를 뻗어나가는 은유로 발전되는 단어다. 길은 우리가 어떤 경로를 선택해서 간다고 할 때의 길일 뿐만 아니라, 도보로 가는지 자전거를 타는지 아니면 자동차를 타는지를 말해 주는, 그 길을 가는 방식이기도 하다. 말하는 방식, 자신의 영향력을 사용하는 방식, 서로를 대하는 방식, 자녀를 양육하는 방식, 책을 읽는 방식, 예배하는 방식, 투표하는 방식, 정원을 가꾸는 방식, 스키를 타는 방식, 느끼는 방식, 먹는 방식 등등. 이처럼 우리 삶의 방식을 특징짓는 '수단과 방법들'이 끝도 없이 다양하게 쌓여 있다.

'길'은 성경에서 발전된 전통들 안에서 흔하게 사용되는 은유다. 우리의 기도서인 시편을 여는 첫 묵상의 시를 보면, 우리 앞에 두 갈래의 길을 제시하기 위해서 이 은유가 사용되고 있다. 당신은 하나님의 계시의 땅에 굳게 뿌리를 박은 채 하나님의 말씀을 듣고 하나님께 응답함으로써 마치 하나님의 토라(율법)처럼, 가지에 열매가 주렁주렁 달린 나무처럼 자라는 삶을 살겠는가? 아니면, 하나님은 안중에도 없고 하나님에 대한 생각도 없이 그냥 수다와 잡담만 있는 공허한 삶을 살면서, 마치 바람 부는 대로 정처 없이 굴러다니는 낙엽처럼, 응집력이 없는 무의미한 음절들의 집합으로 축소되는 삶을 살겠는가? 당신의 길을 선택하라.

하나님께 집중하며 하나님 앞에 책임 있게 사는 삶을 폭넓게 탐험하는 시편은 두드러지게 많이 이 은유를 사용하고 있는데, 무려 아흔일곱 번을 사용하고 있다. (그 중 스물한 번은 정교하면서도 복잡한 시편인 119편에 나와 있다.) 그러나 시편에서만 이 은유를 사용하는 것은 결코 아니다. '길'은 히브리어로 기록된 구약 성경과 그리스어로 기록된 신약 성경에 모두 폭넓게 사용되었으며, 이 은유는 복잡한 그물망을 이루면서 우리가 모든 진리(교리)와 모든 행동(순종)에 분별력을 가지고 동참해야 한다는 사실을 곳곳에서 지속적으로 일깨워 준다. 여기서 진리와 행동은 사실 일치한다. 여행자와 그가 가는 길이 서로 일치하는 것처럼 말이다. 예수님은 시편 1편에 나오는 두 개의 길 이미지를 산상 수훈에서 반복하시면서 발전시키시는데, 거기에서 예수님은 죽음으로 가는 대중적이고 쉬운 길과 생명으로 가는 힘든 길을 대조시킨다(마 7:13-14).

초대교회 시절 예수님을 따르는 사람들을 일컫는 데 일차적으로 사용되었던 용어가 '그 길'(the Way)이었다는 사실은 참으로 중요하다. 누가는 첫 기독교 공동체의 이야기를 기록하면서 그 용어를 여섯 번 사용하고 있다(행 9:2; 19:8, 23; 22:4; 24:14, 22). 그 중에서 아마도 가장 유명한 부분은 바울이 벨릭스 앞에서 설교에 가까운 피고의 항변을 한 부분일 것이다. "그러나 이것을 당신께 고백하리이다. 나는 그들이 이단이라 하는 도(the Way)를 따라 조상의 하나님을 섬기고…"(행 24:14). 그리고 안디옥에서 예수님을 따르는 사람들을 일컫기 위해서 사용된 '그리스도인'이라는 단어는 단 한 번밖에 사용되지 않았다(행 11:26).

은유

'길'은 은유다. 은유란 이 단어와 그것이 지칭하는 대상이 일치하기도 하고 그렇지 않기도 하다는 뜻이다. 길이란 도로, 거리, 보도(步道)다. 이 때의 길은 땅에 있는 돌덩이와 그루터기를 치우고, 아스팔트나 콘크리트로 땅을 포장함으로써 만들어진다. 거기에 멈춤 표지판이 세워지고, "건너가지 마시오"라는 경고판이 붙고, 이정표가 세워진다. 그러나 예수님이 우리에게 자신이 길이라고 말씀하셨을 때 의미하는 바는 분명히 그런 길은 아니다. 예수님은 우리가 밟고 지나다니는 길이 아니다. 예수님의 몸은 아스팔트가 아니라 피부로 덮여 있다. 예수님은 지도상에 몇 번 국도라고 요약해서 표시될 수 없는 존재다. 그런 의미에서 예수님을 길이라고 하는 것은 분명 말도 안 되는 소리다.

그러나 그것이 말도 안 되는 소리임을 알면서도 우리는 어쨌거나 그 단어를 사용하고, 게다가 진지한 의도를 가지고 사용한다. 그 누구도, 한 순간이라도 예수님을 숲 속에 있는 관목이나 죽은 나무 등을 치우고 난 후에 그 위로 걸어가는 길이라고 생각하지 않는다. 예수님을 '그 길'이라고 부를 때(혹은 길의 동의어인 거리, 보도, 도로, 고속 도로, 오솔길 등 그 어떤 용어로든 부를 때), 우리는 조금도 혼란을 느끼지 않는다.[1] 왜냐하면 길이라는 단어를 그렇게 사용하는 것이 터무니없다는 사실을 아는 동시에 그것이 터무니없는 소리가 아니라는 것도 알기 때문이다. 우리는 아무런 망설임 없이 '길'이라는 단어를, 보이는 것과 보이지 않는 것의 상호 연결성을 상상해 보라는 초대로 받아들인다. 그리고 '그 길'이신 예수님께는 우리가 보거나 들을 수 있는 것,

만지거나 맛볼 수 있는 것보다 더 많은 무엇이 있음을 깨닫게 된다. 상상력이 작동하기 시작하고, 이렇게 생각해 보았다가 그 다음에는 저렇게 생각해 본다. 그러면서 우리는 실재 속에 내저된 모든 보이는 것과 보이지 않는 것의 상호 연결성을 이해하는 기술을 터득하게 된다.

우리는 보이는 것과 보이지 않는 것으로 이루어진 복잡한 관계망 속에 살기 때문에, 감각을 통해서 직접 접할 수 있는 것과 믿음을 통해서 직접 접할 수 있는 것 모두를 동시에 지시해 주는 말들이 필요하다. 우리가 살고 있는 세상은 먼지와 돌멩이, 도로와 집, 백합과 표범, 토성과 샌디에고, 요람과 관이 있는 세상이면서, **동시에** 죄와 용서, 인내와 끈기, 거룩함과 악, 믿음과 소망과 사랑이 있는 세상이다. 이 두 개의 세상은 공존하는 것이 아니라 동일한 세상이다. 이 두 양상은 서로 분리될 수 없다. 은유란 보이는 것과 보이지 않는 것, 하늘의 것과 땅의 것은 나뉠 수 없다는 사실을 한 단어로 말해 주는 어법이다.

인생이란 대체로 보이지 않고 들리지 않으며 만질 수 없는 것으로 가득 차 있다. 궁극적으로 인생은 오감으로는 접근하지 못하는 것이다. 하지만 오감을 통해서 얻는 증거가 없다면 인생은 종잡을 수 없는 대상이 되고 만다. 그래서 언어를 사용해서 가장 빠르고 가장 쉽게 보이지 않는 것들에 접근할 수 있는 방법은 은유다. 은유란 보이지 않는 것과 보이는 것을 가르고 있는 심연을 건너가게 해주는 단어다. 그 단어가 겉으로 나타내는 뜻과 속으로 담고 있는 내용 사이에 생기는 대립은 우리의 생각을 긴장시키고 우리의 상상을 자극하며, 우리는 그 상상의 행위를 통해서 그 말에 참여하게 된다. 은유는 초월성(더 많은 것, 그 너머의 것, 내재된 것)이 있음을 언어를 통해 증거한다. 현미경이나 망원경으로도 설명할 수 없는 것, 대수학이나 기하학, 맥박이나 혈압, 무게나 치수 등으로도 설명할 수 없는 그 모든 것을, 그리고 삼위일체의 모든 작용을 언어로 보여 준다.

성경의 저자들은 모두 은유의 대가들이다. 그들은 보이는 것과 보이지 않는 모든 것이 상호 연결되어 있음을 입증해 주는 은유의 어법을 잘 사용했다. 은유는 오감을 통해서 경험하는 사물이나 행동을 지칭하기 위해서 흔하게 사용되는 단어를 가져다가 우리의 직접적인 감각을 벗어나 있는 것을 지칭하는 데 사용한다. 예를 들어, 돌은 들어 올릴 수 있고 무게를 달 수 있으며, 눈으로 볼 수 있고 색을 입힐 수 있는 단단한 무기물 덩어리를 일컫는다. 나는 그것을 걷어찰 수 있고, 창문 밖으로 던질 수도 있다. 그 단어에는 모호한 것이 하나도 없다. 무슨 일이 있어도 늘 똑같다. 그러다가 어느 날 예수님이 시몬을 보시더니 "너는 돌이다"라고 말씀하신다. 도대체 무슨 말인가? 은유라고 하는 기적을 통해서, 이 단어는 자신이 지칭하는 그 사람과 함께 전적으로 새로운 의미의 영역에 발을 내딛는다. 그 때 이후로 시몬은 언제나 돌(베드로, *petros*)이었다. 이 은유가 발동을 걸어 놓은 모든 연관성과 암시들을 이해하려고 우리는 지금도 노력하고 있다.

가장 단순한 차원에서 단어는 사물이나 행동을 지칭한다. 단어는 무엇을 표시하는 이름표다. 그러나 은유로 사용되면 단어는 폭발한다. 살아난다. **움직이기** 시작한다. 모든 전시물이 단어로 표시되어 있는 박물관에 들어가는 모습을 상상해 보자. 동물과 새와 예술품들의 전시는 참으로 대단하다. 알아야 할 것이 너무도 많다! 나는 그 곳에서 관찰하고 읽고 배운다. 그런데 갑자기 아무런 예고도 없이, 익수룡이 날아다니기 시작하고, 사자들이 으르렁거리고 뛰어다니면서 먹이를 추적하고, 전시물의 일부였던 여자들이 이집트 산 금목걸이를 목에 걸어 보면서 서로 경쟁적으로 관심을 끌려 하고, 남자들은 그리스 창을 들고 전투에 들어간다. 그 곳은 더 이상 내가 박제된 사물들을 연구하면서 감탄하는 박물관이 아니라, 뛰어다니는 동물들을 피하고, 여자들을 보면서 탄성을 발하고, 창에 맞지 않게 몸을 피하면서 내 의사와 상관없이 그들 중 한 사람이 되어 버리는, 생명과 움직임으로 넘쳐나는 세계다.

은유는 바로 그러한 일을 한다. 의미를 창출하고 그 말의 움직임 속으로 나를 초청함으로써 나를 참여자로 만든다. 나는 더 이상 사전을 뒤지는 것만으로는 그 단어를 이해할 수 없다. 왜냐하면 그 단어는 더 이상 단순히 그 단어가 아니기 때문이다. 그 단어는 살아 움직이면서, 그 의미에 동참하라고 나를 청한다. 성경 저자들이 은유를 사용할 때 우리는 하나님과 관계를 가지게 된다. 자신의 의사와 상관없이, 그리고 때로는 그렇게 되고 있다는 사실을 알고 있는지 여부와 상관없이.

은유가 물러가고 언어가 그저 개념을 정의하고 정보를 전달하는 데만 사용되면, 언어에서 생명이 빠져나가 버린다. 그러한 일은 컴퓨터화된 문화에, 문화적으로 변해 버린 종교에 자주 일어난다. 언어에서 생명이 빠져나가 버리면 우리에게서도 생명이 빠져나간다. 하나님과 관련해서 그리고 하나님께 속한 모든 것과 관련해서 이와 같은 축소가 일어나게 되면, 우리는 기껏 종교의 박물관에 앉아서 스터디하고 토론하는 것으로 만족할 뿐이다. 만약 우리가 운이 좋다면 다윗이나 호세아, 요나, 하박국의 후손 중 하나가 나타나서, 말로건 노래로건 단순하고 편리한 은유의 힘을 빌려 우리를 밖으로 끌고 나가 모든 것이 살아 있고, 움직이고, 우리와 부딪히는 바깥 세상을 보게 해줄 것이다. 예수님이 나타나서 "나는 길이요…"라고 말씀하셨을 때 바로 그러한 일이 일어났다.

그렇기 때문에 성경에는 그토록 많은 은유가 나온다. 그리고 성부, 성자, 성령의 활동에 우리를 참여시키느라 여념이 없는 성경 저자들이 '길'이라는 말을 사용하는 이유도 바로 거기에 있다. '길'은 '수단과 방법'과 관련된 모든 것을 자기 안에 흡수한다. '길'은 도로, 보도, 고속도로, 거리 등 문자적으로 명백한 뜻을 가진다. 그러나 일단 함축적 의미를 띠게 되면, 말하는 방식(대담하게 혹은 망설이며, 친절하게 혹은 신랄하게, 사랑스럽게 혹은 화가 나서, 부드럽게 혹은 거칠게, 공손하게 혹은 불경하게), 걷는 방식(여유롭게 혹은 서두르며, 자신감 있게 혹은 혼란에 빠진 듯이, 힘차게 혹은 힘없게), 외모가 나타나 보이는 방식(말쑥하게 혹은 꾀죄죄하게), 행동하는 방식(올곧게 혹은 범죄자처럼, 직설적으로 혹은 우회적으로, 솔직하게 혹은 교활하게, 자비롭게 혹은 구두쇠처럼, 예의 바르게 혹은 무례하게) 등을 아우르는 폭넓고도 포괄적인 의미로 확산된다.

분별

목적(가고자 하는 곳)과 방법(그 곳에 가는 방법)의 관계는 과학, 기술, 철학, 윤리, 영성에서 이루어지는 가장 기본적인 구분이다. 우리가 하는 사실상 모든 일(길을 건너거나 달걀을 부치는 아주 단순한 일에서부터 우주선을 타고 달에 가거나 소설을 쓰는 매우 복잡한 일에 이르기까지)에는 바라는 목적에 알맞은 방법이 요구된다. 요점은, 방법은 목적에 어울려야 하고 또한 목적에 들어맞아야 한다. 방법은 목적과 꼭 맞아야 한다. 그렇지 않으면 우리는 목적에 도달할 수 없다.

목적에 어울리는 방법을 습득하는 것보다 바라는 목적, 목표를 정하는 일이 훨씬 쉽다. "나중에 크면 무엇이 될래?"라는 질문을 두고 우리는 인생의 첫 스무 해 정도 동안은 수도 없이 변하는 답을 내놓는다. 목표를 정하는 데는 큰 노력이 필요 없고, 헌신도 기술도 필요 없다. 그러나 그 목표에 도달하기 위한 방법을 찾고 그 목표에 맞는 정체성을 성취하려면, 부지런히 집중하고 책임감 있게 인내하고 예리하게 분별해야 한다.

하나님의 영광을 위해서 사는 데 어울리고 세례 받은 그리스도인으로서의 정체성에 들어맞는 방법을 분별하는 일은 늘 우리에게 벅찬 요구였다. 그래서 성경 저자들은 '길'이라는 은유를 그토록 자주 사용한다. 그런데 역사상 전례가 없는 기술의 증식으로, 분별하는 일은 우리에게 그 어느 때보다도 큰 부담이 되고 있다. 이는 성경 저자들도 예상하지 못했던 일이다. 우리 시대에는 기술이 방법과 관련된 모든 일을 장악해 버렸다. 방법과 관련된 질문에 대해서 답을 찾고자 할 때 기술이 대부분의 사람들의 정신을 독점해 버린다.

그런데 기술은 방법이라는 용어를 대개 눈에 보이는 물질에만 국한시킨다. 자동차를 만드는 방법, 런던에 가는 방법, 재산을 모으는 방법, 게임에서 이기는 방법, 적을 죽이는 방법. 참으로 인상적인 기술의 독식이다. 그러한 기술 앞에서 경외에 찬 감탄을 하는 우리는 그 기술이 실제로 우리가 사는 방법에 대해서는 거의 아무런 기술도 지혜도 주지 않는다는 사실을 눈치 채지 못한다. 기술화된 세계는 물건을 만들 줄 알고, 이곳저곳을 다닐 줄은 알지만, 인생을 잘 사는 데는 딱히 눈에 띄는 성과를 보여 주지 못한다.

우리의 성경과 전통에 두드러지게 나타나는 '길', 하나님을 영광스럽게 하는 방법을 보여 주고 세례 받은 자로서 정체성을 실현하는 방법을 보여 주는 '길'이, 현대의 삶에서는 돈을 벌고 일자리를 얻고 권력을 획득하는 방법들로 바뀌어 버린 현실을 나는 우려한다. 방법을 분별하고 사용하는 일에 대해서 성경과 예수님이 지녔던 권위를, 기술과 기술 신(神)이 가져가 버렸다. 그리고 이와 같은 기술의 증식으로, 우리의 평범한 생활을 구성하는 모든 일의 방법과 목적 사이에 반드시 존재하는 유기적인 연결성이 모호해져 버렸다. 기술이 방법의 문제를 장악하게 되면, '삶의 수준'이 우리가 얼마나 잘 사느냐와는 아무런 상관이 없게 되고, 오직 해마다 얼마나 많은 돈을 쓰느냐와 상관이 있게 된다.

유혹

예수님이 유일한 길이 되는 방식은 양식이나 편의의 문제가 아니다. 그리고 막연하게 위쪽을 가리키는 일반적인 원칙도 아니다. 기도와 말씀에 주의를 기울이는 가운데 예수님은 의도적으로 자신이 살아갈 방식을 택하셨다. 우리가 예수님을 따르기로 선택한다면, 우리도 예수님처럼 기도와 말씀에 주의를 기울여야 하며, 또한 의도적이어야 한다. 그 이외의 다른 방식은 예수님을 따르는 방식이 될 수 없다.

신약 성경에 나오는 세 복음서의 저자들은 예수님의 길에 대한 이야기를 시작하기 전에 (마 4:1-11; 막 1:12-13; 눅 4:1-13) 먼저 예수님이 길이 되시는 방식에 대해서, 그리고 예수님이 길이 되시는 방식이 아닌 방식에 대해서 분명하게 말해 준다.

세 복음서의 저자들은 각각 도입부에 해당하는 이야기를 조금씩 하고 난 후에 세례 요한을 등장시킨다. 요한은 아브라함의 때부터 '주의 길'을 예비해 온 히브리 예언자들 중에서도 최후의 예언자이며 최고의 예언자다. 요한이 예수님께 세례를 줄 때 성령께서 마치 비둘기처럼 하늘에서 내려와 예수님 위에 앉으셨는데 이는 하늘이 그 세례가 유효함을 확인해 준 사건이다. 그리고 하늘에서 들린 "이는 내 사랑하는 아들이요, 내 기뻐하는 자라"라는 소리는 그 세례를 공적으로 승인해 주었다. 우리에게 하나님을 계시해 주고 우리를 하나님께로 인도하는 메시아로서 살아갈 예수님의 필생의 사업이 이제 시작된 것이다.

영광스러운 시작. 위대한 출발. 세례와 비둘기 같은 성령의 강림 그리고 하늘에서 울린 소리. 그렇다. 이제 여세를 몰아갈 때가 왔다. 예수님이 길을 가기 시작하셨다. 그리고 예수님을 따를 준비가 된 우리도 예수님의 길을 가기 시작했다.

그런데 이 복음서 저자들이 갑자기 우리의 길을 가로막고 나선다. "잠깐만. 아직은 아니야. 그렇게 서두르면 안 돼. 이걸 한번 주목해서 봐." 우리는 계속해서 가고 싶은 마음이 간절한데 어쩔 수 없이 때 아닌 방해를 못마땅하게 여기면서 주저앉는다. 그리고 마귀에게 유혹을 받으신 예수님의 이야기를 듣는다.

"곧"(마가의 표현) 성령께서는 예수님을 광야로 내몰았고 그곳에서 예수님은 마귀의 유혹을 받으셨다. 여기서 이 사건이 반드시 필요했다는 사실이 강조되고 있다. 이야기가 계속되기 전에 이 일이 반드시 있어야 했다. '페이라조'(*peirazo*)라는 단어는 하나님이 아브라함에게 모리아 산에서 시험의 시간을 겪게 하신 창세기 22:1에서처럼 "시험"이라고 번역될 수 있다. 그러니까 '주의 길'을 가는 잘못된 방식이 있다는 말이다. 광야는 주의 길을 간다는 것이 무엇을 의미하는지 분명히 알 수 있는 시간과 장소를 제공한다. 우리는 반드시(선택 사항이 아니다) 주님의 길을 가는 '방식'에 세밀한 주의를 기울여야 한다. 예수님이 그렇게 하셔야 했고, 우리도 그렇게 해야 한다.

이 유혹의 사건은 처음부터 예수님이 메시아의 사역을 어떤 방식으로 해 나가실지를 분명하게 밝혀 주었다. 예수님이 '누구'이신지에 대해서는 아무런 신원 보증도 필요 없었다. 성령께서 비둘기처럼 내려와 예수님 위에 앉으신 것으로 증거는 충분했다. 예수님의 자격은 더 이상의 승인도 필요 없었다. "이는 내 사랑하는 아들이요…"라는 말은 자격에 관한 결정적인 발언이다. 하지만 이 메시아의 사역, "땅에 있는 것들이나 하늘에 있는 것들"(골 1:20) 모두를 포괄적으로 화해시키는 일, 이 구원의 일을 예수님은 '어떻게' 이루어 가실 것인가? 이 '어떻게'만큼은 면밀하게 살펴보고, 신중하게 고려해 보고, 검토하고, 엄격하게 시험해 보아야 한다. 바로 여기에 우리의 생명이 영원히 달려 있기 때문이다.

예수님의 길로 회심하고 난 후에 바울이 광야에서 보낸 시간("아라비아로 갔다가", 갈 1:17)은, 예수님만 시험과 유혹의 시간을 지나갈 필요가 있는 것이 아니라, 예수님을 따르는 우리 모두가 그렇게 해야 한다는 사실을 말해 준다. 우리가 누구인지, 그리고 우리가 무엇을 해야 하는지는 분명하다. 하지만 어떻게 그 일을 해야 하는가? 우리는 어떤 방법들을 사용해야 하는가?

우리는 '선한 일'을 하는 마귀의 방법을 높이 평가하고 실천하는 세상에서 성장한다. 우리가 예수님을 따르기 전까지는 그 방법들이 충분히 효과가 있는 듯했다. 효과가 너무 좋아서 마귀라는 존재가 있다는 사실도 어쩌다가 한 번씩 생각날 뿐이었다. 그러나 이제 이 맑은 사막의 공기 속에서 분별을 해야 한다. 선함의 가면 뒤에 있는 환상을 분별해 내야 한다. 행복의 추구라고 하는 멋진 수사법 속에 엮여 있는 거짓말을 분별해 내야 한다. 겉치레와 실제 행동 사이의 불일치를 분별해 내야 한다. 그리고 눈부신 빛처럼 우리를 현혹시켜서 우리의 일상성 안에 있는 작은 부분들을 보지 못하게 하고 우리를 오도하는 터무니없는 약속들을 분별해 내야 한다.

광야의 시간. 사막의 시간. 마귀의 길에 맞서 예수님의 길을 시험해 보는 시간. 예수님의 길에서 벗어나게 만드는 유혹의 강력한 힘을 느끼고 그것이 유혹임을 깨닫는 시간. 그 유혹은 환상을 받아들이고 거짓말을 믿으라고 하는 유혹임을 깨닫는 시간. 예수님의 길과 마귀의 길 사이에 놓인 거대한, 그러나 가려진 심연을 인식하게 되는 시간.

　광야에서의 시간은 억측과 오판, 순진함과 자기 몰두로부터 예수님의 길을 보호한다. 예수님을 시험하고 유혹하는 사건을 주의 깊게 살펴보면서 깨닫게 되는 사실은, 마귀가 예수님께 어떤 식으로든 그의 소명을 포기하라고, 좀더 단순한 것을 택하라고, 책임을 회피하라고, 그가 받은 세례의 유효성을 부인하라고, 혹은 하늘로부터 들은 소리를 의심하라고 주장하지 않는다는 사실이다. 마귀는 목적의 문제, 목표와 의도의 문제, 구원의 위대한 사업 자체는 건드리지 않고 기꺼이 내버려둔다. 마귀의 유혹은 오직 '방법들'에만 집중되어 있다. 예수님의 목적을 성취하는 데 가장 적합한 방법들에 의문을 제기한다.

첫 번째 유혹은 돌을 떡으로 만들라는 유혹이다. 예수님은 배가 고프셨고 마귀는 선한 일을 위해 예수님을 이용하고자 했다. 마귀는 우선 스스로를 위해 좋은 식사를 마련함으로써 그 일을 시작할 수 있다고 유혹했다. 예수님은 창조의 산물을 소모품으로 바꾸어서 그것을 가지고 유용한 일을 할 수 있다. 그것은 쉽게 납득할 수 있는 일이고 선한 일이다. 그렇게 하면 선한 일을 하는 자로 이력을 쌓아 가는 예수님의 길이 시작될 것이다. 여기서 선한 일이란, 사람들의 필요를 채워 주고, 신체적이건, 감정적이건, 정신적이건 그들의 갈망을 만족시켜 주고, 그들의 기대를 충족시켜 주고, 그들에게 자존감을 심어 주는 일이다.

마귀는 우리도 이같이 하기를 바란다. 예수님을 따르되 필요를 충족시키는 데 예수님을 **이용하라**. 우선 우리 자신의 필요를 충족시키고 그 다음에는 우리 주변의 모든 굶주린 자들의 필요를 충족시키면 된다. 이 유혹은 나 자신과 다른 사람들을 무엇보다도 소비자로 대하라고 하는 유혹이다. 인생을 소비자라는 관점에서 정의하고 "예수님의 이름으로" 그것을 성취할 수 있는 계획과 프로그램을 고안하라는 유혹이다.

그렇다고 이 말이 우리가 돌보아야 하는 사람들의 필요가 이 세상에 많지 않다는 뜻은 아니다. 굶주림과 가난을 해소하고, 정의를 위해 일하고, 병든 자를 고치고, 알아야 할 것들을 가르치고, 땅을 돌보고, 곡식을 기르고 음식을 준비하고, 이야기를 들려주고 노래를 부르고, 연약한 자를 보호하는 일에 헌신하며 일생을 바쳐야 하는 긴박한 복음의 사역이 없다는 뜻도 아니다. 그러나 여기에서의 유혹은 자신과 다른 사람들을 자신 혹은 문화가 '필요'라고 정의하는 것으로 '축소시키라'는 유혹이다. 그러한 필요들은 결국 죄가 '필요'라고 정의하는 것으로 귀결된다. 그리고 우리는 그러한 일을 하는 데 예수님을 이용한다.

미국 경제의 핵심적 본질은 무엇보다도 필요를 채운다는 데 있다. 아마도 우리 미국인들은 역사상 그 어느 사회보다도 필요를 채우는 데 능숙한 사람들일 것이다. 그러나 필요를 채우는 일은 우리를 결코 더 나은 사람으로 만들어 주지 못한다. 미국의 일부 비평가들은 미국인들이 지금까지 살았던 사람들 중에서 가장 이기적이고, 자기 중심적이고, 스스로를 속이는 사람들이라고 말하는데, 아마도 그들의 말이 옳을 것이다. 게다가 필요를 채우는 엄청난 능력을 가졌음에도, 우리가 싫어하는 사람들 혹은 우리를 지나치게 불편하게 만들 것 같은 사람들의 필요는 이상하게도 눈치 채지 못하는 탁월한 능력 또한 가지고 있다.

예수님은 자신의 전 생애 동안 필요를 채워 주는 일에 적극적이셨고 우리도 마찬가지로 적극적이기를 바라신다. 그러나 예수님이 사신 방식은, 필요를 채우는 일을 포함하기는 했지만 결코 그 일로 축소되지 않았다.

두 번째 유혹은 성전의 지붕에서 뛰어내리라는 유혹이었다. 마귀는 우리가 예수님을 이용해서 저 아래에 있는 군중들을 기적으로 현혹시키고, 그들의 무료한 삶에 약간의 흥분거리를 가져다주기를 바란다. "예수여, 뛰어내리시오. 이 사람들은 결코 당신의 기적을 잊지 않을 테요. 그 기적이 그들의 인생을 바꾸어 놓을 것이오. 앞으로 오랫동안 그들은 자기 자녀들에게 그리고 손자 손녀들에게 천사가 당신을 구원해 준 이야기를 들려줄 테고, 그 이야기는 하나님은 언제든지 초자연적인 힘을 발휘해서라도 우리가 원하는 일을 이루어 주신다는 것을 보여 주는 설득력 있는 증언이 될 것이오." 이 유혹은 기적을 행하는 서커스 인생을 살라는 유혹이다. 게다가 하나님의 기적을 행하는 인생보다 더 좋은 인생이 어디 있겠는가? 종교적 기적을 행하면서 군중들을 즐겁게 해주고, 그들이 요구하는 대로 황홀경을 경험하게 해주는 것보다 더 좋은 인생이 어디 있겠는가?

마귀는 우리도 그와 같은 일을 하기를 바란다. 지루함을 막아주는 방지책으로 예수님을 이용하기를 원한다. 사람들이 마약과 술, 섹스와 고속 자동차, 위험과 스릴, 텔레비전과 권총을 사용하듯이 예수님을 이용하라. 예수님께 기적을 행하는 잠재적 능력이 있으니 예수님을 이용하라. 단조로움을 잠시 잊기 위해서 예수님을 이용하라. 주말의 기분 전환을 위해 사용할 수 있는 소모품으로 예수 패키지를 만들라.

물론 이 세상에는 감정적으로 단조로움을 느끼는 사람들, 막다른 인생을 사는 사람들, 이런저런 어려움이 끊이지 않는 사람들이 많다. 내적인 삶이 전혀 없고, 참으로 많은 것을 놓치고 살며, 따라서 온갖 종류의 중독(성, 마약과 술, 음식, 범죄를 저지르거나 도박을 할 때 순간적으로 분비되는 아드레날린으로 인한 흥분 등)에 쉽게 빠지는 사람들은 언제나 있다. 이 문제에 대해서도 할 일은 많다. 우리가 풍요롭게 살기를 예수님이 바라신다는 데는 의문의 여지가 없기 때문이다. 예수님 자신이 그것을 바란다고 말씀하셨다(요 10:10). 예수님의 길에는 참으로 많은 기쁨과 아름다움과 황홀경이 있다. 예수님의 길은 결코 야박하거나 인색하지 않다. 다만 여기서의 유혹은 예수님을 현실 도피와 스릴로 '축소시키라'는 유혹이다. 그와 같은 도피는 인격을 상실한 탈출이며, 무책임한 기분 전환이요, 일상성을 회피하게 만드는 심리적 조작이다.

미국의 오락 산업은 싼 값에 기분을 전환하게 해주거나 가짜 황홀경을 맛보게 해주는 일에 앞장서고 있다. 일상적 책임에서 잠시 벗어나고, 요구가 많은 친밀한 관계를 떠나 잠시 쉬는 일은 매우 유용하다. 그럼으로써 우리는 새 힘을 얻고 회복되어 다시 우리의 일상성으로, 우리의 일과 친구와 가족으로 돌아갈 수 있다. 우리의 삶은 오락을 통해서 쉬고 활력을 얻을 수 있다. 하지만 그것이 지나치면 처음에 오락이 의도했던 바가 오히려 성취되지 못하고 만다. 우리는 관중석으로 떠밀려 생의 충만함을 관망하는 구경꾼이 되어 버린다. 꾸어다 놓은 보릿자루 같은 수동적 존재로 축소되고, 질릴 정도로 먹은 사람처럼 늘어지게 된다. 우리 사회의 신중한 평론가들은 이렇게 계속 오락에만 빠져 있다가 결국에는 죽음에까지 이르게 될 것이라고 반복해서 경고하고 있다.[2]

예수님은 당연히 그 성전 지붕에서 뛰어내릴 능력이 있으셨다. 그렇다면 왜 그렇게 하지 않으셨을까? 예수님은 헤롯 안티파스에게 볼거리를 제공해서 그를 즐겁게 해주기를 거부하셨던 것처럼(눅 23:8-9), 기적으로 우리를 즐겁게 해주시는 것도 거부하신다. 예수님은 우리를 삶과 분리시키려고 하시는 게 아니라, 오히려 삶 속에 있는 "더 많은" 것, 우리가 스스로 짜 맞출 수 있는 차원을 넘어서는 인생, 아름다움과 도전의 영역, 기쁨의 깊이, 우리 입에 "웃음이 가득한"(시 126:2) 그러한 영역을 보여 주고 싶어하신다. 예수님이 행하신 기적보다도 더 인상적인 사실은, 예수님이 참으로 적은 기적을 행하셨다는 사실이다. 예수님은 결코 지름길로 혹은 노동력을 절감하는 방편으로 기적을 사용하지 않으셨다. "예수님이 목수의 작업장에서 일하실 때 한번이라도 못을 박으려고 망치를 내려놓고 성령을 사용했으리라고 생각하는 그리스도인은 없을 것이다."[3] 예수님이 가끔씩 사용하신 기적은 인생에 내재되어 있는 "더 많은 것"을 우리에게 보여 주시기 위한 방편이었으며, 사랑과 순종의 삶에서 경험할 수 있는 깊이를 보여 주는 계시였다. 예수님의 길은 일상에서 예외가 되는 일들이 연속해서 일어나는 길이 아니라, 지금 우리가 살고 있는 이 장소에서, 지금 여기에 있는 사람들과 함께 깊이 그리고 충만하게 사는 길이다.

세 번째 유혹은 이 세상을 지배하라는 유혹이었다. 마귀는 우리가 예수님을 이용해서 이 세상을, "이 세상의 모든 나라와 그 영광"을 운영하고 책임지기를 바란다. 얼마나 대단한 제안인가! 그러한 일을 할 자격을 예수님보다 더 많이 갖춘 자가 누구겠는가? 평화와 정의 그리고 번영의 통치를 확립할 기회가 바로 여기에 있다. 한 점의 부패도 없는 정부를 만들라. 하지만 물론 마귀의 조건을 따라야 한다. 마귀가 제안하는 통치권에는 사악한 조건부가 따라온다. "만약에 네가 내 앞에 무릎 꿇고 나를 경배하면." 마귀의 방법은 외부로부터 강요된 방법, 비인격적인 방법일 수밖에 없다. 마귀의 방식은 기능에 있어서는 정말로 완벽하겠지만, 아무런 인격적 관계도 없다.

마귀는 우리도 같은 방식으로 예수님을 이용하기를 바란다. 예수님을 이용해서 우리의 가족과 이웃과 학교와 정부를 할 수 있는 한 효율적으로 그리고 제대로 운영하되, 아무런 사랑이나 용서도 없이 하기를 바라고 있다. 그렇게 하면 모든 사람이 기능으로 축소되어 버린다. 그렇게 하는 것만이 공정하고 평화롭고 부유한 정부를 가질 수 있는 유일한 길이다. 우리는 편견과 자기중심주의, 야망, 미신, 무지, 욕심, 탐욕으로 점철된 세상에 살고 있으며 신문이나 뉴스를 보면 인간의 그러한 악한 면들이 날마다 보도된다. 한편 마귀는 자유를 제거하고 "올바름"을 강요하라고 우리 곁에 바짝 붙어서 유혹한다. 간디는 "너무도 완벽해서 그 누구도 선할 필요가 없는 시스템을 꿈꾸는 것"에 대해서 비난하는 투로 말하곤 했다.[4]

이는 정치와 국가 정부, 평화라는 큰 목적과 정의를 이루는 일, 결혼과 가족, 사업과 무역의 세계에서 바로잡아야 할 일이 많지 않다는 뜻이 아니다. 그 오랜 세월 동안 유토피아적인 사회를 만들려는 숱한 시도에도 불구하고 인류는 이러한 문제들을 결코 잘 해결한 적이 없다. 사람들이 생계를 꾸릴 수 있는 길을 가련해

주고, 공통의 목표를 위해 함께 일할 수 있는 방안을 마련해 주고, 연약하고 피해 입은 자들의 필요를 살펴 주는 그러한 일들을 인류는 잘 해내지 못했다. 우리가 좋아하지 않거나 인정하지 않는 사람들에게 우리가 선하다고 생각하는 바를 강요하기 위해서 선택한 전형적인 방법은 언제나 전쟁이었다. 지금도 여전히 그렇다. 불과 얼마 전에 막을 내린 20세기에 "이 세상의 모든 나라들"은 그 어느 때보다도 심한 반목의 상태에 있었고, 경제 면에서 그리고 교육 면에서 가장 진보한 나라들이 그 일에 앞장섰다. 조지 스타이너(George Steiner)는 그 시대를 "지옥 같은 시기"라고 요약해서 말하고 있다.[5] 당시의 자료와 통계들을 보면 반박의 여지가 없다. 우리는 똑똑해질수록, 그리고 부유해질수록 더 살인적이 된다.

많은 사람들이, 어쩌면 대부분의 사람들이 미국의 민주주의가 인권과 번영의 차원에서만큼은 세계 정부 역사에서 그래도 밝은 측면을 보여 준다고 생각하지만, 그것 또한 흠이 없다고 할 수 없다. 결코 "점도 흠도" 없다고 말할 수 없다. "언덕 위의 도시"가 되어 이 세상이 갈 길을 보여 주겠다고 하던 미국의 초기 정치 지도자들의 비전은 이미 오래 전에 바래고 말았다. 기독교 국가라는 듣기 좋은 말은 미국 정치 지도자나 기업, 교육 기관들이 하는 일로 보아 전혀 근거가 없는 말이다. 한편, 미국의 모든 그리스도인은 미국이 운영되고 문화가 형성되는 방식에 대해서 목소리를 내야 하는 중요한 위치에 있다. 그러나 만약 우리가 예수님이 말하시고 행동하셨던 방식과는 다른 혹은 그것에 대립되는 언어로 말하고 행동할 수 있다고 생각한다면 마귀의 속임수에 보기 좋게 넘어가고 말 것이다.

예수님은 우리가 어떻게 세상을 운영해야 하는지에 대해서 할 말이 많으시다. 예수님이 관여하셨고 지금도 관여하시는 일에는 '나라'와 '세상'이 큰 부분을 차지한다. 그러나 예수님은 우리의 영혼을 너무도 소중하게 여기셨기에 우리를 선한 존재로 만들겠다는 의도로 우리의 영혼을 '제거하지' 않으셨다. 예수님은 그 누구에게도, 그 어떤 한 사람에게도 자신의 방식을 강요하지 않으신다. 예수님은 우리를 초대하고 용서하신다. 잃어버린 자를 찾으시고 다친 자를 고치신다. 교만한 자를 꾸짖으시고 자신이 당하는 모욕을 묵묵히 받아 내신다. 예수님에 대해서 성경이 하고 있는 마지막 말은 "땅의 임금들의 머리가 되신 예수 그리스도"(계 1:5)라는 승리의 말이다. 그 자리는 마귀가 제안했던 것과 똑같이 높은 지위이지만, 그 다스림이 처음 이루어진 곳은 골고다의 십자가이며, 이제 예수님은 "아버지의 오른 편에 앉아서" 구원의 위대하고도 포괄적인 사역을 이루어 가신다. 그 구원 안에서 모든 만물이 "예수 그리스도 앞에 경배의 무릎을 꿇고, 예수 그리스도는 모든 만물의 주인이시라고 찬양하고 외치며, 하나님 아버지께 영광을 돌릴 것이다"(빌 2:10-11, *The Message*).

예수님은 관계 속에서의 신뢰와 예배 속에서의 사랑이 빠진 추상적인 규칙 그리고 현실과는 유리된 원칙들을 사람들에게 강요하는 왕권의 관료 정치로 통치하라는 유혹을 받았다. 그러나 예수님은 거절하셨다. 예수님의 통치는 결코 비인격적이지 않으며, 결코 익명의 대상을 향해 이루어지지 않는다.

마귀가 했던 각각의 유혹은 예수님이 길이 되시는 '방식', 예수님이 자신의 일을 이루어 가실 방식과 관련된 유혹이었다. "예수, 너는 돌덩이에 네 의지를 행사해서 네 길을 축소하고 탈인격화하겠는가? 인간의 필요를 채워 주기 위해서 그 돌덩이를 사용하면 되는데, 우선은 네 자신을 돌보고 그 다음에 많은 사람들을 먹이면 된다." "예수, 너는 서커스 같은 웅장한 볼거리를 제공해서, 기적처럼 신기하고 언제나 현존하는 하나님의 섭리를 거리에 있는 사람들에게 증명해 보이겠는가? 그러나 결코 그들을 인격으로 대해서는 안 된다." "너는 얼굴 없는 관료 정치로 이 세상을 다스리겠는가? 그렇게 하면 네 손을 더럽히지 않고도 효과적으로 정의를 실행하고 번영을 이룩할 수 있다."

예수님은 그 모든 유혹에 대해서 아니라고 대답하셨다. 각각의 유혹에 대해 성경을 근거로 제시하면서 단호하게 아니라고 대답하셨다. 왜 그렇게 하셨을까? 왜냐하면 각각의 유혹을 받아들이면 그 길은 비인격적인 길, 관계에서 벗어난 길, 사랑에서 유리된 길, 외부에서 강요된 길이 될 것이기 때문이다. 그 길은 구원의 포괄적인 이야기와는 동떨어진 길이 되었을 것이고, 따라서 사람들의 인생에 동참하는 것과는 동떨어진 길이 되었을 것이다. 예수님의 길은 결코 강제로 위협하지 않는다. 예수님의 길은 (힘을 의미하는 그리스어 *dunamis*를 따서 이름이 붙여진) 다이너마이트의 퓨즈에 불이 붙여졌을 때 일어나는 일하고는 거리가 멀다. 예수님의 길은 언제나 인격적인 방식으로 행해진다. 예수님은 창조하고 구원하고 복을 주신다. 예수님의 길은 결코 외부로부터 주어지는 비인격적인 간섭이 아니다.

이 세 개의 위대한 거절은 잘못된 방식으로 선한 일을 하지 않겠다는 예수님의 거절이다. 각각의 유혹은 선한 일로 포장되어 있다. 많은 사람을 먹이는 일, 기적을 통해 복음을 전하는 일, 공정하게 세상을 다스리는 일. 마귀의 유혹 전략은 예수님의 방식들을 탈인격화하되 그 길 자체는 손대지 않은 채 내버려두는 것이며 우리에 대한 전략도 마찬가지다. 그러나 탈인격화된 방식, 사랑이나 친밀감이나 참여 없이 수행되는 방식은, 우리가 아무리 그 일을 잘 해낸다 해도, 그리고 그 방식을 통해서 아무리 많은 선한 일들이 이루어진다 해도 결코 예수님의 길이 아니다.

우리는 주님의 일을 마귀의 방식으로 해낼 수 없다. 마귀에게는 탁월한 생각들이 많이 있다. 마귀는 더할 나위 없는 생각의 대가이지만 결코 육신을 입을 수 없다. 그래서 그는 사람들을 이용해서 자신의 계획을 인격적인 관계 속에서보다는 기능적인 관계 속에서 구현하게 한다. 마귀는 궁극적인 탈육체의 존재다. 예수님의 방식이 아닌 다른 방식들을 받아들일 때마다, 사람이나 사건을 조작해서 인격적인 관계와 친밀감을 건너뛰려 할 때마다, 우리는 마귀의 일을 하게 된다. 깨어 있어야 한다. 이 깨어 있음은 늘 필요한 태도였으며, 비인격적인 방식으로 선한 일을 하는 것이 전염병처럼 퍼져 있는 이 미국 땅에서는 여전히 필요한 태도다.

길에 대해 더 생각할 것들

길이신 예수님, 예수님의 길. 예수님이 길을 보여 주신다. 그리고 예수님 자신이 길이시기도 하다. 예수님은 길을 가리키시고는 옆으로 비켜서서 우리가 스스로 최선을 다해서 그 길을 가도록 내버려두지 않으신다. 예수님은 길을 가리키신 후에 먼저 나서서 그 길을 가시면서 함께 가자고 우리를 청하신다. 예수님은 우리를 데리고 다니신다. 땅과 바다를 지나서, 온갖 굳은 날씨를 통과해서, 막다른 골목을 피하고 우리를 유혹하는 샛길을 피해서, 위험에 빠지지 않게 주의하면서 적들을 경계하도록 일깨우면서 우리를 데리고 다니신다.

길이신 예수님에 대해서 곰곰이 생각해 볼 때 분명해지는 사실 가운데 하나는, 예수님의 길은 예수님이 누구이신지 그리고 어떻게 행동하시는지를 말해 주는 적절한 형용사나 부사들을 갖다 붙이는 것으로는 그 길의 독특성을 설명할 수 없다는 점이다. 그 길은 추상적인 개념도 아니고, 표어도 아니며, 원리도 아니다.

그 길은 은유다. 도로, 보도, 거리, 고속도로, 오솔길이면서 동시에 사람이다. 볼 수 있는 육체와 볼 수 없는 영혼을 가진 사람. 우리가 이해할 수 있는 말을 하시고, 친구들과 함께 식사를 하시고, 가버나움의 회당과 갈릴리 호숫가에서 가르치시고, 배를 타고 강을 건너시고 당나귀를 타고 가시고, 여자들과 아이들을 데리고 나타난 5천 명의 남자들을 위해 떡과 물고기가 주 메뉴인 피크닉을 여시고, 산 속에서 우리를 위해 기도하느라 밤을 지새우시고, 골고다의 십자가에서 죽으시고, 죽음에서 다시 살아나서 자신의 부활 생명을 우리 안에 불어넣으시는 사람이다.

이 길에 대해서 우리에게 무언가를 알려 주는 주요한 자료는, 오직 예수님이 사신 방식, 예수님이 복음의 메시지를 선포하신 방식을 이야기해 주는 내러티브다. 예수님의 특성에 대한 요약도 없고, 예수님의 지능이나 적성에 대한 검사 결과도 없고, 예수님이 성취하신 업적의 목록도 없다. 오히려 그러한 자료들이 없다는 사실 자체가 더 두드러지게 눈에 띈다. 모든 자세한 내용들은 은유로 가득한 예수님의 이야기 속 곳곳에 들어가 있다. 우리는 상상력과 믿음을 가지고 기도하면서 그 내러티브 속으로 들어가서 거기에 어떤 것들이 있는지, 그 길의 짜임새를 엮어 주는 관계는 무엇인지 느껴 보아야 한다.

또 한 가지 생각해야 하는 사실이 있다. 예수님은 우리가 하나님께로 가는 길이지만, 동시에 하나님이 우리에게로 오시는 길이기도 하다. 소크라테스 이전의 그리스 철학자인 헤라클리투스에 대해서는 오늘날 우리에게 전해지는 내용이 단편적인 것들밖에 없고 저술 한 편 온전하게 전해지는 것이 없지만, 그가 했던 말들 중 내가 무척 좋아하는 것이 하나 있다. "올라가는 길과 내려가는 길은 같은 길이다."[6]

우리가 하나님께로 가는 길은 하나님이 우리에게로 오시는 길과 같다. 하나님은 예수님을 통해 우리에게로 오시고 우리는 예수님을 통해 하나님께로 나간다. 그 길은 같은 길이다. 바로 예수님이라는 길이다. 하나님은 예수님을 통해 우리에게로 오셔서 구원의 말씀을 하시고, 우리의 약함을 고치시고, 성령을 약속하시고, 하나님 나라에서 사는 법을 가르쳐 주신다. 그리고 하나님이 우리에게 오시는 통로인 바로 그 예수님 안에서 우리는 하나님께 기도하고 하나님을 믿고, 그분 말씀을 듣고 순종하며, 하나님을 사랑하고 찬양한다. 예수님은 하나님이 우리에게로 오시는 길이다. 그리고 예수님은 우리가 하나님께로 나아가는 길이다. "올라가는 길과 내려오는 길은 같은 길이다."

예수님은 구원의 길이시다. 우리는 예수님의 길을 따른다. 예수님은 영원한 생명의 길이시다. 우리는 예수님의 길을 따른다. 예수님이 하시는 방식이 우리가 따라야 하는 방식이다. 예수님은 우리가 하나님께로 나아가는 길이다. 그게 전부다. 더 이상 토론의 여지가 없다.

그리고 예수님은 하나님이 우리에게로 오시는 길이다. 이 땅 위에서 예수님은 하나님에 대한 믿음과 순종과 기도의 길이다. 하늘에서 예수님은 우리에게 주어지는 하나님의 계시, 하나님의 구원, 하나님의 축복의 길이다.

우리가 하나님에 대해서 알아야 하는 모든 것은 예수님을 통해서 주어진다. "말씀이 육신이 되어 우리 가운데 거하시매 우리가 그의 영광을 보니"(요 1:14). 요한복음은 신중하고도 매우 여유롭게 "쉬지 않으면서, 서두르지도 않으면서, 빛처럼 고요하게"[7] 그리스도이신 예수님을 통해서 우리에게 계시된 삼위일체의 모든 일과 이야기를 우리에게 들려준다.

많은 이들이 읽은 찰스 셸던(Charles Sheldon)의 「예수님이라면 무엇을 하셨을까?」(*What Would Jesus Do?*)라는 제목의 책은 아주 좋은 질문을 던지고 있다. 그러나 또 하나의 질문이 그 질문만큼 주목을 받도록 나란히 주어지지 않는다면 그 질문은 오직 반쪽짜리 진실의 답변만을 얻을 뿐이다. 그 질문은 바로 "하나님이 무엇을 하시는가?"다. 예수님은 우리에게 무엇을 해야 하는지 알려 주시는 동시에 하나님이 무엇을 하시는지도 알려 주신다. 예수님은 실천하시는 하나님이다. 예수님은 말씀하시는 하나님, 나병 환자를 만지시는 하나님이다. 예수님은 정죄받아 죽어가는 범죄자를 용서하시고, 돌로 쳐서 죽이려는 남자들에게 쫓기는 간음한 여인을 용서하시는 하나님이다. 예수님은 아이들을 축복하시는 하나님, 바디매오의 시력을 회복시켜 주시고 나사로에게 생명을 주신 하나님이다. 예수님은 종교적인 겉 치레에 대해서 심판을 선고하시는 하나님이다. 예수님은 예루살렘을 향해 우시는 하나님이다.

예수님. 예수님. 예수님. 예수님은 우리가 하나님께로 나아가는 길이다. 그리고 하나님이 우리에게로 오시는 길이다. 그것은 순차적인 것이 아니라 동시에 일어나는 일이다. 주일에는 하나님이 우리에게로 오시는 길이 열리고 평일에는 우리가 하나님께로 나아가는 길이 열리는 것이 아니다. 그 길은 2차선 도로다. 이 두 개의 차선을 모두 열어 놓지 못했기 때문에 그리스도인의 공동체 안에서 온갖 해로운 일들이 많이 일어났다. 올라가는 도로와 내려오는 도로는 같은 도로다.

시편 84편은 "그 마음에 시온의 대로가 있는" 이들에 대해서 이야기한다. 대로가 어떤 곳인지 다들 나름대로 경험한 바가 있을 것이다. 사고가 나서 우리가 있는 차선이 막히게 되면 어떤 일이 벌어지는지 우리는 잘 안다. 꼼짝도 못하고 차에 앉아 있게 되는데, 건너편 차선에서는 차들이 자유롭게 집으로, 직장으로, 혹은 스키를 타러 산으로, 혹은 서핑을 하거나 수영을 하러 바다로 달려간다. 1차선 만으로는 부족하다. 우리에게는 차들이 양쪽 방향으로 달리는 대로가 필요하다. 바로 예수님이다. 우리가 하나님에게로 나아가는 길. 하나님이 우리에게로 오시는 길.

기억해야 할 것이 한 가지 더 있다. 예수님의 이야기를 들려준 주요 저자들인 마태, 마가, 누가, 요한은 예수님의 내러티브를 녹고한 선대의 내러티브에 정통해 있었다. 그들은 예수님의 길에 대한 이야기를 이스라엘 백성이 수세기 동안 들어온 이야기의 맥락 속에서 들려준다. 그들이 2천 년 동안 들어 온 이야기들이 마침내 예수님의 이야기 안에서 채워지고 완성되는 것이다.

예수님의 이야기와 예수님의 길을 온전히 느껴 보고 싶다면, 창세기에서부터 말라기에 이르는 모든 이야기 속에서 오랫동안, 천천히, 여유롭게 순례의 여행을 하는 것 외에는 다른 방법이 없다. 그 내러티브의 강이 우리의 혈관을 타고 흐르게 하고, 구체적 장소와 사람에게 관심이 집중되는 것을 관찰하면서 길고도 여유로운 순례의 여행을 해야 한다. 그렇게 해서 그 이야기가 구체적인 환경과 지역 속에, 그 동네에 사는 구체적 이름을 가진 사람들 속에, 그 숲과 사막에 살고 있는 동물들과 천사들 사이에 뿌리박게 해야 한다. 제1부의 나머지 장들에서 나는 예수님의 길을 받아들이고, 예시하고, 예비한 사람들 중 여섯 명을 택해서 이 대화에 참여시키고자 한다. 바로 아브라함, 모세, 다윗, 엘리야, 예루살렘의 이사야, 유배 시절의 이사야다.

예수님의 길은, 예수님이 오시기 전의 2천 년이라는 세월 동안 이어진 역사와 그 때의 신앙과 예배를 요약해서 설명하는 것으로는 이해할 수 없다. 요약만으로도 충분하게 준비될 수 있었다면 성령께서는 분명히 그렇게 요약해 주셨을 것이고, 우리가 믿음의 언어를 배우고 하나님 나라의 길을 익히면서 그 내러티브의 영토에서 편안히 거하는 법을 터득하느라 애쓰는 수고를 덜어 주셨을 것이다.

'길'을 도로, 경로, 지도에 그어진 선(영원한 생명으로 가는 길을 찾는 데 사용할 수 있는 선)으로 축소시키는 일반적인 경향에 나는 반대하고 싶다. 그렇게 축소시키면 은유로서의 길은 사라져 버린다. 길이 생명이 없는 기술로 축소되어 버린다. 예수님이라고 하는 길은 예수님이 갈릴리에서부터 예루살렘까지 걸어가신 도로만을 의미하는 것이 아니라, 예수님이 그 도로 위를 걸으신 방식, 행동하신 방식, 느끼고, 이야기하고, 몸짓을 하고, 기도하고, 병을 고치고, 가르치고, 죽으신 방식을 의미한다. 그리고 예수님이 부활하신 방식도 의미한다. 예수님이라고 하는 길은 정보나 지침으로 축소될 수 없다. 그 길은 우리와 함께 계시는 하나님으로서 우리가 믿고 따르는 분이다.

여러 해 전에 텍사스에서 놀러온 옛 대학 친구와 함께 장관을 이루는 산길을 걸은 적이 있다. 그 길은 북미에서 볼 수 있는 경이로운 경치 중 하나였다. 내 친구는 무릎 위에 지도를 펼쳐 놓고 있었고, 나는 계속해서 우리를 둘러싸고 있는 경치의 특징들을 이야기했다. 150미터 높이의 폭포, 얼음이 얼어붙은 모습, 가로수를 이루고 있는 거대한 미국삼나무, 저 멀리 폭풍이 형성되는 모습이 보이는 산들의 능선 등에 대해서 나는 계속 이야기했다. 그 친구는 고개 한 번 제대로 들지 않은 채 오로지 지도만 보고 있었다. 내가 참다 못해서 그 친구의 주의를 끌려고 하자, 그는 "우리가 어디쯤 와 있는지를 알고 싶다"고 말했다. 그에게 "우리가 어디쯤 와 있는지를 아는 것"이란 바로 지도에 그려진 하나의 선을 찾는 것이었다. 그는 산의 실제 색채와 형세, 레이놀즈 산의 냄새와 질감, 로건 강의 우렁찬 울림, 파이건 고개로 가는 길에 실유카(용설란과의 다년초—역자 주)가 호사롭게 펼쳐져 있는 고산 지대의 목초지보다도 지도에 나오는 추상적 기호를 더 좋아했다.

경이로운 실제 세계보다도 추상적인 기호를 더 좋아한 내 친구의 경우와 비슷한 일을 그보다 몇 년 앞서 경험한 적이 있다. 아내와 나는 아이들과 함께 내 친구가 지도로 축소해 버린 바로 그 산을 다니면서 참으로 멋진 시간을 많이 보냈다. 우리의 두 아들이 청소년기에 들어서자 이 아이들은 자기 부모가 산을 오르는 속도를 못 견디게 답답해했다. 우리가 길을 나선 지 십 분도 채 되기 전에 이 아들들은 이미 눈에서 사라지고 없었다. 그들에게 이 산길, 그 '길'은 단 하나의 것으로 축소되었고 그들에게는 그것이 전부였다. 즉 그 길은 그저 산꼭대기까지 올라가는 길에 불과했다. 그들은 일부러 속도를 내어서 그 산을 (자기들 말로 하면) 정복하러 나섰고, 산봉우리에 올라가서 거기까지 오르는 데 성공한 등반가들의 이름이 적혀 있는 쇠 상자에 자기 이름을 쓰는 것이 목적이었다. 그리고 아들들은 언제나 자신들의 공적을 증거로 남기기 위해 두 장의 사진을 찍었다. 그러고는 지루해서 어쩔 줄을 몰라 하면서 점심 도시락을 짊어진 굼벵이처럼 느린 부모가 올라오기를 기다렸다. "왜 그렇게 오래 걸리셨어요? 길을 잃으신 거예요? 여기서 우리가 '몇 시간'이나 기다린 줄 아세요?"

정말이지 무엇 때문에 그렇게 오래 걸렸던 것일까? 글쎄, 일단 볼 게 많았다. 음미하고, 온몸으로 느끼고, 즐길 것들이 많았다. 절벽 위에 위풍당당하게 서 있는 야생 염소, 마치 처음 보는 것인 양 다시 한 번 보게 되는 푸른색 테두리의 용담, 바람이 조각해 놓은 백송 고목의 줄기, 폭포 속에서 뛰노는 물까마귀, 이제 막 시야에 들어온 또 다른 산맥을 감상하면서 맛있게 먹은 복숭아 등. 우리 부부에게 '길'은 정상에 오르는 길보다 훨씬 더 많은 것을 의미했다. 우리에게 '길'은 가는 길에 있는 모든 것을 그때그때 충실하게 경험하는 길이었다. 가문비나무의 향, 시냇물의 음악, 얼음 조각 같은 바위의 형세, 실유카의 우아함, 마지막으로 내가 제일 좋아하는 일로서, 편안한 상대와 함께 나누는 여유로운 대화 등 모든 것을 누리면서 가는 길이었다. 우리 아들들이 '길'을 정상으로 가는 길로 축소한 것은 그나마 내 친구가 지도에 그려진 선으로 축소한 것보다는 훨씬 나았지만 그래도 그것은 여전히 축소였다. 로버트 퍼시그(Robert Pirsig)가 이와 비슷한 맥락에서 했던 말을 읽은 기억이 난다. "미래의 어떤 목표만을 위해서 사는 삶은 깊이가 없다. 산의 정상이 아니라 산의 측면이 생명을 유지시켜 준다. 바로 여기서 생물이 자라기 때문이다. 그러나 정상이 없다면 측면도 없다. 측면을 '규정해 주는' 것은 바로 정상이다."[8]

나는 예수님의 길이 가진 모든 은유의 뉘앙스를 펼치는 데 관심이 있다. 너무도 많은 내 믿음의 동료들이 너무도 오랫동안 예수님의 길을 그저 천국으로 가는 경로로만 축소시켜 놓았다. 물론 그것은 사실이지만, 그 이상의 것이 훨씬 더 많다.

미국에서 순례자의 상징이라고 할 수 있는 사람 중 한 명인 도로시 데이(Dorothy Day)는 그 길을 가는 착실하고 분별력 있는 여행자였는데, 그는 성 캐서린의 말을 인용하기를 무척 좋아했다. "천국으로 가는 길은 줄곧 천국이다. 왜냐하면 그분이 '나는 길이다'라고 말씀하셨기 때문이다."[9]

아브라함: 모리아 산을 오르다   2

아브라함의 길에서 가장 결정적인 사건은 모리아 산에서 일어났다. 바로 모리아 산에서 이삭을 결박한 사건이다. '아케다'(*akedah*, 이 사건을 일컫는 랍비들의 용어다. 히브리어로 '결박'이라는 뜻이다). 아브라함이 이삭을 결박해서 이 제사를 위해 특별히 세운 제단 위에 이삭을 제물로 바치는 사건. 이 이야기는 하나님 백성의 상상력을 사로잡았고 이후의 숱한 세대들로 하여금 하나님이라는 근본적인 신비에 직면하게 만들었다. 이 사건에는 우리가 이해하지 못할 일이 참으로 많다. 우리의 종교적 감수성에 파문을 일으키고, 우리의 기대에 어긋나는 것들이 참 많다. 어떻게 하나님이 살인을 명령하실 수 있는가? 그것도 일반적인 살인이 아니라, 어떻게 사랑하는 아들을 살인하라고 명령하실 수 있는가? 기적적으로 약속을 성취하신 이삭의 탄생 사건을 어떻게 되돌리려 하실 수 있는가? 영원부터 우리를 사랑하시는 분이라고 우리의 부모와 목사들이 가르쳐 준 하나님이 어떻게 이처럼 냉혈한같이 잔인한 행동을 명령하실 수 있는가? 종달새가 죽어도 마음 아파하실 정도로 온유하시다고 예수님이 말해 주신 하나님이 어떻게 아버지더러 자기 아들을 죽이라고, 게다가 아무런 설명도 없이 그렇게 하라고 하실 수 있는가?

이는 우리가 감당할 수 없는 사건이다. 결박에 순순히 응하는 이삭의 자리에, 혹은 이삭의 목을 째기 위해서 칼을 들어 올리는 아브라함의 자리에 서 보려고 할 때 우리는 도무지 그럴 수 없다는 생각이 든다. 그 사건은 우리가 의식적으로 받아들이기에는 너무도 끔찍하다. 더군다나 선하시고 주권적인 하나님을 인식하는 우리로서는 그렇게 하기가 더욱 힘들다. 우리는 이 사건에 대한 설명과 해답을 찾아보려 애쓰고, 감당하기 힘든 이 사건의 가혹성을 완화시켜 줄 그 무엇을 찾아서 도서관을 샅샅이 뒤지고 문화적 배경을 찾아본다. 심기를 불편하게 하는 요소들을 무시할 수 있도록 이 이야기를 원칙이나 교리나 교훈으로 추상화시켜 달라고 신학자들과 목사들에게 요구한다. 하지만 이 이야기를 피할 길이 없다.

'아케다.' 모리아 산에서 이삭을 결박한 사건. 이삭의 목에 갖다 댄 칼. 이 사건은 아브라함의 길에서 결정적인 사건일 뿐만 아니라, "창세기의 중심점이요…창세기 전체 이야기의 전형이 되는 내러티브다."¹⁾ 그 자리에 이 이야기는 버티고 서 있다. 길을 가로막는 거대하고 무감각한 바위처럼 그렇게 버티고 서 있다.

에든버러의 걸출한 목사 알렉산더 화이트(Alexander Whyte)는 이 이야기를 도덕화하거나 신학화하거나 심리화하려고 하지 않는다. "하나님이 이처럼 어두운 일을 허락하신다는 것을 나는 이해할 수 없다. 아브라함의 모든 후손은 모든 것이 깜깜한 밤과 같다고밖에 말할 수 없는 시기를 종종 지난다."²⁾

아브라함의 이야기에서 인상적인 부분은, 결코 이해할 수 없는 그 이야기에 우리를 끌어들이면서도 말을 무척이나 아낀다는 사실이다. 인색할 정도로 말을 아낀다. 가장 숭고하고 고상한 인간의 감정과 기대(사랑, 아버지의 자리, 하나님의 백성 가운데 임명하신 지도자의 자리 등 인간의 생명에 의미를 주고 그 생명을 온전하게 해주는 모든 것에 대한)와, 아무런 설명도 없이 자의적인 하나님의 명령에 순종하여 그것을 다 포기하라는 명령 사이에 견딜 수 없는 긴장이 생겨난다. 하나님이 주셨고 지금도 주고 계신 모든 것, 약속하고 복 주신 모든 것을 아무런 설명도 이유도 없이 가져가신다. 우리에게 주어진 이 이야기에는 그러한 일이 일어나게 되는 속사정이 전혀 설명되어 있지 않다. 우리가 그 이야기에 동참하고 싶다거나 하나님과 하나님의 구원에 "가까이" 가고 싶다고 생각하게 만드는 요소가 전혀 없다.

왜 우리 신앙의 선조들은 유일한 진리의 길이 이제 막 시작되려고 하는 초입에 이 이야기를 그토록 거만하게 세워 놓았을까?

그렇게 일찍부터 그런 이야기를 접하면, 많은 사람들이 기분도 상하고 화가 나서 그냥 책을 덮어 버리고는 좀더 친절하게 우리의 영적 탐색을 안내해 줄 무엇이나 누군가를 쇼핑하러 나설 것이라는 사실을 선조들은 몰랐던 것일까?

믿음

이스라엘 백성과 훗날 예수님의 추종자가 된 사람들 사이에서 아브라함은 하나님 백성의 조상으로 기억되고 있다. 이 이야기는 분명 한 인간의 이야기다. 모든 본질적인 부분에서 아브라함은 우리와 같은 사람이다. 이 이야기는 자신이 사는 나라를 떠나서 자신이 전혀 알지 못하는 곳으로 하나님의 인도를 따라가라는 하나님의 명령에 순종한 사람의 이야기다. 훗날 바울은 이 이야기를 통해서 우리에게 "믿음"이라는 용어의 의미를 가르쳐 준다. 여기에서 믿음이란, 스스로 통제할 수 없는 일에 대해 순종하며 신뢰하는 것, 눈으로 볼 수 없는 그분과 순종의 관계 속에서 사는 것, 전혀 알지 못하는 땅으로 과감하게 발을 내딛는 것이다.

믿음은 보이는 것과 보이지 않는 것을 결합하는 일이다. 믿음의 행위에 참여할 때 우리는 통제권을 포기한다. 우리는 (시각, 청각 등) 감각으로 실재를 확인하기를 포기한다. 머리로만 아는 지식으로 인생을 알아 가겠다는 고집을 포기한다. 이것을 긍정적으로 표현하자면, 믿음의 행위에 참여할 때 우리는 살아 계신 하나님을 대하며 살기로 선택한다. 우리는 그 살아 계신 하나님이 자신이 하는 일을 잘 알고 있다고 믿는다. 그리고 신체의 감각과 자연의 물리성이 거대한 내면성(영혼)과 광대한 초월성(천국)과 분리될 수 없으며 유기적으로 연결되어 있다고 믿는다. 더 이상 인간이 노력해서 얻은 지식에만 엄격하게 기초해서 살아가지 않겠다고 선택한다. 우리는 "눈을 서서히 부시게 해야지/ 그렇지 않으면 모든 사람의 눈이 멀어 버리는"[3] 신비를 받아들이며 평생을 살겠다고 선택한다.

그러한 인생은 결코 기질의 문제가 아니며 '내향적인 삶'을 추구하는 것도 아니다. 그것은 순종의 삶이다. 몸과 영혼의 융합, 보이는 것과 보이지 않는 것의 융합을 받아들이기로 의지적으로 결정하는 삶이며, 우리를 어딘가로 이끌고 가는 삶이다.

이와 같은 결정에는 큰 위험이 따르며, 우리가 안전하다고 가정하는 객관적 확실성은 그러한 위험 앞에서 주춤한다. 그러나 그러한 삶을 받아들이는 사람은 전에는 알지 못했던 거대한 실재 속에서 살게 된다. 또한 그러한 삶은 인간으로서 우리가 존재하는 방식에 대해 전적으로 새로운 배움을 요구한다. 우리의 언어에 '믿음'이라는 단어를 도입하고 나면, 단조로운 선으로 토지를 분할한 일차원적인 평면의 땅만 경험하던 인생이, 실재를 지배하고 규정하는 하나님의 임재와 대면하는 다차원적인 인생, "주의 뜻이 하늘에서와 같이 땅에서도 이루어지는" 인생으로 근본적으로 완전하게 재설정된다.

아브라함의 길은 오늘날도 그와 같은 선상에서 지속되고 있다. 그 길 어딘가에서 우리는 우리가 인생의 책임자가 아니라는 사실을 깨닫게 된다. 믿음의 삶이란 자신의 뜻을 (혹은 하나님의 뜻을!) 우리 주변의 다른 사람이나 물질 세계에 강요하는 삶이 아니다. 그것은 주변의 세계나 사람 혹은 우리 자신을 우리가 선하다고 생각하는 형상으로 만드는 대신에, 더 이상 우리의 조건 대로 세상과 사람을 배열하지 않는 평생의 과정이다. 우리는 우리에게 주어진 것들(사람, 배우자, 자녀, 산림, 날씨, 도시 등)을 주어진 그대로 받아들인다. 그리고 주어진 각각의 선물 속에서 하나님의 일면을 보고 듣기 시작할 때까지 그냥 앉아서 뚫어지게 쳐다보고, 바라보고, 귀를 기울인다. 그리고 하나님이 주신 그 선물에, 하나님이 하시는 일에 뛰어든다. 자신이 규정한 혹은 문화가 규정한 상태를 뒤로한 채, 그리고 우리의 불완전하고 미숙한 프로젝트를 뒤로한 채 길을 나설 때마다 우리 앞에는 하나님의 약속 때문에 더 넓어진 풍경이 펼쳐진다.

성경은 이삭의 결박 사건을 시험이라고 표현한다. "그 일 후에 하나님이 아브라함을 시험하시려고"(창 22:1). 어떤 일 이후에? 그러니까 아브라함이 믿음의 사람이고, 하나님의 말씀에 생명을 걸고 순종하는 사람이라는 사실을 알 수 있을 만큼 충분한 일이 있은 후에 이 사건이 일어났다는 말이다. 아브라함은 우리에게 믿음의 원형이 되는 사람이다. 여기에서 믿음은 가르치고 배우는 교리로서의 믿음이 아니라, 이성이 온전히 파악할 수 있는 능력을 넘어서까지 확장되는 진리 속에 존재하는 특정한 방식으로서의 믿음이다. '믿다'(believe)라는 단어는(영어로 faith는 명사이고 believe는 동사인데, 두 단어 모두 어원은 히브리어 *aman*이다) 아브라함의 생애 이야기에서 단 한 번만 사용되었다("아브람이 여호와를 믿으니 여호와께서 이를 그의 의로 여기시고", 창 15:6). 그러나 바울은 기독교 교리의 토대를 이루게 된 자신의 위대한 편지인 로마서에서 복음의 변증을 위해 아브라함을 거론할 때 오로지 아브라함의 믿음[4]에만 집중했다.

"아브라함이 하나님을 **믿으매**…그의 **믿음**을 의로 여기시나니"(롬 4:3, 5). "아브라함에게는 그 **믿음**이 의로 여겨졌다 하노라"(4:9). "**믿는** 모든 자의 조상이 되어"(4:11). "우리 조상 아브라함이…가졌던 **믿음**의 자취"(4:12). "아브라함의 **믿음**에 속한 자"(4:16). "아브라함이 바랄 수 없는 중에 바라고 **믿었으니**"(4:18). "그가…**믿음**이 약하여지지 아니하고"(4:19). "**믿음**으로 견고하여져서"(4:20).

바울이 아브라함을 믿음의 원형적 인물로 선택한 사실은, 히브리서에서 아벨부터 예수님에 이르기까지 믿음의 서사시를 장엄하게 읊는 중대한 시점에 다시 한 번 반복된다(히 11:1-12:2). 여기서는 '믿음'이라는 단어가 19명의 사람에 대해서 26회 반복되고 있는데, 가장 자주 언급된 사람은 아브라함으로서 모두 4회 언급되었다(3회 언급된 모세가 2위로 그 뒤를 바짝 좇고 있다).

이 저자들은 아브라함에게서 무엇을 보았기에 그것을 믿음이라고 이름 붙였을까? 명령하시고 약속하시는, 그러나 눈에 보이지는 않는 하나님을 아브라함이 평생 자기 안에 내면화하고 순종하며 그 길을 나섰다는 사실이 아닐까? 하나님의 비전, 하나님의 언약, 하나님의 명령을 받아들이기 위해서 자기가 어디에 있든지 그 곳을 떠나고 자기에게 무엇이 있든지 그것을 버릴 준비가 되어 있던 그의 자세가 아닐까? 하나님에 대해서는 열린 반응을 보이고 자기 자신이 처한 상황에 대해서는 무심한 반응을 보이는 인생을 살았기 때문이 아닐까? 평생 자기 자신을 만족시키기보다는 하나님을 받아들이는 태도로 살았기 때문이 아닐까?

믿음은 그 '길'을 가며 신뢰하고 순종하는 삶을 사는 것이다. 믿음은 살아 계신 하나님, '현재'이신 하나님의 약속과 명령에 결연하게 "예"라고 대답하는 것이다. 그리고 믿음이란 조작하고 통제하기 쉬운 우상, 우리가 볼 수 있고 만질 수 있고 시험해 볼 수 있는 신에 대해 단호하게 "아니오"라고 대답하는 것이다.

성경으로 교육 받은 하나님의 백성에게 "우리 조상 아브라함"(눅 1:73; 요 8:53; 행 7:2; 롬 4:16 등)은, 믿음의 삶이 무엇인지 그 뜻을 찾아보고 감을 잡는 사전과 같은 존재다. 그런데 그 사전을 찾아보았을 때 우리가 발견하는 것은 단어의 정의가 아니라 이야기다. 그런데 그 이야기는 하나님의 명령과 약속을 따라서 도로와 보도를 여행하고, 돌아다니고, 걷고, 뛰고, 오고 가는 일들로 가득하다. 그 이야기는 그 '길'을 가는 인생을 보여 주고 있다.

믿음의 사람인 아브라함의 이야기에서 처음 나오는 동사는 "가라"(창 12:1)이다. 그의 믿음은 여정에 나서면서부터 나타나기 시작한다. "이에 아브람이…**따라갔고**"(창 12:4). 그 뒤에 재빠르게 이어서 나오는 여섯 개의 동사는 아브라함이 하란에서 가나안으로 가는 길을 걷고 있는, 하나님이 명령하신 사람이라는 사실을 계속해서 보여 준다. "떠날 때에"(12:4). "가려고 떠나서"(12:5). "들어갔더라"(12:5). "지나"(12:6). "옮겨"(12:8). "옮겨 갔더라"(12:9).

다른 요소들이 그 이야기에 등장하면서 걷고 여행하는 것을 나타내는 동사의 등장 빈도가 다소 줄어들기는 하지만, 그래도 아브라함이 '길' 위에 있다는 사실, 하나님이 명령하신 길 위에 있다는 사실을 우리는 늘 의식하게 된다. 아브라함 이야기의 서두인 창세기 12:1-9에서부터 그 이야기의 절정인 22:1-9 사이에는 걷고 여행하는 동사가 16개 등장한다.

그런데 22장에서 아브라함이 모리아 산으로 향하기 시작하면 아브라함이 가는 '길'이 다시 한 번 여섯 개의 동사로 표현되면서 그 길에 초점이 맞춰진다. "모리아 땅으로 가서"(22:2). "떠나… 가더니"(22:3). "내가 아이와 함께 저기 가서"(22:5). "두 사람이 동행하더니"(22:6). "두 사람이 함께 나아가서"(22:8). "함께 떠나…이르러"(22:19). 이러한 묘사는 아브라함 이야기가 시작되는 첫 문단에서 아브라함의 '길'이 여덟 개의 동사로 강조된 것과 비슷하다(12:1-9).

믿음을 설명으로 축소시키는 것은 치명적인 일이다. 믿음은 설명이 아니라 열정이다. 아브라함의 이야기를 들을 때 우리는 자조(自助), 자기 증명, 자기 수양 등 '자기'라는 글자가 붙은 모든 시답잖은 단어들을 쓰레기 더미에 던져 버리는 내러티브 속으로 들어가게 된다.

아브라함의 이야기는 아주 일찍부터 특정한 어조와 맥락과 분위기를 형성해서, 우리가 가는 이 길에서 의무가 가장 우선은 아니라는 사실을 알게 해준다. 그리고 이 이야기는 우리의 장래를 최대한 실현하는 것이 우선이 아니라는 사실도 알게 해준다. 아브라함의 이야기는 믿음의 길에 대한 이야기다. 최선을 다하고 우리에게 주어진 기회를 최대한 활용하는 일은 곁가지일 뿐 이 이야기의 요점은 아니다.

아브라함의 이야기는 삶의 방식을 들려주는 이야기다. 하나님을 가까이에서 인격적으로 접하는 삶의 방식, 하나님을 받아들이고 따르는 삶의 방식, 하나님이 말씀하시고 그 말씀에 우리가 순종하는 삶의 방식, 유아기와 유년기 때는 잘 알고 있었지만 뉴먼(Newman)의 표현대로 우리가 "잠시 잃어버린"[5] 언어를 회복하고 연습하는 삶의 방식을 들려주는 이야기다. 그 언어는 할아버지와 할머니 틈에서 그리고 친구들과 놀면서 익힌 언어, 새와

외뿔 들소 그리고 샤론의 장미와 계곡에 핀 백합의 언어, 예언자와 시인들 그리고 가수와 베 짜는 사람들의 언어다. 그 언어는 이야기와 은유, 직접성과 관계, 비전과 꿈, 지혜 그리고 성경이라고 하는 케리그마의 언어다. 이 모든 언어는 우리가 거룩한 세례로 씻기고 거룩한 성만찬에서 먹고 마시는 거룩한 예배 속에서 말하고 노래하는 언어다. 그 언어는 육신이 되신 그 말씀, 예수님이 살아내셨고 말씀하신 것들, 성령께서 우리 안에서 탄식하며 기도하는 말이다.

이러한 삶의 방식은 우리가 평생에 걸쳐서 천천히, "나를 위하여 정한 날이 하루도 되기 전에 주의 책에 다 기록이 된"(시 139:16) 그 날들을 하나님과 함께 인격적으로 그리고 그분을 믿으며 사는 법을 배우는 삶의 방식이다. 성경과 성례전에 명백하게 기록된 대로, 그리고 각 페이지의 행간과 여백에서 입증된 대로, 우리가 의식하건 의식하지 않건 그렇게 하나님과 함께 인격적으로 그리고 하나님을 믿으면서 사는 삶의 방식이다.

믿음은 보이는 것과 보이지 않는 것, 침묵과 말, 빛과 어둠, 혼돈과 우주, 지식과 신비, 그리고 하나님과 우리가 복잡하게 얽힌 그물망 속에서 일어나는 삶의 방식을 가리켜 보여 준다. 그러한 삶은 명백하게 규정하거나 설명하기에는 너무도 복잡하다. 게다가 그 삶의 모든 영역과 요소가 각 인간의 영혼에 따라서 고유하게 재배치되기 때문에 우리가 모방하거나 따를 수 있는 직접적인 모델이 없다. 그러한 삶은 예고될 수도 없고 프로그램으로 만들어질 수도 없다. 그러한 삶은 오직 참여함으로써만 실현될 수 있다. 길을, 아브라함의 길을, 믿음의 길을 나서서 그 길을 계속 가는 수밖에 없다.

아브라함은 믿음의 조상으로 우리에게 제시된다. 믿음에 관련된 모든 문제에서 아브라함이 지니는 중요성으로 볼 때, 그토록 중요한 아브라함의 이야기가 참으로 말에 인색하고, 참으로 내용이 빈약하다는 사실은 놀랍다고 할 수밖에 없다. 175년에 걸친 아브라함의 생애 중에서 우리에게 알려진 이야기는 불과 17개다. 믿음의 길에 들어서는 이 도입부를 제시하면서 우리의 성령께서는, 우리가 자신의 인생은 살지 않고 아브라함의 인생만 따라하려 들까 봐 너무 많은 이야기는 하지 않으려고 조심하신다.

믿음은 따라한다고, '믿음의 기술'을 터득한다고 배울 수 있는 것이 아니기 때문이다. 믿음으로 살 때 우리는 모두 독특하고 고유한 존재들이다.

희생

그러나 우리는 '믿음'이라는 말을 이처럼 쉽지 않은 여행에 나선다는 의미로는 잘 사용하지 않는다. 그러한 의미보다는 감정이나 환상 혹은 어떤 경향을 의미하는 상투적인 문구로 사용할 뿐이다. 막연하게 위를 향하는 소원이나, 변덕과 구분되지 않는 성향, 바람만 불어도 혹은 예쁜 여자만 지나가도 곧 사라져 버리는 기분을 의미하는 상투적인 문구로 말이다.

그렇기 때문에 믿음의 길은 반복해서 시험해야 할 필요가 있다. 그래서 우리가 살아 계신 하나님을 대면해서 사는지, 아니면 탐욕과 분노, 시기심과 게으름, 교만과 욕심으로 버무려진 어떤 환상이나 망상을 대하며 사는지를 분별할 수 있어야 한다. 믿음의 시험은 계속해서 갈고닦고 새로 익히고 새로 적응하는 일이며, 자기 기만으로부터 때맞춰 구출되는 일이며, 마귀의 망상으로부터 은혜롭게 구조되는 일이다. 이 시험은 희생이라고 하는 수단을 통해 이루어진다. 아브라함의 믿음의 생애에서 그 희생은 모리아 산에서 이삭을 결박하는 사건을 통해서 온전히 나타나게 되었다.

희생은 믿음을 가장하는 영적 환상이 가짜 믿음이라는 사실을 폭로한다. 희생은 마귀가 만들어 낸 망상이 무엇이든, 그것이 아무리 경건해 보인다 할지라도 모두 다 제거해 버린다. 희생은 탐욕의 눈을 빼내어 버린다. 희생은 움켜쥐는 손을 잘라내 버린다. 희생은 우리가 하고 있던 일이 무엇이든 그것을 중단하고 제단을 쌓고자 하는 준비된 마음이다. 희생은 우리가 지금 들고 가는 것이 무엇이든 그것을 결박해서 제단 위에 올려놓고 하나님이 그것을 가지고 어떻게 하시려는지를 보고자 하는 준비된 마음이다.

아브라함은 희생에 관한 한 베테랑이었다. 우르와 하란을 떠난 후에 그가 한 일로 처음 기록된 사건은 희생 제사를 위한 제단을 쌓은 일이었다. 세겜, 벧엘 그리고 헤브론이 제단을 쌓은 지명으로 언급되고 있으며, 각각의 제단은 기도의 장소가 되었다. "이것이 하나님이 명령하시고 약속하신 길인가, 아니면 내가 내 편리에 맞게 조정한 명령과 약속인가?" 제단을 하나 쌓을 때마다 그는 조금씩 더 배웠고, 좀더 깊은 분별을 얻었고, 하나님의 명령과 약속에 대해서 좀더 날카로운 통찰을 얻었다. 하나님의 명령과 약속은 아브라함의 타고난 고집과 멋대로 하려는 성향에 반대되는 것이기도 했지만, 동시에 위압적인 신전인 지구라트[9]가 서 있는 우르 즉 반(反)믿음의 세상과도 반대되는 것이었다. 여러 개의 교차로에 세워진 제단들은 희생이 반복되는 인생을 의미했다. 그리고 각각의 희생은 망상이라는 쭉정이와 약속이라는 알곡을 구분하는 분별의 행위였다.

아브라함의 이야기가 말을 아끼기 때문에 우리는 오히려 더 적극적으로 상상하게 된다. 그렇게 계속해서 떠나는 삶이 어떠했을까. 아마도 포기하는 습관이 아브라함의 몸에 깊이 배었을 것이다. 그리고 그 이야기를 읽는 우리에게도 그 습관이 깊이 배이게 된다. 우르와 하란을 떠나고, 세겜과 베델을 떠나고, 이집트와 그랄을 떠나고, 브엘세바를 떠나고…. 떠나고, 떠나고, 떠나고. 그러나 매번 떠날 때마다 자아는 더 가벼워졌다. 소유의 독소를 더 깊이 씻어 주었다. 무엇을 '획득하는' 삶이, 천천히 그러나 분명히, '받아들이는' 삶으로 바뀌었다. 약속을 받아들이고, 언약을 받아들이고, 세 명의 나그네를 받아들이고, 이삭을 받아들이고, 할례를 받아들이고, 덤불에 걸린 숫양을 받아들이고, 그러면서 자기 주권을 버리고 하나님의 주권을 받아들이는 인생으로 변화되어 갔다. 아브라함은 100년 동안 그렇게 살았다. "**희생**/ 그것은 장례식 행렬처럼 느리다/ 교통 혼잡 시간의 말(言)/ 다른 말들은 경적을 울려대며 지나간다.…"[7]

남겨 두고 떠나는 과정에서 아브라함은, 채워지기 위해서는 포기해야 한다는 것을 서서히 그러나 확실하게 깨달으면서, 잔뜩 웅크린 자기 의지를 놓아 주면 하나님의 뜻이 이루어지는 확장된 삶이 열린다는 것을 깨달으면서 성숙해 갔다. 이것이 믿음이다.

우리가 아브라함의 길을 갈 때 그러한 일이 일어난다. '희생'이라는 단어가 불평하며 우는 소리에서 긍정하며 굳건하게 받아들이는 소리로 서서히 바뀐다. 아브라함이 한 장소를 떠날 때마다, 길은 더 길어지고 풍경은 더 넓어졌다. 모리아 산은 그가 하나님에 대해서 가장 큰 체험을 하게 되는 곳이었다. 모리아 산에서 아브라함은 구원을 온전히 다 받아들일 수 있을 만큼 충분히 자신을 비웠다. 이것이 믿음이다.

희생의 삶은 믿음의 삶이 성숙하는 유일한 방법이다. 이 곳에 제단을 쌓고 저 곳에 제단을 쌓으면서 사는 희생의 삶이 점점 인생의 모든 영역에 스며들게 된다. 부모됨, 결혼, 우정, 일, 정원 가꾸기, 독서, 등산, 나그네를 영접하는 일, 할례를 받고 할례를 주는 일 등으로 희생의 삶이 확산된다. 아브라함은 믿음에 대한 설명을 들었기 때문이 아니라, 평생 동안 여행을 다님으로써, 길 위에 사는 인생을 삶으로써 우리에게 믿음의 모범이 되었다. 그는 그렇게 다니면서 날마다 자기 자신(자기 주권)을 조금씩 버리고 새로운 영역(하나님 주권)으로 들어갔다.

    희생과 믿음의 관계는 먹는 행위와 영양소의 관계와 같다. 희생의 행위를 하면 그 행위는 우리 안으로 들어가서, 우리에게 자신을 내어주시고 우리를 위해서 희생하시는 살아 계신 하나님께 반응하고 순종하며 사는 인생으로 변환된다. 그 과정을 눈으로 볼 수 없고 관찰할 수도 없지만 말이다. 아브라함이 믿음의 조상이라고 할 때 그 믿음은 설명이나 개념 정의로는 결코 이해될 수 없으며, 오직 희생의 실천을 통해서만 이해될 수 있다. 오직 순종의 행위를 통해서만 우리는 희생이 무엇을 잃는 것이 아님을 깨닫게 된다. 희생은 금욕적인 표정을 지으며 "이것이 내가 져야 할 십자가다"라는 식의 터무니없는 말을 하는 행위가 아니다. 희생은 덜 즐겁고, 덜 만족하고, 덜 채워지는 것이 아니라 오히려 더 많이 채워지는 것이다. 하지만 우리가 기대하는 방식으로 채워지는 경우는 거의 없다. 모리아 산에서 일어날 일을 누가 예상이나 했겠는가?

나는 희생에 대해서 가볍게 이야기하고 싶은 생각은 전혀 없다.

사실 희생과 관련된 모든 일들에 대해 감을 잡는 데만도 여러 해가 걸린다. 모리아 산과 결박의 사건은 희생을 가볍게 여기는 태도에 대한 꾸지람이다. 희생을 제대로 치르려면 이 분야에서 우리가 받을 수 있는 도움은 다 받아야 한다. 희생은 준비가 필요하고 동지가 필요하다. 길 위에서 보낸 숱한 세월과, 제단을 세우던 일과, 그 모든 희생 후에도 여전히 아브라함은 희생을 드리기 위해 모리아 산으로 가는 길에 도움이 필요했다. 산으로 가는 사흘 길의 여행, 두 명의 시종, 당나귀에 안장을 얹는 일, 번제를 드리기 위해 나무를 쪼개는 일, 불 단지, 칼 그리고 이삭 등 작지만 중요한 요소들을 하나씩 쌓아 가는 것이 희생을 드리는 능력이자 준비된 마음이다.

이 이야기에서는 제단에서의 대화와 관련된 모든 수사적 표현들이 생략되었다는 점이 눈에 띈다. 이 사건에서 이루어지는 대화는 간결하고, 아무런 장식도 없으며, 아무런 감정도 드러나지 않는다. 이 이야기는 먼저 하나님이 "아브라함아"라고 부르시는 것으로 시작하고 그 부름에 대해 아브라함은 간단하게 '내가 여기 있습니다'라고 대답한다. 사흘 후에 모리아 산 위에서도 이 간결한 대화가 거의 그대로 반복되는데, 이번에는 이삭이 "아버지"라고 부르고, 아브라함이 앞서 하나님의 부름에 응답할 때 사용했던 것과 똑같은 단어로 아들에게 대답한다. "내가 여기 있다, 아들아." 아브라함은 자신이 아들 앞에 현존했던 것처럼 하나님 앞에 현존했고, 하나님 앞에 현존했던 것처럼 아들 앞에 현존했다. 그리고 이삭이 희생 제사를 위해 결박되었던 제단 앞에서 이 간결한 대화가 세 번째로 반복된다. 천사의 모습으로 나타난 하나님이 "아브라함아, 아브라함아" 하고 부르시고 (반복해서 부르심으로써 강조하신다) 아브라함은 자신에게 습관처럼 붙은 말을 세 번째로 반복한다. "내가 여기 있습니다." 그는 하나님 앞에 준비된 자세로, 여전히 순종하며 그렇게 서 있었다.

시험

모리아 산에서 있었던 시험은 아브라함의 여정, 아브라함의 '길'이라고 하는 전체적인 맥락에서 보아야만 제대로 이해될 수 있다. 우르에서 하란으로 그리고 또 가나안으로 그리고 결국에는 저 밑에 있는 브엘세바까지 서쪽으로 여행했던 그 숱한 세월과 긴 거리, 가나안 곳곳에 그가 세우고 예배했던 많은 제단, 믿음 없이 이집트로 우회했던 일, 조카 롯에게 베푼 자비, 멜기세덱에게 지불했던 십일조, 언약의 비전과 희생, 이스마엘의 잉태와 출산, 두 번째 언약의 비전과 명령에 따라 행한 할례 의식, 마므레의 상수리나무 아래서 만난 세 나그네에게 베푼 손대접, 소돔과 고모라를 위한 중보와 심판, 아비멜렉과의 협상, 하갈과 이스마엘의 사건 등 이 모든 일들이 모리아 산에서의 '아케다'로 향하고 있다. 아브라함은 언제나 여정 중에 있었다. 그러다가 사라의 묘 자리로 쓰려고 막벨라에서 헷 족속의 에브론에게 값을 치르고 땅을 사고, 이어서 이삭과 리브가의 결혼을 성사시키면서 아브라함의 '길'은 조용한 결말을 맞이한다. 모리아 산에서의 시험은 순종과 불순종의 삶, 신앙과 불신앙의 삶, 수평적 이동과 수직적 기도의 삶 속에 굳건하게 자리를 잡고 있다. 보이는 것과 보이지 않는 것이 우리가 믿음이라고 부르는 것 속에, 그 음성, 그 실존을 순종하며 믿는 믿음 속에 함께 엉켜 들어가 있다.

모리아 산에서 하나님이 시험하시는 아브라함의 믿음의 삶은 추상적이지 않다. 그 삶은 실제의 사람들과 함께 실제의 땅에서 살았던 삶의 방식이다. 그 시험은 실험실이나 기도 모임과 같이 환경이 통제된 곳에서 치러진 시험이 아니다. 모리아 산이라고 하는 본문은 특정한 배경 속에 자리를 잡고 있다. 그 본문은 사흘간의 일을 다루고 있지만, 그 배경은 100년이라는 시간을 아우르고 있다. 그 100년의 세월은 아브라함의 '길' 즉 아브라함이 자신의 인생을 살았던 방식이, 아브라함이 걸었던 실제의 길 위에서 계속해서 시험을 받았던 세월이다. 로마서와 히브리서에 표현되었듯, 그 시험은 아브라함의 믿음을 시험하는 것이었다.

하나님과 우리의 영혼에 대해서 모리아의 시험이 묻는 질문은 이것이다. 우리가 하나님을 이용하고 있는가 아니면 하나님이 우리를 사용하시도록 해 드리는가? 우리는 하나님이 우리를 섬기기 위해서 존재하신다고 생각하려는 유혹을 받는다. 복음을 소모품으로 여기고 그것을 쇼핑하는 소비자의 자세로 하나님 앞에 나오려는 유혹을 받는다. 그리고 하나님을 편안한 상대로 축소시키려는 유혹을 받는다. 여기에서의 질문은 단도직입적이다. "내가 지금까지 나를 속이며 산 것은 아닌가?" 믿음의 문제에서는, 하나님의 현존 앞에서 내면을 부지런히 살피고 하나님께 순종으로 반응하는 이 삶에서는, 끊임없이 현실을 점검할 필요가 있다.

아브라함은 지속적으로 말씀하신 하나님, 약속하시고 약속을 성취하신 하나님, 비전을 주시고 명령하신 하나님을 대면하고 산 것인가? 아니면 그것은 모두 자기 자신이 만들어 낸 것인가? 모리아 산의 시험은 아브라함이 여태껏 하나님을 자신의 조건에 맞추려고 했을 수도 있는 가능성을 시험한다. 하나님의 뜻은 오직 하나님의 조건에 따라서, 아브라함에게 하나님 자신을 내어 주시는 것이다. 하나님의 그 조건은 가엾을 정도로 제한된 우리의 이해력을 크게 뛰어넘는다.

이러한 문제에서 한 가지 분명한 사실이 있다면 그것은 "만물보다 거짓되고 심히 부패한 것은 마음이라"(렘 17:9)는 사실이다. 그러니 자기 자신은 예외라고 생각할 근거가 어디에 있겠는가? 우리의 믿음은, 모든 사람의 믿음은 시험을 받아야 한다. 게다가 우리는 스스로를 시험해 볼 수 있을 만큼 믿음직한 존재가 아니다. 우리는 지나칠 정도로 자기 이익을 추구하고 자기를 기만한다. 자기 자신의 망상을 뒷받침하는 근거로 성경을 사용할 방법들을 우리는 무척이나 교활하게 고안해 낸다. 제사장들과 성전, 목사들과 교회, 선교사들과 선교 단체 등에 대한 현재까지의 기록을 보면, 그 어떠한 형태로든 종교란(특히 기독교를 포함해서) 폭력, 학대, 미신, 전쟁, 차별, 독재, 교만을 끊임없이 양산하는 번식의 토양이라는 사실을 분명하게 알 수 있다. 종교와 영성은 망상과 기만 그리고 억압을 양산하는 끝도 없는 구덩이다. 그래서 시험이 필요하다.

무엇이든지 아무 때든지 우리가 원하는 것을 구하면 그것을 주시기로 하나님이 약속하셨다는 식으로 믿음을 이해하는 경우가 많으며 또 그렇게 하기가 쉽다. 그러니까 믿음이란 복음이라는 상품과 서비스를 구매하는 소비자가 되는 것이라고 생각하고, 세례를 통해 하나님을 시험해 볼 수 있는 자격을 얻었기 때문에 우리 인생에서 하나님이 행하신 실적을 계산해 보고 평가하는 것이라고 생각하고, 하나님이 이해가 안 되면 하나님을 자기 식으로 해석하고 하나님께 책임 물을 자격을 얻는 것이라고 생각한다. 그리고 우리가 그렇게 생각하도록 부추기는 지도자들과 친구들이 많이 있다.

인생에는 우리의 이해를 넘어서는 것들이 많다. 우리 앞에(하란의 서쪽) 그리고 우리 위와 우리 안에(하나님) 우리가 모르는 영역이 길게 뻗쳐 있다. 하나님이 창조하시고 하나님이 스며들어 있는 이 실재, 그 모든 영역을 우리는 도대체 어떻게 다루어야 하는가? 우리가 관리할 수 있는 지역과 사람들로 이 세상을 축소하고, 어떻게 하면 하나님으로 하여금 우리가 관리하는 그 일을 도와주시게 할 것인지 머리를 굴리면서 생각과 상상력을 동원할 것인가? 아니면 믿음으로 살 것인가?

우리에게는 시험이 필요하다. 하나님이 우리를 시험하신다. 시험 결과는 우리가 경외와 예배와 순종의 길(즉 하나님)을 선택하고 있는지, 아니면 부지불식간에 하나님을 우리가 이해하는 정도로 축소시켜서 하나님을 이용하려 드는지를 보여 줄 것이다. 우리가 구하는 것, 우리가 원하는 것, 혹은 하나님이 하실 필요가 있다고 생각하는 것을 하나님이 해주셔야 한다고 주장하면서 하나님을 우리의 만족을 위해서 고안된 우상처럼 취급하는 습관에 빠져 버린 것은 아닌가? 하나님이 우리를 섬기시는가 아니면 우리가 하나님을 섬기는가? 우리는 완전하게 이해할 수 있고 통제할 수 있는 하나님을 요구하는가, 아니면 우리가 이해하지도 못하고 결코 통제할 수도 없는 대상에게 기꺼이 순종하고자 하는가? 하나님은 우리가 받아들이고 신뢰하는 선한 신비인가, 아니면 우리 식으로 인생에서 최대의 것을 얻기 위해서 이용하는 공식인가?

시험 결과를 보면 우리가 하나님을 언제 무엇을 구하든 우리의 요구를 다 들어주시기로 약속하신 분이라고 경솔하게 가정하고 있었는지의 여부를 알 수 있을 것이다. 우리는 하나님이 우리를 섬기기 위해서 존재하는 분이라고 여태껏 생각해 왔는가? 시험 결과를 보면 알 것이다. 우리는 우리의 형상으로 만들어진 하나님을 원하는가, 아니면 우리를 능가하고 넘어서시는 하나님, 하나님만이 하실 수 있는 일을 하나님만이 하실 수 있는 방식으로 해주는 하나님을 원하는가? 아무런 조건도 제한도 단서도 없이, 하나님이 하시는 일을 그냥 그대로 다 받아들이기를 우리는 원하는가? 시험 결과가 말해 줄 것이다.

그리고 시험 결과가 나오면 우리는 기쁠 것이다. 시험을 치르고 나면 하나님이 우리를 위해서 마련하신 부활의 삶을 계속해서 살아가면 된다. 이러한 일이 언제나 아픔 없이 이루어지지는 않는다. 자신을 신격화하는 우리만의 작은 프로젝트에 무척이나 애착을 가질 수 있기 때문이다. 하지만 그 문제를 해결하고 넘어가서 기쁘다는 생각을 우리는 곧 하게 될 것이다.

'아케다', 즉 이삭의 결박 사건만큼 우리의 믿음에 대해 큰 요구를 하는 부분이 성경에는 없다. 무척 간결하게 그러나 고통스럽게 우리에게 들려진 이 이야기는 그 사건의 영향이 영원토록 크다는 사실을 명백하게 보여 준다. "상상조차 할 수 없는 가혹한 일이 모리아 산에서 일어나야 하는 이유가 무엇이란 말인가?" 하고 우리는 묻는다. 다른 방법은 없는가? 세례 증서에 "지시한 용도로만 사용하시오"라는 경고문을 붙이는 정도로 끝나면 안 되는 일인가? 진정한 믿음의 삶을 열심히 탐구한 죄렌 키에르케고르는 모리아 산에서의 시험을 끈질기게 파고들었고 그 결과

쉬운 우회로 혹은 편안한 대안의 여지가 하나도 없음을 우리에게 보여 주었다.[8] 그는 산으로 떠나는 휴가, 도시에서 이목을 끄는 장소, 혹은 교외 놀이 공원 등으로 믿음을 사소하게 만들려는 모든 시도에 대해서 경고한다. 믿음의 길은 우리의 환상이나 망상, 혹은 야망에 봉사하지 않는다. 믿음은 우리가 제시하는 방식으로 하나님께 가는 길이 아니라, 하나님이 제시하는 방식으로 우리에게 주신 하나님의 길이다.

모리아 산으로 가는 사흘 간의 여행은 그와 같은 모든 가짜 믿음의 진부함을 폭로한다. 우리는 모리아 산에서 우리의 이해를 초월하는 하나님을 받아들이고 예배한다. 빛으로 가득한 신비, 그러나 여전히 신비로운 신비를 받아들이게 된다.

아브라함과 '아케다.' 그리스도인의 길은 프로그램으로 만들어질 수도 없고, 아무런 보장도 없다. 믿음이란 우리가 하나님을 신뢰한다는 의미다. 하나님이 어떻게 우리의 구원을 이루실지 우리는 **알지 못한다**. 하나님이 이루어 가시는 것이 우리의 구원이라는 사실만 알 뿐이다. 그렇기 때문에 우리는 자유로운 존재다. 자유를 얻는 자가 되기 위해서 우리는 결박당하는 자가 되어야 한다. '아케다'는 아무런 계산 없이 신실하게 사는 길로 가는 열린 문이다. 그 길을 가는 내내 포기하는 일은 계속해서 있을 수밖에 없다. "포기는…날카로운 미덕이다."[9]

잭 릭스(Jack Leax)의 시는 모리아 산에서 일어나는 일을 정확하게 표현해 주고 있다.

그 영혼은 비명을 지를 수밖에 없다.

먹이가 되어 버릴 새처럼

곤두박질치며,

그리고 앉아서

그대의 피나는 입술 안에

흉포한

발톱을 움켜쥐고.

그리고 그대의 말은

그분의 말씀이 된다.

그리고 그분의 말씀은

그대의 말이 된다.

자아의 고통 속에 죽은

그대의 말이

자기 소멸로

부활하기 위해.[10]

모리아 산의 사건을 가장 통찰력 있게 분석한 글에서 에리히 아우에르바흐(Erich Auerbach)는, 모리아 산의 이야기가 숨어 계신 하나님의 이야기라는 것을 모두가 알기 때문에 거기에서 일어나는 놀라운 일을 보고 그리 놀랄 필요가 없다고 말했다.[11] 그러나 모리아 산의 이야기를 그토록 오랜 세월 동안 읽어 왔음에도 불구하고 나는 여전히 그 이야기를 읽으면서 놀라게 된다. 이삭을 결박하고 칼을 들어 올린 아브라함이 덤불 속에 숫양이 있다고 말해 주는 목소리를 듣고도 놀라지 않는다는 사실에 나는 놀란다. 이삭도 자신이 결국에는 희생되지 않게 된 사실에 놀라지 않는다. 모리아 산의 내러티브에서 놀라움 비슷한 것이라도 암시하는 단어는 단 하나도 없다. 성경에 기록된 대로의 이 이야기에는 놀람의 단어가 단 하나도 없으며, 놀람의 감정도 없다.

왜 나는 놀라고 아브라함과 이삭은 놀라지 않는가?

아브라함에게 '아케다'는 사흘 간의 여행이었지만, 그 사건은 100년 동안 길 위에서 시험받은 믿음의 세월 없이는 이해할 수 없다. 그 100년의 세월이 아브라함의 이야기를 구성하고 있다. 아브라함의 길은 하나님의 백성이 간 길의 첫 번째 장(章)을 이루고 있다. 아브라함은 그 하나님 백성의 조상이며, 이 세상의 모든 사람이 아브라함을 통해서 복을 받는다. 아브라함은 뒤이어 나오는 모든 내용에 스며들어 있는 배경을 제공해 준다. '아케다'는 고립된 이야기가 아니다. 배경 없이 주어진 본문이 아니다. '아케다'는 우르에 있는 신전에서 모리아에 세운 제단으로, 자기 확장의 삶에서 하나님을 선물로 받는 삶으로 새롭게 적응되어 가는 오랜 세월에 대한 요약이자 설명이다.

하나님은 매번 아브라함의 믿음을 시험하셨다. 믿음으로 산다는 것은, 아니 믿음의 삶을 산다는 것은 시험받는다는 것을 의미한다. 아브라함의 믿음이 언제나 시험을 통과한 것은 아니다. 그는 이집트에서 치른 시험에는 실패했다. 그랄에서의 시험도 실패했고, 하갈과 관련된 시험도 실패했다. 시험받지 않은 믿음은 아직은 믿음이라고 할 수 없다. 시험받지 않은 믿음은, 믿음의 외양과 믿음의 느낌과 믿음의 언어는 가지고 있지만, 그저 단순한 소망 혹은 청소년기의 환상, 야릇한 꿈, 마귀의 기만, 문화적 상투성, 자기 주권을 은폐하는 가리개일 수 있다. 키에르케고르는 그러한 모든 것을 "믿음을 풍자한 만화"라고 불렀다.[12] '믿음'이라고 하는 말이 믿음이 아닌 어떤 것을 지칭하는 데 사용되는 경우가 참으로 많다.

시험은 믿음의 원료가 되는 하나님에 대한 우리의 반응을 가지고 믿음의 '삶'을 만드는 촉매제다. 하지만 그 촉매제가 믿음의 삶을 만들지 못하는 경우도 있다. 만약 그 시험이 우리가 믿음이라고 불렀던 것이 사실은 공상 속의 불순물이나 경건한 체하는 분비물이었음을 밝혀 주고 그것을 용해시켜 버렸다면, 우리는 복을 받은 것이다.

아브라함은 단 한 음절의 명령어, 아무런 설명도 수식어도 꾸밈도 없는 "가라"라는 하나님의 명령 한마디에 자유롭게 순종하며 우르와 하란을 떠났다. 그는 아무런 계산도, 억압된 동기도, 미신적인 두려움도 없이 떠났다. 그는 꼬임을 받은 것도 아니고, 강요를 당한 것도 아니다. 그는 "가라"라는 명령을 받았다. 그리고 그는 갔다. 그의 믿음은 계속해서 길을 가게 하는 데는 더할 나위 없이 적합했지만, 가는 길 내내 계속해서 시험을 받을 필요가 있었다. '아케다'가 일어났을 때는 아브라함의 믿음이 이미 시험을 받고, 또 받은 후였다. (이집트에서 왕을 만났을 때, 그랄 왕 아비멜렉을 대했을 때, 그리고 하갈과 이스마엘의 문제를 다룰 때처럼) 때로는 소위 믿음이라고 불렀던 것이 전혀 믿음이 아니었음이 드러나기도 했다. 그러나 길을 더 많이 가고 세월이 더 흐를수록 아브라함의 믿음은 점점 더 깊어지고 성숙해졌다.

'아케다'는 우리에게 도무지 있을 수 없는 일로 다가온다. 약속과 언약의 하나님이 전혀 걸맞지 않은 행동을 하시는 것처럼 보인다. 그러나 아브라함에게는 그렇게 보이지 않았던 것 같다. 그는 희생을 주제 삼아 오랜 세월을 살았다. 포기하고, 내려놓고, 가볍게 여행했다. 희생을 통해 반복해서 시험을 받은 믿음이 아브라함에게는 삶의 방식이었다. 각각의 희생을 치를 때마다 아브라함의 자아는 작아졌고 하나님은 더 커졌다. 각각의 희생을 치를 때마다 그는 제단 위에 자기의 일부를 버렸고, 더 많은 비전과 약속과 하나님의 임재를 안고 여행을 계속했다. 우르를 떠나라고 하는 명령에 아브라함은 자신의 과거를 버렸다. 그 때로부터 약 35년 동안 그는 계속해서 버리는 법을 배웠고, 그 과정에서 그가 실제로 잃은 것은 하나도 없었다.

그런데 이제 모리아 산에서 그는 자신의 미래를 포기하라는 요구를 받았다. 그 무렵에 이르렀을 때 아브라함은 이미 자신이 예상하지도 그리고 기대하지도 못했던 방식으로 하나님이 공급해 주신 역사를 살아낸 사람이었다. 어쩌면 그 무렵에 이르러서는 겉으로는 어리석어 보이는 일이라 할지라도, 자신이 예상하지 못하는 것, 자신의 상상을 넘어서는 것이라 할지라도 신뢰하며 사는 데 익숙해졌을지도 모른다. 어쩌면 그 무렵의 아브라함은 섭리가 작용하는 방식에 익숙해졌을지도 모른다. 아브라함이 시험을 받으며 살아온 수십 년의 세월에 기도와 상상으로 동참하지 않은 채 모리아 산에 도달했다면, 하나님의 그러한 행동은 우리에게 하나님의 성품에 걸맞지 않는 터무니없는 행동으로 보일 것이다. 그러나 아브라함에게는 그렇지 않았다. 아브라함은 어느덧 믿음의 길에 베테랑이 되어 있었다. 그리고 그 믿음의 길은 동시에 신실하신 하나님의 길이기도 하다. 아브라함은 결코 우리처럼 놀라지 않는다.

모리아 산은 예수님에게서 완성되는 믿음의 삶의 중심이다. 예수님은 "나의 뜻이 아니라 아버지의 뜻대로…"라고 기도하신 겟세마네의 기도에서 이 '아케다'를 온전히 다 받아들이셨다. 그리고 사도 바울이 예수님의 길을 가는 우리 모두에게 "사람이 감당할 시험밖에는 너희가 당한 것이 없나니, 오직 하나님은 미쁘사 너희가 감당하지 못할 시험 당함을 허락하지 아니하시고 시험 당할 즈음에 또한 피할 길을 내사 너희로 능히 감당하게 하시느니라"(고전 10:13)라고 확신시켜 주었을 때, 그의 마음에도 그 '아케다'가 또렷하게 자리잡고 있었다.

모세: 모압 평지에 서다 3

성경에 기록된 말 중에서 모세가 한 말은 성경의 다른 어떤 저자나 화자보다도 많다. 성경의 첫 다섯 권에 기록된 모세의 말은 하나님이 우리에게 주시는 계시의 말씀의 초석이다. 고대와 현대를 통틀어 히브리 전통에서는 모세오경 이후에 나온 모든 책은 모세가 한 말에 대한 주석이거나 부연 설명이다.

그렇게 되리라고 누가 예상이나 했겠는가? 모세를 미디안에서 양을 치던 양치기에서 하나님의 백성을 이집트의 노예 생활에서 탈출시키는 지도자로 돌변시킨 첫 사건에서, 모세는 불타는 떨기나무에서 들려오는 목소리를 향해 자신이 말에는 별로 소질이 없다고 발뺌을 했었다. 그는 자신을 혀가 짧은 말더듬이라고 묘사했다("나는 입이 뻣뻣하고 혀가 둔한 자니이다", 출

4:10). 그런데 그로부터 40년이 지난 후 모세의 마지막 장면을 보면, 한때 "입이 뻣뻣했던" 그 양치기가 모압 평지의 강단에서 말을 폭포수처럼 쏟아내고 있다(그 양이 영어 번역으로 31페이지에 달하는 분량이고 히브리어 원문으로는 70페이지에 달하는 분량이다). 모세는 이집트에서부터 시내 산 그리고 가나안 땅에 이르기까지 모세와 그의 백성이 함께 살아낸 구원의 삶을, 그 모든 세월을 바로 '오늘'이라고 하는 긴박한 시간 속으로 끌고 와 압축해서 정리해 주는 설교를 모압 평지에서 감동적이고 풍부한 말로 전달해 주고 있다.

이 두 개의 병치된 장면에는 상당한 아이러니가 있다. 말도 제대로 못하는 양치기에서 말을 멈추지 못하는 설교가로의 변신. 그렇게 그는 하나님이 "우리를 위해서 그리고 우리의 구원을 위해서" 자신을 계시하시는 데 사용하신 언어에 우리를 몰입시키는 첫 다섯 권의 책에 자신의 이름을 붙였다. 그 책에 사용된 언어는 육신이 된 말씀이신 예수님 안에서 궁극적으로 또렷하게 드러나는 방식의 언어다.

모세와 오경

대략 300년의 세월을 지나오면서, 그토록 오랫동안 오경 즉 토라와 동일시되었던 모세의 이름은, 마치 비석에 새겨진 이름이 수백 년 동안 비바람을 맞으며 희미해지다가 나중에는 사라져 버리는 것처럼 오경의 표지에서 서서히 지워져 버렸다. 하지만 그 이름을 지운 것은 바람이나 비, 눈이나 진눈깨비가 아니라, 역사 비평이라고 하는 성경을 읽는 새로운 방법이었다.

이 역사 비평은 성경 본문을 오로지 역사적 문서로만 취급하고, 성경에 대해서 문학적인 혹은 신앙적인 고려는 전혀 하지 않는다. 비평가들이 오로지 역사적 연구라는 도구만 사용하게 되자 모세와 토라를 동일시하던 전통적인 관점은 그 역사적 연구의 검열을 통과하지 못하게 되었다. 역사 비평의 위대한 선구자인 베네딕트 스피노자(Benedict Spinoza)가 역사 비평의 테이프를 처음 끊었다. 그리고 율리우스 벨하우젠(Julius Wellhausen)이 고전이 된 그의 저서 「고대 이스라엘 역사에 대한 서문」(*Prolegomena to the History of Ancient Israel*)을 출판할 무렵에 이르러서는, 모세오경의 저자로 인식되던 모세의 자리가 영어 알파벳 J, E, D, P로 명명된 역사적으로 재구성된 사료로 대체되었다. 이와 같은 연구 방법이 실행되면서 상당히 쓸모 있는 역사적 정보가 엄청나게 모아졌으며, 역사적인 이해의 면에서 우리가 얻은 이익을 유감으로 여기는 사람은 아무도 없다. 그러나 우리가 입은 타격도 만만치 않다.

일단 학계만 보더라도, 성경을 믿음의 책으로 읽어 온 오랜 관습이 조연으로 밀려나고 이제는 성경을 엄격하게 역사로서 읽는 관습이 주연으로 자리잡게 되었다. 성경의 이야기를 하나님에 대한 살아 있는 믿음의 내러티브로 간주하던 인식이 완전히 사라지지는 않았지만 상당히 퇴색되었다. 오랜 기간 성경에 대한 학문적 연구를 지배해 온 역사 비평 학자들은 성경의 문학적 맥락을 무시하고 역사적 변화나 발전의 요소만을 찾아서 성경을 분해한다. 그들은 성경의 토대를 이루는 사건들의 역사성에 도전하고 원작자에 대한 전통적인 생각에 도전한다. 즉 모세가 모세오경을 기록했다는 사실과 복음서 저자들이 사복음서를 기록했다는 사실을 부인하고 역사를 재구성하면서 성경을 역사적으로 다양한 시기와 장소에서 모아진 단편적인 기록들의 단순한 집합으로 간주한다. 그들은 성경 본문을 분해하지만, 하버드 대학의 존 레벤슨(Jon Levenson) 교수가 간단명료하게 표현하였듯 "그것을 다시 복원할 방법을 찾지 못하고 있다."[1] 그들은 성경 원문의 문학적이고 신학적인 일관성에는 아무런 관심이 없다.

역사 비평은 학문적으로는 좋은 의도를 가지고 있다. 그러나 모세오경의 저자로서 모세가 차지하는 자리를 가장 비인격적인 자료로 대체함으로써, 그들이 의도했던 바는 아니라 하더라도 오경 자체가 가지는 본래의 모습을 모호하게 만드는 그리고 때로는 아예 말살시키기까지 하는 불행한 결과를 낳게 되었다. 역사 비평가들은 모세의 저작들 '이면으로' 들어가 봄으로써 더 나은 혹은 더 진실된 '진리'를 제공해 줄 수 있을 것이라고 생각했다. 하지만 작가라면 누구나, 독자들이 자신이 쓴 책보다 쓰레기통에 버린 글이나 파일함의 내용에 더 많은 관심을 보이면 무척 불쾌할 것이다. "책을 읽으라!" 책의 의미는 책에 있지, 책에 있는 정보나 책에 대한 정보에 있지 않다.

1944년 내가 12살이었을 때, 아버지께서 볼품없는 1936년 산 플리머스 자동차를 집으로 몰고 오셔서 집 뒤에 있는 골목에 세워 놓으셨다. 그리고 그것으로 끝이었다. 다시는 시동이 걸리지 않았던 것이다. 내 기억에 아버지는 그 후로 그 차를 한 번이라도 다시 들여다보신 적이 없었던 것 같다. 하지만 나는 그 차를 무척 잘 활용했다. 2년 후면 운전 면허를 딸 수 있는 나이가 될 터였기 때문에 거의 매일같이 학교에 갔다 오면 한 시간 정도 그 고물 자동차에 앉아서 1단에서부터 2단, 3단, 그리고 다시 2단, 1단으로 내리면서 기어를 움직이는 연습을 했고, 브레이크와 클러치 페달 밟는 연습했다. 그렇게 두 손을 운전대에 올려놓고 앉아서 산 위로 그리고 눈보라를 뚫고 운전하는 상상을 하면서 연습했다.

그렇게 몇 달이 지나자 나는 자동차를 작동하는 손놀림은 다 터득하게 되었다. 하지만 고장나 버린 자동차를 운전하는 상상력이 바닥나자 그 자동차가 움직이던 시절에 그 움직임을 가능하게 했던 장치가 무엇이었는지 한번 찾아보자는 생각이 들었다. 내가 그 자동차를 다시 움직이게 할 수 있을지도 모른다는 생각을 막연하게 했던 것 같다. 나는 자동차 부품을 하나씩 분리했다. 그러면서 내연 기관, 냉각기, 변속기, 브레이크 드럼 등의 작동 방식을 익혀 나갔다. 그로부터 몇 달 후 잔디밭 위에 하나씩 펼쳐진 부품들에는 제법 익숙해졌는데, 무엇이 자동차를 움직이게 했는지는 결국 알아내지 못했다. 그리고 나의 연구가 끝났을 무렵에는 그 자동차가 다시 움직일 확률은 전혀 없었다.

레벤슨은 바로 이런 이유 때문에 역사 비평가들을 비판했다.

모세오경의 저자로서 모세의 자리를 (완전히는 아니지만) 상당 부분 부인하는 역사 비평가들의 작업을 감사히 받아들이면서도 동시에 전통적으로 모세오경에서 모세가 차지했던 자리를 인정하는 것이 가능할까? 모세오경을 모세 한 사람의 저작으로 보았던 전통적인 관점은 모세오경의 이야기를 하나의 줄거리로 엮어 주었고 거기에 응집력을 주는 인격적인 한 저자의 목소리를 부여해 주었다. 그럼으로써 그토록 오랜 세월 동안 유대인과 그리스도인들은 모세오경의 모든 부분들을 하나로 결합시킬 수 있었다. 그 토라를 역사적으로 분해했다가 다시 결합해서 신학적이고 문학적인 본래의 모습을 갖춘 믿음의 책으로 복원하는 것이 가능할까? 나는 그렇다고 생각한다.[2] 그 일은 가능할 뿐만 아니라, 모든 노력을 기울일 가치가 있는 일이다.

오늘날 우리가 성경에서 읽는 세계는 본질적으로 구두(口頭) 언어의 세계였다. 물론 상당 부분의 구두 언어가 기록되기도 했다는 증거가 많이 있기는 하지만 말이다. 언어 자체가, 그 기원과 대부분의 사용 용도로 볼 때 구두의 성격을 가지고 있다. 우리는 글을 읽고 쓰기 시작하기 오래 전에 먼저 '말'을 한다. 그리고 글을 읽고 쓰기 시작한 후에도, 쓰고 읽는 글보다는 입으로 하는 말이 훨씬 더 많다. 이 사실은 글쓰기를 업으로 삼고 있는 사람들(기자들, 소설가들, 시인들, 일기 작가들)의 경우도 마찬가지다. 오늘날 우리가 살고 있는 이 세상은 여전히 구두 언어가 지배적인 세상이다. 구두 언어를 쓴다는 사실은 결코 원시성을 의미하지 않는다. 문맹이 거의 없는 문화권에서조차 구두 언어는 기록 언어보다 앞서며 심지어 선천적으로 우월하기까지 하다.

우리 히브리 조상은 여러 세대에 걸쳐서 구두로 전해진 전통을 통해 그들의 독특한 하나님 백성됨의 기억을 발전시키고 성숙시켰다. 여기저기에서 이따금씩 그 말들은 기록되고 보존되었으며, 필사되고 수집되고, 존경받고 읽혀졌다. 모세는 그 말을 기록한 사람 중 하나로 기억되고 있으며(출 24:4; 34:27; 신 31:9, 24) 그렇게 기록된 말은 책이 되었다. 사람들이 말했거나 노래했거나 기록했던 모든 것들 중에서도 모세의 기억과 말이 그 모든 것을 하나로 엮어 주는 뼈대를 제공했다. 그리고 시간이 지나면서 그와 같은 이야기와 기록들은 모세가 기록한 다섯 권의 책 즉 모세오경이 되었다.

이집트에 속박되어 노예로 살던 이스라엘 백성을 이끌어 하나님을 섬기는 백성이 되게 한 지도자로서 리더십과 성품, 그가 위임받은 권위, 시내 산에서 하나님의 계시를 전달해 준 중재자로서 역할, 하나님 백성의 삶이 예배를 중심으로 이루어지게 한 규정과 가르침, 광야에서 보낸 그 모든 세월 동안 자기 양떼에게 베풀었던 목회적 돌봄. 이 모든 것에 나타난 모세의 존재는 공통점이 없어 보이는 이야기와 가르침, 지침들을 통일성 있는 전체로 묶어 주었다. 모세는 오늘날에도 여전히 거대하게 뻗쳐 있는 그 언어의 집을 지은 건축자로 자신의 그림자를 드리우고 있다. 토라 혹은 오경이라고 하는 그 언어의 집은 여러 목소리와 여러 개의 펜 그리고 수많은 양피지의 기록을 통해서 모아지고 세워진 집이며, 이스라엘의 믿음과 기독교 복음의 기초를 이루는 문서다. '토라.' 그것은 유대인이건 그리스도인이건 하나님의 백성을 위해 기록된 하나님의 계시다. 엄격하게 문자적인 의미에서 모세를 '저자'(author)라고 할 수는 없지만, 그 전체를 포괄해 주는 문학적인 의미에서 그리고 성령의 영감을 받았다는 의미에서 저자의 '권위'(authority)를 가진다고 할 수 있다.

오로지 구두 언어만 사용하셨던 예수님과, 우리를 위해서 그 예수님의 이야기를 기록해 준 사람들은 토라('율법')를 그냥 '모세'라고만 언급했다. 초대교회에서 모세는, 하나님 백성의 지도자로서이건 토라를 통해서 하나님의 계시를 전달해 준 중재자로서이건, 가장 중요한 조상의 이름이다.[3] 유대교와 기독 교회 모두에서 토라와 모세는 사실상 동의어였다.

월터 옹(Walter Ong)은 모세의 전통에 박혀 있으며 복음서에까지 전달되는 살아 있는 목소리와 기록된 말 사이의 상호작용에 대해서 다음과 같이 성찰하고 있다.

역사 속에서 자신의 현존을 최고치로 드러내기 위해서 예수님은 참으로 알맞은 때에 오셨다. 그 시기는 바로 구두 언어가 여전히 지배적이면서, 동시에 알파벳 문자를 통해서 하나님의 계시가 새로운 차원의 지속성과 안정성을 가지고 전달될 수 있는 시기였다. 예수님을 통해 나타난 하나님의 계시가, 알파벳이 고안된 이후에 그러나 인쇄술이 주요한 구두 언어의 구조를 압도할 정도로 확산되기 전에, 그리고 말의 기본적 성질을 더 흐리게 한 오늘날의 전자 문화 이전에 인간의 문화와 의식 속에 뿌리를 내리게 된 것은 하나님의 섭리라고 생각할 수밖에 없다.[4]

모세오경이 역사 비평적으로 재구성되는 과정은 다음과 같은 만화적 풍경으로 그려지기 쉽다. 시내 산 광야의 나무 아래, 그리고 바벨론 강가의 버드나무 그늘 아래 임시 탁자를 펼쳐 놓고 주위에 둘러앉아 손에는 가위와 풀을 들고, 무지한 사람들이 대로는 서투르게 그리고 때로는 자의적으로 모세의 저작으로 돌려 버린 문서들을 이리저리 짜 맞추느라 여념이 없는 학구적인 편집자들의 모습. 역사 비평의 문제에 대해서 지도적인 자리에 있는 히브리 학자 움베르토 카수토(Umberto Cassuto)는 이보다 훨씬 더 좋은 이미지, 실제의 과정과 더 어울리는 이미지를 제공해 준다. "이와 같은 전통의 흐름은 아주 먼 거리를 가로질러 가는 거대하고 넓게 퍼져 있는 강에 비유될 수 있을 것이다. 그 먼 거리를 가는 도중에 그 강은 원래 담고 있던 물의 일부를 잃기는 하지만…

그리고 그 강으로 흘러들어 오는 다른 지류에 의해서 물이 갈수록 늘어나기도 하지만, 여전히 그 강에는…처음에 근원에서 흘렀던 태초의 물이 어느 정도는 흐르고 있다."5)

✿

언어학자들은 모세의 살아 있는 권위적인 목소리와 성령의 인도를 받은 실제의 글쓰기, 그래서 모세오경이라는 책으로 남게 된 그 글쓰기를 구분하는 데 도움이 되도록 통시적(diachronic)이라는 용어와 공시적(synchronic)이라는 용어를 사용한다. 이와 같은 구분은 또한 정보를 얻기 위한 독서와 계시를 듣기 위한 독서 사이의 긴장을 해소하는 데 도움이 되기도 한다.

언어에 통시적으로 접근할 때 우리는 주도권을 쥐고 우리가 사용할 수 있는 정보를 찾고, 역사 속에서 그 정보가 차지하는 자리와 용도를 결정한다. 카탈로그를 읽을 때, 연감을 읽을 때, 그리고 전화번호부를 뒤적일 때 바로 이러한 방식으로 읽는다. 반면 언어에 공시적으로 접근할 때는, 언어의 권위에 우리 자신을 복종시켜서 우리가 지금까지 들은 내용을 전부 기억하고, 그 말이 어디로 우리를 이끌고 갈지 기대하고, 그 언어가 우리를 사용하도록 한다. 시나 소설을 읽을 때 바로 이러한 방식으로 읽는다. 통시적으로 읽을 때는 말이 움직이지 않고 그냥 소리 없이 지면 위에 앉아 있다. 그러나 공시적으로 읽게 되면 말이 살아나게 되고, 마치 살아 있는 소리처럼 지금 일어나고 있는 어떤 일을 들려

주는 것 같다.

언어를 **통시적**으로 읽는다는 것은 일직선으로 이어지는 역사를 따라서 읽는 것이다. 한 장과 그 다음 장 사이에 의미 있는 연결이 있을 수도 있고 없을 수도 있다. 이 문장이 제일 먼저 기록되었고, 그 다음에는 저 문장이, 또 그 다음에는 다른 문장이 기록되었는데, 각기 다양한 사람들이 그 문장을 기록했으며 그들은 서로 알았을 수도 있고 몰랐을 수도 있다. 읽다가 어느 단어나 문장에서든 멈춰서, 그것이 기록된 장소나 시간의 관점에서 혹은 기록된 목적을 어림짐작해서 그 의미를 고쳐 볼 수 있다. 반면 언어를 **공시적**으로 읽는다는 것은 마치 모든 단어가 서로 연쇄적인 관계 속에서 동시에 작동하는 것처럼 읽는다는 말이다. 그 어떠한 문장이나 문구도, 그 지면에 혹은 그 책에 기록된 그대로의 다른 모든 단어와 별개의 의미를 가지지 않는다. 통시적인 독서와 공시적인 독서는 서로 충돌할 필요가 없다. 최적의 상태에서라면 그 두 가지 독서 방법은 서로 협력할 수 있다.

그리스도인들은 2천 년 동안 (유대인들은 그보다 더 길게) 성경을 공시적으로 읽어 왔다. 비인격적인 정보의 단편들이 아니라, 여러 세대의 사람들이 하나님의 말씀을 듣고 거기에 응답하고 또한 서로에게 응답하면서 축적된 목소리들로 구성된 내러티브로, 유기적으로 얽힌 거대한 그물망 같은 내러티브이자 인격적인 계시로서 성경을 읽었다. 중세의 히브리 성경학자 중에서 가장 뛰어나다고 할 수 있는 마이모니데스(Maimonides)는 문학의 동시성이라고 하는 자신의 원칙에 근거해서 모세오경의 내적 통일성을 주장했다(그러나 그는 모세가 저자라는 주장은 하지 않았다). 그는 이렇게 기록했다. "'함의 아들은 구스와 미스라임과 붓과 가나안이요'(창 10:6), '그의 아내의 이름은 므헤다벨이니'(창 36:39), '첩 딤나는'(창 36:12), '나는…네 하나님 여호와니라'(출 20:2), '이스라엘아 들으라'(신 6:4)와 같은 구절들 사이에는 아무런 차이가 없다. 그 모든 말씀이 하나님의 입으로부터 나왔기 때문이다." 존 레벤슨은 마이모니데스를 인용하면서 모세오경의 공시적 독서를 강조한다. "역사 비평적 담론에서는 모세오경의 저자가 모세라고 하는 개념이 설 자리가 없는 것이 사실이지만, 토라의 통일성과 신성이라고 하는 근원적이고도 전제적인 사상은 **반드시** 고려되어야 하는 요소다…."[6]

모든 무익한 말들…

말은 거룩하다. 모든 말이 거룩하다. 그러나 말은 또한 쉽게 타락하고, 불경한 말로 변질되고, 잡담으로 전락한다. 우리의 토대가 되는 오경에서 모세에게 의미상의 저자로서 주어진 명예는, 본질적으로 신성한 언어에 몰입해서 훈련을 받으라고 우리를 초대한다. 하나님은 그 언어를 통해서 우리와 모든 것을 존재하게 하셨고, '의미'(우리 인생의 의미, 우리를 향한 하나님의 구원의 의미)를 실현하는 수단으로서 우리에게 그 언어를 주셨다.

성경의 첫 페이지는 말씀하시는 하나님을 보여 준다. 하나님이 "이르시자" 피조물 전체와 우리 자신이 존재하게 되었다. "하나님이 이르시되…하나님이 이르시되…하나님이 이르시되…". 이 문구는 여덟 번이나 사용된다. 여덟 번째 "하나님이 이르시되"가 나오고 나면 모든 것이 제자리를 잡는다. 빛과 하늘, 땅과 바다, 식물과 나무, 해와 달과 별, 물고기와 새, 가축과 야생 동물, 파충류와 곤충류, 남자와 여자. 언어는 존재하는 모든 것 이전에 있었고 존재하는 모든 것의 토대가 된다.

그리스도인은 예수님을 따르면서 언제 어디서든 하나님이 우리와 우리 주변의 세상을 존재하게 하셨을 때 처음 사용하신 말을 사용한다. 우리의 언어는 (우리 주변의 모든 것이 그렇듯!) 하나님의 언어에서 파생되었다. 우리의 일상적인 말은 하나님의 언어와 연속선상에 있다. 우리가 언제 어디에서 말을 사용하든 말은 언제나 본질적이고 거룩하다. 말은 어떻게 사용되든 본질적으로 거룩하다. 쇼핑 목록을 작성하든, 길모퉁이에서 아는 사람과 대화하든, 예수님의 이름으로 기도하든, 버스 정류장으로 가는 길을 묻든, 이사야서를 읽든, 하원 의원에게 편지를 쓰든, 그때에 사용하는 우리의 말은 본질적으로 거룩하다. 우리는 말을 경외해야 하고, 조심해서 말을 사용해야 하고, 말이 모독을 당하면 충격을 받아야 하고, 책임감을 가지고 정확하게 기도하는 마음으로 사용해야 한다. 예수님을 따르는 그리스도인들은 입으로 말하든, 귀로 듣든, 글로 쓰든, 모든 언어를 하나님이 우리에게 자신을 계시하시는 수단으로서 돌보아야 하고, 우리 인생의 진실과 충성을 표현하는 수단으로서 돌보아야 하며, 육신이 되신 말씀을 증언하는 수단으로서 돌보아야 하는 긴급한 지령을 받았다.

예수님은 "무슨 무익한 말을 하든지"(마 12:36) 그것에 대해 심판이 있을 것이라고 엄중하게 경고하셨으며, "귀 있는 자는 들으라"(마 13:9)고 끈질기게 말씀하셨다. 밧모 섬의 요한이 회중에게 보낸 일곱 개의 긴박한 메시지는 모두 같은 문구로 끝을 맺고 있다. "귀 있는 자는 들을지어다"(계 2-3장). 시편 12편의 기자가 주변의 타락상을 살펴보았을 때 그를 가장 역겹게 한 것은 언어의 남용이었다. "그들이 이웃에게 각기 거짓을 말함이여. 아첨하는 입술과 두 마음으로 말하는도다.…비열함이 인생 중에 높임을 받는 때에 악인들이 곳곳에서 날뛰는도다"(시 12:2, 8).

하지만 기독교 공동체 안이든 밖이든, 언어를 경외하는 자세를 보기가 그리 쉽지 않다. 현대의 언어는 학계의 유행(환원론적 합리주의) 때문에, 그리고 광포하게 날뛰는 경제와 산업의 탐욕(환원론적 실용주의) 때문에 바짝 말라 버렸다. 그 결과 우리 시대의 많은 말들이 그저 말에 불과한 것으로 전락해 버렸다. 신학적인 내용도 별로 없고, 인간적인 관계도 별로 없으며, 영혼도 없고, '성령'은 더군다나 없다.

그러나 유진 로젠스톡-휴씨(Eugen Rosenstock-Huessy)가 그토록 열정적으로 증명해 보인 것처럼, 말은 "사회의 생혈(生血)"이다.[7] 건강한 사회가 존재하려면 건강한 언어가 있어야 한다.

우리는 영적 소비주의의 '허황된 소리와 학설들'에 맞설 보호 장치가 필요하다. 실체가 없는 사상과 개인을 참여시키지 못하는 언어를 감지해 내고, 그것을 삭제할 수 있는 어휘와 구문을 익힐 필요가 있다. 건강한 몸과 정신과 영혼을 가지려면, (단순히 말을 사용하는 정도가 아니라) 생명을 담아서 명료하게 발음되는 '말'을 할 것을 강력하게 주장하는 성경의 이야기와 문법에 철저하게 발을 디디고 있어야 한다. 우리는 모세에게서 성경적인 맥박과 리듬, 즉 성경적인 의미뿐만 아니라 성경적인 경외까지도 느낄 수 있다.

성경보다 자신을 **위**에 놓는 역사 비평의 주제 넘는 행태로부터 거리를 두려면 먼저 분별이 있어야 하고 그 다음에는 용기가 필요하다. 그리고 의도적으로 믿음을 가지고 우리 자신을 성경 **아래**에 두어야 한다. 매혹적인 산문과 재치가 넘치는 시, 춤추는 은유와 구문으로 글을 쓰는 그 놀라운 저자들이 우리에게 마련해 준 계시에 우리는 굴복해야 한다.

말은 통나무에 달린 혹처럼 그냥 그렇게 앉아 있는 것이 아니다. 말에는 '힘'이 있다. 스캇 케언스(Scott Cairns)는 성경을 읽는 신자들의 공동체 속에서 말을 가지고 작업하는 시인으로서 자신의 일에 대해서 이렇게 말한다.

"우리는 단지 과거(기록된 말이 지칭하는 사건)에만 주의를 기울이는 것이 아니라, 현재와 현존(기록된 말이 우리에게 이해되기 위해서 현재에 근접한 무엇으로 구성해 내는 것)에도 주의를 기울인다.…우리는 그렇게 구성된 현존에 기대어서 그 안으로 들어가고, 그 현존을 구성해 내는 에너지에 참여하고, 그럼으로써 의미의 창조에 참여한다. 그리고 그 의미의 창조를 가지고 미래를 형성하는 일을 돕는다…우리는 성경을 단지 과거의 사건을 이야기해 주는 내러티브나 단순히 믿음을 권고하는 말로 이해하지 않는다. (성경이 과거를 이야기하는 내러티브이고 믿음을 권고하는 말임을 믿지만) 성경은 또한 신자가 (그가 초기 기독교의 교부이든 현대의 순례자이든) 그 내용을 가지고 무언가 새로운 것을 만들기 위해서 그 안으로 들어가야 하는 현장이다. 능력을 주는 성경의 도움을 받아서 그 내용을 새로운 무엇(예를 들면 새로운 피조물 같은 것)으로 발전시키기 위해서 신자는 그 현장 속으로 들어간다."[8]

회중의 언어

모세는 모든 면에서 대단한 지도자다. 대담하고, 지칠 줄 모르고, 끈기 있다. 그러나 모세를 둘러싸고 형성된 성경의 전통에서 보자면 그는 무엇보다도 말의 사람이다. 모세의 길은 언어로 포장되어 있다. 이스라엘 백성을 이집트의 노예 생활에서 이끌어 내어 하나님 아래에서 자유롭게 순종하는 삶을 살게 하도록 지도자로 임명한 불타는 떨기나무에서의 말, 시내 산에서 전달된 열두 지파의 헌법이자 권리장전이 된 말, 약속의 땅을 정복하기 위해서 가나안 입구에 서기까지 숱한 시험과 유혹을 거친 40년이라는 광야 기간 동안 모세가 했던 말, 이 구원 받은 백성의 가족 이야기를 형성한 그 말. 그리고 모압 평지에서 뛰어난 기교로 행한 고별 설교에서 한데 모아진 그 40년 동안의 말. 그 설교에서 모세는 하나님 말씀의 주권 하에서 말하고 노래한 말들을 다시 말로 엮어 냈다(설교가 하는 일이 바로 그런 것이다). 모세가 한 것으로 알려진 말들과 그가 그 말을 사용한 방식에서 우리는 하나님이 우리에게 자신을 계시해 주시는 방식과 그 하나님에 대해서 우리가 어떻게 반응해야 하는지를 가장 잘 알게 된다. 예수님을 제외하고는 다른 그 누구도 모세만큼 풍부한 어휘와 구문을 전해 주지 못했다.

모세가 우리의 첫 스승이 된다고 할 수 있는 언어의 길을 설명하자면, 무엇보다도 그 언어는 회중의 언어라고 하는 것이 가장 정확할 것이다. 그 언어는 하나님 말씀의 영향을 받으며 형성되어 가는 회중의 삶 속에서 서로 주고받는 가운데 결이 형성되는 언어이며, 하나님께 부르짖고 다시 하나님의 말씀을 듣고 기도하며 예배하는 회중 안에서 발달되는 언어다. 그 언어는 믿음의 공동체의 언어다. 믿음의 공동체란 분투하는 죄인들과 넘어지는 성인들이 혼합된 공동체이며, 설교자와 선생들, 자신의 가족 이야기를 들려주면서 하나님의 권고와 약속을 전달해 주는 순례자들이 혼합된 공동체다.

리처드 피비어(Richard Pevear)는 도스토예프스키의 「카라마

조프 씨네 형제들」(*The Brothers Karamazov*) 속에 있는 복잡하고도 다양한 러시아인들의 목소리를 생각하면서 이렇게 지적했다. "말의 공동체는 동시적이다. 죽은 자의 말을 산 자들이 듣고, 과거의 말을 현재에 듣는다."⁹⁾

모세오경은 바로 그러한 말의 공동체이며 회중의 언어다. 단 하나의 목소리가 그 책을 지배하지 않고, 권력을 휘두르는 강단의 언어가 사용되지 않았다는 점에서 그렇다. 모세오경은 (개인적인 언어가 아니라) 회중에 속한 영혼들이 사용하는 언어, (비인격적이거나 추상적인 언어가 아니라) 언약과 약속의 관계에서 사용하는 인격적인 언어, (도덕주의적이거나 교훈적인 언어가 아니라) 이야기로 들려진 언어, (모호하거나 보편적인 언어가 아니라) 이런저런 수식어 없이도 분명하게 알 수 있는 단도직입적이고 실제적인 언어로 기록되었다. 그 언어는 다양한 시기와 장소에서 들렸던 목소리들로 구성되어 체계적이지 못한 재료들의 모음 같지만, 지속성과 확실한 이야기 흐름이 있어서 식별할 수 있는 일관성을 지닌다. 이러한 이야기 흐름과 통일성에는 이름이 있는데, 그 이름이 바로 모세다.

회중에 속한 영혼들이 쓰는 이 언어, 이 모세 언어의 어휘와 구문은 계시 언어의 기준을 제시해 주고 그 계시의 언어 속에 고루 퍼져 있다. 그 계시의 언어를 오늘날 우리는 성경적인 것으로 인식하며 거기에는 하나님의 임재와 하나님의 목적이 계시되어 있다. 회중에 속한 영혼들의 공동체가 사용하는 계시의 언어에는 세 가지 두드러지는 요소가 있다. 바로 이름과 이야기 그리고 이정표다. 이 세 가지 요소들이 예수님이 경고하신 "무익한 말"로 퇴보해서 쓰레기통에 버려지지 않도록 우리는 끊임없이 손보고 고쳐야 한다.

이름

모세의 책에는 이름이 많이 나온다. 이름이 존경받는다. 개인의 이름과 하나님의 이름 모두가 그렇다. 이러한 언어의 길을 가다 보면 머지않아 우리는 이름이 가지는 엄청난 중요성을 깨닫게 된다. 하나님이 우리와 함께하심을 알려 주는 이 이야기에는 이름이 잔뜩 들어있다. "거기에 대로가 있어 그 길을 거룩한 길이니라 일컫는 바"(사 35:8) 되는 그 길을 걷다 보면 이름을 듣지 않을 수가 없다. 오른쪽에서도 이름이 들려오고, 왼쪽에서도 이름이 들려오고, 우리보다 먼저 간 사람들의 이름이 메아리치고, 우리보다 뒤에 오는 사람들의 이름이 울려 퍼진다. 온 사방이 이름이다. 수학자에게 숫자가 있고 풍경화가에게 색채가 있듯이 기독교의 언어에는 이름이 있다.

아무런 설명도 없이 그저 이름만 길게 나열된 족보, 모세의 언어에서 제대로 인정받지 못하는 문학적 특징인 이 족보는, 하나님이 어떻게 인간들 사이에서 일하시면서 우리의 창조와 구원을 이루어 가시는지를 이해하는 방식과 깊은 연관을 가지고 있다. 창세기에는 열 개의 족보가 나오는데("족보는 이러하니라.…")

이 족보가 창세기를 구성하는 큰 틀을 제공해 주고 있다.[10] 이름을 나열한 목록은 히브리어 성경 곳곳에 다양한 형태로 나타나는데 그것이 등장하는 목적도 다양하다. 성경에 나오는 족보 장르의 전문가인 한 학자는 히브리어 성경에 "대략 25개의 족보"가 나온다고 말한다.[11] 그리고 훗날 마태와 누가도 예수님의 이야기를 기록할 때 모세오경에 소개된 그 족보의 용어를 사용했다. 어떤 사람들은 성경을 읽다가 만나게 되는 이러한 긴 이름의 목록을, 마치 숲속에서 갈 길을 가로막으며 쓰러져 있는 죽은 나무를 대하듯 성마른 태도로 대하며 불평한다. 그러나 만약 자기 자신의 이름이 그 목록에 있었다면, 그 때도 우리는 여전히 기분이 상하고 지루함을 느끼겠는가?

로젠스톡-휴시는 인간의 말에서 가장 위대한 형식이 바로 이름이라고 주장한다.[12] 이름은 한 개인에게, 특정한 남자, 여자, 그리고 아이에게 언어가 뿌리를 내리게 한다. 추상적인 것, 보편적인 것 그리고 위대한 우주적 사상들은 그 이후의 일들이다. 그런데 그러한 사상들도 개인의 이름으로부터 지나치게 멀어지면 퇴보하게 된다. 말과 문법이 활력을 잃고 시들어 버리고 만다.

이야기

이름은 씨앗이다. 그 씨앗이 싹트면 이야기가 된다. 모세는 그저 누구누구의 이름만 나열해 대는 사람이 아니다. 그는 이야기꾼이다. 모세오경에서 우리가 보게 되는 스토리텔링 방식은 다윗에 이르러 중요한 계기를 맞이하고 결정적으로는 예수님에 이르러서 온전한 힘을 얻게 된다.

우리가 보는 성경에는 하나님의 말씀을 우리에게 전달하는 제일 중요한 수단으로 이야기가 등장한다. 우리는 그 사실을 감사히 여겨야 하는데, 우리가 가장 쉽게 사용하는 말하기 형식이 바로 이야기이기 때문이다. 나이에 상관없이 모든 사람이 이야기를 좋아한다. 글자를 읽을 줄 알든 모르든 모든 사람이 이야기를 하고 이야기를 듣는다. 무식하든 유식하든 누구나 자석처럼 이야기의 매력에 끌린다. 접근하기가 쉽고 매력이 있다는 점에서 진정으로 이야기와 경쟁할 만한 대상은 오직 노래밖에 없는데, 성경에는 노래도 참 많이 나온다.

하나님과 하나님의 방법을 우리에게 보여 주는 데 쓰이는 언어에서 이야기는 지금도 여전히 중요한 역할을 하고 있다. 기독교 공동체 안에서 이야기꾼들은 우리가 이야기와 이야기가 작동하는 방식을 계속해서 놓치지 않도록 해주어야 하는 주요한 책임을 안고 있다. 우리 시대 최고의 이야기꾼들은 지금도 여전히 모세와 예수님으로부터 그 기술을 배우고 있다.

그런데 이야기가 하나님의 말씀을 우리에게 가져다주는 주요한 수단으로 적합한 이유가 또 한 가지 있다. 이야기는 우리에게 무엇을 그냥 알려 주기만 하고 끝나지 않는다. 이야기는 우리의 참여를 요청한다. 좋은 이야기꾼은 우리를 이야기 안으로 끌어들인다. 우리는 그 속에서 감정을 느끼게 되고, 극적인 이야기에 사로잡히고, 등장 인물과 동일시하게 되고, 모르고 지나쳐 온 인생의 구석과 틈새들을 들여다보게 되고, 인간으로서 산다는 것에 대해 지금까지 알아 왔던 것이 전부가 아니라는 사실을 깨닫게 된다. 만약 누군가가 정말로 뛰어난 이야기꾼이라면 우리에게 새로운 창문을 열어 줄 것이다. 모세는 예술적인 면과 도덕적인 면 모두에서 뛰어난 이야기꾼이다.

이야기에 대해서 말해야 할 것이 또 한 가지 있다. 정직한 이야기는 우리의 자유를 존중한다. 우리를 조종하지도, 강제하지도, 인생의 길에서 이탈하게 하지도 않는다. 정직한 이야기는 하나님이 창조하시고 구원하시고 복을 주시는 널찍한 세상을 보여 준다. 먼저는 우리의 상상력을 통해서 그리고 그 다음에는 우리의 믿음을 통해서 그러한 세상을 보여 준다. 여기에서 상상력과 믿음은 친척간이다. 상상력과 믿음은 우리가 그 이야기에서 차지할 수 있는 자리를 마련해 주고, 하나님의 목적이라고 하는 넓은 하늘 아래에서 일어나는 커다란 이야기 속으로 우리를 초대한다. 그 이야기는 자아라는 숨 막히는 옷장 안에서 우리가 요리해 내는 수다스러운 일화들과는 무척 다른 이야기다.

물론 모든 이야기가 정직한 것은 아니다. 인생에서 도피하도록 부추기는 감상적인 이야기들이 있다. 어떤 대의명분에 우리를 참여시키려 하거나 전형적인 반응을 하도록 강제하는 선전적인 이야기들도 있다. 그렇기 때문에 우리의 존엄성과 자유를 존중해 주는 정직한 이야기꾼이 나타나면 우리는 참으로 감사하게 된다. 모세는 정직하다. 그는 문화 속에 갇힌 우리의 야망보다 진실한 무엇에 동참하도록 우리를 그 이야기 속으로 초대한다.

우리는 성경에 나오는 이야기를 읽으면서 원하든 원하지 않든 자신이 더 큰 가족에 속해 있음을, 하나님의 생명에 참여하고 있음을 깨닫게 된다. 아담과 하와의 이야기, 노아와 그의 아들들의 이야기, 아브라함과 사라의 이야기, 이삭과 리브가의 이야기, 야곱과 라헬의 이야기, 요셉과 아스낫의 이야기, 모세와 십보라의 이야기, 아론과 미리암의 이야기, 발람과 그의 당나귀 이야기, 여호수아와 갈렙의 이야기…. 수세기에 걸쳐서 이야기가 계속되다가 "때가 차매" 예수님의 이야기가 등장한다.

불행히도 오늘날 우리는 이야기가 성경의 선두에 분명하게 자리를 차지하지 못하고 밖으로 밀려나 벤치 신세를 지고 있는 언어의 세계에 살고 있다. 오늘날 이야기는 '예화' 혹은 '증언' 혹은 '영감' 정도로 취급당하고 있다. 교회 안에서건 교회 밖에서건, 현대인들은 이야기보다는 정보를 더 좋아한다. 이와 같은 선호는 매우 비성경적이다. 사람들은 스스로 문제를 해결하고 자기 인생은 자기가 관리한다는 모토 아래 비인격적인('과학적인' 혹은 '신학적인'이라는 말로 포장되는) 정보를 모은다. 우리는 자기 나름대로 이야기를 만들어 내고 싶어한다. 그러나 우리는 정보에 의해 인생을 사는 것이 아니라, 관계 속에서 인생을 산다. 남자와 여자들의 공동체라고 하는 상황 속에서, 그리고 우리에게 공의와 구원을 실행하고자 하시는 인격적인 하나님의 현존 앞에서, 믿음의 가족이라는 관계를 맺으며 산다. 각각의 공동체는 경험과 동기와 욕망이 서로 얽힌 복잡한 덩어리다. 그러므로 정보를 모으기 위해 전문가들의 조언을 구하게 되면 독특하게 우리 자신을 구성하는 거의 모든 것(우리의 개인적 역사와 관계, 죄와 죄책, 도덕적 성품과 하나님에 대한 믿음의 순종)을 배제할 수밖에 없다.

반면에 이야기를 들려주면, 하루하루의 실재 속에서 실제로 사는 방식 그대로 인생을 설명할 수 있게 된다. 이야기에는 추상적인 것이 거의 없다. 이야기는 직접적이고, 구체적이고, 줄거리가 있고, 관계적이고, 인격적이다. 따라서 우리가 인생에 대한 감각을 잃어버렸을 때, **영혼**(우리의 도덕적이고, 육체적이고, 영적이고, 하나님과 인격적으로 대면하는 인생)에 대한 감각을 잃어버렸을 때 다시 그 인생과 접촉하게 해주는 가장 좋은 말하기 방식이 바로 이야기다. 그렇기 때문에 하나님의 말씀이 이야기로 넘쳐나는 것이다. 그럼 이제 다시 모세에게로 돌아가자.

이정표

모세오경에 사용된 또 한 가지 언어의 요소가 있는데 그것 역시 회중에 속한 영혼에게 꼭 필요한 요소다. 나는 그것을 이정표라고 부르겠다. 모세오경에는 율법이 계시되고, 지시가 주어지고, 지침들이 마련되고 있다. 그 중에서 가장 두드러지는 것은 '열 개의 말'(십계명, 삶의 기본 규칙들, 출 20:2-17)과 '쉐마'

(Shema, "이스라엘아 들으라…", 믿음의 기본 신조, 신 6:4-9)다. 이 이정표들은 간결하고 강력하며 모호한 것이 전혀 없다. '만약에', '그리고', '그러나' 같은 것들이 전혀 없다. 이 말들은 논쟁의 여지도 토론을 유발하는 요소도 전혀 없다. 이 말들은 모든 행동과 모든 믿음에서 근본이 되는 말들이다. 따라서 당연히 핵심적인 것에 우리의 이목을 집중시킨다.

그러나 "언약의 책"(출 20:22—23:33; 24:7), "규례와 법도"(신 12:1)라는 이름이 붙어 있는 이정표도 있다. 이 이정표들은 간결하지도 않고 강력하지도 않다. 여기에는 세세한 내용이 끝도 없이 이어지고, '만약에', '그리고', '그러나' 같은 말들이 많이 나온다. 이는 하나님의 백성이 공동체 안에서 하루하루의 삶을 사는 것과 관련된 자세한 내용들에 철저하게 주의를 기울이고 있음을 보여 주는 세밀한 증언이다.[13]

공동체는 복잡하고 복합적이다. 하나님의 백성으로서 공동체 안에서 산다는 것은 본질적으로 번잡한 일이다. 회중은 다양한 기분과 생각, 필요와 경험, 은사와 상처, 욕망과 실망, 축복과 상실, 유식과 무식의 정도를 가진 여러 사람들로 구성되어 있으며, 그러한 사람들이 서로 가까이에서 서로를 존중하며 그리고 믿음으로 하나님을 예배하며 같이 산다. 그것은 쉬운 일도 아니고 간단한 일도 아니다. 모든 상황을 예측할 수 없으며 새롭게 맞물리는 상황들이 우리를 놀라게 한다. 공동체라고 할 만한 모든 공동체는 종종 발생하는 특별한 상황에 철저하게 주의를 기울이지 않을 수 없었다.

우리는 삶의 방식에 관한 핵심적 지침(계명)과 우리가 믿는 바(신조)에 주의를 기울여야 하지만, 더 나아가 특별한 경우들의 엄연한 현실, 명쾌하거나 분명하지 않은 모호한 영역들에도 주의를 기울여야 한다. 의도하지 않았는데 누군가를 죽이게 되면 어떻게 해야 하나?(출 21:13) 종과 싸우다가 그의 이빨을 나가게 하면 어떻게 해야 하나?(출 21:27) 당나귀를 빌렸는데 그 당나귀가 다치거나 죽어 버리면 어떻게 해야 하나?(출 22:14) 처녀를 유혹한 남자를 어떻게 처벌해야 하나?(출 22:16-17) 희생 제물로 드릴 염소는 생후 몇 개월이 되어야 하나?(레 22:26) 초막절에 드릴 빵을 굽는 데 들어가야 하는 밀가루의 양은 얼마인가?(레 24:5) 어려운 일을 겪고 있는 친척들에 대해서는 어느 정도의 책임을 져야 하는가?(레 25:35) 아내가 정절을 지키지 못했다는 증거가 없는데도 남편이 아내를 의심하면 그는 어떻게 해야 하는가?(민 5:11-22) 재판 소송에서 과실치사였는지 살인이었는지를 결정할 수 없으면 어떻게 해야 하는가?(신 17:8-13)

내가 십대였을 때 소 방목장에서 살던 친구가 하나 있었다. 나는 가끔씩 그 친구의 목장으로 놀러 가곤 했는데 한번은 내가 전혀 들어 보지 못했던 문구를 하나 배우게 되었다. 불어로 '이디오 사방'(*idiot savant*)이라는 말이었는데, 그 뜻은 "똑똑한 바보"(특정 영역에서 우수한 능력을 지닌 정신 지체아를 가리키는 용어)였다. 내 친구가 부모님으로부터 정기적으로 배당받았던 잡일 중 하나는 소위 "울타리 돌기"였다. 그것은 아무 생각 없이 할 수 있는 일이었는데, 말을 타고 철조망이 쳐진 울타리를 따라 그냥 돌기만 하면 되었다. 그러다 울타리에 구멍 난 부분이나 허술한 부분이 나타나면 그 곳을 보수했다. 울타리의 둘레는 무척 길었으며, 어떤 날은 몇 시간을 다녀도 그런 부분을 발견하지 못하기도 했다.

그 친구는 소가 가축 중에서도 가장 머리가 나쁜 동물이라고 말했다. 곰돌이 푸우의 표현을 빌리자면 "뇌가 거의 없는" 동물이었다. 하지만 단 한 가지 일에서만큼은 정말로 뛰어났다. 울타리에 난 구멍이나 허술한 부분을 찾는 데는 가히 천재적이라는 것이다. 그리고 그러한 부분을 발견하기만 하면 바로 그 구멍을 빠져나갔고 그 뒤를 이어서 다른 소들도 줄줄이 쫓아나갔다. 그러고는 스스로를 보호할 능력도 재난을 피할 능력도 없으면서 위험한 곳으로 마구 돌아다녔다. 그러고 나면 소들을 몰아서 안전한 원래의 울타리로 다시 돌려보내느라 이틀이나 사흘 정도는 보내야 했다. 내 친구는 소를 가축계의 "똑똑한 바보들"이라고 불렀다. 그렇기 때문에 자기 자신을 돌볼 줄도 모르면서 울타리에 난 구멍은 귀신같이 찾아내고 빠져나가 버리는 소들을 보호하기 위해서는 "울타리 돌기"를 반드시 해야만 했다. 그 녀석들은 건강하게 사는 데 필요한 적절한 식량이 있는 공동체의 경계를 그렇게 탈출했던 것이다.

어느 날 신명기의 "규례와 법도"에 대한 긴 본문을 읽는 도중에, 이 본문이 내 친구가 소 방목장에서 울타리를 도는 일과 매우 흡사하다는 생각이 들었다. 그리고 회중에 속한 나를 돌아보았다. 물론 회중에 속한 그리스도인들은 정신적으로 결함이 있는 것은 아니지만, 영적인 결함이 있으면서 한 가지 영역에서 천재성을 발휘한다는 증거는 상당히 많다. 우리는 계명과 신조에서 빠져나갈 만한 구멍을 찾는 데는 기가 막힌 재주를 발휘한다.

하나님과 영혼을 표현하는 언어는 추상화되고 비인격화되기가 특히 더 쉽다. 예수님을 따르는 길에서 다른 사람들을 인도하는 임무를 위탁받은 사람들과 교사들, 부모와 목사, 그 길을 가는 참으로 많은 우리의 동료들, 그리고 제사장들이 사는 나라에 있는 우리 모두는 자신이 하는 말에 권위를 싣고 사람들이 긴박감을 느끼게 하기 위해서 거창하고 인상적인 언어를 쓰고픈 유혹을 쉽게 받는다. 그러나 그렇게 해서는 안 된다. 예수님의 길을 손상시키거나 모욕하지 않도록 우리는 말이 쓰이는 방식에 반드시 주의를 기울여야 한다. 문맥과 구문, 화법과 시의 리듬 등 언어가 사용되는 방식이 의미를 전달해 준다. 아무런 문맥도 구문도 없이 '하나님'이라는 말을 사용하게 되면 그것은 복이 될 수도 있지만 모독이 될 수도 있다. 비인격적이고 이야기가 없는 말하기와 글쓰기는 담론의 세계에서 해충과도 같다. 모세는 우리가 이야기에 훈련되게 해주고, 우리의 인생이 이야기에 반응하고 회중에 뿌리박고 회중의 관계 속에 있게 해준다.

"나를 복음으로 주의 동산에 데려다 주소서"

신약 성경에서는 사복음서가 구약 성경의 모세오경에 필적하는 자리를 차지하고 있다. 마태, 마가, 누가, 요한은 (작가들의 전형적인 특징이라고 할 수 없는) 겸손한 자세를 가진 작가들이었으며 그 누구도 자신이 복음서의 저자라고 주장하지 않았지만 그들의 글쓰기 기술만큼은 모세에게서 배운 것이 분명하다. 복음서를 읽은 초기의 세대들은 머지않아 각 복음서에 저자들의 이름을 붙여 놓았다(그보다 앞선 세대들이 오경에 모세의 이름을 붙여 놓은 것처럼 말이다). 예수님의 공동체는 저자들의 이름만 붙여 놓은 것이 아니라 그 네 권의 책을 한 그룹으로 묶어 놓았다. 마태, 마가, 누가, 요한. 그리고 그 때 이후로 네 권의 책은 언어의 길에서 모세의 후계자로 서로 사이좋게 붙어 다녔다. 기도문으로 쓰이는 아이들의 옛 노랫말에도 그 네 명의 이름은 같이 나온다.

> 마태, 마가, 누가, 요한
> 나의 잠자리를 축복해 주세요.
> 그리고 만약 내가 깨기 전에 죽는다면,
> 내 영혼을 받아 주시길 주께 빕니다.

이 복음의 4인조는 좀더 세련된 로버트 로웰(Robert Lowell)의 시 "인디언 살인자의 무덤에서"(At the Indian Killer's Grave)에 다시 한 번 등장한다.

> 요한, 마태, 누가, 마가,
> 나를 복음으로 주의 동산에 데려다 주소서(Gospel me to the garden).…[14]

로웰이 '복음'을 타동사로 사용한 사실은, 이 네 개의 복음서가 그보다 앞선 모세의 오경처럼 우리가 가고 싶어하는 어떤 장소로 우리를 데려간다는 확신을 성경을 읽는 독자들이 가졌음을 보여 준다. 모세오경이나 사복음서는 오락물도 아니고 추측된 이론도 아니며, 영감을 주기 위한 표어도 아니고, 특정 그룹에만 전승되는 이야기도 아니고, 변증도 아니고, 역사적 재구성물도 아니고, 소비자 심리학도 아니고, 의미 있는 만남도 아니고, 힘으로 위협하는 협박도 아니고, 기운을 북돋아 주는 도전도 아니다. 이 책들은 '길'이다. 모세와 예수님의 언어의 길이다. "나를 **복음으로** 주의 동산에 데려다 주소서."

다윗: "내 죄악을 숨기지 아니하였더니"

완벽주의는 기독교 공동체에 자주 나타나는 정신장애다. 완벽주의는 그리스도인을 두 가지 범주 즉 육적인 그리스도인과 영적인 그리스도인으로 나누어 인식하는 방식이다. 교회의 구성원을 두 부류로 나누는 용어는 다양하게 바뀔 수 있다. 단순한 신자들과 진지한 제자들, 물 세례를 받은 그리스도인들과 성령 세례를 받은 그리스도인들, 미지근한 그리스도인들과 뜨거운 그리스도인들, 엄숙한 그리스도인들과 느슨한 그리스도인…. 완벽주의는 '영적'이라고 하는 용어로 자신을 지칭하는데, 어떤 그리스도인들을 영적이라고 할 때 그 말의 이면에는 다른 그리스도인들은 영적이지 않다는 암시가 들어 있다. 이러한 맥락에서 '영적'이라는 용어는 내면성이나 그와 비슷한 어떤 종류의 특성이 특히 강하다는 뜻을 지닌다. 그리고 그러한 구분은 기독교 공동체 안에서 보통 사람과 엘리트를 구분하는 날카로운 이분법을 가져오게 된다. 사람들은 그저 그렇게 평범하거나 광채가 나면서 유난히 눈부시거나 둘 중 하나로 분류된다. 그렇게 되면 성령께서 그리스도의 생명을 이루어 가시는 그 교회 안에서 사람들 사이에 아무런 다양성도 특별한 색채도 없어지고, 다양성이 나타나는 범위라는 것이 사라진다. 이러한 공동체에서는 엄숙주의자가 느슨한 그리스도인을 보고 무시하는 태도를 취하는 것이 당연하다고 할 수밖에 없다.

때때로 엄숙주의자들은 그 이분법을 강화한다. 그들은 완벽주의적인 성향을 넘어서서 실제로 완벽하게 그리스도인의 길을 걷는 것에 대해서 이야기한다. 우리가 지금 이생을 무자비할 정도로 진중하게 받아들인다면 실제로 그리스도 안에서 완전한 삶을 살 수 있다는 것이다. 이렇게 되면 엄숙주의자들의 무시는 느슨한 자들에 대한 점잖은(하지만 늘 점잖기만 한 것은 아닌) 경멸로 바뀌게 된다.

전 역사에 걸쳐 교회는 예수님의 공동체를 이와 같은 등급으로 나누는 것을 저지해 왔고 때로는 매우 강력하게 저지하기도 했지만, 완벽주의의 길은 다양한 기치 아래 매 세기마다 다시 부상하고 있다. 메잘린파, 도나티스트, 정적주의, 경건주의, 성결 운동 등, 창의적으로 다양하게 변화하는 이러한 유파들은 예수님의 길은 곧 완벽의 길이라고 기독교 공동체를 설득하려 든다.

우리는 예수님을 따르라는 명령을 받았는데, 예수님은 완벽하시기 때문에 그분의 길도 완벽의 길이라는 것이다. 완벽의 길은 그저 바람직하기만 한 것이 아니라, 우리가 기독교 신앙에 대해서 진지하다면 완벽한 삶을 살거나 적어도 그렇게 살기를 열망해야 한다고 그들은 말한다.

완벽주의는 예수님의 길에서 벗어나는 참으로 파괴적인 이탈이며, 예수님의 길을 우회해 가게 한다. 완벽주의가 우리를 곧바로 파멸에 이르게 하지는 않겠지만, 그 길을 따른다면 우리는 분명히 함께 순례의 길을 가는 사람들이 가장 꺼리는 동반자들이 될 것이다. 완벽주의는 기독교의 길을 곡해한다. 수많은 진지하고 신실한 그리스도인들이 새 예루살렘으로 나아가는 순례의 길에서 같이 가는 동료들에게 일상적인 도움을 줄 수 없게 만든 책임이 바로 완벽주의에 있다. 완벽주의자들은 일상 속의 거룩함에는 취미도 없고 그런 일에 관여할 시간도 없다.

부모가 자녀에게, 목사가 회중에게, 최고 경영자가 회사 직원들에게, 선생이 학생에게, 남편이 아내에게, 아내가 남편에게 완벽할 것을 요구하는 자세는 결코 예수님의 길이 아니다.

우리는 예수님의 조상인 다윗을 통해 그 사실을 알 수 있다. 예수님은 자신이 다윗의 자손이라고 불리는 것을 부끄러워하지 않으셨다. 예수님을 따르는 이들은 완벽해야 할 의무가 있다는 생각이 잘못되었음을 일깨워 주는 상당량의 증거는 바로 다윗에게서 나온다. 우리의 성경은 다른 어떤 개인보다도 다윗에게 가장 많은 내러티브의 공간을 주고 있다. 그런데 그 이야기에는 완벽주의의 요소가 **전혀** 없다. 다윗의 길은 처음부터 끝까지 불완전의 길이다.

다윗의 길은 우리 모두가 대면하는 문제들과 관련된 내용을 참으로 풍부하게 다루고 있다. 남녀의 문제, 적과 친구의 문제, 성관계와 자녀들의 문제 등이 그 안에 들어 있다. 이 이야기는 사랑과 전쟁이라고 하는 거대한 그림을 그리면서 그 안에서 사람이 하루하루 사는 가운데 인생의 오르막과 내리막에서 느끼는 감정들을 섬세하게 잘 표현하고 있다. 그래서 다윗의 이야기는 '재미'가 있다. 그의 삶에는 모든 사람의 이목을 집중시키는 카리스마적 열기가 있다. 다윗에 대한 이야기는 이스라엘에서 거의 민족적 신화에 가까운 이야기로 빠르게 발전되었다. 이스라엘 백성은 다윗이라고 하는 사람과 관련된 모든 사물과 모든 사람을 기억했고 그것에 대해서 이야기했다.[1]

다윗의 이야기는 거인을 죽이는 이야기가 뼈대를 이루고 있다. 다윗은 투표를 할 수 있는 나이도 되기 전에 가드에서 온 블레셋의 거인 골리앗을 죽임으로써 역사의 무대에 등장했다. 마지막으로 기록된 블레셋과의 전쟁에서는 다윗이 누구를 죽이지도 못할 만큼 늙고 지쳤지만, 그의 조카 요나단이 다윗을 대신해서 (이번에도 가드에서 온) 블레셋의 기괴한 거인을 죽인다. 그 거인은 열두 손가락과 열두 발가락을 가진 거인이었다(삼하 21:20-21). 책의 시작과 끝을 블레셋 거인을 죽인 이야기로 장식하는 다윗의 영웅적인 이야기는 승리자들을 모아 놓은 명예의 전당에 다윗이 확고한 자리를 차지하게 해주었다.

모든 사람이 다윗을 사랑했던 것 같다. 그는 이스라엘 온 국민의 상상력을 사로잡았다. 다윗이 전쟁에서 또 한 번의 승리를 거두고 돌아올 때마다 그가 어느 마을에 들어서건 여자들이 거리로 쏟아져 나와서 노래하고 춤추고 탬버린과 류트로 흥을 돋우었고, 마을에서 일어난 시민들의 자발적인 행렬은 다윗의 인기를 가늠하게 해주었다. 그 때 사람들이 부른 히트곡은 바로 이것이었다.

사울은 천 단위로 죽였지만,
다윗은 만 단위로 죽였다네(삼상 18:6-7, *The Message*).

인간이 된다는 것, 그 인간 조건이 가지는 모든 의미들에 대해서 우리 모두는 채워지지 않는 호기심을 가지고 있다. "나는 누구인가? 내가 '나'라는 의미는 무엇인가? 그리고 도대체 나는 왜 이곳에 있을까?" 우리는 이 세상에서 살아 있다는 것, 진정으로 살아 있다는 것의 의미가 무엇인지 그것을 확인해 줄 무엇을 찾고 있다. 그래서 우리는 이야기를 읽고, 또 읽고, 계속해서 읽는다. 도스토예프스키, 톨스토이, 발자크, 디킨스, 포크너, 스테그너, 업다이크, 운세트…. 우리는 수많은 작가들이 쓴 이야기를 읽는다. 대단한 이야기꾼인 도리스 레싱(Doris Lessing)은 "생에 대한 인식을 확장하기 위해서, 조명을 얻기 위해서 이야기를 읽어야 한다고 생각하기 때문에" 반복해서 이야기들을 읽는다고 말했다.[2] 우리의 "생에 대한 인식"을 확장하기 위해서 읽고 또 읽을 수 있는 이야기들의 목록 중에서 가장 추천할 만한 이야기가 바로 다윗의 이야기, 다윗의 '길'이다. 다윗의 이야기는 인간 조건을 광범위하게 그리고 세밀하게 파고든다.

다윗의 이야기를 탁월하게 해석해 낸 로버트 알터(Robert Alter)는 이렇게 쓰고 있다. "이 익명의 히브리 작가는 이 엄청난 역사적 사건들에 대해서 자신이 알고 있는 것을 가지고, 역사의 가파르고 위험한 흐름 속에 있었던 남녀들에 대한 가장 예리한 이야기를 창조해 냈다. 이 이야기는 그로부터 3천 년 후, 역사 속에서 그리고 정치적 삶의 딜레마 속에서 허우적대는 우리에게 여전히 의미하는 바가 크다."[3]

우리를 이 이야기에 빠져들게 만드는 인간적 관심은 다윗의 이야기에서 다윗의 기도로 독서가 확장되면서 더 깊어지고 더 커진다. 다윗의 기도는 시편에 보존되어 있다. 다윗이 했던 일, 함께 살았던 사람들, 자기 시대의 사회 속에서 살았던 방식, 지도자로서 자신의 역할을 수행한 방식 등에 대한 전기가 바깥에서 그의 삶을 들여다보는 통로라면, 기도는 그러한 인간의 인생을 안에서 들여다보게 해주는 이야기다. 다윗의 이야기는 다윗이 사무엘과 사울, 요나단과 요압, 미갈과 밧세바, 암논과 압살롬, 므비보셋과 아히도벨 등과 어떻게 지냈는지를 보여 준다. 다윗의 기도는 다윗이 하나님과 어떻게 지냈는지를 보여 준다. 다윗의 기도는 죄와 회개, 절망과 희망, 의심과 찬양, 죄책과 은혜를 다루고 있다.

다윗은 기도의 사람이었다. 결국에 가서 우리는 다윗이 골리앗과 사울, 요나단과 아비가일, 밧세바와 다말을 어떻게 대했느냐보다 그가 하나님을 어떻게 대했는지에 대해서 더 많은 것을 알게 된다. 그리고 그것은 당연한 일이다. 왜냐하면 우리는 모든 것을 포괄하는 거대한 실재이신 하나님 안에서 "살고 움직이고 존재하기" 때문이다. 칼뱅은 시편을 "영혼의 모든 부분에 대한 해부도"라고 했다.[4] 우리가 자신을 오직 바깥에서만 안다면 우리가 누구인지 그리고 무엇을 하고 있는지에 대해서 가장 기본적인 부분조차도 결코 이해하지 못할 것이다. 하지만 바깥에서 보는 것 없이는 내부에서 보는 것도 이해할 수 없다(마찬가지로 내부에서 보는 것 없이는 바깥에서 보는 것도 이해할 수 없다). 우리는 두 가지가 모두 필요하다. 이야기도 있어야 하고 기도도 있어야 한다. 그리고 다행히 우리에게는 두 가지가 다 주어져 있다. 고대의 어떤 사본을 보면 그것을 베끼는 사람이 다윗의 생애에서 어떤 사건이 일어날 때마다 그 끝에 빈 공간을 남겨 둔 경우가 있다. 독자가 그 사건에 적절한 시편을 그 자리에 끼워 넣을 수 있게 한 것이다. 시편은 인간으로서 한 행동을 기도를 통해 하나님의 임재와 행동 가운데 놓은 행위였기 때문이다.[5]

성경의 이야기에서는 다윗을 도덕적인 혹은 영적인 의미에서 존경할 만한 사람으로 만들려고 노력한 흔적이 전혀 없다. 그럼에도 불구하고 비록 다윗이 흠 많고 믿음도 없고 실패한 사람일망정 그가 우리의 전형이 된다고 하는 가정이 깔려 있다. 다윗은 나쁜 행동에 대한 경고로서 주어진 것이 아니라, 비록 부주의하기는 하지만 정상성에 대한 증인으로서, 불완전은 피할 수 없다는 사실에 대한 증인으로서 주어진 것이다.

다윗이 갔던 불완전의 길을 이야기하는 성경의 증언은 굵직하게 두 가지 요소로 구성되어 있다. 사무엘서에 기록된 다윗의 인생 내러티브(삼상 16장에서 왕상 2장까지)와 시편에 수집된 다윗의 기도들이다.

내러티브

다윗의 이야기에서 내가 제일 좋아하는 부분은 엔게디의 동굴에서 있었던 일이다. 엔게디는 사해 곁에 있는 작은 오아시스이며, 사해는 이스라엘 남동쪽에 있는 소금물로 된 거대한 호수다. 오늘날에는 그 곳에 소풍을 온 사람들과 수영하는 사람들을 위해서 작은 공원이 조성되어 있다. 야자나무가 몇 그루 심겨져 있고, 음료수를 살 수 있는 작은 판매대, 탈의실과 수영 후에 소금물을 씻어 낼 수 있는 샤워장이 마련되어 있다. 보통 열 명 남짓한 사람들이 그 곳에서 수영을 한다. 아니 수영을 하기보다는 둥둥 떠 있는데, 염도가 너무 높아서 수영을 하기가 무척 힘들기 때문이다. 몇 년 전 어느 봄날 나는 엔게디에서 몇 시간을 보낸 적이 있다. 다윗이 사울 왕으로부터 도망 다니던 시절에 목숨을 부지했던 곳이 어떠했는지 한번 느껴 보고 싶었다. 나는 절벽 위로 올라가서 몸을 숙여 동굴 속을 다니면서, 그토록 열악한 환경에서 다윗이 어떻게 생존했을지 그의 삶을 상상해 보려고 했다.

사해 서쪽으로 300미터 정도 가면 가파른 절벽이 600미터 높이로 솟아 있고 그 위에는 고원이 있다. 그 고원과 절벽에 침식 작용으로 패인 깊은 홈이 협곡과 동굴을 만들어 내고 있었는데, 그 곳이 바로 거대하게 펼쳐진 불모지인 엔게디 광야다. 그 곳은 이 지구상에서 볼 수 있는 그 어떤 불모지만큼이나 열악하고 황량한 곳이다. 그 곳에서는 하이에나와 도마뱀, 독수리들이 우리를 맞을 준비를 하고 있다.

사울 왕으로부터 도망 다니던 중에 다윗과 그의 몇몇 사람들은 사해가 내다보이는 한 동굴에 숨었다. 날은 더웠고 동굴 안은 시원했다. 그들은 동굴 깊은 곳에서 쉬고 있었다. 그런데 갑자기 그림자 하나가 동굴 입구에 드리워졌다. 사울 왕인 것을 확인한 그들은 사울 왕이 그렇게 가까이 추격해 왔다는 사실에 깜짝 놀랐다. 사울이 동굴 안으로 들어섰다. 그러나 그들을 보지는 못했다. 사막에 내리쬐는 태양 빛에 익숙해 있던 그의 눈이 아직은 어두움에 적응하지 못했기 때문에 동굴의 구석진 곳에 앉아 있는 사람들의 형체를 알아보지 못했다. 게다가 사울은 그들을 찾고 있는 것이 아니었다. 그는 생리적인 현상을 해결하기 위해 동굴로 들어왔던 것이다. 사울은 그들에게 등을 돌리고 앉았다.

다윗과 그의 사람들은 벌어지고 있는 일을 보면서, 자신들의 존재를 알아차리지 못한 사울은 이제 죽은 것이나 다름없음을 알았다. 다윗의 사람들이 그를 덮칠 준비를 하는데 다윗은 사울을 죽이지 말라는 신호를 보냈다. 그 대신에 다윗은 동굴 벽을 따라서 왕의 옷이 던져져 있는 곳으로 가서 그 옷을 조금 잘라 내고는 다시 자기 사람들이 있는 곳으로 돌아왔다.

잠시 후 사울 왕은 자기 옷을 걸치고 칼을 차고는 동굴을 나갔다. 다윗은 사울이 제법 멀어질 때까지 내버려두었다가 동굴 입구로 나가서 사울 왕을 불렀다. 그 무렵에 왕은 이미 협곡을 건너가 있었다. 다윗이 불렀다. "내주 왕이여!"(삼상 24:8). 사울이 깜짝 놀라서 돌아보았다. 다윗이 왕에 대한 존경의 표시로 땅에 엎드렸다. 그리고 그는 말했다. "제가 당신의 적이라고 말하는 사람들의 소리를 왜 들으십니까? 지금 제 손에 들린 이것이 보이십니까? 당신의 옷자락입니다. 바로 조금 전에 저는 당신의 옷을 베는 대신에 당신을 벨 수도 있었습니다. **죽일** 수도 있었다는 말씀입니다. 하지만 저는 그렇게 하지 않겠습니다. 결코 그렇게 하지 않을 것입니다. 왜냐하면 당신은 여호와의 기름부음을 받은 분이시기 때문입니다."

뒤로는 사해의 코발트 빛이 펼쳐져 있고 그 너머로는 모압 땅의 붉은 절벽이 솟아 있는 곳에 사울이 서 있는 모습을 바라보면서, 다윗은 자신의 동료들은 보지 못한 것을 보았다. 다윗은 적을 본 것이 아니라, 비록 흠이 많기는 하지만 하나님이 기름부으신 위대한 왕을 보았다. 그리고 그는 그 왕에게 경의를 표했다.

상스럽고 천한 장면을 연출할 수 있는 모든 요소가 거기에 모여 있었다. 다윗은 '왕위'에 있던 그 왕이 볼일을 보는 모습을 뒤에서 보았다. 그러나 다윗은, 비록 세련되지는 못했어도 천박하지는 않았다. 그는 관대하게 경의를 표하는 행위로 그 장면을 바꾸어 놓았다. (그 상황을 고려해 볼 때) 믿기 어려운, 거짓말 같은 일을 목격한 증인으로서 그 순간을 성스럽게 바꾸어 놓았다. 그는 생명을 경외했던 것이다.

그러나 다윗이 사울 왕을 죽이기를 거부한 장면이 나의 주의를 끌고 사로잡는 이유는 그러한 행동이 전혀 다윗답지 않은 행동으로 보이기 때문이다. 다윗은 블레셋의 거인 골리앗을 죽임으로써 역사의 무대에 등장한 사람이다. 그 때 이후로 블레셋 사람을 죽이는 일은 다윗의 인생의 주요 테마였다. 그는 블레셋 사람을 죽이는 일에 전문가였다. 미갈에게 청혼하기 위해서 다윗은 100명의 블레셋 사람을 죽여 사울에게 바쳤다(삼상 18:27). 그는 블레셋 사람을 죽이는 전문가라는 명성을 빠르게 얻으면서 사울 왕의 모든 전사들이 이루어 놓은 전적을 무색하게 했다(삼상 18:30). 그일라를 약탈하던 블레셋 사람들을 "크게 쳐서 죽인" 사건(삼상 23:1-5), 바알브라심에서(삼하 5:17-21) 그리고 르바임 골짜기에서(삼하 5:22-25) 블레셋 사람들을 참패시킨 사건, 블레셋 사람들의 손에서 메덱암마를 빼앗은 사건(삼하 8:1) 등을 보면 알 수 있다. 그리고 블레셋 외에도 그는 그술 사람, 기르스 사람, 아말렉 사람, 여라무엘 사람, 겐 사람, 모압 사람, 아람 사람, 에돔 사람, 암몬 사람 등 무수히 많은 사람을 죽였다.

그렇게 사람을 죽여 대던 가운데서도 다윗이 죽이지 않은 사람이 있다는 사실이 나는 무척 흥미롭다. 다윗은 사울 왕을 죽이지 않았다. 그런데 사울 왕은 다윗이 죽일 만한 이유와 동기가 다른 어떤 대상보다도 충분한 사람이었다. 사울 왕은 다윗을 죽이지 못해 안달이 난 사람이었다. 광신적인 질투가 사울을 사로잡고 있었다. 사울은 자신의 집에서 두 번이나 다윗을 죽이려고 했다. 게다가 두 번 모두 다윗이 감정적으로 괴로워하는 왕을 음악으로 위로하려던 때였다(삼상 18:10-11). 다윗을 죽이려던 시도가 다 실패하자 사울은 다윗을 불과 1천 명의 군인을 통솔하는 사령관으로 임명해서 블레셋 사람과의 전투에 내보냈다. 다윗이 전사하기를 바랐던 것이다. 그러나 다윗은 승리를 거두고 돌아왔다(삼상 18:12-16).

왕에게는 이제 다윗을 죽이겠다는 강박이 생겼다. 그 외에는 아무것도 생각할 수 없었다. "사울이 그의 아들 요나단과 그의 모든 신하에게 다윗을 죽이라 말하였더니"(삼상 19:1). 한번은 다윗이 왕을 위해서 다시 음악을 연주하는 중에 왕의 창에 맞아 죽을 뻔한 고비를 간신히 넘기기도 했다(삼상 19:9-10). 어느 날 밤 사울이 다윗의 집을 암살자들로 에워쌌을 때는 다윗의 아내 미갈이 창문으로 그를 나가게 해주어서 도망을 치기도 했다(삼상 19:11-17). 나중에는 요나단이 다윗을 도와서 왕의 악한 계획을 피하게 해주었다(삼상 20). 놉에 있던 제사장들이 사울의 살인 계획으로부터 다윗을 보호해 주고 위로해 주었다는 말을 들었을 때 사울은 그 사람들을 모두 죽일 것을 명령했다. 85명의 제사장들이 "남녀와 아이들과 젖 먹는 자들과 소와 나귀와 양"과 함께 죽임을 당했고 제사장들의 성읍은 피바다가 되었다(삼상 22:6-23).

그 때 이후로 다윗은 계속해서 도망을 다녀야 했다. 우리가 엔게디의 동굴에 숨은 다윗을 보게 되는 시점에 이르러서는 그를 따르는 한 무리의 사람들이 생겼는데, 그들은 십 광야에서 재주껏 생존할 수밖에 없었다. 사울은 "매일 그를 찾았다"(삼상 23:14). 십 사람들이 다윗을 배반하고 사울에게 그의 거처를 알려 주었을 때 다윗은 마온 광야로 도망을 갔고(삼상 23:25-29), 거기에서 다시 엔게디로 갔다.

거인을 때려잡은 다윗. 블레셋 소탕자 다윗. 그러나 그는 사울은 죽이지 않았다. 다윗을 죽이기 위해서는 어떤 일도 서슴지 않았던 사울 왕, 블레셋으로부터 자신의 왕국을 구해 준 젊은 청년을 죽이고자 하는 살의로 가득 찼던 사울 왕, 마치 멧돼지 사냥을 하듯이 광야의 오아시스와 협곡을 다니며 다윗을 추적하던 사울 왕은 다윗의 손에 죽지 않았다.

그러나 엔게디의 동굴에서 일어났던 이 영광스러운 의외의 사건은 오히려 다윗이 따랐던 당시의 규범을 분명하게 부각시켜 준다. 사실 다윗은 철기 시대 가나안 문화의 피로 얼룩진 야만성에 철저하게 동화되어 있었다. 만약 그가 **지도자**라면 사람들이 문화가 정해 놓은 기준을 넘어서도록 **지도**해야 하는 것 아닌가? 그런데 주변의 가나안 왕들과 다윗의 차별성은 오직 그가 그 왕들보다 사람을 더 많이 그리고 더 잘 죽였다는 사실밖에 없다. 하나님으로부터 기름부음을 받은 지도자에게 우리가 기대하는 것이 그런 것이란 말인가? 다른 길이 있다는 암시라도 주어져야 하는 것 아닌가? 예루살렘의 이사야가 그토록 매력적으로 표현한 그러한 길이 있다고 말이다. 이사야도 다윗만큼이나 야만적인 문화 속에서 살았지만 그는 다음과 같이 하나님의 산으로 가는 길을 묘사했다.

그가 우리에게 자신이 일하시는 방식을 보여 주시리라.
우리가 지어진 모습대로 살 수 있도록 하시기 위해서…
거기에서 그들은 칼을 삽으로 바꾸고,

창을 괭이로 바꿀 것이다.

더 이상 나라와 나라가 싸우지 않을 것이다.

그들은 더 이상 전쟁놀이를 하지 않을 것이다(사 2:3-4, *The Message*).

    게다가 다윗이 극복하지 못한 것은 단지 자기 주변의 문화만이 아니었다. 그는 개인적인 덕이나 가족 관계에서의 덕에 있어서도 별로 존경스러운 인물이 아니었다. 밧세바와 저지른 악명 높은 불륜의 사건, 게다가 그것을 은폐하기 위해서 우리아를 죽인 일이 가장 눈에 띄는 사건이다. 하지만 다른 분야에서도 딱히 자랑스럽게 기록할 만한 일들을 찾기가 힘들다. 그에게는 여덟 명의 아내가 있었고, 스물한 명의 자녀와, 수많은 첩들이 있었다. 일부일처제타든가 가정적이라는 말이 설 자리가 없다. 두 아들 압살롬과 암논에 대한 이야기를 보면 다윗은 자식에게 철저하게 무관심했고 아버지로서 크게 실패한 사람이었다는 인상을 준다. 그는 자신의 오른팔 격인 요압의 야만적이고 비열한 행위를 눈감아 주면서 자신이라면 창피해서 공개적으로 하지 못할 일을 그가 하게 내버려둔다.

    비극적 연민을 자아낸다는 차원에서 훗날 아들 압살롬의 죽음 앞에서 가슴을 쥐어짜는 듯한 슬픔에 잠긴 사건에 필적할 만한 순간이 한 번 나오는데, 바로 발디엘이 자기 아내를 잃고 슬픔에 잠긴 장면이다. 그러나 그 때는 다윗이 그러한 비극적 슬픔의 원인이었지 다윗 자신이 그 슬픔을 당한 것이 아니었다. 발디엘의 사건은 다윗의 무정하고 계산적인 면모를 보여 준다.

그 내용을 살펴보면 참으로 가슴이 아프다. 사울의 죽음 이후에 사울의 전투 사령관이었던 아브넬이 다윗의 편으로 넘어오겠다고 제안했다. 그러나 다윗은 한 가지 조건을 고집했다. 다윗의 전 아내, 즉 사울의 딸이었던 미갈이 자기에게로 돌아와야 한다는 것이다. 하지만 그 때 미갈은 이미 다윗의 아내가 아니었다. 다윗이 사울의 암살자들을 피해 도망가고 난 후에 사울은 미갈을 발디엘이라는 사람과 다시 결혼을 시켰다. 그런데 이제 다윗이 미갈을 되찾기 원했던 것이다.

그의 동기는 순전히 정치적이었다. 미갈의 바람이나 발디엘의 감정은 전혀 고려하지 않은 잔인한 행동이었다. 다윗이 사울의 딸이었던 자신의 전 아내를 되찾기 원했던 이유는 자신이 사울의 합법적인 계승자라는 주장을 뒷받침할 근거가 필요했기 때문이다. 그래서 미갈은 강제로 자기 남편과 집을 떠나서 다윗에게로 가야 했다. 발디엘이 미갈의 뒤를 쫓으며 "울며 바후림까지 따라왔더니, 아브넬이 그에게 돌아가라 하매 돌아가니라"(삼하 3:16). 발디엘이 무슨 말을 했는지는 기록되어 있지 않다. 다만 예루살렘 바로 아래에 있었던 바후림까지 가고 오는 길에 흘렸던 그의 눈물만이 그의 심정을 말해 줄 뿐이다.

발디엘과 미갈, 남편과 아내가 그렇게 독단적이고 이기적인 정치적 술수에 의해서 헤어지는 장면은 참으로 가슴 아프다. 다윗이 자신이 저지른 일에 대해서 마음의 동요를 느꼈다고 하는 증거는 보이지 않는다. 그의 안중에는 미갈도 발디엘도 없었다. 다윗은 오늘날 우리가 현실 정치라고 부를 만한 그러한 일에 자신의 개인적 감정을 개입시키지 않았다. 지도자로서 다윗의 역할이 다윗의 영혼을 완전히 장악해 버렸다. 엔게디에서 다윗이 자신의 최고의 모습을 보여 주었다면, 발디엘의 사건에서는 최악의 모습을 보여 주었다. 그는 권력의 제단 앞에 자신의 인간성을 희생한 사람이었다.

다윗의 고결함에 대해서는 엔게디에서의 사건 이외에도 할 이야기가 많다. 요나단과 나누었던 친밀한 우정(삼상 18-20장), 아비가일에 대한 태도(삼상 25장), 하길라 언덕에서 두 번째로 사울을 놓아 주었던 사건(삼상 26장), 브솔 시내에서 베푼 자비(삼상 30장), 사울과 요나단의 죽음에 대한 애도(삼하 1장), 언약궤 앞에서 드린 예배(삼하 6장), 예언자 나단 앞에서 했던 회개(삼하 7장), 므비보셋에 대한 연민(삼하 9장), 시므이의 저주 앞에서의 겸손(삼하 16장), 노인 바르실래에게 베푼 친절(삼하 19장), 그리고 다윗을 위해 목숨을 걸고 베들레헴의 우물까지 가서 물을 길어 온 전사들의 용기에 대한 감사(삼하 23장) 등의 사건들이 있었으며, 행간을 읽다 보면 그것보다 훨씬 더 많은 사건들이 있었음을 알 수 있다.

그러나 다윗의 이야기가 우리에게 전달하고자 하는 바에 대해서는 혼란의 여지가 없다. 다윗의 생애는, 우리와 마찬가지로 모호한 것들로 가득한 미궁이었다. 우리가 다윗에 대해서 존경하는 부분이 다윗에 대한 혐오스러운 부분을 없애 주지 못하며, 우리가 다윗에 대해서 혐오하는 부분이 우리가 존경하는 부분을 없애지 못한다. 다윗은 모방해야 할 모범도, 무비판적인 흠모의 대상도 아니다. 다윗의 이야기는 인간성을 깊이 들여다보는 이야기이며, 그 인간성은 우리의 문화적 조건 속에 있는 인간성 그리고 우리의 죄로 얼룩진 인간성과 전혀 다를 바가 없다. 다윗의 이야기는 하나님이 우리가 어떤 존재가 되기를 원하시느냐에 대한 이야기가 아니라, 하나님이 지금 우리가 처한 모습 그대로의 원재료를 가지고 우리 인생에서 하시는 작업에 대한 이야기다. 성경이 다윗의 이야기를 참으로 자세하게 들려주는 이유는, 하나님이 구원의 삶을 이루어 가시는, 철저하게 살아낸 인간의 삶에서는 어떠한 일이 일어나는지 우리 앞에 펼쳐 보이도록 하기 위해서다. 다윗은 하나님의 사람이었지만, 결코 완벽한 하나님의 사람은 아니었다.

기도

다윗의 이야기와 함께 우리는 다윗의 기도도 읽을 수 있다. 그 기도는 시편에 모여 있는데, 150개의 기도문이 수집되어 있는 시편은 유대인과 그리스도인 모두에게 가장 중요한 기도의 책이다. 다윗의 이야기가 바깥에서 바라본 다윗의 인생이라면, 다윗의 기도는 안에서 들여다본 다윗의 인생이다. 성경에서 가장 많은 양의 이야기가 기록된 인물이 바로 기도에서도 가장 많은 분량을 기록하고 있다. 물론 시편에 나오는 모든 기도가 다윗의 기도는 아니다. 몇 개의 기도에는 다른 저자의 이름이 붙어 있다(솔로몬, 아삽, 에단, 고라, 헤만, 모세). 그리고 34개의 시편은 익명으로 되어 있다(전통적으로 그 시편들은 "고아 시편"이라고 불린다). 게다가 다윗의 시편이라고 되어 있는 73편의 시편도 전부 다윗 자신이 짓지는 않았을 것이다.

"다윗의 기도"라는 말은 "다윗의 전통을 따른 기도" 혹은 "다윗을 위한 기도"로도 번역될 수 있다. 히브리어 *l'dawid*의 의미는 정확하지 않다. 다윗이 직접 쓴 시편도 있을 것이고, 다른 저자가 다윗을 기리기 위해서 쓴 시편도 있을 터인데, 어쨌든 그 중 대부분은 다윗을 의식하면서 썼을 것이다. 기도문을 쓴 이스라엘 사람들 가운데서도 다윗은 단연 가장 탁월한 시인이었다. 모든 사람이 다윗을 "이스라엘의 노래 잘 하는 자"(sweet psalmist of Israel, 삼하 23:1)로 기억했다. 하나님 백성의 전통 속에서 다윗의 이름은, 시편에 수집되고 정리된 이스라엘의 기도문 모음 전체를 하나로 응집시키면서 권위를 부여해 주는 이름이다.[5]

성경에서 그토록 중요한 자리를 차지하는 이 인물, 교회에서 이어지는 전통 속에서도 "하나님의 마음에 합한 사람"(삼상 13:14; 행 13:22도 보라)으로 두드러지는 자리를 차지하고 있는 이 인물, 이스라엘에서 40년이 넘게 핵심적 지위를 차지했던 이 인물의 성품을 가능한 한 잘 이해하는 것이 바로 우리의 관심사다. 그의 이야기는 그가 불완전의 길을 갔다는 사실을 분명하게 잘 보여 주고 있다. 그렇다면 그의 기도는 어떠한가? 그의 기도도 마찬가지다. 그의 기도는 불완전의 길을 가면서 드린 기도다.

시편은 우리가 경험할 수 있는 모든 것을 표현하고 있다. 열정 어린 찬양과 경외에 찬 묵상도 있지만 또한 의심에 찬 회의, 기만, 애도, 고통, 참회, 회개도 있다. 대부분의 시편이, 사실상 3분의 2에 해당하는 시편이 어떤 형태로건 어려움에 처한 남녀들의 기도다. 기독교 공동체는 그 시편들 중에서도 일곱 개의 시편(6, 32, 38, 51, 102, 130, 143편)을 골라서 일찌감치 "참회의 기도"라는 이름을 붙였다. 죄와 죄책, 실패와 고민 속에서 드린 기도, 무언가 부족하고 부적절하다는 느낌에서 우러나온 기도 말이다. 그 기도들은 불완전의 길을 가는 도중에 드린 기도이며, "일이 잘 풀리지" 않는 사람들이 드린 기도이며, 죄로 인한 수치심과 슬픔 가운데서 드린 기도다. 이 기도들은 기도할 때 우리의 상상력이 완벽주의적인 기대와 요구와 망상에 감염되지 않도록 성령이라는 항생제를 제공해 준다. 이 기도들은 불완전의 길을 가면서 우리가 불가피하게 경험하는 것들에 대해서 자세하게 기도하는 방법을 가르쳐 준다.

시편 6편: 눈물로 내 요를 적시나이다

"불꽃이 위로 날아가는 것"(욥 5:7)같이 살아야 하는 존재로 태어난 사실이 야기하는 문제가 이 첫 번째 참회 기도의 내용이다. 이 기도의 저자가 당하고 있는 문제가 무엇인지 우리는 알지 못한다. 죄로 인한 하나님의 분노?(1절) 질병(2-3절에 병의 치유가 언급되고 있다)? 박해(7-8, 10절에서 원수들, 행악자들, 적들이 언급되고 있다)? 어쩌면 그 모든 것이 결합된 상황인지도 모른다. 하지만 그 외에도 또 있다. 이 세상의 죄악은 곳곳에서 문제를 일으킨다. 한번씩 그러한 문제가 터지면 경악과 슬픔의 감정이 폭포처럼 쏟아져 나와 우리를 압도해 버린다.

이 세상에서 일어나고 있는 문제가 참으로 많다는 생각이 쌓여서 그저 막막해져 버리는 때가 있다. 기도마저 막혀 버리는 순간이 있다. 그 모든 죄악과 질병과 비열함, 파괴된 인생, 찢긴 가슴, 아동 학대, 강간, 만연한 기아, 고문, 고통스러운 가난, 아무런 저지도 받지 않는 부자들의 탐욕, 땅과 물과 공기를 모독하는 침해 행위, 높은 곳에서 행해지는 잔인한 교만 등, 그 내용은 계속해서 쌓여만 간다. 이 세상에는 잘못된 것이 참으로 많다. 이 세상을 휘젓고 다니는 종말론적인 잔인함과 불경함이 우리의 인생을 짓밟아 버리는 경험을 하는 때가 있다(시 7:5).

그런데 그러한 잘못의 일부가 우리 안에도 있다는 사실을 깨달을 때 그 경험은 더 복잡해진다. 우리는 단지 그 문제를 관찰하는 자들이 아니라 그 문제의 일부인 것이다. 죄는 단순히 그들의 문제가 아니다. 그것은 우리의 문제이기도 하다. 그들의 잘못과 우리의 잘못이 만나게 될 때, 상처와 증오, 죄책과 죄는 촉매 작용을 일으키며 엄청난 슬픔을 양산한다. 우리는 시편 6편의 한가운데 앉아서 그 기도를 우리의 기도로 드리게 된다.

> 내가 탄식함으로 피곤하여
> 밤마다 눈물로 내 침상을 띄우며
> 내 요를 적시나이다.
> 내 눈이 근심으로 말미암아 쇠하며
> 내 모든 대적으로 말미암아 어두워졌나이다(시 6:6-7).

여기서 쓰인 언어는 터무니없게 과장된 듯이 보인다. 매일 밤마다 울고 깰 때마다 요와 베개가 눈물에 푹 젖어 있다니. 하지만 정말 과장된 것일까? 아마도 아닐 것이다. 적어도 이 기도가 죄의 재앙적 측면을 감지하는 마음에서 우러나오는 기도라면 과장이라고 할 수 없을 것이다. 밤낮으로 흐르는 절망 그리고 (때로는) 회개의 눈물이 해마다 쌓이면서 거대한 슬픔의 짠 바다를 이루는 마음에서 비롯된 기도라면 과장이 아닐 것이다. 고문당한 자들의 눈물, 배신당한 자들의 눈물, 죽어가는 자들의 눈물, 외로운 자들의 눈물, 자기 자녀들 때문에 우는 라헬의 눈물, 미갈 때문에 우는 발디엘의 눈물, 압살롬 때문에 우는 다윗의 눈물, 가야바의 법정 밖에서 우는 베드로의 눈물, 예수님이 가신 십자가의 길에서 우는 여인들의 눈물, 나사로 때문에 우시고, 예루살렘 때문에 우시고, 겟세마네에서 우신 예수님의 눈물. 눈물, 눈물, 눈물…. 우리는 눈물의 바다 속에서 헤엄치고 있는 우리를 보게 된다.[7]

불완전의 길은 우리를 빈민가와 도시 주변으로, 전쟁터와 난민 수용소로, 병원과 노숙자 쉼터로 이끌고 다닌다. 그러면서 우리는 중독자와 학대당한 자, 희생자와 희생시킨 자, 낙오자와 생존자들과 우리 사이에 공통점이 있음을 발견하게 된다. 불완전의 길에서 우리는 예수님을 따라 사마리아의 우물로, 여리고의 돌무화과 나무로, 실로암의 연못으로, "이 세상 끝 날까지 그리스도께서 고통당하시는"[8] 골고다의 십자가로 가는 우리 자신을 발견하게 된다.

그 길에는 많은 웃음과 노래와 춤도 있다. 야자나무 가지를 흔들며 호산나를 부른다. 그러나 그 길에는 또한 눈물과 애도도 있다. 강을 이룰 만큼 많은 눈물이 있다. 각각의 눈물은 기도가 되고 어느 것 하나 우리 주님의 주의를 끌지 않는 것이 없다. "나의 눈물을 주의 병에 담으소서!"(시 56:8)

시편 32편: 내가 입을 열지 아니할 때에 내 뼈가 쇠하였도다

모든 죄의 고조 할아버지뻘 되는 죄가 있다면 그것은 바로 죄의 부인이다. 죄를 인정하기를 거부하는 것이다. 그렇게 거부하는 자세는 좀 이상하다고 말할 수 있는데, 왜냐하면 G. K 체스터턴(Chesterton)이 지적한 것처럼 기독교와 유대교의 신앙 체계 전체에서 유일하게 경험적으로 입증할 수 있는 항목이 바로 죄이기 때문이다. 어느 누구도 하나님을 본 적이 없지만, 죄는 날마다 우리 눈으로 직접 목격한다. 그럼에도 불구하고 죄를 부인

하는 일은 흔하다.

예수님을 따르는 우리는 이 불완전의 길을 얼마 가기도 전에 죄의 문제를 다루어야 한다는 사실을 깨닫게 된다. 그 길에 놓여 있는 모든 죄의 문제 그리고 이 모든 죄인들과 부대끼며 사는 문제를 다루어야 하는 것이다. 그 길을 같이 가는 사람들이 좋은 사람들일 것이라고 생각했는데 말이다.

죄에 대해서 상당히 많은 것을 알고 있었던 다윗과 함께 기도하면서, 우리는 죄의 구제책은 죄의 근절이 아니라는 사실을 곧 배우게 된다. 죄를 짓지 않는 훈련을 오랫동안 받거나, 파블로프의 조건 반사처럼 죄만 만나면 급격한 반동을 보이게 하는 엄격한 프로그램을 실시하는 것은 죄의 구제책이 될 수 없다. 유일한 효력을 가진 죄의 구제책은 죄의 용서다. 그런데 오직 하나님만이 죄를 용서하실 수 있다. 우리가 만약 하나님을 대면하기를 거절한다면, 처벌하거나, 윤리 교육을 하거나, 죄를 부인하는 전략을 만들어 냄으로써 죄를 다룰 수밖에 없다. 그런데 그 어떤 것도 죄를 다루는 문제에서는 조금의 영향도 미치지 못한다. 죄의 유일한 구제책은 하나님의 용서를 받는 것이다. 그런데 죄를 용서 받으려면 죄를 고백해야 한다. 아무런 변명도, 합리화도, 부인도, 새해의 결심도 필요 없다. 그냥 단순히 "내가 고백하겠습니다…"라고 말해야 한다. 시편 32편이 솔직하게 그 말을 하고 있다.

내가 이르기를 내 허물을 여호와께 자복하리라 하고,

> 주께 내 죄를 아뢰고
>
> 내 죄악을 숨기지 아니하였더니
>
> 곧 주께서 내 죄악을 사하셨나이다(시 32:5).

대부분의 사람들이, 어쩌면 모든 사람들이 무슨 잘못을 하다가 들키면 다시는 그런 일을 하지 않겠다고 결심하거나 약속한다. 그러한 결심과 약속은 처음 몇 년 동안은 효과가 있다. 하지만 오래 가지는 않는다. 얼마가 지나면 그 약속이 우리의 부모와 교사와 친구들에게 빈말처럼 들리기 시작하고, 그 다음에는 자기 자신에게도 빈말처럼 들리기 시작한다.

그러나 고백은 빈말처럼 들리지 않는다. 고백은 우리가 스스로 죄를 관리해 보겠다고 고집스레 고안해 내는 보잘것없고 기만적인 장치들로부터 벗어나는 길이다. 고백은 용서라고 하는 넓은 세상으로 들어가는 문이다. 하나님의 구원과 신실한 사랑이 둘러싸고 있는 세상으로 말이다.

시편 38편: 나의 죄로 말미암아 내 뼈에 평안함이 없나이다

죄는 우리를 비참하게 만든다. 죄는 우리에게 불가피한 것이면서도, 하나님의 형상으로 만들어진 우리의 모습에는 걸맞지 않는다. 죄는 우리 영혼에 침투하는 이질적인 요소다. 우리는 원래 죄를 지으며 살아야 하는 존재가 아니다.

이 기도에서는 죄의 신체적인 영향을 묘사한 점이 특히 눈에

띤다. 내 '살'에 성한 곳이 없고, 내 '뼈'가 건강하지 못하고, '상처'가 썩고, '심히 구부러졌고', '허리'에 열기가 가득하고, '피곤하고 심히 상하였고', '마음'이 불안하고, '심장'이 뛰고, '기력'이 쇠하고, 내 '눈'의 빛이 떠나고…. 여덟 개의 신체 부위와 네 개의 신체적 자세가 이 기도문에 열거되었다. 죄와 죄의 결과는 단순히 영적인 문제가 아니며, 의지가 잘못된 방향으로 행사되었거나, 불순종의 행위를 했거나 하는 문제가 아니다. 죄에는 한 사람의 존재 전체가 연루되어 있다. 죄의 문제에서는 내면과 외면을 따로 생각할 수 없다.

이 기도문은 또한 죄에 연루되어 있는 다른 사람들도 자주 언급한다. 친구들, 동료들, 친척들, 내 생명을 찾는 자, 나를 해하려는 자, 음모를 꾸미는 자, 내 원수들, 나를 미워하는 자, 악으로 선을 대신하는 자, 나를 대적하는 자 등, 자신의 죄로 나에게 영향을 미치는 사람들이 열 번이나 언급되었다. 죄의 문제에서는 네 편과 내 편을 가를 수 없다. 즉 나의 내면 생활만을 다루는 것으로는 죄의 문제를 다룰 수 없다는 뜻이다. 게다가 나를 대적하는 사람들을 회심시키거나 제거함으로써 죄의 문제를 다룰 수 있다는 희망도 가질 수 없다.

그렇다면 남는 것은 무엇인가? 하나님만이 남아 있다. 우리가 대면해야 하는 것은 바로 하나님이다. 이 기도는 비난이든 충고든 다른 사람들이 하는 말을 들으려 하지도 않고 거기에 응하려 하지도 않는다. 우리는 더 이상 우회하지 말고 하나님을 부르고 하나님 앞에 나아가야 한다. "여호와여, 내가 주를 바랐사오니 내 주 하나님이 내게 응답하시리이다"(15절).

이 시편 기자는 자기 자신의 죄(**나**의 죄, **나**의 부정, **나**의 어리석음)가 가져온 개인적인 결과에 대해서 분명히 책임을 진다. 그러나 여기에는 사회적인 측면도 상당 부분 연루되어 있다. 이 기도문에는 내가 "하나님과의 관계만 바로잡으면" 모든 것이 다 잘 될 거라는 망상도 없고, 나를 비난하는 자들을 회심시키거나 정복하거나 해서 그들의 비난이 멈추게 되면 성공할 것이라는 환상도 없다. 내가 대면해야 하는 분은 하나님이다. 나의 내면 세계는 완전하지 않으며 앞으로도 결코 완전해지지 않을 것이다. 바깥 세계도 완전하지 않으며, 앞으로도 결코 완전해지지 않을 것이다. 모든 죄의 문제에서 내가 할 일은, 우선 하나님을 대면하는 것이다. "속히 나를 도우소서. 주 나의 구원이시여"(22절).

**시편 51편: 우슬초로 나를 정결하게 하소서. 내가 정하리이다.
나의 죄를 씻어 주소서. 내가 눈보다 희리이다**

이 참회 기도는 흔히 다윗이 밧세바와 지은 간음죄를 참회한 기도로 여겨진다. 이 시편은 진심에서 우러나오는 통회의 외침으로서 하나님의 백성들 사이에서 용서를 구하는 기도로 확고하게 자리잡고 있으며, 죄를 의식하고 죄를 깨달은 이들이 가장 많이 암송하고 기도하는 기도문이다.

이 기도에서 사용된 죄에 대한 제일 중요한 은유는, 우리를 더럽게 만들고 따라서 박박 문질러서 씻어 내야 하는 오물이라는 은유다. 나를 철저하게 "씻어 주시고", 나를 "깨끗하게" 해주시고, 나를 "정결하게" 해주시고, 나의 모든 죄악을 "지워 주시고", 내 속에 "정한" 마음을 창조해 달라고 시인은 기도하고 있다.

우리가 '더러운'(dirty)이라는 단어를 부정적인 형용사로 사용한다는 사실에 주목할 필요가 있다. 더러운 옷, 더러운 얼굴(그리고 손, 발, 귀, 입, 머리), 더러운 그릇, 더러운 술수, 더러운 일, 더러운 생각, 더러운 섹스, 더러운 공기, 더러운 말, 더러운 책. 그러나 흙(dirt)이라고 하는 것은 제 자리에 있기만 하면 아무런 부정적인 함의가 없다. 예를 들어 정원이나 화분이나 채소밭에 있는 흙처럼 말이다. 하나님이 인간을 흙으로 지으셨다고 하는 창세기의 진술에는 아무런 부정적인 의미도 들어 있지 않다. 오히려 그 반대다. 우리가 만들어진 흙, 그리고 우리가 돌아갈 흙은 우리의 발 아래에 있는 것과 동일한 흙이다. 이것은 우리가 창조계 전체와 유기적인 관계를 가지고 있음을 증명하며, 인간을 제외한 나머지 세상에도 존엄성을 부여해 준다. '흙'(dirt)은 그것이 제자리에 있지 않을 때에만 더럽힘의 형용사인 '더러운'(dirty)이 된다.

이러한 사실이 죄에 대해서 말해 주는 바는, 하나님이 주신 창조계에 있는 모든 것(무기물과 유기물, 광물, 채소, 동물, 인간 모두)이 선하지만, 잘못 사용함으로써 결과적으로 그것을 더럽힐 수 있다는 사실이다. 따라서 우리가 선한 창조계의 물질 속에서 살아가고 있고 또한 그렇게밖에는 살 수 없는 존재인 이상 우리는 계속해서 더럽혀질 수 있는 여지를 안고 살아간다.

나아가서, 창조계(흙)의 선함 때문에 오히려 죄가 더 매력적으로 보이고 결백해 보이는 면이 있다. 어떤 의미에서 죄는 그 자체로는 아무런 실체도 없다. 죄는 오직 선함, 진실, 아름다움의 왜곡이나 남용으로서만 존재할 수 있다. 죄는 그러한 것들을 더럽히는 탁월한 재능을 가지고 있다. 따라서 우리를 둘러싼 선함과 진실과 아름다움을 파괴하지 않고서는 죄의 근원도 제거할 수 없다. 그렇기 때문에 안으로부터든 밖으로부터든, 죄의 가능성은 언제나 우리 가까이에 있다.

손을 더럽히지 않고는 밭에 감자를 심을 수 없는 것처럼, 죄를 짓지 않고 사는 인생도 있을 수 없다. 그렇다고 우리가 하루 종일 더러운 손으로 돌아다녀야 하는 것도 아니다. 집에서든 일터에서든 비누가 잘 갖추어진 세면대가 있다. 그리고 우리의 지성소에는 세례반과 세례가 있다. 죄를 다룰 수 있는 길, 유일한 길은 바로 그것을 씻는 것이다. 씻는다는 말은 용서를 의미하는 말로 가장 자주 쓰이는 은유다. 그리고 하나님의 용서를 받는 일은, 씻는 행위처럼 자주 해야 하는 일이다.

그런데 이렇게 말하면 사람들이 죄를 심각하게 생각하지 않고 방탕하게 될 것이라며 이의를 제기하는 사람들도 있을 것이다. 바울도 그럴 수 있음을 예견했다. 바울은 "하나님이 계속 우리를 용서하실 수 있게 계속해서 죄를 짓자"(롬 3:8과 6:1 참고)고 말하며 방탕을 조장하는 사람들이 생기리라 예상하고 그들을 꾸짖었다. 그러나 하나님의 용서, 하나님의 끝도 없고 참으로 자비로운 용서 이외에는 죄를 다룰 수 있는 길이 전혀 없다.

시편 102편: 여호와께서 빈궁한 자의 기도를 돌아보시며 그들의 기도를 멸시하지 아니하셨도다

우리는 서로를 위해서 존재한다. 자기 혼자서는 자기 자신일 수 없다. 그리고 절대 타자이신 하나님조차 그러하다. 하나님은 성부, 성자 그리고 성령으로 계신다. 이렇듯 관계성이 매우 강한 (세 분이나 되신다!) 삼위의 하나님이 남자와 여자를 자신의 관계적 형상을 따라서 만드셨다. "사람이 혼자 사는 것이 좋지 아니하니 내가 그를 위하여 돕는 배필을 지으리라"(창 2:18). 이와 같은 관계적 실재가 단절되거나 부인되거나 왜곡되면, 그것이 바로 죄가 된다. 관계성의 거절 혹은 실패가 사람과 하나님 사이에서 일어나건, 혹은 하나님의 형상으로 지어진 사람들 사이에서 일어나건 그것은 중요하지 않다. 그것은 여전히 죄다.

죄의 흔한 결과 중 하나는 고립이다. 시편 102편은 그와 같은 고립의 경험을 증언하고 있다. 이 기도문의 서두에 보면 고독 속에 갇혀 있는 이미지가 많이 나온다. 얼굴을 숨기시는 하나님, 용광로에서 숯같이 타는 뼈, 시들고 말라 버린 풀, 광야의 올빼미와 황폐한 곳의 부엉이, 지붕 위의 외로운 참새, 원수들의 비방. 그리고 재와 눈물을 먹으며 목숨을 연명하고, 사람들이 눈길을 피하며 아무도 자기 말을 들어 주지 않는다. 고립되고, 홀로 있고,

무시당하고, 버려진다. 하나님도 없고 친구도 없다.

이 기도문에는 그러한 내용이 충분히 상세하게 기록되어 있다. 그러나 여기서 흥미롭고도 중요한 사실은, 이와 같은 비참함의 묘사가 갑작스레 멈춘다는 사실이다. **그러나**. "그러나 주님, 주님은 영원히 보좌에서 다스리시며…"(12절, 새번역). 어떻게 그렇게 되었는지 그 변화의 과정은 알 수 없지만 이 기도가 어떤 내적 논리에 의해서 하나님을 향하는 기도로 바뀐 것이다. 하나님의 행동과 임재가 주도권을 잡게 된다. 동시에 "나", "나를" 이라는 대명사가 공동체를 지칭하는 명사와 대명사로 바뀐다. 시온, 주의 종들, 나라들, 모든 왕들, 빈궁한 자, 그들의 기도, 대대에, 장래 세대, 민족들, 나라들, 주의 종들의 자손, 후손. 23-24절에 마지막으로 잠시 필사적으로 간구하는 말이 나오기는 하지만, 끝도 없이 펼쳐진 왕이신 하나님의 임재 앞에 곧 작아지고 가라앉는다(25-28절).

천국으로 가는 길을 야자나무 가지와 호산나 일색으로 보는 것은 비전이 아니라 신기루다. 바로 그 길에서 벌어진 축제의 행렬에서 예수님은 홀로 외롭게 우셨다. 유다로부터 배신당하고, 겟세마네에 홀로 버려지고, 십자가에서 자기 아버지로부터 버림받고, 사람들로부터 증오에 찬 조롱을 당하셨다. 예수님의 길에는 죄와 죄인들이라는 깊은 구멍이 곳곳에 패여 있다. 그 길에는 하나님과 가족, 하나님과 친구, 하나님과 공동체로부터 고립되고 단절되는 순간들이 있다. 죄가 가져오는 고립과 외로움을 예수님도 예외 없이 느끼시고 그 문제를 다루셨다면, 우리의 선호와 편의에 맞는 길을 찾거나 만들려는 시도를 하지 않는 것이 분별 있는 자세일 것이다.

시편 130편: 나 곧 내 영혼은 여호와를 기다리며 나는 주의 말씀을 바라는도다

길을 나선 사람에게 기다리는 일은 참으로 괴로운 일이다. 길을 간다는 것은 목적지를 향해 간다는 뜻이다. 열심에 차 있고 결의가 굳은 여행자에게 기다리는 일이란 오로지 방해로만, 갈 길을 지연시키는 것으로만 여겨질 뿐이다. 뛰건, 산책하건, 차를 몰건, 개를 산책시키건, 말을 타건, 길을 갈 때는 길을 가는 것이 우리가 **하는** 일이다. 그렇지 않고서야 왜 길을 나서겠는가?

하지만 길을 가다가 더 이상 길을 가지 못하게 되는 때가 있다. 다리가 부러진다거나, 사고 때문에 도랑에 주저앉게 된다거나, 지름길인줄 알고 갔다가 수렁에 빠져 무력하게 갇히거나 할 수 있다. 그럴 때 우리는 기다린다. 선택의 여지가 없다. 쾌활한 행인들이 지나가면서 우리에게 아무리 많은 격려의 말을 해준다 해도, 천국 길을 가는 우리들을 아무리 열심히 응원하면서 충고를 해주고 성경을 인용해 준다 해도("허리띠를 띠고", "네 십자가를 지고 따르라", "인내로써…경주를 하며"), 달라지는 것은 없다. 우리는 더 이상 앞으로 나갈 수 없다. 아무런 대책이 없다. 어찌할 도리가 없다. 그래서 우리는 기도한다. 우리 자신이 아무것도 할 수 없기 때문에, 그리고 다른 사람도 우리를 위해서 아무것도 해줄 수 없기 때문에 우리는 기도한다. 우리는 "깊은 곳에서" 기도한다.

"깊은 곳에서" 기도는 시작된다. "깊은 곳"(depths)은 지리학 용어인 계곡, 협곡, 심해, 구덩이, 도랑 등에서 나온 말인데, 은유로 자주 사용되면서 '깊이를 헤아릴 수 없는', '타락의 깊이', 곤궁, 변절 등의 뜻을 가지게 되었다. 깊이를 나타내는 그러한 말들에는 당연히 죄라는 뜻이 들어가 있다. 죄는 영혼이나 몸에 생기는 표면적인 흠이 아니라, 깊은 곳까지 침투해 들어간다. 죄는 단지 외피만 뜯어고치는 것으로는 해결되지 않으며, 우리 인성의 근본에서부터 작업을 해야 한다.

하지만 중요한 것은, 죄가 우리에게서 예수님의 길을 갈 자격 자체를 박탈하지는 않는다는 사실이다. 죄는 예수님의 길에서 우리가 차지하는 자리를 빼앗지 못한다. 꼼짝 못할 수도 있고, 무력해질 수도 있고, 길을 잃을 수도 있고, 우울해할 수도 있고, 화를 낼 수도 있고, 어리둥절할 수도 있고, 혼란스러울 수도 있지만, 우리는 여전히 그 길을 가는 사람들이다. "여호와여, 주께서 죄악을 지켜보실진대 주여 누가 서리이까. 그러나 사유하심이 주께 있음은 주를 경외하게 하심이니이다"(3-4절). 이를 다르게 표현하면 이렇다. "하나님, 만약 당신이 잘못을 다 기록하고 계시다면, 누구에게 가망이 있겠습니까? 그런데 알고 보니 당신에게는 용서가 습관처럼 배어 있고, 그렇기 때문에 당신은 예배를 받으십시다"(*The Message*). 하나님은 다윗의 길을 가고 있는 우리를 예수님의 길의 방식대로 다루신다. 그래서 바울이 표현한 대로 우리에게는 "정죄함이 없다"(롬 8:1).

결국 말하자면, 그 길에서는 목적지를 향해 가는 것 이외에도 많은 일들이 벌어진다는 말이다. 그리고 그 길에서는 우리가 하는 일 이외에도 많은 일들이 벌어지고 있다. 거기에는 하나님이 하시는 일이 있다. 그렇기 때문에 우리는 "주님을 기다린다." 선택에 의해서건 상황 때문이건, 우리는 멈추어 선다. 그 길에서 하나님이 우리 안에서 그리고 우리를 위해서 하시는 일에 정신을 바짝 차리고 집중하고 그것을 받아들이기 위해서 멈추어 선다. 우리의 영혼이 우리의 몸을 따라잡을 수 있도록 기다린다.

예수님의 길에서 우리가 하는 대부분의 일은 주님을 기다리는 일이다. 왜냐하면 그 길에서 일어나는 가장 큰 일은 바로 하나님이 하시는 일, 하나님이 하시는 말이기 때문이다. 죄 때문에 기력을 빼앗기고 무력하게 되었을 때, 많은 경우 우리는 우리가 해야 하는 일을 할 수 없다. 그래서 하나님이 그 일을 우리 안에서 하시기를 기다린다. 많은 경우 우리는 무엇을 해야 할지 알지 못한다. 그래서 하나님이 우리에게 하라고 명령하시는 일이 무엇인지 알 때까지 기다린다. 기다리는 일은 그저 아무것도 하지 않고 서성거리는 것이 아니다. 우리는 "아침"을 기다린다. 이 말은 우리가 소망을 가지고 기다린다는 뜻이다. "속죄받고, 치유받고, 회복되고, 용서받는" 동안 우리는 기다린다. "깊은 곳"에서 우리가 스스로 할 수 없는 일을 하나님이 하시도록 기다린다. 그리고 하나님이 그 일을 하시고 나면, 우리는 다시 길을 나설 수 있다.

시편 143편: 주의 종에게 심판을 행하지 마소서. 주의 눈 앞에는 의로운 인생이 하나도 없나이다

이 세상에는 잘못된 것이 참으로 많다. 그리고 나에게도 잘못된 것이 참으로 많다. 그런데 기도는 그와 같은 세상의 잘못 혹은 나의 잘못에 회칠을 하는 행위가 아니다. 기도는 오히려 이 불완전의 길을 가면서 보게 되는 상황에 대해서, 매일 매일 천천히 그리고 신중하게 주의를 기울이는 행위다.

시편 143편의 기도에서 보게 되는 근본적인 사실은, 우리가 처한 상황이 기자들이 날마다 보도하고 도덕주의자들이 가차 없이 정죄하는 모든 잘못, 죄, 불완전, 과실, 범죄, 증오 등의 긴 목록으로 집계될 수 있는 그러한 상황이 아니라는 사실이다. 그 상황은 주로 하나님, 변함없이 사랑하시는 신실하고 의로우신 하나님과 관련된 상황이다.

이 세상의 죄의 목록은 그 부피가 엄청나고, 매 시간 새로운 장이 추가된다. 의의 차원에서 보자면 이 세상의 사람들 편에 서서 할 말은 별로 없는 듯하다. 시편 기자와 바울은 우리가 그 사실을 받아들이도록 힘을 합해 말한다. "선을 행하는 자가 없으니, 하나도 없도다.…모든 사람이 죄를 범하였으매…"(시 14:3; 롬 3:23). 이 세상의 도서관은 그것을 증명하는 자료로 꽉 차 있다.

가서 한번 읽어 보라.

하지만 독서는 이 세상의 잘못을 다루는 좋은 방법이 아니다. 우리에게는 이미 충분한 자료가 있다. 정보는 어디서나 얻을 수 있다. 죄가 어디서나 안하무인으로 불쑥 나타나는 이 세상에서 사람들은 흔히 잘못, 죄, 범죄, 증오에 강박적으로 매달린다. 그들은 죄에 대한 뒷이야기들을 수집하는 사람들이 되어 버린다. 그들은 문화의 퇴폐성에 분노하거나, 자기 영혼에 무슨 흠이 있나 끝도 없이 면밀하게 검토한다.

하지만 다윗의 길은 그렇지 않다. 다윗의 길은 그 길을 온통 채우고 있는 하나님의 상황에 우리 자신을 담그는 것이다. 도서관 책꽂이에서 책을 하나 끄집어내어 하나님에 대한 지식을 얻는 것은 그 상황에 우리를 담그는 행위가 아니다. 우리는 기도한다. 기도는 죄의 다양성과 죄의 정도에 대한 연구 보고서가 아니다. 그 대신에 우리는 "주를 향하여 손을 편다."

> 내가 옛날을 기억하고
> 주의 모든 행하신 것을 읊조리며
> 주의 손이 행하는 일을 생각하고(5절).

그렇게 기억하고 생각하고 읊조리는 순간, 죄는 더 이상 뜨거운 뉴스도 아니고, 추잡한 가십거리도 아니고, 분노의 대상도 아니다. **하나님**이 우리의 생각과 상상력을 채운다. 우리는 하나님을 기억하고, 알아채고, 듣는다.

기도하면서 우리는 그 길에서 일어나고 있는 일의 크기가 근본적으로 달라지는 것을 보게 된다. 우리의 인간 조건을 오염시키는 많은 잘못과 죄악들이 적에 대한 단 세 번의 언급으로 축소되어 버린다(3, 9, 12절). 이제 우리를 지배하는 것은 하나님의 임재와 행동이다. 이 시편은 하나님을 직접 네 번 지칭하고, 하나님에 대한 스무 개의 대명사를 사용하면서 하나님의 이름을 전면과 중심에 놓는다. 죄가 깔린 이 길을 가면서 하나님께 도움을 요청하는 명령형의 동사가 열두 개인데 반해, 적들을 물리쳐 달라고 요청하는 동사는 세 개에 불과하다.

따라서 죄가 이 일곱 번째 참회 기도의 배경을 제공해 주고 있기는 하지만, 이 기도의 주제를 제공하고 내용을 이끌어 가는 분은 하나님이시다. 이 마지막 참회의 기도에 꼭 맞는 결말이라 하겠다. 예수님을 따르면서 죄에 대해서 순진하게 생각하는 것은 위험하지만, 죄에 강박적으로 매달리는 것도 확실히 건강하다고 할 수 없다. 죄를 책임지는 것은 하나님이 하실 일이다. 우리가 할 일은, 하나님이 우리 안에서 그리고 우리와 함께 당신의 일을 하실 때 그 하나님을 대면하는 것이다.

죄와 죄인들을 다루는 이 일곱 개의 참회 기도를 깊이 살펴보면서, 오히려 눈에 띄지 않아서 더 눈에 띄는 사실이 하나 있다. 바로 "다시는 그렇게 하지 않겠다"라는 결심이 조금도 암시되지 않는다는 사실이다. 이 기도들에는 단 하나의 도덕적·영적 결심도 나타나지 않는다. 죄를 결정적으로 다루는 일은 하나님이 하실 일이며, 하나님이 죄의 문제를 다루시는 방식은 용서다.

그렇다고 해서, 우리가 그 길을 가면서 도덕적인 의도성을 가지고 노력하는 것이 쓸모없다거나 부적절하다는 뜻은 아니다. 다만 죄라고 하는 것은 우리의 힘으로 없앨 수 있는 것이 아니라는 말이다. 그 죄가 우리 안에 있든 우리가 책임을 지고 있는 사람이나 기관 안에 있든 마찬가지다. 죄를 다룰 때는 우리 혼자 해서는 안 되며, 그 죄를 다루시는 하나님을 대면해야 한다. 죄의 복잡성과 미묘함 그리고 광범위함을 다루려면 자비를 베푸시는 하나님이 필요하다. 그리고 하나님이 사용하시는 종합적인 방법은 용서다.

다윗의 길은 불완전의 길이다. 다윗이 살았던 이야기와 다윗이 기도했던 시편은, 우리를 완전하게 해주는 우리의 능력이 아니라, 우리 안에서 자신의 완전한 일을 행하시는 하나님의 행동을 이해할 수 있는 상상력을 제공해 준다. 다윗의 이야기는 좋건 나쁘건 우리에 대한 그 어떤 부분도 의미 없는 것은 없다고 말한다. 기도는 좋건 나쁘건 우리 안에 있는 모든 것은 하나님과 상관이 있다고 말한다. 다윗의 이야기와 기도는 한 쌍을 이루어 역할과 성과의 정신으로부터 우리를 자유롭게 해준다. 다른 사람들이 우리에 대해서 가지는 완벽주의적인 기대로부터 그리고 우리가 스스로 품는 완벽주의적인 야심으로부터 우리를 자유롭게 해준다. 다윗의 이야기와 기도를 통해서 우리에게 주어진 것을 믿음으로 받아들인다면, 영혼을 쇠약하게 하는 완벽주의라는 병균으로부터 우리를 보호해 주는 예방접종을 받은 셈이다.

이 불완전의 길은 세대마다 어떻게든 도전을 받으면서 완벽의 길로 대체되었다. 그러나 완벽은 선택 사항이 아니다. 그것은 유혹이다. 완벽주의는 다양한 언어와 전략적 태도로 교묘한 술책을 써서 죄의 문제를 회피하라는 마귀의 제안이다. 완벽주의에 대한 온갖 쓸데없는 말과 망상은 유창한 말솜씨를 가진 망상의 대가, 곧 마귀로부터 나온 것이다. 사도 바울은 그를 "광명의 천사"라고 부르며 우리에게 조심하라고 주의를 주었다(고후 11:14).

이야기와 기도로 이루어진 다윗의 텍스트는 모든 완벽주의적 경향을 막아 주는 강력한 방벽이다. 다윗의 텍스트를 읽으면서 우리는 하나님 나라에서 우리가 차지하는 자리가 어디인지를 찾고, 예수님을 어떻게 따라야 하는지를 배우고, 어떻게 다른 사람들을 예수님을 따르도록 인도해야 하는지를 배우는 가운데, (사울 왕을 죽이지 않았던) 훌륭함과 (발디엘을 괴롭혔던) 심각한 결함을 동시에 지닌 이 남자를 기도의 동반자로 만나게 된다. 우리는 회피하거나 합리화하려 하지 않으면서, 예수님의 길은 다윗의 길을 흡수한다는 사실을 알 필요가 있다. 성령께서는 예수님의 길에 거룩한 엘리트들의 선발 팀을 모집하시는 분이 아니다. 예수님은 "우리의 연약함을 동정하실" 수 있는 분이다(히 4:15). 예수님은 "무식하고 미혹된 자를 능히 용납하신다"(히 5:2). 그리고 지금까지 2천 년 동안 다윗의 불완전의 길은, 가톨릭이건 정교회이건 개신교이건 우리의 가장 성숙하고 검증된 지도자들이 지지하고 면밀히 살펴 온 길임을 알아야 한다.[9]

엘리야: "너는…그릿 시냇가에 숨고"

엘리야. 이 이름은 그의 예언자적 증언을 나타낸다. "나의 하나님은 여호와이시다." '엘리'(*Eli*)는 '나의 하나님'이라는 뜻이며, '야(*Yah*)는 여호와의 준말이다. 여호와는 하나님이 불타는 떨기나무에서 모세에게 계시해 주신 자신의 독특한 개인적 이름이다. 그런데 이제 모세의 시절로부터 대략 400년이 지난 후에 여호와라는 이름이 엘리야라는 예언자의 이름에 사용되었다. 엘리야는 여호와의 이름이 사라질 위기에 처했던 중대한 시기에 여호와 신앙을 회복시키는 예언자가 될 사람이었다.

🌿

가이사랴 빌립보에서 베드로가 예수님을 그리스도로 고백하고

난 후, 그리고 예수님이 자신이 곧 십자가에 달리실 일에 대해서 진지하고 준엄하게 말씀하시고 난 후 (**네** 십자가를 지고 나를 따르라…) 엿새 후에 예수님은 베드로, 야고보, 요한과 함께 산으로 올라가셨다(마 17장). 그 곳에서 단 세 명의 제자만이 지켜보는 가운데 예수님은 변모하셨고 모세, 엘리야와 나란히 서서 눈부시게 밝은 빛을 뿜어내셨다. 그 세 사람은 깊은 대화 속에 빠져 있었다. 빛으로 가득한 순간이었다. 예수님의 얼굴은 온통 해와 같이 빛났고, 옷은 빛으로 번쩍거렸으며, 빛으로 가득한 구름이 예수님과 모세와 엘리야에게 내려왔고, 하나님의 목소리가 그 구름으로부터 들려왔다. "이는 내 사랑하는 아들이요…너희는 그의 말을 들으라." 그리고 그 장면은 시작과 마찬가지로 갑작스레 끝났다. "제자들이 눈을 들고 보매 오직 예수 외에는 아무도 보이지 아니하더라."

예수님이 변모하셨을 때 같이 나타나서 예수님과 대화를 나누었던 모세와 엘리야는, 여호와라는 이름이 형성하고 규정하는 삶을 산 사람들이다. 그 두 사람은, 예수님이 "육신이 되신 말씀" 안에서, 유일한 길 안에서 일관되고 완전하게 이루시는 모든 것에 대해서 예수님과 대화를 나누었다. 복음서 기자들은 예수님이 오시기 이전에 하나님이 하셨던 모든 말씀과 행동 속에 계시되었던 것이 이제 예수님 안에서 성취되었음을 전하고 싶어했다. '모세'는 창조와 구원과 공동체를 일으키신 하나님의 기초적 말씀과 연관된 이름이다. 그 이름은 오늘날 우리가 듣고 기도할 수 있는 언어를 계속해서 제공한다. 그리고 '엘리야'는 그 언어가 잊혀지고 왜곡되고 모호해졌을 때 그 언어를 회복시킨 사건과 연관된 이름이다. 그 언어는 우리가 의지적으로 예수님의 길을 떠났건, 생각 없이 그 길에서 이탈하게 되었건, 우리의 주의를 끌어서 다시 그 길로 돌아오게 하는 설교되고 선포된 (예언자의!) 하나님의 말씀이다.

모세의 이름은 엄청난 분량의 말과 관련이 있다. 그의 말은 무려 성경의 첫 다섯 권에 걸쳐서 기록되었다. 그와는 대조적으로 엘리야의 이름은, 단 아홉 개의 이야기를 담고 있는 불과 여섯 개의 장에서만 다루어지고 있다(왕상 17-19장, 21장; 왕하 1-2장). 그러나 예언자와 예언서를 이해하는 데 엘리야가 미치는 영향은 여섯 개의 장과 아홉 개의 이야기라는 분량을 훨씬 넘어선다. 에든버러의 강단에서 마치 엘리야처럼 딱딱하고 위엄 있게 설교를 했던 스코틀랜드의 설교가 알렉산더 화이트는, 다음과 같이 교회의 일치된 생각을 표현했다. "엘리야는 길르앗에 솟은 산처럼 다른 모든 예언자들 위에 우뚝 서 있다. 엘리야에게는 오직 그에게만 있는 고독한 위엄이 있다.…그는 시내 산과 같은 사람이었으며, 폭풍우 같은 심장을 가진 사람이었다."[1]

수백 년의 세월이 흐르면서 히브리 백성은 참으로 많은 수의 예언자를 배출했다. 그 예언자들은 특별한 능력과 솜씨를 가진 사람들로 구별이 되었는데, 그 능력과 솜씨로 그들은 신에 대한 환상과 신에 대한 거짓말로 살아가는 공동체와 민족들에게 하나님의 실재(하나님의 명령과 약속 그리고 살아 계신 현존)를 나타내 주었다.

많은 사람들이 어느 정도는 하나님을 믿는다. 그러나 대부분의 사람들은 마치 주문 제작하듯이 자신의 편의에 맞도록 하나님을 변경하거나 수정하려 한다. 하나님을 "우리의 상황에 맞게" 만들려고 하는 것이다. 예언자들은 하나님이 살아 있는 중심이 되시지 않으면 아무것도 아니라고 주장한다. 우리의 임무는 하나님의 상황에 우리 자신을 맞추는 것이다. 예언자들은 하나님이 자신을 계시하시는 대로 그분을 대면해야지 우리가 상상하는 대로의 하나님을 대면해서는 안 된다고 주장한다. 여기에서 내가 "주장한다"라고 현재 시제를 쓰는 이유는 예언자들이 말하고 기록한 내용, 유대교와 기독교의 성경에 기록되어 정경으로 정착된 내용, 여러 세기 동안 회당과 교회에서 이루어진 설교와 가르침 속에서 반복해서 전달되는 그 내용은, 지금도 여전히 우리 안에서 그리고 우리 주변에서 일어나고 있는 가장 중요한 일에 우리가 깨어 있게 해주는 내용이기 때문이다. 그 내용이란 바로 '여호와', 즉 살아 계시고 현존하시고 스스로를 계시하시는 하나님이시다.

물론 하나님의 백성 가운데는 다른 예언자들도 많았다. 어떤 사람들은 이름이 알려져 있고, 어떤 사람들은 그렇지 않으며, 또 어떤 사람들은 자신의 설교 내용을 글로 남기기도 하고, 어떤 사람들은 (엘리야처럼) 글을 남기지 않기도 한다. 그러나 그 중에서도 엘리야가 단연 돋보인다는 사실에는 의문의 여지가 없다.

나는 비교적 어린 나이에 엘리야에게 매력을 느꼈다. 내 생각에는 아마도 엘리야가 산동네에서 살았고, 내가 성장했던 몬태나 로키 산맥과 비슷한 광야에 거했기 때문이었던 것 같다. 나는 길르앗에서 예언자의 면모를 갖추게 된 엘리야가 고독과 침묵을 벗하며 지내다가 가끔씩 공적인 장소에 나타나서 이스라엘의 우상 숭배와 타협을 지적하고 하나님의 말씀과 현존을 증언하는 모습을 상상하곤 했다. 나는 엘리야가 갈멜 산에서 바알의 제사장들과 대결하던 담대한 모습을 좋아했지만, 또한 마녀 같은 여자 이세벨 앞에서 그가 보인 겁 많은 모습에도 공감할 수 있었다.

나는 그가 사르밧에 사는 이름도 알려지지 않은 미천한 과부를 돌보고 관심 가져 주는 모습을 존경했고, 음모로 인해 살해된 나봇의 희생에 대해 불같이 화를 내는 모습도 존경했다. 그리고 호렙(시내) 산에서 있었던 일. 그 때 그 동굴에서 일어났던 일은 아직까지도 다 소화하기가 힘들다. 그리고 조금 죄책감을 느끼기는 했지만 아하시야 왕의 운명을 둘러싼 그 달콤한 역설을 보고 은근히 기뻐하지 않을 수 없었다. 그리고 마지막으로 불 수레와 불 말들에 휩싸여 회오리바람처럼 올라간 사건. 갈멜 산의 제단을 태우고, 간청하는 아하시야의 수비대를 태워 버린 불. 이제는 그 불이 엘리야를 하늘로 데리고 올라갔다.

엘리야와 불.

나는 길르앗의 산에서, 그릿 시냇가에서, 브엘세바 남쪽에 있는 로뎀 나무 밑에서, 그리고 호렙 산의 그 동굴 안에서 엘리야의 열정이 잉태되고 양육되었을 방식들을 상상하면서 자랐다. 엘리야는 그 당시의 문화와 정치 속에 깊이 잠겨 있었지만 그것이 엘리야를 형성하지는 않았다. 그는 주변부에서 살았고, 그가 공적인 장소에 나타났을 때는 대중의 견해나 타협안에 희석되지 않은 에너지와 상상력을 지니고 있었다.

내가 엘리야에게서 결정적인 매력을 느낀 때는 내가 성인기에 막 들어섰을 때, 세례 받은 자의 정체성을 흐리려 하고 심지어 지워 버리려고 위협하는 요구와 압력의 바다 속에 깊이 잠겨 있는 나의 모습을 발견했을 때였다. 성인의 세계로 들어서면서 내가 만나는 사실상 모든 사람이 내게 어떤 당면 과제들을 제시했다. 그 과제의 목록들은 주로 좋은 의도에서 나온 것이었고 사회적으로도 인정받을 만한 것들이었지만, 많은 경우 소비주의 우상 숭배가 지배하는 문화 속에서 성부 하나님과 우리 주 예수 그리스도 대신에 사용할 수 있는 우상을 따라야 한다는 조항도 같이 들어 있었다. 그 속에서 어떻게 해야 나의 그리스도인으로서의 정체성을 유지할 수 있을까? 나는 엘리야와 함께 기도하며 동행하는 것이 한 가지 방법일 것이라고 생각했다.

아합

첫 번째로 기록된 엘리야의 설교는 단 한 사람의 회중, 이스라엘의 왕 아합을 대상으로 한 설교였다(왕상 17:1). 갑작스럽고도 간결하게 주어진 그 설교는 히브리어로 17개의 단어로 되어 있다(영어로는 25개 단어다). 처음 그 설교를 들으면 그냥 일기 예보 정도로 들린다. 확실하게 알 수 없는 기간 동안(수년 동안) 계속해서 가뭄이 있을 것입니다. 아합이 그 말에 대해서 어떤 반응을 했는지 여부는 알려져 있지 않다.

하지만 하나님이 즉시 엘리야에게 강을 건너가서 몸을 숨기라고 말씀하셨다는 사실은 알 수 있다. "너는 여기서 떠나 동쪽으로 가서 요단 앞 그릿 시냇가에 숨고." 그것은 바로 길르앗을 일컫는 말이었는데, 광야 지대인 길르앗은 엘리야의 출신지였다.

왜 하나님은 엘리야에게 가서 숨으라고 명령하시는 것일까? 특히나 아합이 엘리야에 대해서 아무런 눈에 띄는 적개심을 보이지 않는데도 말이다.

내 생각에는 엘리야의 '일기 예보'가 의미하는 바가 아합에게 충분히 와 닿기까지는 시간이 좀 걸리기 때문이었을 것 같다. 일단 아합이 엘리야가 자신에게 실제로 한 말이 무슨 뜻인지를 깨닫고 나면, 엘리야의 생명은 위험에 처하게 될 터였다.

아합과 그의 아내 이세벨은 페니키아와 가나안의 신 바알을 이스라엘의 공식 종교로 만들어 버렸다. 바알은 이스라엘 속에 언제나 이방 종교였지만, (바알 숭배의 중심지인) 두로의 공주 이세벨이 아합과 결혼하고 나자 그 이방 종교가 이스라엘 땅에서 아예 주도권을 잡게 되었다. 이세벨은 바알 종교에 대한 열정을 가지고 이스라엘로 왔고 450명의 바알 예언자와 400명의 아세라(바알의 배우자) 예언자들을 모아서 자기를 섬기게 했다. 아합은 비의 신인 바알을 위해 성전을 지었고, 바알 제단을 쌓았으며, 성과 다산의 여신 아세라 상을 설치하고 예배 의식으로서 매춘을 행했다.

아합은 엘리야의 메시지를 해석하는 데 좀 굼떴을지 모르지만 아마도 이세벨은 그렇지 않았을 것이다. 이세벨은 가뭄을 예보한 일기 예보의 진의를 있는 그대로 다 이해했을 것이다. 그것은 바알이 무력하다는 메시지였으며, 비의 신이라고 하는 바알의 명성은 노골적인 거짓말이라는 메시지였다. 바알이 무능하다면, 거기에서 추론되는 당연한 결과는 아세라가 임신할 수 없다는 것이다. 아세라의 자궁이 가뭄에 갈라진 논바닥처럼 바싹 마르게 될 것이다. 가뭄은 다산의 신인 바알과 아세라가 불임의 상태임을 널리 알리게 될 터였다.

아합이 왕위에 올랐을 때 이스라엘은 불과 50년이라는 짧은 역사를 지니고 있었다. 다윗이 열두 개의 부족을 하나로 통일했던 왕국은 솔로몬의 죽음 이후에 둘로 갈라졌다. 이스라엘은 독립된 나라가 되었다. 그와 같은 분열은 솔로몬이 지시한 억압적인 강제 노동에 대해서 수년간 쌓였던 반감이 폭발하면서 생긴 결과였다. 북쪽에 있던 열 개의 부족이 반란을 일으켜 느밧의 아들 여로보암을 왕으로 세웠다. 그리고 솔로몬의 아들 르호보암이 나머지 부족들을 챙겼는데, 바로 남쪽에 있던 유다 지파와 베냐민 지파였다.

이 왕국이 정치적으로만 북과 남으로 갈린 것이 아니라, 종교적으로도 갈리게 되었음이 곧 명백해졌다. 남쪽에 있던 유다는 예루살렘 성전에서 예배를 드렸고, 북쪽에 있던 이스라엘은 여로보암이 남쪽 경계인 벧엘과 북쪽 경계인 단에 세운 신당에서 예배를 드렸다. 그 신당들은 지역마다 사람들이 다니기 편리한 곳에 자리잡은 "산당"(high places)으로 곧 확산되어 전국에 퍼졌고, 그 곳에는 사람들의 편의에 맞게 지역 제사장들이 배치되었다(왕상 12:26-33; 13:33-34). 여로보암은 예루살렘과 경쟁하려면 거기에 대항할 만한 종교적인 장치를 갖추어야 사람들의 충성심을 붙잡아 둘 수 있음을 알았다. 그렇게 해서 세워진 이 신당들과 "산당" 때문에 여로보암은 "이스라엘로 죄를 짓게 한 자"라는 별명을 얻게 되었다.

유다의 예루살렘에 있던 성전은 여호와 신앙을 유지했지만, 북쪽에 있던 예배 장소들은 가나안의 다양한 토착 우상들을 통합시켰다. 북쪽에 있던 부족들(이스라엘)이 딱히 여호와 신앙을 거부한 것은 아니지만, 예루살렘 성전으로 갈 수 있는 길이 막혔기 때문에 그들의 예배는 다른 신들과 다른 예배 관습들을 받아들이는 경향이 있었고, 가장 두드러지게는 바알 숭배를 많이 받아들였다.

아합의 아버지는 강경했던 오므리였는데², 그는 두 왕족(나답과 엘라)의 암살과 한 왕족(시므리)의 자살로 인해 50년 동안 정치적으로 불안정했던 이스라엘을 안정시킨 인물이다. 그는 혼란 속에서 와해되기 직전의 이스라엘을 경제적으로 정치적으로 다시 일으켜 세웠고, 새 도시 사마리아를 세워서 옛 예루살렘의 명성에 도전하고자 했다. 오므리가 통치하자 모든 것이 좋아졌다. 단, 한 가지만은 예외였다. 하나님과 관련된 것들은 더 나빠졌다. 국가가 경제적으로 정치적으로 더 나아질수록 영적으로는 더 나빠졌다. 삶의 수준이 높아질수록 삶의 방식은 나빠지는 현상이 비단 이 때뿐만이 아님을, 아는 사람은 다 알 것이다.

"이스라엘로 죄를 짓게 한 자"라는 여로보암의 별명도 쉽게 얻은 것이 아닌데, 오므리는 한술 더 떠 "그 전의 모든 사람보다 더욱 악하게 행하여"(왕상 16:25) 자신을 구별지었다. 그의 아들 아합은 "그의 이전의 모든 사람보다 여호와 보시기에 악을 더욱 행하여"(왕상 16:30) 아버지의 유산을 한층 더 발전시켰다. 아합은 예루살렘의 권위를 대신하기 위해 아버지가 지은 도시에 바알 성전을 지어 여호와를 예배하는 솔로몬의 성전을 대신하려고 했다. 바알을 위해 제단을 세우고 성의 여신 아세라 상을 설치한 일은 형상이 없으신 거룩하신 하나님에 대한 뻔뻔한 도전이었고, 그 제단과 신상은 순간적인 만족이라는 "이점"을 갖춘 종교를 제공하는 파렴치한 도구였다. 아합의 성전, 제단, 그리고 신상은 분명한 선언이다. "새로 탄생한 이스라엘 국가에 관한 한, 예루살렘 성전과 여호와 신앙이 더 이상 예배가 어떠해야 하는지를 규정하지 못할 것이다. 유다에 있는 사람들이 여호와를 예배하기를 원한다면 그렇게 하라고 해라. 하지만 만약 너희가 이스라엘에 살고 있다면, 바알이 바로 너희가 예배해야 할 신이다."

이처럼 아합의 통치 밑에서 이스라엘은 순식간에 위기에 처하게 되었다. 그 위기는 적의 군대가 가져오는 위기보다 훨씬 더 큰 위기였고, 그 어떤 경제적 재난이 닥치는 것보다도 더 큰 위기였다. 이스라엘은 여호와의 복과 명령 하에서 살 것인가? 하나님의 백성으로 이스라엘을 형성하시고, 이집트의 노예살이에서 이스라엘을 구해 내시고, 젖과 꿀이 흐르는 땅 그리고 사랑과 정의가 흐르는 강을 주신 여호와 앞에 경외와 신비감에 찬 예배를 드릴 것인가? 아니면 이스라엘은 성과 종교의 난잡한 세계로 내려갈 것인가? 아합 왕의 교만한 바알 성전과 아세라의 음란한 신상에서부터 새어나와 열 부족의 모든 마을과 밭으로 흘러들어가는 방종의 시궁창으로 내려갈 것인가?

열일곱 단어로 된 엘리야의 설교는 제단 앞으로 이스라엘 백성을 소환하는 메시지였다.

과부

엘리야는 하나님의 명령대로 아합과 이세벨의 보복으로부터 안전하게 피해서 길르앗에 있는 그릿 시냇가로 가서 숨었다. 아합 왕 부부는 엘리야의 설교가 담고 있는 (바알에 대한) 신성 모독적인 함의를 해독한 후 실제로 엘리야를 찾아 나섰다. 그리고 하나님은 약속하신 대로 엘리야를 돌보셨다. 아침마다 까마귀들이 빵과 고기로 된 아침 식사를 날라다 주었고, 저녁마다 빵과 고기로 된 저녁 식사를 날라다 주었다. 그리고 그릿 시내는 생수를 제공해 주었다.

이 이야기는 우리에게 낯설지 않다. 하나님이 시내 산 광야에서 많은 무리의 이스라엘 백성을 위해서 빵(만나)과 고기(메추라기)를 마련해 주실 수 있었다면, 길르앗 광야에 홀로 있던 외로운 예언자 한 사람을 돌보신 일은 전혀 놀랄 일이 아니다. 그리고 하나님은 까마귀를 보내시는 멋진 방법으로 엘리야를 돌보셨다. 아합과 이세벨, 바알과 아세라의 연합, 상징적인 가뭄이라는 배경을 뒤로 하고, 엘리야는 우아한 까마귀가 아침 저녁으로 섬기는 가운데 주님께서 "광야에서 식탁을"(시 78:19) 베푸시는 것을 즐기고 있었다. 하나님의 섭리는 결코 보편적인 일반성이나 경건한 추상성의 모습으로 나타나지 않고 언제나 구체적인 상황 속에서, 구체적 개인에게, 뜻하지 않은 시간과 뜻하지 않은 장소에서 하나님의 은혜를 인식하게 되는 가운데 일어난다. 누가 까마귀가 나타나리라고 생각이나 했겠는가?

그러다가 그릿 시내마저 마르게 되자 이제는 섭리가 새로운 방향으로 나타나게 된다. 하나님이 엘리야에게 시돈에 있는 사르밧이라는 도시로 가라고 명령하신다. 이것은 좀 놀라운 일이다. 길르앗은 외딴 곳에 있고 쉽게 사람들이 찾아오기 힘든 곳이었기 때문에 은신처로서 그럴 듯한 장소, 아합과 이세벨의 손이 미치지 못하는 장소였다. 그러나 시돈의 사르밧은 이세벨의 뒷마당 같은 곳이다. 이세벨이 성장기를 함께 보냈던 사람들이 살고 있을 뿐만 아니라 그가 이스라엘로 들여오고 싶어서 안달이 난 신과 여신들이 넘쳐나는 곳이었다. 이 곳은 매우 적대적인 장소였고, 도망 중에 있는 남자, 신분을 숨긴 채 살려고 하는 남자에게는 위험스러울 정도로 적대적인 장소였다.

그러나 엘리야는 승산을 따지는 사람이 아니었다. 그는 명령에 순종하는 법을 알고 있었고, 심지어 그 명령이 도무지 이해가 안 될 때에도(어쩌면 도무지 이해가 안 될 때에 특히 더) 순종하는 법을 알고 있었다. 그는 하나님이 지시하시는 곳으로 가서, 이번에는 길르앗의 까마귀가 아니라 그보다 더 뜻밖의 섭리인 굶주린 과부로부터 돌봄을 받게 된다. 그 과부는 놀랍게도 엘리야에게 자신이 마지막으로 남겨 놓은 음식을 준다. 그 음식을 마지막으로 차려서 자기 아들과 함께 먹고 그 뒤에는 같이 굶어 죽으려 했던 것이다. 그러나 과부의 계획대로는 되지 않았다. 그 과부가 엘리야에게 베푼 손대접은 엘리야의 더 큰 손대접으로 변모

되었다. 나눔이 나눔을 낳았다. 작은 것이 큰 것이 되었다.

일단 엘리야의 이야기 전체를 다 보고 나면, 그가 광야에서 보낸 시간과 과부와 함께 보낸 시간, 그리고 우리가 중요하게 여기는 모든 것의 주변부로 밀려났던 그의 특이한 인생이, 나중에 그가 세상의 이목을 받게 될 때 효과적으로 일하기 위한 매우 중요하고 의미 있는 과정이요, 근본적으로 필요한 과정이었음을 알게 될 것이다. 엘리야는 길르앗 광야의 그릿 시냇가에서 하나님이 보내신 까마귀를 벗 삼아 홀로 지낼 때나 사르밧에 있는 과부의 가난한 집에서 지낼 때나 한결같은 예언자였고, 갈멜 산에서 더 큰 명성을 얻게 되는 그 때에도 한결같은 예언자였다. 그는 사람들의 눈에 드러나지 않을 때에나 세상의 주목을 받을 때에나 늘 같은 사람이었다.

엘리야가 시냇가에서 까마귀와 함께 얼마나 오랜 시간을 보냈고 과부의 가난한 집에서 얼마 동안 지냈는지 알 수는 없지만, 길게는 3년까지 보냈을 것으로 추정할 수 있다. 엘리야가 아합에게 가뭄에 대한 설교를 하고 떠난 시점으로부터 갈멜 산에서의 대결을 준비하기 위해서 나타난 시점까지의 시간이 3년이기 때문이다. 이것이 마음속에 "시온의 대로"(시 84:5)를 놓기 위해서 하나님의 섭리를 통한 손대접을 받으면서 오랜 기간 은둔해야 했던 유일한 경우는 아닐 것이다. 허먼 멜빌(Herman Melville)은 포경선에서 격리된 채 보냈던 세월을 "나의 하버드와 예일 시절"이라고 말했다. 어쩌면 길르앗과 사르밧이 엘리야의 "하버드와 예일 시절"이었는지도 모른다.

바알

갈멜 산에 모인 이스라엘 회중과 450명의 바알 예언자들에게 했던 엘리야의 설교는 앞서 아합 왕에게 했던 설교보다 더 짧다. 이 설교는 히브리어로 열여섯 개, 영어로는 스물세 개의 단어로 이루어진다(왕상 18:21). 이제 갈멜 산이 엘리야의 강단이 되었다. 바알 제단과 여호와 제단이 준비되었고 각 제단에는 희생 제물로 수소가 놓였다. 여기서의 거래는 불로 응답하시고 소를 태워 버리시는 하나님이 이스라엘의 하나님이 되신다는 것이다. 엘리야의 설교는 두 신 중 하나를 결정하라는 요구였다. 제단에서 신에게 부르짖는 일은 꼬박 하루가 걸렸다(왕상 18장).

바알의 제단은 이세벨이 고용한 450명의 제사장들이 관장하고 있었다. 그들은 극장에서나 볼 법한 이상한 춤을 추었고 그 춤에 참여한 사람들은 "불! 비!" 하고 외치면서 하늘에다 대고 시끄럽게 요구했다. 사람과 하나님 사이에 놓인 간극은 그와 같은 참여의 의례를 통해서 아예 사라져 버렸다. 하나님의 두려운 위엄, 하나님의 '타자성'이 예배자들의 종교적 열정으로 희석되어 버렸다. 영혼을 불태우는 인간의 욕망을 제사장들의 춤과 고함과 피흘림이 부채질하고 있었다. 신의 초월성이 조작된 감정의 무아지경으로 축소되었다.

바알 신앙의 특징은 감각이 개입된다는 것이다. 거기에는 이미지들이 필요하다. 더 대담하고 더 화려하고 더 감각적일수록 좋다. 음악과 춤은 사람들로 하여금 개개인의 다양성에서 탈피해 하나로 혼합되어 집단적인 반응을 보이게 하는 수단이 된다. 이 예배에서는 성행위가 자주 일어나는데 그것이 바알의 최우선 목표를 참으로 완전하게 성취하기 때문이다. 그 목표란 바로 감각적 인간 존재가 종교적인 열정의 순간에 온통 희열에 휩싸이는 것이다. 바알 신앙에서는 신전에서의 매춘 행위가 일상적으로 일어나는데, 여기에서 매춘 행위는 생식력이 증가하도록 보장하기 위해서 그리고 성적 친밀감을 통해서 신적인 능력을 확보하기 위해서 고안된 마술적인 동종요법(인체에 질병 증상과 비슷한 증상을 유발시켜 치료하는 방법—역주)이다. 남자든 여자든(*qadesh* 그리고 *q'desha*) 가나안의 창기들은 바알 (그리고 아세라) 숭배에 응당 따라다니는 존재였다.

바알 신앙의 형식에 동화된 사람들이 드리는 예배를 예언자들이 비판하는 데 흔히 쓰이는 말은 "행음"이다(렘 3:1 이하; 5:7; 13:27; 23:10; 23:14; 겔 16, 23장; 호 1:2 이하; 4:12; 암 2:7; 미 1:7). 예언자들이 "행음"한다고 할 때 그 말은 문자적으로는 바알 예식의 매춘 행위를 일컫지만 또 한편으로는 전체적인 예배의 신학에까지 그 의미가 확장되는 은유로 쓰이기도 했다. 자기를 표현함으로써 만족을 추구하는 예배, 예배자의 요구와 욕망과 열정을 예배의 기준으로 삼는 예배를 일컫는 은유이기도

한 것이다. "행음"이란 이렇게 말하는 예배다. "내가 네게 만족을 주겠다. 종교적 감정을 원하느냐? 내가 네게 주겠다. 네 욕구가 채워지기를 바라느냐? 네가 가장 흥분할 만한 방법으로 내가 채워 주겠다." 죄 짓기를 좋아하고 자기에게만 몰두하는 인류에 대립하는 신의 의지를 이해하지 못하는 바알 신앙은, 인간과 대립하는 그러한 신의 의지를 받아들이지 못한다. 바알 신앙은 예배를 예배자의 영적인 수준으로 축소시킨다. 바알 신앙의 규범은 예배가 재미있고, 예배자의 상황에 적절하고, 신나야 한다는 것이다. 내가 "무언가를 얻어내는" 행위여야 한다.

바알의 갈멜 산 제단에서는 퍼포먼스도 짜릿함도 충분했다. 450명의 제사장들이 대단한 쇼를 보여 주었다. 하지만 그 제단에서의 외침은 아무런 반응도 얻지 못했다.

반면에 여호와의 제단에는 단 한 명의 예언자 엘리야단이 그곳을 관장하고 있다. 조용하게 일이 이루어지고, 언약의 하나님을 중심으로 예배가 드려진다. 엘리야는 제단을 준비하고 간단하고 간결하게 기도한다. 여호와 신앙에서는 어떤 '말'이 전해진다. 남녀들에게 섬기고, 사랑하고, 순종하고, 노래하고, 흠모하고, 책임 있게 행동하고, 결정하라는 말이 전해진다. 진정한 예배란 인간의 인생 전체를 관통하시는 살아 계신 하나님 앞에 현존하는 것이다. 하나님 말씀의 선포와 하나님의 성령에 대한 우리의 반응은 인간됨과 연관된 모든 영역(정신과 육체, 생각과 감정, 일과 가정, 친구와 국가 정부, 건물과 꽃들)을 건드린다.

물론 감각적인 참여도 배제되지 않는다. 인격 전체가 하나님 앞에 현존하는데 어떻게 감각이 배제될 수 있겠는가? 하나님의 백성이 예배를 드릴 때는 기도 중에 서거나 무릎을 꿇거나 엎드리는 몸동작이 있다. 거룩한 춤과 번갈아 가며 노래하는 찬송은 공동체의 결속을 나타내 준다. 예복과 예식은 극적인 활력을 만들어 낸다. 엄숙한 침묵은 귀를 예민하게 해준다. 그러나 이와 같은 감각적인 생활이 풍요롭고 다양하기는 하지만 그것은 언제나 하나님의 말씀으로 규정되고 정리된다. 감각적인 경험 자체만을 위해서 하는 일은 결코 없다. 그래서 그 예배에서는 선전을 통한 조작이나 감정적 조작이 모두 사라지게 된다.

북미 문화에서 자주 사용되는 문구 중에서 이 예배에 바알 신앙의 특징이 있음을 보여 주는 징후가 있다. "예배 체험을 하자." 이 말은 "하나님을 예배하자"를 바알 신앙의 형태로 왜곡한 것이다. 이 두 문구는, 한 개인에게 의미가 있는 것을 계발한다는 점과 하나님께 의미가 있는 것에 반응한다는 점에서 차이가 있다. '예배 체험'에서는 자신을 흥분시키는 무엇인가를 발견하고는 그것을 영적으로 포장하게 된다. 사람이 의존이나 불안, 사랑, 상실, 기쁨의 영역에서 무엇인가를 '체험'하면 거기에서 궁극적인 어떤 것과 결속이 일어나게 된다. 그 때의 예배는 보거나 경험하거나 듣는 것에서, 종교적인 배경 속에서 이루어지는 기도나 축하 혹은 토론으로 옮겨가는 행위가 된다. 개인의 감정이 하나님의 말씀을 이기고 만다.

성경적으로 형성된 하나님의 백성은 '예배'라는 말을, 예를 들어 "나는 골프장에서도 하나님에 대한 예배를 체험할 수 있다"는 말처럼, 체험을 묘사하는 용어로 사용하지 않는다. 그러한 말은 "나는 선한 것들, 멋진 것들, 아름다운 것들을 나에게 상기시켜 주는 종교적인 감정을 거의 어디에서나 느낄 수 있다"는 뜻이다. 이 말 자체가 틀린 것은 아니다. 이 말이 잘못된 단 한 가지 이유는 그것이 무지에서 나왔다는 것이다. 그 말은 그와 같은 체험이 소위 기독 교회가 예배라고 부르는 행위에 해당한다고 생각하는 무지에서 비롯되었다.

성경에서 사용하는 예배라는 말의 용법은 그것과는 상당히 다르다. 성경은 예배를, 하나님 백성의 공동체 가운데서 하나님의 말씀에 반응하는 행위라고 말한다. 성경에서 말하는 예배, 전례의 역사 속에서 말하는 예배는 사람이 **체험**하는 무엇이 아니라, 우리의 느낌이 어떻든, 심지어 그것에 대한 느낌이 있는지 여부조차 상관없이, 우리가 **행하는** 무엇이다. 체험은 그러한 예배로부터 발전되어 나오는 것이지 그 반대로 이루어지는 것이 아니다. 이사야는 성전에서 예배를 드리는 도중에 예언자로서 사명을 받았을 때 보고, 듣고, 느끼는 체험을 모두 했다. 그러나 이사야는 "스랍의 체험"을 하려고 그 곳에 갔던 것은 아니었다.

갈멜 산의 여호와 제단에서는 바알 제단과는 일이 사뭇 다르게 진행되었다. 엘리야가 짤막하게 기도했다. 그러자 불이 떨어졌다. 이 제단에서의 외침은 "모든 백성"을 굴복시켰다. 그들은 결정했다. "여호와, 그가 하나님이시다. 여호와, 그가 하나님이시다." 그리고 비가 내렸다.

성경 이야기 중에서 '예배 체험'이 부추겨지는 장소는 바로 바알 신앙이다. 공포에 질렸을 때 가서 희생 제사를 드려라. 작황 때문에 불안하다면 성전에 있는 창기를 찾아가라. 즐겁다면 술을 마셔라. 무엇을 하고 싶을 때면 그냥 하라. 그 사이사이에는 그저 일상적인 삶을 살면 된다. 공황의 감정, 공포의 감정, 욕망의 감정, 열광의 감정…. 감정이 모든 것을 좌우한다. 그 때의 가나안에서나 오늘날의 미국에서나, 바알 신앙은 풍성한 '예배 체험'을 제공한다.

여호와 신앙에서는 하나님의 권위 있고 분명한 말씀에 의해 예배가 규정되고 모양새가 갖추어진다. 그 무엇도 감정이나 날씨에 의존하지 않는다. 모든 것이 성경과 예수님에 의해 결정된다. 그 어떤 사람도 그저 자신이 하고 싶다는 이유로 어떤 일을 할 수 없다. 하나님은 자신이 누구인지 계시하셨고 순종을 요구하신다. 예배는 바로 그 계시에 주의를 기울이고 거기에 순종하는 행위다.

그 날 갈멜 산에서 바알은 철저한 참패와 굴욕을 당했다. 바알과 여호와 간의 오랜 경쟁은 이제 끝났다. 바알은 아무것도 아니다.

하나님이 전부다. 바알은 망상이다. 여호와가 진짜다. 바알과 그의 배우자 아세라의 마법이 결정적으로 풀렸다. 여호와, 오직 여호와만이 살아 계신 하나님이다. 그 난장판을 (예후의 손을 통해) 최종적으로 다 치우기까지는 20년 정도를 더 기다려야 했지만, 갈멜 산은 전환점이 되었다.

그러나 이세벨은 패배를 순순히 받아들이는 사람이 아니었다. 그는 갈멜 산에서의 판정에 순응하지 않았다. 자신의 450명의 제사장들이 곤혹과 학살을 당하고, 정교한 바알 신화가 산산조각 났으며, 여호와의 불과 비가 바알 신앙이 무너진 후의 그 거대한 공백을 메웠지만 이세벨은 받아들이지 못했다.

이세벨은 엘리야에게 그를 죽여 버리겠다는 전갈을 보낸다. 내일 당장.

엘리야는 내일이 오기를 기다리지 않았다. 그는 이스라엘과 유다의 국경을 넘어 남쪽으로 가서 안전한 브엘세바로 몸을 피했다. 이제 그는 여호와 신앙을 중심으로 하는 예루살렘 성전이 있는 유다 땅에 머물게 되었다. 비록 그 곳에서도 사람들이 여호와 신앙에 전심으로 참여하지는 않았지만, 적어도 여호와의 예언자들에게 살인 영장을 발부하지는 않았다.

여호와

그러나 엘리야에게는 그저 안전한 곳에 있는 것만으로는 부족했다. 그는 자신의 예언자적 영혼을 회복할 필요가 있었다. 갈멜 산에서의 대결은 그에게서 예언자의 기운을 빼앗아가 버렸다. 장관을 이룬 여호와의 승리가 결국에는 아무 승리도 아니었음이 판명되었던 것이다. 하늘로부터 불이 떨어지고 가뭄을 종식시키는 비가 쏟아지기 시작했을 때, 여호와의 투사 엘리야는 갈멜 산에서부터 이스르엘에 있는 왕궁까지 뛰어갔다. 여호와 신앙이 회복되는 길을 예비하기라도 하듯이 그는 승리에 차서 아합의 전차를 인도하며 앞서 달렸다. 왕궁에 도착하면 사람들이 야자나무 가지를 흔들고 색종이 가루를 뿌리며 그를 환호할 것이라고 생각했던 것일까? 이세벨이 여호와 신앙으로 회심하리라고 생각했던 것일까? 그러나 결과는 이세벨이 갈멜 산에서의 증거에도 불구하고 전혀 당황하지 않았다는 것이다. 영웅의 환대를 받는 대신에 엘리야는 암살을 당할 위험에 처하게 되었다. 그것은 결코 그가 예상했던 결과가 아니었다.

그러나 엘리야는 자신이 기대했던 것과는 다른 그리고 더 나은 것을 얻게 되는데, 주님의 길에서는 그러한 경우가 종종 있다. 브엘세바에서 불과 몇 킬로미터 정도밖에 떨어지지 않은 곳, 텅 빈 거대한 사막에서 엘리야는 하얀 꽃에서 향기가 나는 커다란 덤불, 로뎀 나무 아래에 앉아서, 예언자로서 합당하게 가질 수 있는 기대를 포기하고 자신의 엄청난 실망감을 내려놓는다. 그 로뎀 나무 밑에 그것을 다 묻어 버린다. 이제 엘리야 자신도 죽을 준비가 되어 있다. 그는 여호와에게 자신이 준비되었음을 알리고 잠이 든다.

하지만 엘리야는 죽지 않았다. 어쩌면 죽지 않아서 실망했는지도 모른다. 여호와의 천사가 그를 깨워서 먹이고, 그가 예언자의 소명을 회복하게 될 순례 여행에 나서게 한다. 천사는 엘리야를 모세의 땅으로 보낸다. 그가 훗날 변화산에서 예수님과 함께 대화를 나누게 될 바로 그 모세 말이다. 천사는 엘리야를 하나님의 산인 호렙 산(시내 산)으로 보낸다. 호렙 산에 도달하기까지는 40일 주야가 걸리고, 엘리야는 호렙 산 동굴에서 기도를 드리며 여호와가 그에게 예언자의 삶을 되돌려 주시는 "세미한 소리"를 듣는다. 로뎀 나무 무덤으로부터 엘리야가 부활한 것이다.

모세의 땅으로 순례의 여행을 감으로써 엘리야의 예언자적 소명은 새로운 설득력을 얻고 그의 예언자적 영혼은 회복되어서 하나님이 그에게 주신 일을 완수할 수 있게 되었다. 모세와 엘리야는 모두 하나님 백성의 생애에서 아주 주요한 시점에 활동했던 예언자들이다. 모세는 하나님 백성의 형성기에 일을 했고, 엘리야는 개혁기에 일했다. 그리고 두 사람 사이에는 몇 가지 서로 대응하는 점이 있다.[3]

모세는 이스라엘에서 길게 이어지는 여호와의 예언자의 계보를 시작한다.

엘리야는 성경의 마지막 예언자로 알려진 세례 요한의 선구자라는 이름을 얻는다.

모세는 유일무이한 여호와라는 이름이 계시되는 예언자다.
엘리야는 바알 신앙에 대항해서 여호와의 이름을 옹호하는 예언자다.

여호와는 **모세**를 통해 이스라엘을 이집트의 억압에서 구출해 내어 그들을 자신의 백성으로 삼으신다.
여호와는 **엘리야**를 통해 매우 위험하고 불안정한 시기에 바알 신앙 앞에 정체성을 잃어버릴 위기에 처한 신실한 자기 백성의 일원들을 보존하신다.

모세는 왕의 분노를 피해 동쪽 미디안 광야로 도망함으로써 리더십을 발휘하기 시작한다.
엘리야는 왕의 분노를 피해 동쪽 길르앗 광야로 도망함으로써 리더십을 발휘하기 시작한다.

모세는 도망가다가 미디안에 있는 이드로의 가족으로부터 손대접을 받는다.
엘리야는 도망가다가 사르밧에 있는 과부의 가족으로부터 손대접을 받는다.

모세와 이스라엘 백성은 사막에서 기적의 음식을 공급받는다.

엘리야는 그릿 시냇가와 로뎀 나무 아래에서 기적의 음식을 공급받는다.

모세와 장로들은 산에 올라가 여호와 앞에서 언약의 식사를 한다.

엘리야는 아합에게 "산으로 올라가서 먹고 마시라"고 청하는데, 이것은 그의 백성처럼 아합도 여호와에게로 돌아가라는 초대다.

그러나 무엇보다도 엘리야와 모세의 가장 강력한 연결 고리는 바로 이름이다. 그 이름, '여호와'라는 이름이, 그 문화에 속한 다른 모든 신 아닌 것들로부터 이스라엘의 하나님을 독특하게 구분해 낸다. 두 개의 산 즉 호렙과 갈멜은 모두 여호와의 산이다. 여호와의 이름이 모세와 엘리야의 설교를 통해서 결정적으로 전해지는 산이다. 이제 막 갈멜 산에서 "다른 모든 신들"의 패배를 보고 온 엘리야. 그는 이제 모세가 다른 신을 두지도 말고 내 형상을 새기지도 말라는 여호와 명령을 받았던 그 호렙 산에 서 있었다.

"하나님의 산 호렙"(왕상 19:8)에 도착한 엘리야는 그 곳에서 동굴을 발견했다. 금송아지 사건과 이스라엘 백성에 대한 엄청난 실망 이후에 모세가 여호와로부터 다시 한 번 자신의 임무를 보장받고 재차 확인을 받은 그 동굴이었을까?("반석 틈", 출 33:22)

아마도 아닐 것이다. 그러나 호렙 산에서 모세가, 갈멜 산에서의 사건 이후에 엘리야가 경험했던 낙담에 상당하는 참담한 반전을 경험했다는 사실을 기억하면 좋을 것이다.

호렙 산에서 모세가 받은 본문은 고도로 농축된 형태의 여호와였다. 존재하시고, 현존하시고, 존재케 하시고, 존재의 근원이 되시는 여호와였다. 그 이름은 객체로서 대상화될 수 없었고, 인격적인 현존으로서 반응해야만 하는 이름이었다. 현존하는 하나님 앞에 현존해야 했다.

모세는 이제 막 구원받고 호렙 산에 모인 이스라엘 백성에게 그 이름을 전했다. 그들은 그 이름이 낯설었다. 그들은 화려한 신들의 나라, 대단한 신상과 신전들로 가득한 나라, 그 신들로부터 최대한 얻어내는 방법을 가르치는 정교한 제사장 제도를 가진 나라였다. 모세는 그들이 볼 수 있고 만질 수 있고 무엇인가를 얻어내려고 시도할 수 있는 모든 신 아닌 것들로부터 그 백성을 떼어 내어, 예측할 수도 달랠 수도 없는 하나님, 그들이 이집트의 문화에서 알았던 것과는 완전히 다른 하나님을 알게 해줄 임무를 지니고 있었다. 모세는 순종해야 하고 섬겨야 하는 하나님을 선포했다. 그러나 모세의 회중은 쉬운 상대가 아니었다. "하나님을 **섬기다니** 그게 무슨 말이야? 신은 우리를 섬기기 위해서 있는 줄 알았더니만!" 하고 사람들은 웅성거리고 투덜댔다.

그로부터 400년 후 엘리야는 갈멜 산에서 이스라엘 백성에게 같은 본문을 설교했다. 바로 여호와다. 존재하시고, 현존하시고, 존재케 하시고, 존재의 근원이 되시는 여호와였다. 그 이름은 객체로 대상화될 수 없었고, 인격적이고 주체적인 현존으로서 반응해야만 하는 이름이었다. 현존하는 하나님 앞에 현존해야 했다

모세의 회중과 엘리야의 회중 사이에는 연속성이 있다. 그러나 차이점도 있다. 엘리야는 다윗이 통일한 왕국으로부터 분리되어 나온 열 개의 부족(이스라엘)을 대상으로 설교했다. 그들에게는 그들 나름의 왕과 성전과 수도가 있었다. 다윗의 왕조로부터 떨어져 나온 정치적인 반란은 또한 모세가 세운 위대한 여호와의 전통으로부터 떨어져 나오고, 예루살렘 성전에서 이루어지는 위대한 여호와 신앙의 중심으로부터 떨어져 나오는 종교적인 분리이기도 했다. 이스라엘 백성은 모세가 그 선조들을 구원해 낸 옛 이집트의 가나안 판이라고 할 수 있는 세상에 푹 빠져 있었다. 신들이 어디에나 있었고, 바알과 아세라가 그 중에서도 가장 두드러졌으며, 그 신들은 백성들이 손으로 다루고 조정할 수 있는 신이었다. 엘리야의 예언자적 임무는 모세의 예언자적 임무의 복사판이었다. 다른 신을 두지도 말고 내 형상을 새기지도 말라.

엘리야는 모세만큼이나 힘들게 자신의 임무를 수행했다.

하나님의 산이자 모세의 산인 그 호렙으로 가는 순례 길에서 엘리야는 자신의 예언자로서의 초점을 회복했다.

하나님을 대면할 것이냐 하나님의 이미지를 대면할 것이냐를 우리가 선택할 수 있다면(실제로 우리는 선택할 수 있다) 우리는 이미지를 훨씬 선호할 것이다. 하나님의 이미지란 우리의 요구에 맞게 재단된 하나님을 의미한다. 우리는 놀라운 상상력과 재주를 창의적인 방식으로 사용해서 그러한 이미지를 만들어 내는 즐거움을 누릴 뿐만 아니라 그것을 통제하는 즐거움까지 얻게 된다. 그 이미지는 하나님을 다 빼 버린 신으로서, 계속해서 우리가 자기 자신의 신 노릇을 하게 해준다. 자기 자신의 개인적인 영성 취향에 맞게 신의 이미지를 만들 수 있는 방법은 수없이 많다. 그 가능성은 끝도 없다. 우리 머리 위에 있는 하늘에서부터 우리 주변에 있는 땅 그리고 우리 밑에 있는 바다에 이르기까지 무궁무진하다. 우상 만들기와 우상 숭배가 도시에서 여전히 가장 인기 있는 종교 놀이가 되고 있는 것은 놀라운 일이 아니다.

또한 그 놀이는 우리에게 무척 큰 만족을 주기 때문에 왜 그것이 그렇게 잘못된 일인지를 이해하기가 쉽지 않다. 결국 그것도 **영적인** 행위 아닌가. 우리가 다루려는 대상도 초월적인 의미를 가지고 있지 않은가. 우리도 예배를 드리고 있고, 예배가 가장 탁월한 종교적인 행위인 이상 그것은 언제나 좋은 것 아닌가. 그러나 그 가장 밑바닥을 들여다보면 거기에는 아무것도 없다. 적어도 하나님의 것은 하나도 없다.

유일하신 하나님, 성경에 그리고 예수님 안에 계시된 하나님을 받아들인 후에 하나님을 우리가 바라는 알맞은 정도의 이미지로 축소시키는 일은 가능할 뿐만 아니라 흔히 있는 일이다. 하나님의 이미지를 만들게 되면(심지어 그 하나님이 시내 산이나 십자가에서 우리에게 말씀하시는 하나님이라 하더라도) 하나님을 우리의 생각에 맞게 축소시키게 되거나, 우리가 원하는 하나님으로 혹은 우리가 사용할 수 있는 방법으로 하나님을 축소시키게 된다. 일단 하나님의 이미지를 손에 넣게 되면 우리는 더 이상 하나님을 대면하지 않게 된다. 이미지는 인격이 없으며, 인격이 없는 것과는 아무런 관계도 맺을 필요가 없기 때문이다.

엘리야의 순례 여행은 효과가 있었다. 400년 전에 모세가 걸었던 그 길을 따라 느릿느릿 터벅터벅 걸어서 광야를 가로지른 여행, 그리고 그 산 위에서 여호와라는 이름을 선포하는 위대한 예언자에 대해서 반추하는 시간은 효과가 있었다. 하나님을 사물로 만들어 버리는 일, 하나님을 사상이나 대의나 언어적 도구로 축소시키는 일로부터 인간의 언어를 해방시켜 줄 이름이 바로 여호와였다. 네덜란드의 목사이자 학자였던 코르넬리스 미스코트(Kornelis Miskotte)는, 갈멜 산에서부터 호렙 산으로 가는 순례의 길에 어지럽게 깔린 억지 영성의 자갈들을 헤치고 자기 갈 길을 가는 우리에게 지금도 여전히 지혜로운 안내자가 되어 주고 있다. 그는 우리가 예배하고 우리 인생을 사는 '방식'에서 여호와의 이름이 가지는 중요성을 정확하게 지적했다. "이스라엘의 하나님은 모든 마술적 수작에 응하지 않으신다. 이름 없는 이름(여호와)을 가진 존재를 마술로 불러낼 수는 없는 일이며 숨은 의도에 굴복시킬 수도 없다."[4] 여호와는 엘리야에게 말씀하셨고 엘리야는 여호와에게 응답했다. 그 산 위에서 그리고 그 동굴에서 여호와와 엘리야는 다시 만나게 되었다.

그러나 이 대화에서 가장 흥미로운 점은 그 대화에 말이 없다는 것이다. 바로 침묵이다(왕상 19:12). 여호와의 부드럽고 조용한 속삭임, "세미한 소리"(RSV), "완전한 침묵"(NRSV). 이 구절에서의 히브리어 구문(*qol d'mamah daqqah*)은 알듯 말듯 애매한 문구다. 십자가의 성 요한이 쓴 시에 나오는 그와 비슷한 문구가 그 의미를 어느 정도 포착하고 있다고나 할까. "소리 없는 음악…소리 나는 고독…."[5]

그 침묵 이전에는 바람과 지진 그리고 불이 있었다. 모세가 바로 그 산에서 만났던 천둥, 번개, 불, 연기, 나팔 소리와 다르지 않다. 모세의 경험과 그토록 비슷한 서곡이 울렸으니 엘리야는 분명 "하나님께서 천둥소리로 대답하셨다"(출 19:19)는 모세의 결론을 얻으리라 기대했을 것이다. 그러나 천둥소리 대신에 여호와는 엘리야를 조용하고 말이 없는 숨으로 만나셨다. 하나님의 숨결, 하나님의 생명. 모세의 경험을 반복하는 대신에 여기서는 "그들에게 숨을 내쉬며…성령을 받아라…"(요 20:22)고 하신 예수님을 예견하고 있다. (이세벨에 대한 공포로 무력해진) 엘리야와 ("유대인이 대한 공포"로 무력해진) 예수님의 제자들에게 새로운 생명, 부활 생명이 불어넣어졌고, 그럼으로써 그들은 각각 예언자적 소명과 사도적인 소명을 실현할 수 있었다.

엘리야는 이제 예언자의 숨결을 회복했다. 이제 그는 준비가 되었다. 하나님은 엘리야에게 세 명의 남자를 임명하는 일을 통해 예언자의 소명을 재개하도록 하신다. 그 세 사람은 바알의 세계를 무너뜨리고 이스라엘을 다시 여호와 중심으로 돌려 놓는 엘리야의 평생의 사업을 계속 이어나갈 사람들이었다. 엘리야에게 주어진 임무는 이러했다. 하사엘에게 기름을 부어 시리아의 왕으로 삼고, 예후에게 기름을 부어 이스라엘의 왕으로 삼고, 엘리사에게 기름을 부어 엘리야 대신 예언자가 되게 하는 것이었다. 이제 다시 엘리야는 자기 길을 가기 시작했다.

그는 예언자로서 자신의 사역이 맺는 열매는 보지 못할 터였다. 하나님 나라의 일을 하면서 그 열매를 보는 사람은 아무도 없다. 우리는 "삼나무를 심을" 따름이다.[6]

나봇

아합 왕에게는 이웃이 있었다. 알고 보니 바로 옆집에 사는 이웃이었는데, 나봇이라는 사람이었다. 나봇의 포도원은 이스르엘 계곡에 있는 아합의 왕궁과 접해 있었다. 왕과 농부는 말하자면 담 하나를 사이에 둔 이웃이었던 것이다.

아합은 이웃의 포도원을 자신의 채소밭으로 쓰고 싶었다. 그는 그 밭을 사겠다고 했다. 나봇은 종교적인 근거를 대며 왕의 제안을 거절했다. 그의 땅은 유산으로서, 여호와께서 자기 백성에게 선물로 주신 약속의 땅이었던 것이다. 나봇은 그 땅을 **소유**하는 사람이 아니라 소중한 유산을 돌보는 청지기에 불과했다. 아합은 (또!) 여호와에게 반기를 들었다. 아합은 골이 나 버렸다.

이세벨이 나서서 침울해하는 아합을 구해 주었다. 자기가 대신 그 포도원을 빼앗아 주겠다는 말로 남편의 기분을 풀어준 것이다. 그리고 이세벨은 진짜로 그렇게 했다. 무척 정교한 각색으로 이세벨은 신성 모독이라는 죄목으로 나봇을 함정에 빠뜨렸다. 그 죄에 대한 처벌은 돌로 쳐서 죽이는 것이었다. 이제 나봇도 해치웠으니 이세벨은 자기 남편에게 포도원은 그의 것이라고 말해 주었다. 저당 잡힐 것도 없이 온전히 그의 것이라고 말이다.

아합은 지체하지 않았다. 그는 즉시 그 포도원을 차지했다. 그러나 그가 왕궁으로 돌아왔을 때는 엘리야가 기다리고 있었다. 엘리야는 아합이 살인죄와 절도죄를 저질렀음을 지적하고 하나님의 섬뜩한 판결문을 전달해 주었다. "나봇의 피를 핥던 개들이 같은 자리에서 네 피도 핥으리라"(왕상 21:19). 그 판결은 3년 후에 시행되었다(왕상 22:37-38).

예언자의 임무는 하나님의 이름('여호와', 살아 계신 하나님, 인격적인 하나님, 현존하는 하나님)을 정확하게, 분명하게, 그리고 구체적인 지역 속에서 말하는 것이다. 이 곳에 계신 하나님. 지금 계시는 하나님. 엘리야는 그렇게 했다. 게다가 훌륭하게 그 일을 해냈다. 그러나 예언자의 길에는 하나님 이외에 또 다른 존재가 있다. 거기에는 이웃이 있다.

우리가 인생에서 일찌감치 습득하는 나쁜 습관 중 하나는 사물이나 사람을 성과 속으로 나누는 것이다. 세속적인 것은 우리가 어느 정도 책임을 지고 있는 영역이라고 우리는 생각한다. 우리의 직장, 시간, 돈, 의견, 오락, 정부, 집과 땅, 사회적 관계 등이 거기에 속한다. 반면 신성한 것은 하나님이 책임지시는 영역이다. 예배와 성경, 천국과 지옥, 교회와 기도 등이 거기에 속한다. 그리고 우리는 하나님을 위해서 신성한 장소를 따로 떼어 놓고자 한다. 하나님께 영광을 돌리기 위해서라고 말하지만, 사실은 하나님은 하나님이 계실 자리에 두고, 그 이외의 장소에서 일어나는 다른 모든 일에 대해서는 자유롭게 처리할 수 있는 권한을 가지기 위한 조처다.

하지만 그것은 예언자들에게는 전혀 먹히지 않을 구상이다. 그들은 모든 것, 정말로 모든 것이 신성한 땅에서 일어난다고 주장한다. 하나님은 우리 인생의 모든 영역에 대해서 할 말이 있으시다. 소위 자신의 마음과 자기 집이라고 하는 사적인 공간에서 우리가 어떻게 느끼고 행동하는지, 우리가 돈은 어떻게 벌고 어떻게 쓰는지, 우리가 받아들이는 정치는 어떤 것인지, 우리가 싸우는 전쟁은 어떤 것인지, 우리가 감내하는 재난은 어떤 것인지, 우리가 상처 주는 사람은 누구이고 도와주는 사람은 누구인지, 하나님은 이 모든 것에 대해서 할 말이 있으시다. 아무것도 하나님의 면밀한 조사를 피해 가지 못한다. 아무것도 하나님의 통치에서 제외되지 않는다. 아무것도 하나님의 목적에서 벗어나지 못한다. 이 땅은 거룩하다. 사람도 거룩하다. 말도 거룩하다. 거룩, 거룩, 거룩.

우리는 일단 교회나 성전이나 회당을 떠나고 나면 하나님을 회피하거나 하나님을 피해서 돌아가는 길을 택하려 하지만 예언자들은 그렇게 하지 못하게 한다. 예언자들은 우리가 인생의 구석구석에서 하나님을 받아들이고 하나님을 대면할 것을 주장한다. 그런데 알고 보니 그러한 구석구석에는 이웃들이 있었다. 예언자에게 하나님은 옆집 이웃만큼이나 실제적이다. 그리고 이웃은 하나님만큼이나 실제적이다. 이웃은 사실 하나님과 동등한(글쎄, 완전히 동등하지는 않겠지만 어쨌거나 동등하게 중요한) 순위를 갖는다. 엘리야는 여호와의 일을 대할 때나 나봇의 일을 대할 때나 동일하게 한 치의 양보 없이 강력하다.

나봇의 이야기에서는 바알의 옹호자인 이세벨 왕비가 자신의 450명의 바알 제사장들이 갈멜 산에서 맡았던 적의 역할을 한다. 그리고 이세벨도 그 제사장들과 같은 운명을 맞이한다. 450명의 제사장들은 기드론 시냇가에서 학살당했고, 이세벨은 이스르엘의 길거리에서 개들에게 먹혔다(왕하 9:36-37).

인격이 아닌 신, 사용할 수 있는 신, 객체에 불과한 신을 섬긴다면 이웃들도 마찬가지로 인격이 아닌 대상, 사용할 수 있는 무엇, 객체가 되어 버린다. 비인격적인 신을 섬긴다면 비인격적인 이웃을 가지게 될 것이다. 이세벨의 경우는 확실히 그랬다.

제사장이든 이세벨이든 바알을 지지했던 그들은 엘리야 때문에 꽤 고생을 했다. 갈멜 산에서 엘리야는 하나님의 이름인 여호와를 지지했다. 이스르엘 계곡에서 엘리야는 이웃의 이름인 나봇을 지지했다. 엘리야는 산에서 그랬던 만큼이나 계곡에서도 예언자였다. 엘리야는 주변부에서 살았다. 당대의 대중적 종교의 주변부, 당대의 권력 정치의 주변부에서 살았다. 주변부에서 살았기 때문에 그는 중심에서 일어나고 있는 일에 대해 별 감명을 받지 못했다. 바알의 450명의 제사장들이 산 위에서 보여 주었던 인상적인 예배 체험, 바알의 수호자가 오만이 넘치는 경멸로 자기 이웃을 대하던 인상적인 장면을 엘리야는 인상적이라고 생각하지 않았다. 그런데 알고 보니 엘리야가, 여호와에 대한 예배의 차원에서나 이웃에 대한 존중의 차원에서나, 이스라엘로 하여금 다시 중심으로 돌아오게 한 것은 바로 그 주변부에서였다.

성경적 사고를 배운 사람들은, 숫자의 크기를 보고 효과가 있다고 여기거나 그것을 하나님이 축복하신다는 증거로 보고 거기에 매료되는 현상을 이해하기가 힘들다. 주님의 길(나중에는 예수님의 길이 된)을 예비한 사실상 모든 남녀들은 자신이 속한 사회와 문화의 주변부에서 활동했다. 엘리야는 눈에 띄기는 하지만 특별한 존재는 아니다. 엘리야의 이야기는 아홉 개의 현장에서 들을 수 있다. 그 중에서 단 하나의 현장, 즉 갈멜 산에서의 사건만이 군중들을 위한 공개적인 무대를 제공할 뿐이었다. 나머지 사건들은 모두 외딴 곳에서 그리고 주변부에서 일어났다.[7]

엘리야는 무슨 일이든 쉽게 넘어가는 사람이 아니었다. 그는 대중적인 인물이 아니었으며 결코 유명인의 반열에 올라서지 못했다. 그는 그와 같은 시대에 살았던 사람들의 기질이나 성향과는 분명하게 맞지 않았다. 세월이 흘러도 그는 물렁해지지 않았다. 우리는 우리의 문제를 이해해 주는 지도자들, 특히 종교 지도자들을 좋아한다. "우리와 비슷한 부류"라는 표현을 우리는 잘 쓰는데, 매력적으로 다가오는 지도자들, 포스터나 텔레비전에 나왔을 때 보기 좋은 지도자들을 우리는 좋아한다.

그러나 분명한 사실은 엘리야든 혹은 엘리야 이후로 나온 상당수의 예언자든, 우리 삶의 방식에 맞아드는 예언자는 하나도 없다는 것이다.

하나님을 자기 인생에 "짜 맞추는" 일에 익숙해진 사람들, 혹은 우리가 흔히 하는 말로 "하나님을 위해 자리를 만드는" 정도의 일에만 익숙한 사람들에게 엘리야는 받아들이기 힘든 인물이고 그러한 인물은 논외로 제쳐 두기 십상이다. 그러나 엘리야의 하나님도 그리고 엘리야의 이웃도 우리 인생에 끼워 맞춰지기에는 너무 크다. 우리가 하나님과 조금이라도 상관하고 싶다면 우리가 하나님께 맞추어져야 하고, 하나님이 우리 곁에 두시는 남자와 여자들에게 맞추어져야 한다.

엘리야는 자기 시대의 문화에 적응하는 "사리를 아는" 사람이 아니었다. 그는 재치 있게 협상해서 아합이든 이세벨이든 아니면 그 누구에게든 발언권을 주는 외교적 수완을 발휘하지도 않는다. 엘리야는 거칠게 우리를 끌어다가 우리가 설명할 수도 없고 기대하지도 못했던 큰 실재 안으로 밀어 넣는다. 그는 우리를 헤아릴 수 없는 어마어마한 신비(갈멜! 호렙! 이스르엘!) 안에다 던져 넣는다.

아하시야

아합은 길르앗 라못을 놓고 시리아와 벌인 경솔한 전쟁에서 부상을 입었고, 그 날 저녁 피가 홍건히 고인 자신의 전차에서 죽은 채 발견되었다. 그리고 그의 아들 아하시야가 새로운 왕이 되었다(왕상 22장). (아합과 이세벨에게는 성경에서 언급되지 않는 다른 자녀도 많이 있었지만) 성경에서 언급되고 있는 세 자녀들의 이름이 여호와라는 단어와 합성어를 이루는 이름이라는 사실이 나는 매우 흥미롭다. 아하즈-'이아'(Ahaz-*iah*, "여호와가 사로잡으신다")와 '여호'-람(*Jeho*-ram, "여호와가 높임을 받으신다")은 아들이었고, 아달-'이아'(Athal-*iah*, "여호와는 공정하시다" 혹은 "여호와의 강건한 자식"으로 해석될 것 같다. 그 어원은 분명하지 않다)는 딸이었다.

자녀들의 이름을 지으면서 아합은 선택의 여지를 남겨 두고 싶었던 것 같다. 한쪽 발은 여호와의 진영에 걸쳐 둔 채 결혼 관계 혹은 정치적인 고려 때문에 이세벨의 광신적인 바알 숭배를 따라갔던 것으로 보인다. 세 자녀의 이름에 여호와의 이름을 이식시켜 놓은 행위는 종교적으로 열린 마음을 가지려는 시도였겠지만, 효과는 없었다. 이식이 맞아들지 않았다.

갈멜 산에서 있었던 위대한 순간에 엘리야는 선택을 요구했다. "너희가 어느 때까지 둘 사이에서 머뭇머뭇 하려느냐. 여호와가 만일 하나님이면 그를 따르고, 바알이 만일 하나님이면 그를 따를지니라"(왕상 18:21). "마음을 정해라! 관망하는 자세는 이제 그만두어라! 선택하라!"[8] 그리고 많은 사람이 그렇게 했다. 그러나 모두는 아니었다. 결과적으로 일어난 일로 미루어 볼 때, 그 산 위에서도 상당수의 사람들이 주저하거나 결정하지 못해 미적거린 것이 틀림없다. 여호와의 이름이 들어간 아합의 자녀들인 아하시야, 여호람, 아달랴가 아마도 그 대표적 인물들일 것이다. 혹 그들이 그 날 그 산 위에 있었다 해도, 그들의 인생은 별로 달라진 것이 없어 보인다.

아합의 세 자녀 중에서 엘리야와 개인적으로 대면했다는 사실이 알려진 것은 아하시야의 경우밖에 없다(왕하 1장). 그 이야기를 보면, 아버지의 죽음 이후에 왕위에 오른 아하시야는 머지않아 왕궁 위층에 있던 방의 창문에서 떨어져서 크게 다쳤다고 되어 있다. 병상에 누운 그는 남쪽으로 에크론에 사자들을 보내 바알의 제사장들에게 자문을 구하게 했다. 에크론 지역에서는 바알 신이 바알세붑이라는 이름으로 불렸다. 그 뜻은 "파리 대왕" (Lord of the Flies, 진정한 바알 숭배자들 사이에서 불렸던 그 신의 정식 이름은 바알세불인데, "세불"이 왕자라는 뜻이기 때문에, 해석하면 "바알 왕자"가 된다. 바알세붑은 그 이름의 가치를 손상시키는 풍자였다)이다.

엘리야가 아하시야의 사자들이 가는 길을 가로막고 그들과 맞섰다. "이스라엘에 하나님이 없어서 너희들이 에크론의 신 바알세붑에게 자문을 구하러 쫓아가느냐? 시간 낭비하지 마라. 돌아가서 왕에게 일러라. '네가 누워 있는 그 침상에서 너는 일어나지 못할 것이다. 이미 너는 죽은 것이나 다름없다. 여호와의 명령이다.'"

그래서 사자들은 아하시야에게로 돌아갔다. 왕은 왜 그들이 임무를 완수하지 못했는지, 왜 돌아왔는지를 다그쳐 물었다. 그들은 그들이 만난 남자가 했던 말을 전했다.

아하시야는 호기심이 발동했다. 그리고 이미 뭔가 집히는 데가 있었다. "그 사람에 대해서 더 이야기해 봐라. 어떻게 생겼더냐?"

"텁수룩하고, 가죽 허리띠를 띠고 있었습니다."

"그럴 줄 알았다." 아하시야가 말했다. "그 사람은 디셉 사람 엘리야가 틀림없다."

그리고 바로 그 자리에서 아하시야는 일종의 죽기 직전의 회심을 했다. 절박해진 그는, 바알세붑이 가짜일지도 모른다고 의심하고 그 자리에서 자신이 섬기는 신을 바꾸어 버렸다. 결국 그가 이름값을 한 것이었는지도 모른다. 그는 여호와가 어떤 신인지 한번 확인해 보는 게 좋을 거라고 생각했다. 그래서 그는 50명의 수비대를 보내 엘리야를 자신의 병상으로 소환하게 했다. 그 수비대는 엘리야를 데려오기 위해서 산 위로 올라가야 했다. 엘리야가 산꼭대기에서 은신하고 있었다는 사실은 엘리야의 성품과 맞는 구석이 있다. 교통편도 없고 사람들이 찾아오기도 힘든 외딴 곳에 그는 숨어 있었다. 아브라함 헤셀(Abraham Heschel)은 엘리야가 산꼭대기에 숨은 사실에 대해 이렇게 평한다. "고독이 주는 보호와 축복 없이는, 영혼의 영역에서 의미 있는 일은 일어나지 않는다".[9]

그러나 수비대가 애써 산을 올라갔음에도 불구하고 수확은 없었다. 엘리야는 오지 않겠다고 거절했다. 더 심하게는 아하시야의 그 주제 넘는 행위가 그들의 생명을 대가로 치르게 했다. 하늘에서 불이 내려와 그들을 태워 버렸던 것이다. 왕은 다시 한 번 50명의 수비대를 보냈지만, 이번에도 결과는 마찬가지였다. 그러자 그는 세 번째로 수비대를 보냈다. 그 무렵이 되어서는 수비대 대장이 무릎을 꿇고 "내 생명을 존중해 주십시오!" 하고 애원할 지경이었다. 이번에는 엘리야가 천사의 권고를 받아서 산을 내려가 아하시야의 병상을 찾아갔다. 그러나 그의 메시지는 동일했다. "너는 이미 죽은 거나 다름없다. 여호와의 명령이다." 병들어 죽어가는 사람을 그런 식으로 심방하는 예언자의 모습은 우리의 상상을 한참 벗어난다.

그리고 그것이 전부였다. 아하시야는 죽었다.

사람을 도취시키는 바알 신앙의 맛을 일단 한번 보고 나면 그것을 포기하기가 쉽지 않다. 아하시야 다음에 왕위에 오른 아하시야의 남동생 여호람도 그것을 포기하지 못했다. 그로부터 10년 후 그는 무자비한 바알 숙청을 감행하던 예후에게 살해당했다(왕하 9:21-26). 아하시야의 어머니였던 이세벨도 포기하지 못했다. 그도 마찬가지로 예후의 숙청에서 살해당했다(왕하 9:30-37). 그리고 아하시야의 여동생 아달랴도 포기하지 못했다. 유다의 다윗 왕가와 결혼한 그는 유다에서 바알을 전하는 선교사가 되어서 어머니 이세벨만큼이나 열광적이었고 잔인했다. 그는 예루살렘에 바알 신전을 세우고 바알의 제사장 제도를 도입해서 여호와 신앙을 거의 절멸시켰으며, 다윗 왕가의 혈통을 아예 끊어 버리기 직전까지 갔다(왕하 11:1-20). 그러다가 그는 살해당했다(왕하 11:1-16). 그것으로 아합-이세벨-바알-아세라의 유산은 끝이 났다.

바알은 중독성이 있다. 바알을 포기한다는 것은 하나님을 통제하기를 포기한다는 뜻이다. 바알을 포기한다는 것은 우리가 아무 때나 쓸 수 있는 온갖 영적인 장치들을 이제는 더 이상 쓸 수 없다는 뜻이다. 바알을 포기한다는 것은 우리가 하나님께 영향을 미쳐서 우리가 원하는 것을 얻어낼 수 있을 것이라는 소망을 전부 포기한다는 뜻이다. 바알을 포기한다는 것은 우리가 죄책감 없이 부정직하게 살아가도록 도와주는 위로의 망상들을 포기한다는 뜻이다. 바알을 포기한다는 것은 우리가 더 이상 종교를 사용해서 다른 사람들에게 겁을 주거나 뇌물을 쓰거나 압력을 가할 수 없다는 뜻이다. 바알을 포기한다는 것은 성장해야 한다는 뜻이다. 그리고 성장한다는 것은, 오락과 황홀경의 디즈니랜드 같은 종교를 입장료도 없이 누리게 해주는 문화에 익숙한 사람들에게는 그리 매력적인 선택안이 아니다.

엘리야는 "참으로 원시적인 힘을 가진 인물"이었다.[10] 동시에 엘리야의 길은 주변부를 따라가는 길이었다. 그는 주변부의 길을 갔다. 그는 아무런 지위도 없었고, 세상에 알려지지 않은 채 고독한 삶을 살았고, 요란한 팡파르도 없이 가끔 대중 앞에 나타났다가 예고도 없이 대중의 눈에서 사라졌다. 하나님의 백성으로서 우리가 사회에서 져야 하는 책임과 맡아야 하는 증인의 역할을 이해하는 데 그가 미친 영향은 피할 수도 없고 되돌릴 수도 없다. 그의 영향은 결코 유행에 뒤떨어지지 않으며, 하나님의 주권적인 은혜에 의해서 세대마다 반복된다. 엘리야의 길의 본질은 그것이 세상의 길, 문화의 길에 역행한다는 것이다. 우리가 어떠한 환경 속에서 하나님 앞에 신실하고 순종적인 삶을 계발해 나가고 있는지를 이해하고 경계하기 위해서는 지속적인 도움이 필요하다. 왜냐하면 이 세상에서 우세한 문화의 길이 가진 전제나 가치나 일하는 방법들은, 늘 하나님의 것과 반대편에 있기 때문이다.

엘리야가 한 일, 그리고 그의 예언자적인 계보를 잇는 현대의 인물들이 하는 일은, 인생을 어떻게 살아야 하는지, 인생에서 중요한 것이 무엇인지에 대해서 이 세상이 가정하고 있는 것들로 물든 우리의 상상력을 정화하는 것이다. 성령 하나님은 계속해서 예언자들을 사용하셔서 자신의 백성이 익숙해져 버린 거짓말과 망상으로부터 그들을 분리시켜서, 우리 주 예수 그리스도의 하나님이시요 아버지이신 그분에 대한 단순한 믿음과 순종과 예배의 길로 돌려 놓으신다. 그 길은 이 세상이 존경하고 보상해 주는 모든 것을 무시한다. 이제는 오랜 역사를 가지고 전 세계적으로 퍼진 엘리야와 그의 거대한 예언자의 무리는, 우리가 하나님의 현존 앞에 현존하게 함으로써 이 세상의 길과 예수님의 길 사이의 차이점을 분별하도록 훈련시켜 준다.

예루살렘의 이사야: "거룩" 6

길르앗 출신의 디셉 사람 엘리야가 우리의 원형이 되는 예언자라면, 예루살렘의 이사야는 모든 것을 포괄하는 예언자다. 문예 부흥기에 해당하는 예언자라고나 할까. 그는 계시의 언어에 능통하고 구원의 행동에 대담한 사람이었다. 그는 하나님의 말씀에 순종하는 신실한 삶을 구현해 낸 사람이었다. 하나님이 일하시는 수단과 방법이 우리가 일하는 수단과 방법에 침투하게 될 때, 그 현상을 일컫는 용어가 있다. 바로 '거룩'이다. 이사야서에 나오는 하나님의 특징적 이름은 "거룩하신 분"이다.

우리가 가진 언어 중에서, 우리를 백성으로서 독특하게 형성시켜 주고 구분시켜 주는, 모든 것을 포괄하고 모든 것을 끌어안는 하나님의 생명을 그나마 가장 잘 설명해 주는 언어가 바로

"거룩"이다. 거룩은 결코 경건한 추상성이 아니다. 거룩은 우리 몸 혹은 우리가 살고 있는 동네와 별개로 이해될 수 있는 것이 아니며, 우리를 만드시고 구원하시고 우리에게 복을 주시는 하나님과 별개로 이해할 수 있는 성질의 것이 결코 아니다. 거룩은 **삶으로 표현되는** 그 무엇이다. 거룩은 우리의 삶 속에 숨으로 불어넣어진 하나님의 생명이며 우리의 삶에 활기를 불어넣는 하나님의 생명이다. 레위기는 하나님이 누구이신가 하는 것과 우리가 어떤 사람이 되어야 하는가 하는 것 사이에 연속성이 있어야 함을 주장한다. "너희는 거룩하라. 이는 나 여호와 너희 하나님이 거룩함이니라"(레 19:2).

예수님이 십자가에 달리시기 전에 제자들과 나눈 마지막 대화에서, 제자들과 함께 그들을 위해서 기도하실 때 바로 이렇게 기도하셨다. "거룩하신[holy, *hagie*] 아버지여⋯그들을⋯거룩하게 하옵소서[sanctify, *hagiason*].⋯이는 그들도⋯거룩함을 얻게 하려 함이니이다[consecrated, *hēgiasmenoi*]"(요 17:11, 17, 19). 여기서 "거룩"은 세 번 반복된다. 첫 번째로는 하나님을 묘사하는 형용사로 사용되었고("거룩하신 아버지"), 그 다음에는 우리를 거룩하게 하시는 하나님의 행동을 의미하는 동사로 사용되었으며("거룩하게 하옵소서"), 마지막으로는 하나님의 사역을 통해 거룩해진 우리를 묘사하는 분사로 사용되었다("거룩함을 얻게"). "거룩"은 우리가 가진 가장 소중한 단어 중 하나다. 거룩은 하나님의 생명력, 성령의 생명력 그리고 예수님의 생명력이라고 하는 삼위일체 생명력의 이름이다. 이 생명력은 "주의 이름이 거룩히 여김을 받으시오며(*hagiasthēto*)"라고 기도하는 남녀들의 삶을 안에서부터 서서히 그러나 분명하게 형성해 간다.

그러나 우리 문화에서 거룩함은 진부함으로 전락할 운명을 지닌다. 거룩함은 지루한 것으로 축소되고, 안전하다고 보증할 수 있는 태도나 상투적 문구로 인생을 축소시키는 분파적인 무리들의 전유물로 축소되었다. 그것은 마치 옴짝달싹 하지 못하는 선(善), 신비가 다 빠져나가 버린 진(眞), 장식용으로 전락한 미(美)와도 같다. 이러한 태도에 부딪힐 때마다 나는 엘런 글래스고우(Ellen Glasgow)가 자신의 자서전에서 했던 재미있는 말을 떠올리게 된다. 장로 교회의 장로로서 청렴하고 엄격했던 자신의 아버지에 대해서 그는 이렇게 썼다. "아버지는 전혀 사심이 없는 분이었으며, 그 긴 인생 내내 단 한 번도 쾌락을 범하지 않았다."

하지만 거룩은 그와 같은 모든 진부함과 지루함을 거칠고도 격렬하게 반대한다. 하나님의 생명은 길들여지거나 사용될 수 없다. 오직 그 생명이 제시하는 조건을 따라서 그 안으로 들어갈 수 있을 뿐이다. 하나님을 작게 만들어서 우리의 편의에 맞는 그리고 우리가 감당할 수 있는 프로젝트에 사용하게 해주는 것은 거룩이 아니다. 오히려 거룩은 우리를 크게 만들어서 하나님이 우리를 통해서 자발적으로 그리고 넘치도록 생명을 나누어 주실 수 있게 한다. 거룩은 내면의 불이다. 하나님 안에서 그리고 하나님을 위해서 사는 열정이며, 하나님의 현존 앞에서 풍성함을 수용할 수 있는 능력이다. 우리가 하나님의 우물에서 마시고 하나님을 노래할 수 있는 샘들이 우리 속 깊은 곳에 그리고 우리 주변에 있다.

30여 년 전에 프레드릭 뷰크너(Frederick Buechner)는 우리 세대를 위해서 거룩함을 새롭게 상상해 보는 임무를 맡았고, 자신의 소설들을 통해서 얼마나 놀라운 일을 해내었는지 모른다. 처음에는 그럴 듯한 인물로 여겨지지 않았지만 끝에 가서는 너무도 매력적으로 다가오는 리오 베브로부터 시작해서 고드릭과 브렌단을 지나 마지막에 화려하게 등장하는 웃음의 아들 야곱에 이르기까지, 뷰크너는 생명을 뿜어내는 거룩에 대한 설득력 있고도 전염성 강한 이야기에 우리를 푹 빠뜨렸다. 그 이야기는 생명을 주고, 생명을 강화시키고, 생명을 깊어지게 하는 거룩의 이야기였다.

그리스도인들이 거룩을 이해하고 그럼으로써 그 거룩에 참여할 수 있기 위해서 참고할 수 있는 권위적인 자료는 바로 거룩한 영(성령)의 영감을 받아서 기록된 거룩한 책(성경)이다. 성경의 중간 지점을 조금만 지나가면 이사야가 예루살렘에 있는 솔로몬의 성전에서 예배를 드리고 있는 장면을 만나게 된다(사 6장). 이 장면이 중간 지점에 놓였다는 사실은 물론 해석학적으로는 아무런 의미도 가지지 못하지만, 성경의 중심을 이루면서 성경 전체를 비춰 주는 거룩하신 분의 이미지를 제공해 주는 측면은 분명히 있다. 예배를 드리는 도중에 이사야는 자기 밑에 있는 땅의 기초가 흔들리는 것을 느끼고 자기 위에서는 천사들이 노래하는 소리를 듣게 된다.

> 거룩하다. 거룩하다. 거룩하다. 만군의 여호와여,
> 그의 영광이 온 땅에 충만하도다(사 6:3).

이보다 더 장관을 이루는 예배 장면은 없을 것이다. 왕좌에 앉으신 하나님, 연기와 영광으로 가득한 성전, 왕좌 위에 있는 여섯 개의 날개를 가진 웅장한 스랍, "거룩하다. 거룩하다. 거룩하다"라고 노래하는 웅장한 성가, 제단에서 꺼낸 이글거리는 숯으로 이사야의 입술을 정결하게 하고 그럼으로써 그가 예언자의 소명을 시작하게 되는 웅장한 임명식. 정말로 대단한 장면이다.

그 스랍이 부른 찬송가를, 밧모 섬에서 요한이 기록한 글에 나오는 묵시의 천사들이 그대로 따와서 하나님의 왕좌를 돌면서 부른다(계 4:8). 레지널드 히버(Reginald Heber)는 19세기에 스코틀랜드의 그리스도인들도 그 노래를 부를 수 있도록 작곡했고, 그 때 이후로 오늘날까지 우리들도 그 찬송을 부르고 있다.

그 장면은 이사야의 예언자적 소명에 결정적인 순간이었다.

"웃시야 왕이 죽던 해에…"

그러나 거룩한 분의 이야기를 듣기 전에 굵은 글씨로 경고문이 붙어 있는 것을 우리는 보게 된다. '웃시야.' 이사야가 살던 세상에서는 그 이름의 의미를 모르는 사람이 없었다. "주의. 위험. 조심하시오."

웃시야는 52년 동안 예루살렘에서 왕으로 통치했다(그의 이야기는 역대하 26장에 기록되어 있다). 그는 모든 면에서 좋은 왕이었다. 블레셋을 진압했고, 강력한 방어 체계를 세우고 잘 무장된 훌륭한 군대를 갖추었으며, 경제적으로 나라를 발전시켰고, 자신의 인도자였던 스가랴로부터 하나님을 두려워하는 법을 배웠다. "그의 이름이 멀리 퍼짐은 기이한 도우심을 얻어 강성하여짐이었더라"(대하 26:15).

그러다가 그가 끔찍한 일을 저질렀다. 성전을 더럽혔던 것이다. 권력에 도취된 그는 어느 날 교만하게도 성전 안으로 들어가 자기 자신의 목적을 위해 그 곳을 장악했다. 그는 자신의 영성을 스스로 책임지기로 마음먹었던 것이다. 자기 종교를 직접 관리하고 하나님을 자기 나름대로 사용하기로 결심했다. 그는 (훗날 스랍 중 하나가 이사야의 입술을 거룩하게 해줄 숯을 꺼내었던) 거룩한 제단으로 가서 자기 자신의 취향과 욕망에 따라서 모든 것을 운영하기 시작했다. 아사랴 제사장이 80명의 다른 제사장들과 함께 깜짝 놀라서 뒤쫓아와 그와 같은 신성 모독의 행위를

막으려고 했다(오직 제사장들만이 희생 제사를 드릴 수 있었기 때문이다). 웃시야의 손에는 이미 향로가 들려 있었고 그는 이제 막 분향하려던 참이었다. 그는 화가 나서 제정신을 잃고 아사랴와 그의 제사장들에게 꺼지라고 말했다. 그럼으로써 웃시야는 "연민의 마음이 조금도 없고, 입으로는 교만하게 말하는…인생에서 받을 몫이라고는 이 세상의 것이 전부인"(시 17:10, 14, NRSV, 저자 강조) 사람들의 대열에 서게 되었다. 어쨌거나 그는 왕이 아니었던가. 게다가 업적도 많이 세운 매우 성공적인 왕이었다. 그래서 그는 자기 자신도 주권자로서 또 다른 주권자인 하나님을 자신이 원하는 때에 자신이 원하는 방식으로 대하겠다고 마음먹었던 것이다.

그 모독의 행위는 즉시 반격을 받았다. 나병에 걸린 것이다. 히브리인들의 생각 속에 죄의 상징으로 각인된 그 끔찍한 질병이 내면의 부패를 겉으로 드러나게 해 버렸다.

웃시야가 생각하기에 왕의 특권이라고 여겼던 일은 사실상 변명의 여지없는 신성 모독의 행위였다. 그것은 마치 자신이 다니는 교회에 들어가서 검정 스프레이 페인트로 강단과 성만찬 탁자와 세례반과 십자가에다가 "관리인이 바뀌었다. 이제부터는 내가 대장이다!"라고 낙서를 하는 행위와 같을 것이다.

웃시야는 여러 해 동안 명예롭게 하나님의 백성을 섬긴 세월을 뒤로한 채 이제는 교만해져서 화를 내고 고집을 부리며 자기 자신의 목적을 위해 성전을 관리하려고 들었다. 그것은 왕의 만행이며, 난폭한 모독의 행위였다.

웃시야는 나머지 생애를 격리된 채 지냈다. 나병 때문에 성전으로부터 추방되었을 뿐만 아니라 거룩한 백성의 공동체와도 일절 접촉할 수 없었다. 그는 여전히 왕이었지만 더 이상 성전과도 그리고 백성과도 접촉할 수 없었다. 유다의 왕이 나병 환자가 되었다. 유다 정부가 하나님의 거룩한 성전을 더럽힌 사람의 손 안에 있었다. 유다 사회와 문화 전체가 부정(不淨)의 그림자, 모독의 그림자 속에 살고 있었다. 사회적, 정치적, 문화적, 종교적 분위기가 왕의 나병으로 인해 더럽혀져 있었다. 유다는 나병 환자 왕의 지배를 받고 있었다.

웃시야는 우리에게 가장 절실하게 필요한 경고문을 붙여 주고 있다. "거룩의 주변을 배회하는 것은 위험한 일이다." 거룩한 땅은 위험한 땅이다. 거룩은 결코, 우리가 소유하는 것인 양 가져다가 우리 자신의 목적을 위해서 사용할 수 있는 하나님에 관한 무엇이 결코 아니다.

몇 년 전 우리 집에서 그리 멀지 않은 곳에서 하이킹을 하던 사람이 회색곰의 공격을 받아 심하게 다친 적이 있었다. 그 사람은 몬태나 산맥의 경이와 아름다움에 대해서 듣고는 자기 눈으로 직접 보기 위해서 노스캐롤라이나 주에서부터 운전을 온 참이었다. 병원에서 인터뷰를 한 그는 "다시는 여기에 안 올 겁니다!"라고 말했다. 경이와 아름다움은 또한 위험할 수도 있는 사실을 그는 몰랐던 것이다.

그 회색곰의 공격이 있고 난 지 일주일 정도 후에, 아내 잰과 나는 아들 내외와 나의 친구 그리고 그의 두 살 난 아들과 함께 바로 그 오솔길을 걸었다. 길이 시작되는 입구에는 이런 팻말이 붙어 있었다. "위험: 회색곰 출몰 지역. 이 곳을 지나가는 자의 안전에 대해 당국은 책임이 없음." 그 전 주에 있었던 회색곰 사건에 대해서 아는 사람은 나밖에 없었는데, 나는 아무 말도 하지 않았다. 나는 몸이 바짝 긴장해 오는 것을 느꼈다. 생명에 대한 위협은 생명에 대한 민감성을 높여 준다. 우리가 푹 잠겨 있던 그 아름다움과 경이, 우리가 공유하던 사랑과 애정이 더 이상 우리가 안전하게 확보하고 있는 소유물이 되지 못함을 깨닫는 것이다.

두 시간 정도 후에 우리는 목적지에 도착했다. 빙하가 흘러들어 오는 보석같이 빛나는 호수였다. 우리는 호숫가에 서서 산의 정면에서 쏟아지는 다섯 개의 폭포를 보고 감탄했고, 두 마리의 얼룩덜룩한 개똥지빠귀가 우는 소리를 듣고 벌레를 먹는 광경을 지켜보았다. 거룩한 땅. 그 때 갑자기 나는 90미터 정도 위쪽에서 어떤 움직임이 있는 것을 보았다. 쌍안경의 초점을 맞추며 자세히 들여다보았더니, 회색곰과 그 새끼가 장난스럽게 물속에서 첨벙대고 있었다. 나는 다른 일행들도 쌍안경을 돌려보게 했다. 우리 모두가 그 모습을 자세히 보았다. 그러자 임신 5개월째에 접어들었고 그래서 생명의 연약함과 소중함에 특별히 더 민감했던 나의 며느리 에이미가 말했다. "여기서 빨리 벗어나고 싶어요." 그리고 우리는 그렇게 했다. 거룩한 땅, 그러나 위험한 땅이었다.

거룩함은 우리가 **생명** 그 자체에서 얻어내는 가장 매력적인 것이고, 가장 강력한 체험이다. 멀찌감치 서서 바라보거나 즐기는 그런 삶이 아니라, 진정성을 가진 삶, 희석되지 않은 삶, 그리고 직접적인 삶이다. 하나님이 하시는 일에 대해서 이야기하거나 읽는 것이 아니라 그 하나님이 하시는 일에 직접 참여하는 삶이다. 그러나 우리 자신을 넘어서는 그 무엇에 참여하고 있음을 발견하는 그 순간 우리는 또한 우리 자신을 잃을 수도 있다는 사실을 깨닫게 된다. 우리는 거룩하신 분을 길들일 수 없다. 미디안 광야에서 모세는 불타는 떨기나무의 사진을 찍어다가 아내 십보라와 자녀들인 게르솜과 엘리에셀에게 보여 주지 않았다. 이사야가 들은 스랍들의 노래는, 나중에 여유 있을 때 듣겠다고 CD에 저장해 놓은 헨델의 오라토리오 반주와는 완전히 다른 것이었다. 밧모 섬의 요한은 자신이 본 예수님의 환상을 도표로 축소시켜서 미래의 환경에 대한 예측이라고 선전하며 종교의 소비자들을 즐겁게 하는 데 사용하지 않았다.

"우리 하나님은 소멸하는 불"(히 12:29)이시지 우리가 가지고 노는 불이 아니시다. 거룩, 거룩, 거룩은 그리스도인을 위한 레이스 뜨기가 아니다.

"주께서 높이 들린 보좌에 앉으셨는데…"

거룩하신 분을 자기 자신의 목적을 위해서 **사용**하려고 성전에 올라갔던 웃시야와는 대조적으로 이사야는 기도하고 예배드리기 위해서 성전 안에 있었다. 그는 자기 자신을 위해서 무언가를 얻어내기 위해서가 아니라, 현존 즉 거룩하신 분 앞에 현존하고자 그 곳에 갔다. 이사야는 웃시야가 나병 왕이 되어 버린 바로 그 향단에서 이제 막 자신의 예언자적 소명을 받을 찰나였다. 그 성전은 웃사야가 규정하는 장소가 아니었고, 그 시대도 웃시야가 규정하는 시대가 아니었다. 웃시야는 그 문화에 아무런 영향도 미치지 못했다. 웃시야는 이사야의 삶도 규정하지 못했다. 어떻게 그 사실을 알 수 있는가? "웃시야 왕이 죽던 해에" 이사야는 한때 웃시야로부터 모독을 당한 그 성전에서 기도하며 예배를 드리고 있었기 때문이다.

우리가 살고 있는 이 시대도 우리 인생에 결정적인 영향을 미치지 못한다. 우리를 지도하는 왕과 대통령들은 우리가 어떻게 인생을 살아야 하는지에 대해서 최종적인 발언을 할 수 없다. 기술도 우리의 존재를 규정하지 못한다. 포스트모던 시대도 우리가 인생을 어떻게 살아야 하는지를 결정하지 못하며, 심리주의도 우리의 존재를 설명해 주지 못한다. 바르트가 말했던 "세속성의 견고한 표면"[1]은 우리 자신과 우리 주변 세상을 이해하고자 애쓰는 임시변통의 초라한 시도일 뿐이다.

거룩하지 못한 장소에서 이사야는 거룩함 속에 던져졌다. 그는 거룩한 환상을 보았다. 그는 하나님이 거룩함으로 다스리시는 것을 보았고, "거룩하다. 거룩하다. 거룩하다. 만군의 여호와여. 그의 영광이 온 땅에 충만하도다" 하고 거룩한 소리로 공중을 메우는 거룩한 스랍들의 노래를 들었다.

미디안 그리고 밧모

이사야는 이스라엘과 교회의 역사에서 거룩하신 분을 보고 들은 유일한 사람도 아니고, 최초의 사람도 최후의 사람도 아니다. 이사야가 성전에서 보았던 환상에는 전편도 있고 후속편도 있다. 거룩하신 분은 오직 성전에만 계시는 것이 아니다. 이사야가 쓴 글을 통해서 잘 알 수 있듯이 그는 거대하고 확장된 세상 속에서 살았다. 과거에 하나님이 하신 일이 이루어 놓은 세상, 그리고 하나님이 미래에 하실 일을 기대하는 세상에서 살았다.

거룩하신 분은 이처럼 확장된 관점에서 보아야 한다. 나는 한쪽 편에는 모세가 선임자로 서 있고 다른 한쪽 편에는 요한이 후임자로 서 있으며 그 중간에 이사야가 서 있는 무대를 한번 그려 보고자 한다. 이사야를 양편에서 감싸고 있는 모세와 요한에게까지 하나님의 지경을 넓히지 않는다면 우리는 그 거룩하신 분을 정해진 시간에 성전에서만 경험하는 분으로 제한할 위험에 처하게 된다.

모세는 미디안에서 거룩하신 분을 만났고 또 놀랐다. 미디안은 척박한 곳이었고 모세는 그 땅에 유배당한 사람이었다. 미디안은 매력적인 장소가 아니었고 모세가 하는 일도 매력적인 일이 아니었다. 척박한 지역, 힘겨운 일, 힘겨운 인생이었다. 모세는 이 세상에서 가장 고급스런 문화를 가지고 있었고 가장 큰 업적을 이루었던 문명 중 하나인 이집트의 풍요 속에서 자란 사람이었다. 모세는 정치적 권력, 지적인 대화, 장관을 이루는 건축물에 익숙했다. 그런데 그 모세가 이제는 미디안 광야에 있었다. 그곳은 책도 없고, 성전도 없고, 하인도 없고, 아무런 영향력도 미치지 못하는 그러한 곳이었다.

그러던 어느 날 그는 아무런 예고도 없이 거룩하신 분의 존재에 함몰되고 말았다. 하나님의 거룩한 현존이 불타는 떨기나무로부터 뻗쳐 나왔던 것이다. 모세는 자기 이름을 부르는 소리를 들었다. "모세야, 모세야." 모세는 대답했다. "내가 여기 있습니다." 모세는 예배를 드리라는 부름을 받았다. "네가 선 곳은 거룩한 땅이니 네 발에서 신을 벗으라"(출 3:5). 모세는 하나님으로부터 부름을 받았고 할 일을 받았다. 모세오경에는 '거룩'(*qadosh*)을 어근으로 하는 단어가 104회나 등장한다.

거룩한 천사, 거룩한 땅, 거룩한 하나님, 거룩한 말씀. 그 거룩한 말씀이 거룩한 백성을 형성하고 거룩한 역사를 만들어 간다. 다른 곳도 아닌 미디안 광야에서.

요한은 밧모라고 하는 섬의 감옥에서 거룩하신 분을 만났고 또 놀랐다. 그 곳은 미디안만큼이나 척박하고 살기 힘든 곳이었다. 그리고 요한은, 미디안의 모세가 그랬던 것처럼 유배를 당한 상황이었다. 그와 같은 거절과 단절의 장소에서 요한은 거룩한 환상을 보았다. 모세의 불타는 떨기나무 대신에 그는 거룩으로 불타는 예수님을 보았고 예수님은 그에게 말씀하셨다. 성령께서 거룩하지 않은 시대에 신실하게 견디는 거룩한 백성을 형성하기 위해서 사용하신 바로 그 말씀 말이다.

요한계시록에는 '거룩'(hagios)이라는 단어가 명사 혹은 형용사의 형태로 26회 등장한다. 성경의 마지막 권인 이 책에서 우리가 얻어내는 것이 무엇이건 간에, 우리는 거대하고 강한 무엇에 참여하고 있음을 알게 된다. 그것은 움트는 축복이요 하나님의 구원이자 하나님의 영광이다. 거룩, 거룩, 거룩.

이제야 이사야의 환상을 제대로 이해할 수 있는 적절한 배경이 주어졌다. 모세는 미디안에 그리고 요한은 밧모에 있으면서 예루살렘 성전에 있는 이사야를 양끝에서 감싸고 있다. 거룩하신 분을 받아들일 만큼 충분히 큰 시야를 가지려면 우리는 성경의 모든 부분과 역사의 모든 부분 그리고 우리 경험의 모든 부분이 필요하다. 거룩하신 분은 상자에 억지로 밀어 넣을 수 있는 존재가 아니다. 거룩하신 분은 자그마한 구멍을 통해서 들여다볼 수 있는 분이 아니다.

그 날 이사야는 모독당한 성전이 거룩으로 팽팽하게 차오른 것을 보았다. 모독당한 땅이 영광으로 가득했다. 이것이 바로 우리가 살고 있는 실재다. 거룩, 거룩, 거룩. 영광, 영광, 영광. 웃시야가 지성소에서 무엇을 하건, (이사야가 살던 시대에 중동 지역을 강탈하던) 앗수르인들이 이 세상에서 무슨 일을 하건, 예배의 장소에는 거룩함이 있고 이 땅에는 영광이 있다. 척박한 미디안 광야에서의 거룩함. 가혹한 밧모 섬 감옥에서의 거룩함. 그리고 북미 지역의 모든 더럽혀진 교회 안의 거룩함. 도덕적으로 그리고 물리적으로 오염된 모든 도시와 지방 안의 거룩함. 하나님이 지금도 창조와 역사 속에 현존하시기에, 지금도 창조하시고 구원하시기에 그 모든 것이 거룩하다. 우리는 오늘날 이 세상에서 돌아가는 일을 알기 위해 기자들을 의지하는 무지한 불신앙의 습관을 끊어야 한다. 적어도 우리는 이사야에게도 그만한 주의를 기울여야 한다. 거룩, 거룩, 거룩.

어느 여름 날 잰과 나는 몬태나의 로키 산맥을 하이킹하고 있었다. 안개가 끼고 축축하고 추운 날이었다. 산으로 하이킹을 가기에 썩 좋은 날씨는 아니었다. 하지만 벌써 몇 주째 비가 오고 축축하고 추운 날이 계속되었기 때문에 우리는 밖에 나가 신선한 공기를 좀 마시고 싶었다. 비록 그 공기가 축축하고 차가운 공기일지라도 말이다. 가문비나무와 미송이 빽빽하게 들어서 있는 길을 따라 두 시간 정도 터벅터벅 걸어갔을 무렵 갑자기 60년을 거슬러 올라가 내가 열 살이었을 때 큰 산불이 나서 완전히 타 버린 언덕이 눈앞에 펼쳐졌다. 그토록 오랜 세월이 흘렀는데도 그곳에는 다시 나무가 자라지 않고 있었다.

갑자기 시야가 탁 트인 공간에 들어서게 되자 우리는 대단한 경치를 보게 되었다. 빙산처럼 깎인 산봉우리가 한쪽 옆으로 높이 솟아 있었고, 다른 한쪽으로는 황금색 자갈이 카펫처럼 깔리고 푸른 강이 구불구불 지나가는 계곡이 펼쳐져 있었다. 바로 그때 우리는 약 20미터 정도 떨어진 거리에서 죽은 가지 위에 앉아 있는 작지만 밝은 빛깔의 새를 목격했다. 우리는 쌍안경으로 들여다보았지만 무슨 새인지는 알 수 없었다. 그런데 갑자기 그 새가 날아올랐다. 바로 벌새였다! 하지만 전에는 보지 못했던 종류의 적갈색 벌새였다. 비에 젖은 그 오솔길에 밝은 구릿빛의 주홍색이 만들어 낸 자그마한 폭발은 해가 뜨는 광경보다 더 극적이었다. 산과 계곡을 배경으로 한 아주 작은 새는 그 장엄한 광경의 구심점이 되었다. 그러나 그 여리고 섬세한 새는 그렇게 큰 배경 속에 있었기 때문에 색깔과 움직임을 제대로 감상할 수 있었다. 그 배경이 아니었다면 제대로 된 그림이 나오지 않았을 것이다.

이사야 6장은 미디안의 모세와 밧모의 요한을 배경으로 하는, 거대하게 노출된 광야의 적갈색 벌새와도 같다.

"그것을 내 입술에 대며…"

이사야는 거룩을 관망하기만 한 사람이 아니라, 거기에 참여한 사람이다. 거룩함은 그 안에 들어가 보지 않고는 알 수도 없고 이해할 수도 없는 독특한 성질을 가진다. 우리는 거룩하신 분에 의해 형성되지 않으면 거룩함을 알 수 없다. 그것은 책이나 강의를 통해서 배우는 과목이 아니다. 우리는 그 안에 들어가야 한다. 이사야처럼 우리도 거룩에 동참함으로써 거룩을 알게 된다. 세상에는 변하지 않는 것들이 있다. 그리고 거기에는 지름길도 없다.

그 시작은 종종 자신에게 무언가가 부족하다는 기분, 죄에 대한 느낌, 무가치하다는 생각 등이 압도해 오는 데서 출발한다. "큰일 났다. 나는 이제 망했다. 내가 하는 말이 다 더럽고 불결하다. 나는 이 곳에 속할 수 없고 이런 곳에 맞는 사람이 아닙니다. 내가 아는 그 어떤 것도, 할 수 있는 어떤 것도 이 장소에 적합하지 않습니다. 여기서 나가게 해주십시오"(사 6:5). 거룩하신 분과 맞닥뜨리는 일이 없도록 조심하고 주변의 세상과 어울리게 산다면 지금 그대로도 잘 살고 있다고 생각하기가 쉽다. 그러나 애완용 개나 고양이나 이웃들이 제시하는 기준에 따라서 우리의 인생을 측정하는 것은 참으로 유감스러운 일이다. 우리는 오직 거룩하신 분 앞에 나아가야 자신이 거룩하지 않다는 사실을 자각하게 된다. 넘쳐나는 생명을 맛보아야 내 생명이 부족하다는 사실을 깨닫게 된다. 우리는 에덴 동산을 떠난 이후로 계속해서 길을 잃고 이 세상을 떠돌아다니면서 집을 찾고 있는 사람들이다. 그렇게 떠돌아다니면서 우리는 무척 더러워질 수밖에 없다.

그러나 죄를 의식하는 것 자체가 목적은 아니다. 죄의 인식은 자비와 용서 즉 정화로 나아가는 문이다. 우리 입술에 정결케 하는 불이 닿는다(사 6:6-7). 그것은 우리에게 기본적이고 근본적으로, 그리고 가장 긴급하게 필요한 일이다. 거룩하신 분 앞에 있지 않으면 우리는 단순히 진보하는 것만으로, 이것을 좀더 얻고 저것을 좀더 얻는 것만으로 우리의 삶을 개선할 수 있다고 생각하게 된다. 하지만 표적을 빗나간 화살처럼, 우리는 더 멀리 날아갈수록 표적으로부터 더 멀어지게 된다. 이처럼 방향을 잘못 잡는 일은 어쩌다가 한 번 하는 실수가 아니다. 우리가 말을 할 때마다 우리 자신을 배반하는 증거가 나타난다. 우리가 입을 열 때마다 그리고 입을 여는 순간 죄와 부정이 나타나고, 심지어 우리의 가장 점잖고 예의 바른 대화조차도 예외가 되지 못한다. 그것에 대한 하나님의 대응 방법은 우리의 언어를 정화시키는 것이다. 그래서 하나님의 긍정에 대해서 우리도 긍정할 수 있게 하신다. 하나님의 거룩을 불길로 증언하는 천사는 ('스랍'은 말 그대로 "불타는 자"라는 뜻이다) 우리의 말로부터 부정한 것, 죄, 자만심을 다 태워서 우리가 서로 진심으로 대화할 수 있게 해준다.

하나님이 우리 안에서 하시는 가장 중요한 일은 심판이 아니라 용서다. "하나님이 그 아들을 세상에 보내신 것은 세상을 심판하려 하심이 아니요, 그로 말미암아 세상이 구원을 받게 하려 하심이라"(요 3:17). 그리고 거절이 아니라 용납이며, 비난의 장광설이 아니라 대화다. 거룩함이 더 이상 우리 밖에 있지 않고 우리 안에 있게 되는 것이다. 우리가 우선 깨닫고 그 다음으로 자신의 입술에 그 불타는 숯이 닿는 경험을 할 만큼 충분히 거룩하신 분 주변에 머물지 않는다면, 우리는 하나님과 하나님의 방식에 대해서 참으로 비극적인 무지 가운데 인생을 살게 될 것이다.

그 정결케 하는 숯과 함께 거룩한 대화가 시작되었다. 하나님의 말씀이 전해졌다. "내가 누구를 보낼꼬?"(사 6:8) 하나님은 소명의 차원에서 말씀하신다. 세상에는 할 일이 있다고 말씀하신다. 거룩함은 언제나 하나님의 말씀을 동반한다. 하나님은 불타는 떨기나무에서 모세에게 말씀하셨다. 하나님은 밧모 섬의 환상에서 요한에게 말씀하셨다. 하나님은 예루살렘 성전에서 이사야에게 말씀하셨다. 거룩은 생명이 발산되고 흘러넘치는 것인데, 이것은 축적해 두어야 하는 것이 아니라 전달되고, 전파되고, 말하고, 행동해야 하는 것이다. 거룩함은 우리가 "영적인 느낌"을 가지기 위해서 계발하는 감정적인 체험이나 헌신의 경험으로 축소될 수 없다. 거룩 안에는 명령이 있다. 거룩함은 일의 세계로부터 우리의 주의를 빼앗는 숭고함의 경험이 아니다. 그것은 하나님이 이 세상에서 하고 계신 일, 그리고 하고자 하시는 일에 들어가라고 하는 초대다. 그리고 모든 사람이 그 초대를 받았다. 이 본문은 영적인 엘리트 귀족을 겨냥한 본문이 아니다.

하나님의 말씀으로 촉발된 대화는 우리의 대답하는 말로 이어진다. "내가 여기 있나이다. 나를 보내소서"(사 6:8). 우리는 하나님의 초대를 받아들이고, 하나님이 무엇을 명령하시든지 그것에 순종할 준비를 한다. 우리는 작업용 장갑을 끼고 일할 준비를 한다. 하지만 그것은 강제로 부과된 일이 아니다. 하나님의 부름은 질문의 형태로 주어져 있으며, 그것에 대한 반응을 청한다. 우리는 '예' 혹은 '아니오'라고 대답할 수 있는 자유가 있다. 일부 사람들이 하나님의 말씀을 아무리 강제적으로 듣는다 해도 그것은 결코 강압의 문제가 아니다. 우리는 **청함**을 받은 것이다.

이사야가 하나님에게서 비롯되는 거룩함을 접하고 그것에 동참한 일은 우리의 인생에도 영향을 미친다. 그것은 우리 자신의 이야기가 얼마나 진정한지를 시험해 볼 수 있는 편리하고도 믿을 수 있는 이야기이기 때문이다. 거룩하신 분의 일에 동참하는 것은 복잡한 업무다. 그러나 순서와 정도에는 차이가 있겠지만 다음의 요소들이 그 기준이 된다고 할 수 있을 것이다. 자기 만족의 폐지("화로다 나여, 망하게 되었도다"), 자비로운 용서의 체험("네 죄가 사하여졌느니라…"), 섬김의 일로 부르시는 하나님의 초대("내가 누구를 보낼꼬?"), 믿음과 순종으로 하나님 앞에 현존하게 되는 인간의 반응("내가 여기 있나이다. 나를 보내소서!"). 성경에서든 교회에서든 이와 같은 요소들이 명백하게 혹은 암시적으로 존재하지 않는 예외적인 경우를 나는 생각해 낼 수 없다.

거룩하신 분 안에서 이사야의 인생을, 그리고 우리의 인생을 형성한 이 요소들은 그것이 주어진 배경과 분리될 수 없다. 이 요소들 중 그 어느 것 하나라도 당대에 유행하는 영적인 기술자에게 넘겨주고는 우리 대신 관리해 주기를 기대할 수 없다. 그 요소의 배경은 살아 계신 하나님이다. 성전 안에서 거룩, 거룩, 거룩하신 분. 그리고 온 땅위에 영광, 영광, 영광이신 분. 하나님 안에 있는 그 무엇도, 그리고 하나님과 우리의 관계 안에 있는 그 무엇도 우리의 기대에 맞게 세속화되거나, 우리의 조건에 맞게 재단되거나, 우리의 편의에 맞게 관리될 수 없다. 우리는 거룩하신 분, 하나님을 예배함으로써 그리고 우리가 어느 곳에 있든(미디안이든 밧모든 예루살렘이든, 예배당에 앉아 있든 자동차를 운전하든, 책을 읽든 구름을 바라보든, 편지를 쓰든 야생화를 꺾든) 예배의 자세와 예배의 기본 원리를 연습함으로써 거룩을 맞이할 준비를 하고 거룩을 지각하게 된다.

우리가 어디에 있든, 무엇을 하든, 거기에는 **더 많은** 무엇이 있다. 그 더 많은 무엇은 바로 성령을 통해서, **거룩한** 영을 통해서 예수님 안에 자기 자신을 계시하시는 하나님이다. 이 **더 많은 무엇**은 겉에 분칠을 하는 것과는 아무런 상관이 없다. 거룩함은 변형을 일으킨다. 비록 그 변형이 갑작스레 일어나는 일은 드물지만 말이다. 그리고 이 더 많은 무엇은 대부분 명백하지 않으며 모호한 경우가 더 많다. 거룩한 삶은 야망과 자만이 무시하거나 경멸하는 시간과 장소와 삶들 속에서 시작된다.

하지만 중요한 사실은, 거룩함의 징후가 조금만 있어도 그것은 그 누구 안에서든 거룩한 삶의 연쇄 반응을 일으키는 힘이 있다는 것이다. 당연히 그것은 위험한 일이다. 우리는 생명을 잉태한 만큼이나 분명히 그 생명을 잃기도 할 것이다. 하지만 그것은 시작에 불과하다. 거룩하신 분은 당신이 창조하시고 예수님이 구원하신 우리 존재의 조직 하나하나를 모두 잡아당기신다. 비록 우리의 인식이 잘 미치지 않는 가장자리에서만 그렇게 잡아당기시는 경우가 많기는 하지만 말이다. 인간이 가장 깊이 갈망하고 갈증을 느끼는 존재는 바로 하나님, 살아 계신 하나님이며, 우리가 습관적으로 가두고 생명이라는 딱지를 붙여 놓는 상자 안에서 새어나오는 (혹은 터져 버리는!) 거룩하신 분은 우리의 욕구를 자극하신다.

거룩하신 하나님, 거룩한 그루터기

이사야의 환상을 연구하고 설교하는 이들은 이 장면을 눈부시고, 존경받아 마땅하며, 성경의 중추를 이루는 장면 중 하나로 설명한다. 그러나 그 환상에는 왕좌와 연기와 영광보다 훨씬 더 큰 무엇이 있다. 스랍들의 찬송과, 향단에서 꺼낸 숯으로 이사야의 혀를 정결하게 한 극적인 장면과, 예언자를 만드시는 하나님의 질문 "내가 누구를 보낼꼬?"보다도 더 큰 무엇이 있다. 하나님은 이사야에게 그가 하나님의 예언자로서 하게 될 일이 정확하게 무엇인지를 가르치신다. 그의 나머지 생애 동안에 그가 당하게 될 일이 무엇인지를 그에게 가르치신다.

이사야서 6장 전반부에 나오는 환상은 상당히 많이 알려져 있고, 또 그러해야 마땅하다. 그러나 후반부에서 하나님이 이사야에게 메시지를 주시는 부분은 무시당하는 경우가 많다. 무시를 하지 않는 경우에도, 전체적인 환상에서 그것만을 따로 떼어내서 읽고 평하는 경우가 대부분이다.[2)] 이 본문은 아마도 성경에서 가장 해석이 안 되었고 가장 주목을 받지 못하는 본문일 것이다. 영광스러운 스랍들이 이 환상의 서막을 지배한다. 그리고 그루터기 벌판에 있는 그루터기 하나가 이 환상의 결론을 지배한다. 이 환상의 마지막 문장이자 이 환상에 대한 전체적인 요점이 되는 문장은 "거룩한 씨가 이 땅의 그루터기니라"(13절)이다. 우리가 흔히 하는 말로 "하나님을 위해서 위대한 일을 하기" 위해 새롭게 임명받은 예언자가 영감을 받을 만한 표현이라고 보기 어려운 말이다.

이사야가 보았던 하나님의 비전(1-8절)과 이사야가 받은 하나님의 메시지(9-13절)는 한 계시의 두 가지 양상이다. 그것은 하나의 환상이다. 그 환상의 두 부분은 서로 분리해서 다룰 수 없다. 나는 이사야 6장의 통일성을 주장하고 거룩하신 하나님과 거룩한 그루터기 사이의 연속성에 주의를 기울이고 싶다. 스랍에 대해 아무리 많은 관심을 가진다 하더라도 그루터기에 대한 무관심을 보상해 줄 수는 없다. 그루터기를 무시하는 행위는 스스로 위험을 무릅쓰는 행위다. 그 그루터기를 그냥 지나친다면 우리는 결코 거룩하신 분을 제대로 이해하지 못할 것이다.

거룩하신 하나님이 이사야의 설교 내용을 정해 주시고, 거룩한 그루터기가 그 설교가 이루어질 조건들을 정해 준다. 스랍들의 찬송으로 가득한 성전에 계시는 거룩하신 하나님 그리고 황폐한 땅에 있는 거룩한 그루터기는 서로 긴장 가운데 해석할 필요가 있다. 따라서 우리는 이사야가 이끄는 대로 거룩하신 하나님과 거룩한 그루터기를 나란히 놓고 무슨 일이 일어나는지를 보아야 한다.

이사야가 설교하고 기록한 모든 것은 "그 중심에 여호와의 거룩함이 있다."³⁾ 이 거룩함과 거룩함의 결과가 이사야 6장에서 특히 더 도드라지기 때문에, 나는 이사야가 거룩하신 분을 경험하고 그분의 일에 참여한 것이, 예수님의 길에 사용되는 수단과 방법들을 이해하는 우리에게 어떤 영향을 미치며 예수님을 따르는 우리에게 어떤 영향을 미치는지에 관심을 가지게 된다. 그루터기 벌판에 있는 그 그루터기는 성전에서의 거룩, 거룩, 거룩만큼이나 우리의 이해와 참여에 절대적으로 필요하다.

이사야는 성경을 대표하는 가장 위대한 설교가다. 그러나 그는 가장 눈에 띄는 실패자이기도 하다. 그는 40년 동안 힘 있고 세련되고 담대한 설교를 했다. 그런데 아무도 듣지 않았다. 그는 예루살렘과 유다의 회개와 구원을 설교했다. 그런데 사람들은 회개하지 않았고 결국 유배지로 끌려갔다.

이사야가 환상을 통해서 설교하라고("가서 이 백성에게 이르기를…") 받은 본문은 바로 다음과 같다.

> 너희가 듣기는 들어도 깨닫지 못할 것이요
> 보기는 보아도 알지 못하리라(사 6:9).

설교자에게 주어진 본문 치고는 참 특이한 본문이다. 하지만 우리가 그냥 어리둥절하며 쉽게 잊어버리기 전에 이 분문에는 부연 설명이 따라 붙는다. "이 백성을 손가락으로는 귀를 틀어막고 눈에는 가리개를 한 바보들로 만들어 버려라. 그래서 그들이 아무것도 보지 못하고 아무것도 듣지 못해서, 도대체 무슨 일이 일어나고 있는지 하나도 이해하지 못하게 해라. 그렇다. 그들이 돌이켜서 온전해지지 못하도록 그렇게 해라"(저자 사역).

이사야는 이 메시지에 대해서 우리만큼이나 혼란스러워했다. 그는 물었다. "얼마나 오랫동안 그렇게 해야 합니까?" 하나님의 대답은 전혀 위안이 되지 못했다. "도시가 텅 비고, 도시에 한 사람도 남지 않을 때까지다. 집에도 사람들이 하나도 없고 야외에도 사람들이 하나도 없을 때까지다. 나 하나님이 모든 사람을 다 없애 버리고 다 보내 버리고 이 땅을 완전히 비울 때까지다. 그리고 혹시 누가 살아남는다 하더라도, 예를 들어 10분의 1이 살아남는다 하더라도 그 땅을 황폐하게 하는 일이 처음부터 다시 시작될 것이다. 그 나라는 마치 모든 나무가 다 잘라져 버린 소나무와 떡갈나무 숲처럼 될 것이다. 모든 나무가 다 그루터기가 되어 버릴 것이다. 거대한 그루터기의 벌판이 되어 버릴 것이다. 하지만 그 그루터기 안에는 거룩한 씨앗이 있다"(저자 사역).

이 말을 우리는 어떻게 이해해야 하는가? 우리의 가장 위대한 설교가가 받은 설교 본문은 사실상 이런 뜻이다. "잘 들어라. 하지만 알아듣지는 못할 것이다. 잘 보아라. 그러나 이해하지는 못할 것이다." 이사야는 하나님의 말씀을 듣지 **않을** 회중, 하나님이 하시는 일을 보지 **못할** 회중에게 설교하라는 명령을 받았다. 그런데 이것은 임시로 취하는 수사법적 전략이 아니다. 일단 이런 반어법으로 그들의 주의를 끌고 난 후에 그들이 하나님을 보고 들을 수 있도록 잘 설명해 주겠다는 충격 요법이 아니다. 이 본문은 그가 평생 동안 전할 메시지를 규정하는 본문이다.

이사야는 자신이 지시받은 대로 했고, 그 결과는 그가 들은 그대로였다. 그가 마지막으로 설교한 지 100년 쯤 뒤에 그의 나라는, 실제로 그리고 상징적으로, 그루터기 벌판이 되어 버렸다.

이사야의 실적이 그러한데도 이사야가 그렇게 중요한 이유는 무엇인가? 왜 우리는 여전히 성경에서 이사야서를 빼지 않고 있으며, 이사야 자신이 설교했을 때 그토록 효과가 없었던 그 본문을 왜 계속해서 설교하는가?

거룩하신 하나님

우선 이 본문은 거룩하신 하나님에서부터 출발한다. 높임을 받으시며 높은 곳에 계시는 하나님, 스랍들이 "거룩, 거룩, 거룩"

하고 노래를 부르는 하나님이다. '거룩하신 분.' 거룩하신 분이라는 하나님의 이름은, 하나님이 타자이시며, 위에 계시며, 위엄 있으심을 강조한다. 하나님은 밑에서는 이해할 수 없는 분이다. 하나님은 우리가 생각하는 하나님의 모습으로 설명할 수 있는 분이 아니다. 하나님은 사람이 철학적으로 따져서 믿게 할 수 있는 분이 아니다. 하나님은 우리가 해가 지는 장면을 바라보면서 느꼈던 경의의 감정들을 끌어 모으고, 거기에다가 기적의 이야기 몇 개를 갖다 붙이고, 유명 인사의 인터뷰에서 주워들은 몇 개의 논평으로 정당화시켜서 형성한 개념을 가지고 설명하거나 해석할 수 있는 분이 아니다. 하나님은 우리의 경험을 분류하고 정리하기 위해서 우리가 사용하는 범주 안에 들어오시는 분이 아니다.

'거룩'이라고 하는 것은, 하나님이 "비록 멀리 계시지는 않지만, 오히려 현재라고 하는 영역 속에 꽤 가까이 계시면서 관례들을 만들기도 하시고 사라지게도 하시지만, 우리와는 다르시며 당신 나름의 방식으로 당신 자신의 모습을 가지고 계시다"[9]는 사실을 인식하고 자각하게 해준다. 하나님은 자신을 **계시하신다**. 하나님은 '거룩하신 분'이시기 때문에 우리는 하나님이 누구이신지에 대해서 하나님 자신이 말씀하시게 해야 한다. 우리 나름대로 하나님에 대한 상을 만들기 위해서 **우리 자신**의 생각을 가져다 쓰겠다고 고집한다면, 우리는 모든 것을 잘못 이해하게 될 것이다.

이사야가 보았던 하나님에 대한 환상은 솔로몬의 성전에서 일어났다. 그 곳은 하나님의 상을 일부러 만들어 놓지 않은 곳이며, 하나님의 상이 없는 것에 대해 굳이 설명할 필요도 느끼지 않는 곳이었다. 거룩하신 분의 넘치는 에너지와 예리한 생명력은, 우리 나름대로 거룩함을 **만들어 낼** 수 있다거나, 우리들이 생각한 재료로 만들어 낸 거룩은 어떤 모습일지 상상해 보겠다는 생각을 완전히 차단하도록 고안된 방 안에서 일어났다. 지성소 즉 성전에서 거룩의 핵을 이루는 그 곳은 텅 빈 장소였다. 속죄소를 덮고 있는 두 그룹 사이가 텅 비어 있었다. 빈센트 질스파이(Vincent Gillespie)와 매기 로스(Maggie Ross)는 이렇게 기록한다. "이 '두 개의 상 사이에 놓인 위대한 말의 부재'는, 신성을 세속적인 것으로 재현하기를 거부하는 이스라엘의 의지와 그들이 기도와 헌신을 통해서 안으로 들어가기를 추구했던 이미지가 없는 공간 모두를 의미했다. 신약 성경에서는 텅 빈 무덤이 존재의 부재를 보여 줌으로써 이와 비슷한 의미를 전달한다."[5]

이사야의 임무는 하나님이 자기 자신을 계시하시는 대로, 하나님이 자기 자신을 계시하시는 방식과 조건을 따라서 그 하나님을 설교하는 것이었다. 만약에 이사야가 자기 문화가 가지고 있던 하나님에 대한 생각과 하나님에 대한 상을 가져다가 그것을 정제하고 다듬어서, 자기 자신을 섬겨 줄 하나님을 원하는 사람들의 이기심에 호소하기 위해서 그것을 사용한다면, "하나님"은 더 이상 '거룩하신 분'이 아니다. 그러나 만약 이사야가 그 문화에 널리 퍼져 있던 그러한 신에 대한 욕망, 그러한 "영적인 굶주림"을 거절한다면 사람들은 이사야가 무슨 말을 하는지 알아듣지 못하게 된다. 이사야가 그들에게 하고자 하는 말이나 보여주고자 하는 것을 그들은 보지도 듣지도 못할 확률이 컸다. 그리고 실제로 그렇게 되었다.

'거룩하신 분'은 상품으로 팔 수 있는 하나님이 아니다.

이사야는 신을 소비하는 사람들, 거의 매주 토요일마다 신을 파는 중고 세일에 가는 사람들을 대상으로 설교하면서 평생을 보내게 될 것이라는 말을 듣는다. 이사야가 그들이 제시하는 조건에 따라 설교하지 않는다면, 그가 말하는 모든 것이 그들을 혼란스럽게 할 것이다. 그들은 보지도, 듣지도, 이해하지도 못할 것이다. 그렇다면 이사야는 이제 어떻게 해야 하는가?

우선, 이사야는 자신이 어디에서 그 환상을 받았는지를 기억해야 했다. 바로 지성소의 텅 빈 공간에서였다. 그 곳을 떠올릴 때 그는 자신이 받은 설교 본문의 내용이 대략 다음과 같았음을 기억하게 될 것이다.

이사야, 이제 네가 대면하는 대상이 누구인지 알겠지. 바로 '거룩하신 분'이다. 너는 나의 증인이고 나의 통역자다. 이것은 쉽지 않은 일이 될 것이다. 거룩하신 분을 설교하는 것만으로도 그들은 멍한 눈빛을 할 것이다. 네가 무슨 말을 하는지 그들은 이해하지 못할 것이다. 더 심하게는 네가 하는 말을 오해하고 자신들이 중요하게 생각하는 일과는 전혀 상관이 없는 얘기라고 생각할 것이다. 여러 가지 수단과 방법들이 네게 떠오를 것이고, 도시에 있는 다른 예언자들이 네게 제안을 해주고 추천도 할 것이다. 그러한 수단과 방법들은 그럴듯해 보이기도 하고 매력적으로 보이기도 할 것이다. 그러한 수단과 방법들은 거룩하신 분은 제쳐 두고 그분보다 훨씬 더 이해하기 쉽고 접근하기 쉬운 대상을 찾을 것이다.

사람들은 거룩하신 분을 사랑하지도 않고 좋아하지도 않는다. 그들은 자신이 제시하는 조건에 따라서 자신을 섬겨 주는 하나님을 원하는 것이지, 하나님이 제시하는 조건에 따라서 자신이 섬겨야 하는 하나님을 원하는 것이 아니다. 속지 말라. 구원의 진리를 설교하는 임무는 명쾌한 의사소통의 도움을 받을 수 없다. 명쾌한 의사소통을 하려면 사람들에게 친숙한 말과 문구, 그들의 일상의 일부가 되어 버린 말과 문구를 사용해야 한다. 그러나 거룩하신 분은 그들이 익숙해 있는 대상이 아니다. 거룩하신 분에 대한 인식이 죄로 인해 모호해졌고, 그들이 지음받은 본래의 형상이 그들에게는 희미한 기억이 되어 버렸다. 거룩하신 분을 설교하는 임무는 기술이나 전략에 의해 촉진되지도 못한다. 거룩하신 분은 해결해야 하는 문제가 아니다. 만약 네가 조금이라도 타협한다면 너는 나를 배반하는 것이다. 그리고 그 사람들도 배반하는 것이다. 너의 타협에 그들이 아무리 많은 반응을 보이고, 너의 설교를 아무리 칭송한다 할지라도 너는 결국 '거룩하신 분'이 주시는 거룩한 삶, 위로부터 오는 삶, **치유되고**, **회복되고**,

속죄 받고, 용서받은 삶에 대해서 그들을 속이게 될 것이다.

거룩한 그루터기

이사야가 거룩한 삶으로 끌려 들어가고 자신이 거룩한 일에 관여하고 있음을 알게 되는 동시에 그는 그 결과가 시원치 않을 것이라는 말을 듣는다. 그는 설교가가 될 터이지만, 눈에 띄게 실패한 설교자가 될 터였다. 그는 엄청난 힘과 세련된 말로 설교를 하게 되겠지만, 사람들은 설교 도중에 졸게 될 것이다. 그는 요담, 아하스, 히스기야 등 자기 시대의 모든 왕들을 쉽게 접할 것이고, 정치 행정에 대해 속속들이 알게 될 터였지만, 그의 지혜롭고도 경건한 충고는 무시당할 것이다. 하나님이 명하시고 하나님이 복을 주신 설교를 평생 동안 하고 난 후의 최종적 결과는 그 나라가 멸망당한다는 것이다. 그 곳은 철저하게 황폐해질 것이다(사 6:11). 앗수르인들이 행진해 들어와서 그 곳을 파괴할 것이다. 마치 탐욕스러운 벌목꾼들이 와서 모든 나무를 다 베어 버린 숲처럼 흉하고, 추하고, 황량한 모습이 될 것이다. 모든 나무가 다 베어지고 운반되어서 거기에는 그루터기만 남게 될 것이다. 온 나라가 그러할 것이다. 이사야가 예언자로 임명받던 날에 하나님이 그에게 전해 주신 설교는 다음과 같다. "평생 나를 섬기고 난 후에 일어날 일이 바로 이것이다. 네가 거룩함에 푹 잠기고, 네가 정직하게 고백하고 네 말이 정화되고, 네가 거룩한 일에 소명을 받고 난 후의 최종적 결과가 바로 이것이다. 그루터기. 그루터기의 나라"(6:9-13 참고).

지성소에 하나님의 상이 하나도 없는 모습은 그 나라에 사람이 하나도 없는 모습과 짝을 이루게 될 것이다. 지성소의 명백한 비어 있음은 그 나라의 명백한 비어 있음과 짝을 이루게 될 것이다. 그리고 그 두 개의 비어 있음은, 오직 하나님만이 되실 수 있으며 하나님만이 하실 수 있는 어떤 것으로 채워질 것이다. 즉 거룩하신 분의 임재다. 지성소에서의 거룩한 임재, 그리고 그 나라의 거룩한 그루터기.

우리는 서로 병치되어 있는 이 비어 있음과 채워짐을 지금보다 훨씬 더 많이 연구하고 받아들여야 한다. 특히 성공 이야기에 취해 있고 복음주의로 포장된 현란한 말과 교묘한 술수에 현혹된 그리스도인들은 더욱 그렇게 해야 한다.

이사야의 이야기가 7장에서 9장으로 이어지면서 그가 그 성전에서 보고 들었던 것이 정확하다는 사실이 곧 분명해진다. 이사야 본문에 대해서는 필적할 사람이 없는 뛰어난 설교자이자 학자인 조지 아담 스미스(George Adam Smith)는 이사야가 기록하고 있는 그대로 그 현실을 받아들일 것을 주장한다. 이사야의 아들인 임마누엘의 등장에 대해 주석을 달면서 스미스는 이렇게 기록했다.

이스라엘의 희망인 그 아이가 태어났다. 그는 하나님의 이름을 부여받는다. 그러나 구원이나 영광이 암시된 것은 이름이 전부다. 그는 자라서 왕좌에 오르지도 않고 시편 72편에서 묘사하고 있는 위엄의 자리에 오르지도 못한다. 스바의 왕들이 예물을 바치고, 그 나라의 곡식이 레바논의 열매처럼 흔들리고, 그 도시가 이 땅의 풀같이 왕성하게 되는 모습을 보는 것이 아니라, 궁핍의 바닥을 경험하고, 그의 적들이 그 나라를 완전히 파괴해 버려 거대한 목초지로밖에는 쓸 수 없게 만들어 버리는 모습을 보게 되고, 고독과 고통을 경험하게 된다. 그러한 전반적인 황폐 가운데서 그의 모습은 우리 눈앞에서 사라지고 오직 그의 이름만이 남아서, 과거의 영화에 대한 아쉬움으로 끝도 없이 슬퍼하면서 가시나무로 꽉 차 버린 포도원과 풀만 무성한 유다의 궁전을 맴돈다.[6]

그 때에 우리는 하나님이 이사야를 예언자로 임명하시면서 하신 설교의 날카로운 마지막 문장을 접하게 된다. "거룩한 씨가 이 땅의 그루터기니라"(6:13).

정말 그러한가? '거룩'이라는 말이 다시 등장하기는 하는데, 이번에는 다소 부적절해 보이는 명사 앞에 쓰였다. 영광스런 노래로 성전을 가득 메웠던, 이사야의 세상과 세상 속의 이사야를 변화시킨 거룩한 천사의 찬송도 아니고, 사막의 덤불에서 불처럼 타오르는 거룩도 아니고, 불안한 유배 생활을 하는 죄수 앞에 환상으로 폭발해 버린 거룩도 아니다. 그리고 삼위일체의 포괄적이고 힘이 넘치고 은혜로운 생명을 우리에게 계시해 주는 예수님의 말씀과 행동 속에 명백하게 나타나는 거룩도 아니다.

지금은 그런 거룩이 아니다. 그 대신에 땅딸막한 그루터기가 하나 있다. 하지만 그 그루터기는 사람들이 생각하는 것 이상의 그루터기다. "거룩한 씨가 이 땅의 그루터기니라." 그럴듯해 보이지도 않고 그 외양도 전혀 어울리지 않는 그 그루터기가 구원이 자라나오게 되는 거룩한 씨앗인 것이다. 조금 더 뒤로 가면 이사야서에 이 그루터기가 다시 등장하는데, 이번에는 좀더 많은 설명이 따라온다.

> 이새의 줄기에서 한 싹이 나며 그 뿌리에서 한 가지가 나서 결실할 것이요, 그의 위에 여호와의 영 곧 지혜와 총명의 영이요 모략과 재능의 영이요 지식과 여호와를 경외하는 영이 강림하시리니(11:1-2).

결과적으로 어떻게 되었는지 우리는 안다. 한마디로 예수님이다. 그래서 우리는 거룩한 주님을 즐겁게 그리고 감사하며 찬양한다. 우리가 결코 충분히 크게 그리고 충분히 즐겁게 그 찬송을 부르지는 못하겠지만, 일단 찬송을 하는 동안에는 그 그루터기와의 접촉을 잃어버려서는 안 된다. 왜냐하면 그 그루터기가, 그리고 오직 그 그루터기만이 우리의 삶을 특징짓고 지배하는 때가 많기 때문이다. 모두에게 그런 것은 분명 아니지만, 그래도 많은 사람에게 그렇다. 결코, 결코 그 거룩한 그루터기를 잊어서는 안 된다.

이 세상, 육신, 마귀는 힘을 합해 풀타임으로 일하면서, 거룩하신 분을 모르는 소위 "더 나은" 삶이라고 하는 것과 하나님과는 아무런 상관도 없는 풍성한 삶에 대한 그림과 갈망으로 우리의 생각과 감정을 채우려고 한다. 이와 같은 불경한 삼위일체는 거짓말을 퍼뜨리고 멋있게 포장하는 대중 매체와 대중 광고만 통제하는 것이 아니라 교회의 많은 부분에까지 침투해 들어와서 우리에게 그리스도인의 삶을 해석해 준다. 그 해석을 들은 우리는 만족을 약속하는 것이 아니면 무엇이든 피하고 경멸하도록 훈련되고 만다. 이러한 그럴듯한 거짓말에 대해 나는 이사야와 그의 거룩한 그루터기로 맞서고자 한다. 이것이 모순 어법처럼 들리는가? 거룩한…그루터기라니? 하지만 성경과 복음에 나오는 모든 내용은 이것이 바로 진리라고 말해 준다. 이것이 바로 예수님의 실재이고, 예수님과 함께하는 그리고 예수님 안에 있는 우리 삶의 실재다. 거룩. 죽음에서부터 분출되는 생명. 추함에서 시작되는 아름다움. 성전을 가득 메웠던 바로 그 거룩, 거룩, 거룩이 그루터기 벌판에 있는 거룩한 씨앗이다.

내가 자라났던 몬태나의 자그마한 도시에서 북쪽으로 16킬로미터 정도 가면 옛날에 그루터기 도시라는 별명으로 불렸던 그보다 더 작은 도시가 하나 있다. 그 도시는 위대한 로키 산맥이 건장한 팔로 감싸 안고 있는 듯한 자리에 아늑하게 그리고 아름답게 자리잡고 있었다. 그러나 그 도시는 대륙을 횡단하는 거대한 철도를 짓고 있던 짐 힐이라는 사람이 그 곳을 주요 조차장(객차와 짐차를 조절하는 곳. 철도에서 열차를 잇거나 떼어 내는 곳이다—역주)으로 선택하는 불운을 맞이하게 되었다. 짐 힐은 이사야 시대의 그 어느 앗수르인만큼이나 탐욕스럽고 난폭한 사람이었다. 그는 그 철도를 놓으면서 자기 길에 거치적거리는 사람은 모두 압력을 행하사거나 뇌물을 써서 다 쫓아내 버렸다. 철도의 노반을 깔려면 많은 양의 철도 버팀목이 필요했는데, 그 작은 도시에 있던 모든 나무가 다 베어져 버팀목을 만드는 데 쓰였고 그루터기만 그 모습을 드러내게 되었다. 결국 그 마을은 철도를 세우는 거대한 제국의 쓰임을 받는 일 외에는 아무런 쓸모가 없는 곳이 되어 버렸다. 나의 유년기 시절에도 그 곳은 여전히 보기 흉한 곳이었고, 뜨내기 노동자와 부랑자들이 사는, 그리고 그루터기만 남아 있는 판자촌이었다. 나와 내 친구는 무시하는 듯한 태도로 그 곳을 언급했고 때로는 경멸하기도 했다. 그루터기 도시.

그런데 30년 전에 내 남동생이 그 곳에서 목회를 시작했고, 10년 전에는 나의 아들이 그 곳으로 이사갔다. 내 동생이 먼저 그 곳으로 이사가고 나중에 내 아들도 그 곳으로 이사가게 되기까지의 세월 동안에 나는 그 곳에 대해서 이런저런 이야기를 듣기 시작했고 그 도시에서 생명과 아름다움과 하나님으로 가득한 시나리오가 펼쳐지는 것도 보게 되었다. 그 시나리오 속에서 나는 거룩을 분별해 낼 수 있었다. "그루터기 도시"는 더 이상 경멸의 용어가 아니었다. 오늘날 그 말은 오히려 축복과 아름다움과 구원의 약속처럼 들린다. "거룩한 씨앗이 그 땅의 그루터기니라."

이사야는 은유와 환상을 참으로 많이 제공해 주어서 우리가 그럴듯하지 않은 상황 속에서도, 그러니까 광야의 상황 속에서, 귀먹고 말도 못하고 무정하기까지 한 이웃들 틈에서, 그리고 그루터기 벌판에서 거룩하신 분의 길을 알아볼 수 있게 해준다. 거룩하신 분 하나님의 감당할 수 없으나 억제할 수도 없는 생명은 우리 안에 그리고 우리 주변에 언제나 현존하면서도 숨어 있다. 언제일지 우리는 예측할 수 없지만 분명하게 그 생명은 때때로 밖으로 분출되어 우리의 인식 속으로 들어온다. 덤불이 불타고, 하늘이 열리고, 성전이 흔들리고, 그루터기에서 푸른 새싹이 나온다. 거룩, 거룩, 거룩.

타협할 수 없는 거룩

우리는 모두 거룩을 찾아다닌다. 우리의 외모나 우리가 하는 일이나 다른 사람들이 우리에 대해서 가지는 생각으로 축소될 수 없는 인생을 찾아다닌다. 다만 우리가 그것을 알지 못할 뿐이다. "성배를 찾아서"라는 끈질긴 전설로 인해 우리는 때로 그 사실을 상기하게 되기도 한다. 성배란, 예수님이 제자들과 가진 마지막 식사에서 그분의 약속이자 명령이 된 포도주, 그분의 생명이 깃들게 된 포도주를 마셨던 잔을 일컫는다. 그 잔은 우리가 거룩한 생명을 마시게 되는 거룩한 잔이다. 거룩한 생명이란, 예수님이 "내가 온 것은 양으로 생명을 얻게 하고 더 풍성히 얻게 하려는 것이라"(요10:10)라고 말씀하시면서 우리 앞에 제시하신 생명이다. 이 '풍성히'(*perisson*)라는 부사는 사도 바울이 매우 즐겨 쓰는 말 가운데 하나가 되었다(그 단어는 다양한 형태로 최소한 18번 등장한다). 사도 바울의 쾌활함으로 미루어볼 때 그것은 별로 놀라운 일이 아니다. 거룩하신 분(성배, 성소, 성자와 성녀, 그리고 어쩌면 가장 놀랍게는 성경)을 추구하는 이야기의 변주는 다양하다. 오늘날 이러한 추구의 이야기는 철저하게 세속화되었지만, 힘과 돈이 아닌 무엇, 혹은 그 이상의 무엇을 찾아다니는 추구의 이야기는 뜻밖의 모습으로 계속해서 다시 나타난다. 거룩하신 분에 대한 추구는 우리 안에 깊이 박혀 있다. 언젠가는 생물학 연구자들이 우리의 유전자에서 추구의 염색체를 발견하는 날이 올지도 모른다. 우리는 무엇인가를 찾아다니는 사람이다. 그저 하루 세 끼의 식사를 하고, 운동 좀 하고, 괜찮은 직장을 가지는 정도로 우리가 얻어낼 수 있는 것 이상의 삶을 우리는 찾고 있다. 우리는 하나님으로부터 비롯되고 하나님이 만들어 가시는 삶, 바로 거룩한 삶을 쫓고 있다.

네 명의 복음서 저자들은 모두 예수님이 이사야가 본 환상의 후반부(전반부는 하나도 인용하시지 않고)를 인용하시는 것으로 기록하고 있다. 예수님이 가르치신 방식과 그것에 대한 많은 오해 그리고 많은 사람들의 완고한 거절을 설명하시기 위해서 예수님은 그 본문을 인용하셨다. 마태, 마가, 누가는 예수님이 가르치기 시작하신 초기에 이사야에게 주신 하나님의 메시지를 사용하신 것으로 기록하고 있는데, 제자들이 예수님께 왜 사람들이 이해할 수 있게 말씀하시지 않느냐고 묻자―"왜 이런 수수께끼 같은 이야기들(비유들)로 말씀하십니까? 왜 그 뜻을 설명해 주지 않습니까?"(참고. 마 13:10-15; 막 4:10-12; 눅 8:9-10)―그에 대한 대답으로 예수님은 그 말씀을 인용하신다. 요한은 예수님의 설교를 들은 사람들의 눈이 멀었고 마음이 굳어졌다는 말씀을 하시기 위해서 예수님이 인생의 말기에 이사야의 본문을 인용하시는 것으로 기록하고 있다(요 12:39-40). 그리고 사도 바울도 그 말씀을 인용하고 있다. 로마에서 가택 연금 상태에 있을 때 그의 설교를 들으러 온 종교 지도자들의 시력이나 청력이나 마음에 그가 아무런 영향을 미치지 못하자 그는 이사야에게 하신 하나님의 말씀을 떠올리고 그것을 인용했다. 이 이야기는 누가가 바울에 대해서 들려준 끝에서 두 번째 이야기다. 바울은 실패한 이사야의 대열에 서 있는 실패한 설교자였던 것이다.

왜 네 명의 복음서 기자와 바울은 이사야에게 전해진 이 정형화된 말의 의미를 강조하는 것이 중요하다고 생각했을까? 왜 예수님과 바울은 그들이 예수님의 유일한 길에 대해서 설교하고 가르칠 때 부딪혔던 벽을 설명하기 위해서 이사야를 인용할 필요를 느꼈을까? 어쩌면 예수님을 따르는 우리에게 거룩하신 분을 예수님의 길에서 제거할 수 있는 방법은 하나도 없다는 것을 알려 주기 위한 방편이었는지도 모른다. 예수님의 길이 소비자에 대한 보상으로 쫙 깔려 있을 것이라고 기대했던 사람들에게는 불편하고 이해할 수도 없고 실망스럽겠지만, 거룩하신 분은 타협의 대상이 아니라는 사실을 인사이더에게든 아웃사이더에게든 분명하게 짚어 주기 위한 방편이었는지도 모른다.

유배 시절의 이사야: "산을 넘는 발이 어찌 그리 아름다운가"

> 헛간이 타 버렸다.
> 이제야
> 달이 보인다.
> —마사히데

이름이 알려지지 않은 한 히브리 예언자가 주전 6세기 중반 경에 바벨론에서 설교를 했다. 그는 나라가 망해 버린 회중을 향해 설교했다. 그런데 알고 보니 그가 전한 설교는, 간혹 설교가 그렇게 하기도 하는 것처럼 하나님의 백성, 하나님의 이스라엘이 스스로를 이해하는 방식을 근본적으로 바꾸어 놓았다. 그는 거리에서 오가는 이야기나 신문에서 떠드는 이야기에 맞서서, 그들에게 일어난 일이 재난이 아니라 사실은 '복음'이라고 그들을 확신시켰다. 여기에서 '복음'은 예언자의 설교 안에서 나름의 생명력을 가지게 되어서 훗날 예수님을 따르는 사람들이 매우 중요하게 여기는 단어 중 하나로까지 발전하게 되는 단어다. 그 당시에 그의 설교는 그냥 묻혀 버렸다. 설교는 간혹 그렇게 되기도 한다.

그로부터 약 550년 후 "때가 차매"(갈 4:4) 하나님이 예수님을 통해 성육신하셨을 때, 그 무렵 적어도 일부 사람들의 생각 속에만큼은 깊이 뿌리박혀 있던 그 설교는, 하나님의 메시아인 예수님이 실제로 어떠한 방식을 취하셔서 모든 인류의 구원을 성취하시고 "이방의 빛"(사 42:6; 49:6)이 되셨는지를 확인하고, 그 방식을 알아보고 그 방식에 이름을 붙이는 데 필요한 정확한 언어를 제공해 주었다.

유배

이야기의 전말은 다음과 같다. 예루살렘의 이사야가 설교의 삶을 살았던 시절 이후 100년이 조금 넘었을 때, 그토록 오랫동안 예루살렘을 위협해 온 앗수르의 군대를 해치운 바벨론 군대가 이스라엘을 침략했고, 예루살렘을 포위한 후 그 곳을 멸망시켜 버렸다. 바벨론 군대는 1만 명의 히브리인들을 끌어다가 1,000킬로미터에 달하는 사막을 건너가게 해서 그들의 나머지 생애를 유배지에서 보내게 했다.[1] 그들의 파멸은 사람들이 때로 상상하는 것처럼 그렇게 큰 재앙은 아니었다. 히브리인들이 바벨론에서 노예가 된 것도 아니었고, 자신들이 해 왔던 공동체 생활을 어느 정도 유지해 나가는 것도 허용되었다. 심지어 어떤 사람들은 부자가 되기도 했다.[2] 그렇다 하더라도 여전히 그 시절은 히브리인들에게 완전한 재난의 시절로 기억되었다. 주께서 "야곱의 모든 거처보다"(시 87:2) 더 사랑하신 도시가 파괴당하고, 지난 500년 동안 그들의 예배에 화려한 건축학적 공간을 제공해 주었던 영광스러운 솔로몬의 성전이 산산조각 났고, 오직 "그 땅의 비천한 자"(왕하 25:12)만이 남게 되었으며, 시드기야 왕은 포위당한 도시를 탈출하려는 헛된 시도를 하다가 붙잡혀서 사슬에 묶인 채 자기 아들들이 살해당하는 모습을 눈앞에서 보아야 했고, 눈이 뽑히기 전에 보았던 그 마지막 광경을 뒤로 한 채 결국에는 장님이 되어 자신의 무덤이 될 바벨론 땅으로 질질 끌려갔다.

어느 히브리 시인은 그 사건이(그 재난이, 그 홀로코스트가) 얼마나 끔찍한 일이었는지를 사람들의 기억 속에 깊이 각인시키기기 위해서 세련되고 기교 있는 애가를 지었다. 그 애가는 이렇게 시작된다.

> 슬프다 이 성이여. 전에는 사람들이 많더니
> 　이제는 어찌 그리 적막하게 앉았는고.
> 전에는 열국 중에 크던 자가
> 　이제는 과부같이 되었고,
> 전에는 열방 중에 공주였던 자가
> 　이제는 강제 노동을 하는 자가 되었도다(애 1:1).

예레미야의 애가로 알려져 있는 이 애가는 그 재난을 다섯 번이나 반복해서 이야기하고, 그 고통스러운 내용을 한줄 한줄 다

나열한다. 강간, 굴욕, 야유, 모독, 기아, 그리고 가장 심하게는 식인(어머니들이 자기 아기를 끓여서 저녁으로 먹었다!). 마침내 순진한 아이들까지 죽였다는 말은 인간의 가치에 대한 희망이 완전히 사라졌음을 보여 준다. 그리고 분노에 차서 제사장들을 살해했다는 말은 신의 뜻에 대한 존경심을 완전히 상실했음을 보여 준다. 육체와 영혼에, 인간과 국가에 일어날 수 있는 최악의 일이 이 곳에서 일어났다. 고통의 극치였다. 이 애가는 오늘날까지도 유대교 공동체 안에서 해마다 8월(히브리 달력으로 아홉 번째 아법 월)에 그 끔찍한 사건을 기리는 날이 되면 기도 중에 암송된다.

그 사건이 있기 700여 년 전에, 이스라엘은 모세의 리더십 아래에서 상당한 진통 끝에 이집트의 노예 생활에서 구출되어 하나님의 백성, "제사장 나라요 거룩한 백성"(출 19:6)이 되었다. 출애굽에서부터 바벨론 유배에 이르기까지 그 7세기의 세월 동안 하나님은 당신의 예언자와 제사장, 사사와 왕들을 사용하셔서 이스라엘이 스스로를 구세주로 계시하신 하나님을 믿고 순종하는 신앙으로 살도록 지도하고 가르치게 하셨다. 그들의 온 마음과 영혼과 뜻과 힘을 다해서 이 하나님을 예배하고, 구원의 삶을 사는 일에 알맞은 독특한 "수단과 방법들"을 배우게 하셨다. 그것은 쉽지 않은 일이었다. 잘 될 때도 있었고 안 될 때도 있었으며, 축복의 시기가 있는가 하면 심판의 시기도 있었고, 죄를 짓기도 했지만 의를 행하기도 했다. 그들은 배울 것이 많았고 배우는 속도는 느렸다. 그러나 그들은 살아남았다. 그들은 여전히

"하나님의 백성"이었다. 하나님의 말씀으로 창조되고, 규정되고, 모양을 갖춘 백성이었다.

그런데 그것이 이제 다 끝나 버렸다. 이제는 더 이상 민족도, "왕 같은 제사장"도 없었다. 두 눈이 먼 채 사막의 모래밭을 절뚝거리며 건너가는 그들의 왕은 왕족의 파멸을 똑똑히 보여 주었고, 하나님의 성전에서 가져온, 그리고 곧 이교도들의 바벨론 성전을 부유하게 만들어 줄 전리품들을 가득 실은 짐수레가 내는 덜커덩 삐거덕 하는 소리만이 그의 귀에 들릴 뿐이었다. 그들이 아는 한 하나님은 그들을 버렸다. 그 재난의 시기에 그들의 인도자이자 예언자였던 예레미야도 그들을 버렸다. 예레미야는 유배자의 자격도 갖추지 못해 남아 있게 된 비천한 무리들과 같이 예루살렘의 폐허 속에 남는 쪽을 택했다.

이스라엘은 이제 끝났다. "하나님의 백성"도 끝났다. 그들에게 줄곧 기회는 충분히 주어졌다. 많이 주어졌다! 그러나 이제 더 이상의 기회는 없다. 어떻게 기회가 있을 수 있겠는가? 그들의 정체성을 나타내 주는 모든 표시, 모든 증거가 다 사라져 버렸다. 그들은 아무것도 아니었다. 그들의 재난은 땅, 성전, 궁전, 백성의 파멸을 훨씬 능가하는 것이었다. 거기에는 더 깊고도 더 넓은 함의가 있었다. 바로 굴욕이었다. 사람이 생각할 수 있는 최고의 굴욕이었다. 아브라함의 믿음, 모세의 언어, 다윗의 인간성, 엘리야의 불, 예루살렘의 이사야의 "거룩, 거룩, 거룩". 그 모든 것이 다 사라져 버렸다. 부재. 침묵. 잿더미.

바벨론에 도착한 이스라엘 백성은 자신들의 실패한 종교와 그곳의 성공한 종교 사이의 현격한 대조를 보았다. 그들은 산산조각 난 도시, 폐허가 된 성전을 두고 떠나왔으며, 입에서는 아직도 그들이 잡아먹은 아기들의 냄새가 나고 있었다. 그런데 이제 그들은 자신들이 살던 예루살렘을 조그마한 소도시로 보이게 만드는 대도시에서 살게 되었다. 스바의 여왕이 감탄했다고 하는 솔로몬 성전의 모든 면모를 크게 능가하는 성전들이 바벨론의 지평선을 그리고 있었고 그들의 부를 나타내 주고 있었다. 근사한 군인들이 거리를 지나다녔고, 바벨론을 세계 최강국으로 빠르게 세워 가는 강력한 군대를 소유하고 있었다. "사람의 안목을 넓혀 주는 거대한 세상이었다. 파괴된 성전이 유다의 산 위에서 하늘만 멍하니 바라보고 있는 시시한 나라, 그 나라의 옛 수호자였던 여호와가 설 자리가 어디에 있었겠는가?"[3]

유다와 바벨론의 전쟁이 (어쩌면 대부분의 사람들이 보는 것처럼) 경쟁하는 신들과 경쟁하는 삶의 방식들 사이의 경합이었다면, 그 결과는 분명했다. 바벨론의 마르둑이 이스라엘의 여호와를 손쉽게 이겼다. 알고 보니 믿음의 삶이란, 바벨론의 군화에 짓밟혀 버린, 아름답지만 가냘프고 연약한 제비꽃이었다. 그 삶은 "진짜" 세상에서 살아남는 데 필요한 것들을 제대로 갖추지 못했다. 그것은 아무것도 아니었다. '무'(無). 이 단어는 16세기에 스페인의 카르멜회 수사였던 십자가의 성 요한이 지은 시를 통해서 우리에게 알려졌다. 그는 직접 '무'의 경험을 했고, 그 경험에 이름을 붙여서 우리 모두가 알게 해주었다. 모두가 아니라면, 적어도 스스로 만든 얄팍한 정체성을 기꺼이 버리려는 사람들 그리고 다른 사람들이 우리에게 부여하는 문화를 통해 조건 지어지는 역할을 기꺼이 거절하려는 사람들은 그가 경험하고 명명한 것을 값지게 여길 것이다. 그가 경험한 '무'는 우리가 "옛 본성을 버리고" "새 본성을 입게" 되기까지의 시기 동안 경험하게 되는 우리를 압도해 오는 무(공허, 부재, 벌거벗음, 침묵, 밤)의 느낌이다.[4]

현재 캔터베리의 대주교인 로완 윌리엄스(Rowan Williams)는 이렇게 논평했다.

십자가의 성 요한은, 오로지 자기 자신의 성실함과 신실함만으로, 유능하고 성공적으로 보이는 종교 세계의 기만을 폭로해 버렸다. 그는 자신의 수도회와 오랫동안 긴장되고도 힘겨운 관계를 맺었고 불명예스럽게 죽었다.…그는 우리에게 '조명'의 경험(환상, 화법, 투시력)이라고 흔히 불리는 현상에 대해서 전형적으로 긴 그리고 신중한 토론을 제공해 준다. 그 '조명'이 상상력 혹은 지성이나 영성에서 비롯되었든, 초자연적인 것이나 자연적인 것에서 비롯되었든 그는 가리지 않는다. 그가 나열한 목록을 보면 일부러 해를 가하려는 듯이 보이는데, 그것을 통해서 우리는 영적인 생활에서 자기 기만에 빠질 수 있는 위험에 대해서 그가 얼마나 독특한 민감성을 발휘했는지를 알 수 있다. 그가 내린 결론은 가혹하다. 그 어떠한 '영적인' 체험도 사람에게 확고한 안전을 제공해 주지 **못하며**, 하나님의 은총을 받았다

고 하는 명백한 신호가 되지 **못한다**.[5]

그 "두 시기 사이에", 즉 비록 별 생각 없이 그랬을지라도 대부분의 사람들이 "하나님은 하늘에 계시고 이 세상은 만사형통하도다"(로버트 브라우닝의 시구)라고 생각했던 시절과, "여호와는 죽었다"라는 니체 식의 판결이 주전 6세기 바벨론 신문의 머리기사를 장식하게 된 그 시절 사이에, 소위 하나님의 "선택받은 자" 가운데 많은 사람들이 그 선택은 사기라며 소비자의 번영과 고삐 풀린 군사주의와 연결된 마르둑 신과 협정을 맺었다.

바벨론 유배는 성경을 아는 사람들에게 오늘날까지도 '무'의 대표적인 예증으로 굳건하게 자리를 지키고 있다. 애가를 제외하고는 그 당시 사람들이 겪은 일에 대해서 단편적인 증언들만이 남아 있을 뿐이다. 몇 개의 시편, 특히 시편 137편이 그 중에서도 가장 눈에 띈다("우리가 바벨론의 여러 강변 거기에 앉아서 시온을 기억하며 울었도다"). 그리고 예레미야가 유배지의 사람들에게 쓴 편지가 남아 있다(렘 29장). 예레미야는 그들에게 패배를 인정하고 책임감 있게 삶으로써 그 시간을 잘 견디어 내라고 촉구했다. "자기 연민에 빠져서 그렇게 앉아 있지 말라. 거짓 희망을 팔고 있는 거짓 설교자들의 말을 듣지 말라. 집을 짓고, 정원을 가꾸고, 결혼을 하고, 자식을 낳고, 바벨론의 온전함을 위해서 기도하고 그 온전함을 발전시키기 위해서 최선을 다해라." 그리고 위대한 환상을 보고 예언을 한 에스겔도 있기는 하지만,

에스겔은 백성의 현재 상황에 자신을 몰입시키는 설교자, 인도자라기보다는 오히려 희망의 미래를 위해서 사람들의 상상력을 준비시키는 작가였다. 그러나 유배 시절의 상황에 대해서 보고하고 있는 단편적인 기록들만 보더라도 우리는 그 유배 생활이 "이후에 이어지는 모든 유대교에 지배적으로 나타나는 은유이자…유대인들의 삶과 신앙이 얼마나 어두웠는지를 규정해 주는 심연"6)이 되었다는 사실을 알 수 있다.

몇 개의 시편과 예레미야의 편지, 그리고 애가를 제외하고는 유배 생활의 어두움에 내던져진 그 시기는 오랜 침묵이 동반되는 시기였다. 그 침묵은 속 빈 깡통처럼 소리만 요란하고 쓸데없는 말로 강요하는 거짓 설교자들이 결국 어리석은 자들이었음이 밝혀질 만큼 긴 침묵이었다. (그 거짓 설교자들 가운데서 예레미야 29장을 통해서 우리가 이름을 알고 있는 사람이 시드기야, 아합, 스마야인데) 그들은 상황이 보기만큼 그렇게 심각한 것이 아니라는 망상을 애써 주입하려 했다. "다 잘될 것입니다, 여러분." 여러 세대에 걸친 선전에 의해서 언어의 가치가 떨어지고 평가절하되었을 때는 오직 침묵의 상황만이 그 언어에서 오염 물질을 제거하고 정화시킬 수 있다. 이 침묵이 얼마나 오래갔는지 우리는 모른다. 몇 가지 정황으로 미루어 볼 때 대략 50년 정도 지속되었을 것 같다.

그 때, 아무도 예상하지 못하던 때에, 한 목소리가 들렸다. 강력하고 설득력 있고 수긍이 가게 하는 음성이었다. 백성들을 다시 한 번 일으켜 세우는 설교자의 목소리였다. 백성에게 살아 계신 하나님을 제시해 주고 그들의 삶에 하나님을 다시 일깨워 주는 설교자의 목소리였다. 그 목소리가 어찌나 강력하던지 백성들은 바벨론의 모든 조롱에도 불구하고 자신들이 여전히 하나님의 백성임을 깨닫게 되었다. 말씀과 영, 언어와 기도 이외에는 다른 어떤 것도 사용하지 않는 이 설교자의 목소리는 유배 생활의 황폐함에 맞섰고 그것을 희망으로 대체했다. 하나님의 죽음을 예고하는 사건이 되었던 유배 생활의 출발이 부활의 시간으로 바뀐 것은, 많은 부분 우리가 결코 이름을 알 수 없는 이 한 사람의 예언자의 설교를 통해서였다.

그러나 이 목소리가 그렇게 뜻밖의 목소리인 것만은 아니었다. 그 공동체에 속한 일부의 사람들은 여전히 자기 선조들의 이야기와 기도를 기억하고 있었다. 그러나 그 이야기와 기도가, 이제는 사는 데 제법 익숙해져서 세상을 규정하는 것은 바벨론과 마르둑이지 이스라엘과 여호와가 아니라고 믿는 그들의 인식을 아마도 별반 바꾸어 놓지는 못했을 것이다. 유배되기 150년 전에 예루살렘의 이사야는 이 사람들의 조부모와 증조부모를 향해 설교를 했었다. 이사야도 말을 잘 하는 사람이었으며, 하나님의 성령의 목소리를 전하는 사람이었다. 그러나 비록 그에게는 예루살렘이라고 하는 두드러진 강단이 있었고, 40년의 세월 동안 네 명의 왕(웃시야, 요담, 아하스, 히스기야)이 자신의 회중을 거쳐 갔음에도 불구하고, 그의 말을 들어 주는 사람은 별로 없었다. 사람들은 기본적으로 그를 무시했다. 그들은 자기들 나름의 인생을 사는 데 지나치게 열중하고 있었던 것이다.

그들은 예루살렘의 이사야를 통해 하나님의 자녀로 사는 삶을 해석하는 대신에, 지도자들의 야심과 세상을 지배하는 앗수르인들의 인상적인 방식이 이 세상에서 살아가야 할 길을 이해하는 데 결정적인 영향을 미치도록 내버려두었다. 이사야는 우레와 같은 음성으로 설교했고, 그들은 귀를 막았다. 이사야는 그들이 그토록 존경하고 본받고자 하는 주변 국가들의 이름을 죽 나열했다. 앗수르, 바벨론, 블레셋, 모압, 다메섹, 이디오피아, 이집트, 두로. 이사야는 그 나라들이 하는 주장은 헛되다는 사실을 폭로했다. 그는 그들의 우상 숭배와 부도덕성을 하나님이 심판하실 것이라고 말했다. 그러나 그들은 그를 무시했다. 이사야는 죽은 사람도 깨어나게 할 언어를 사용하며 계속해서 그들에게 외쳤다. 그러나 그들은 계속해서 손가락으로 귀를 틀어막았다.

그러나 이사야가 외친 것은 심판만이 아니었다. 그는 조용하고도 집요하게 구원의 씨앗을 심었다. 그는 사람들에게 무대 뒤에서 일하시는 하나님의 방식에 대한 이미지, 그들이 구원에 참여하고 싶어하든 싫어하지 않든 상관없이 구원의 일을 이루어 가시는 하나님의 이미지를 제시해 주었다. 그 이미지들은 그들의 민족 정신 안에 축적되었다. 여호와는 이사야를 불러 그 민족의 예언자로 세우셨을 때 당대의 그 누구도 그의 설교를 듣지 않을 것이라고 솔직하게 말씀하셨다. 그 나라가 거대한 그루터기의 벌판으로 끝나 버리겠지만, 그러나(이 말에 주의를 기울여야 한다!) 그 그루터기 안에 "거룩한 씨앗"이 있을 것이라고 말씀하셨다(사 6:13). 하나님은 나아가서 그 거룩한 씨앗의 이미지를 좀더 구체적으로 설명해 주셨다. "이새의 줄기에서 한 싹이 나며 그 뿌리에서 한 가지가 나서 결실할 것이요"(11:1).

이사야는 나중에 그 백성을 지탱시켜 줄 희망의 이미지들을 더 많이 소개했다. "안정된 처소"인 예루살렘(33:20), 사막이 "백합화같이" 피어(35:1), "여호와의 속량함을 받은 자들이 돌아오게 될" 미래(35:10), 그리고 남는 자는 "다시 아래로 뿌리를 박고 위로 열매를 맺히리니"(37:31). 이사야의 설교 후 불순종하고 불신앙했던 세월 동안에 이와 같은 씨앗의 은유와 환상은 땅 밑으로 내려가 예루살렘의 흙 속에 잠들게 되었다.

그로부터 150년 후에, 이름이 알려지지 않은 이 유배 시절의 예언자가 전한 설교를 통해서 그 은유와 환상들이 바벨론의 땅에서 싹을 틔우기 시작했다. 그리고 그로부터 500년이 더 흐른 후에는 예수님이 그 씨앗을 온전히 수확하셨다. "내가 진실로 진실로 너희에게 이르노니, 한 알의 밀이 땅에 떨어져 죽지 아니하면 한 알 그대로 있고 죽으면 많은 열매를 맺느니라"(요 12:24).

어떻게 그런 일이 일어날 수 있었을까? 우리는 모른다. 다만 그런 일이 일어났다는 사실만 알 뿐이다. 그리고 그런 일이 일어나기도 한다는 사실만 알 뿐이다. 그러한 일은 여러 번 일어났고 지금도 계속해서 일어나고 있다. 엘리 비젤(Elie Wiesel)은 바벨론 유수에서 일어났던 기적이 지금도 계속해서 일어나고 있음을 증언해 주는 오늘날의 증인이다.

몇 년 전 어느 화요일 아침에 나는 식사를 하면서 신문을 읽고 있었다. 그 날 저녁에 엘리 비젤이 볼티모어 고셔 대학에서 강연을 한다는 공고가 실려 있었다. 나는 수년 전부터 그의 책들을 읽어 왔고 그 저자와 무언가가 깊이 통한다는 느낌을 가지고 있던 터였다. 나는 그의 강연을 들으러 가기로 결심했다. 저녁 일정을 조정한 후에, 몇 년 동안 나의 관심을 끌었고 나의 흥미를 자극해 온 이 사람에 대해서 좀더 많은 것을 알아내고자 나는 30킬로미터를 운전해서 갔다.

그가 쓴 소설을 처음으로 읽은 것은 5년 전이었다. 「나이트」(Night, 예담 역간)라는 제목의 이 책은, 시겟이라는 헝가리의 자그마한 마을에 살던 다른 모든 유대인들과 함께 아우슈비츠의 나치 포로 수용소로 끌려간 유대인 청소년의 힘 있고도 감동적인 이야기다. 후에 부헨발트로 이동한 그 소년은 자기 부모와 여동생이, 그 때까지 한 동네에서 살았던 사람들과 함께 가스실로 들어갔다가 살아나오지 못하는 장면을 직접 목격했다. 그는 이렇게 기록했다.

그 날 밤, 포로 수용소에서의 첫날 밤, 내 인생을 길고도 긴 밤으로 만들어 놓은 그 날 밤을 나는 결코 잊지 않을 것이다. 일곱 번 저주하고 일곱 번 봉인한다. 결코 그 연기를 잊지 않을 것이다. 고요한 푸른 하늘 아래에서 한 다발의 연기로 변해 버린 아이들의 몸, 그 아이들의 자그마한 얼굴을 결코 잊지 않을 것이다. 내 신앙을 불태워 영원히 소멸시켜 버린 그 불길을 나는 결코 잊지 않을 것이다. 모든 영원을, 살고자 하는 욕망을 나에게서 빼앗아간 그 날 밤의 침묵을 나는 결코 잊지 않을 것이다. 내 하나님과 내 영혼을 죽이고 내 꿈을 먼지로 바꾸어 버린 그 순간들을 결코 잊지 않을 것이다. 나는 결코 그 일들을 잊지 않을 것이다.····결코.[8]

이 소설의 내용 대부분이 작가의 자서전이라는 사실을 나는 나중에 알았다. 비젤은 유대교와 관련된 많은 이야기들을 듣고 유대교의 신앙을 받아들이며 자랐다. 그는 공부하고 노래하고 신앙 생활을 하는 즐거운 소년 시절을 보냈다. 그러나 아우슈비츠와 부헨발트에서 보낸 그의 청소년 시절은 그의 가슴을 잿더미로 만들어 버렸다. 유대교의 이야기들은 그의 가슴에서 뜯겨 나갔고, 그의 영혼에는 한 치의 신앙도 남지 않게 되었다.

그는 자신의 이야기를 계속해서 글로 썼다. 매번 다른 소설이었지만 이야기는 늘 같았다. 배경과 인물을 바꾸고 이야기의 플롯은 재구성했지만, 그 이야기는 언제나 같았다. 특이하게 그러나 끈질기게 하나님에 대한 사상과 연결되어 있는 이 사람들, 그 유대인들이 학살당한 이야기다. 6백만 명이 학살당했다. 지상에서 가장 문명화된 대륙에서 그들은 학살당했다. 그런데 그 처형 명령을 내린 사람들은 임마누엘 칸트의 위대한 철학적 전통을 따라 교육을 받았고 주일이면 교회에서 루터의 찬송가를 부르고 저녁에는 모차르트의 음악을 듣는 사람들이었다. 비젤이 쓴 각각의 소설은 결론이 비슷하다. "눈을 떠 보니 나는 홀로였다. 하나님도 없고 인간도 없는 세상 속에 끔찍할 정도로 홀로였다. 사랑도 자비도 없었다. 나는 오로지 재에 불과한 존재가 되어 버렸다."9)

그 이야기들을 읽으면서 나는 깊은 감동을 받았다. 그런데 볼티모어에서 있었던 그 강연에 참석하기 2년 전에 나는 같은 저자가 지은 또 다른 책을 발견하게 되었다. 그 소설은 달랐다. **무척** 달랐다. 「불타는 영혼」(Souls on Fire)은 비젤이 성장기 때 들었던 하시디즘의 전설을 다시 들려주는 책이다. 그 책은 18세기에 동부 유럽에 등장해서 마을과 유대인 거주지에서 100년 동안 번성했던 유대교의 한 분파인 하시디즘의 영적 지도자들에 대한 놀라운 이야기를 들려준다. 「불타는 영혼」은 전혀 뜻밖의 책이었다. 하나님을 믿지 않는 사람이, 하나님이 죽었다고 생각하는 사람이 도대체 무엇 때문에 하나님에 대한 열정으로 가득 찼던 사람들에 대한 이야기를 들려준단 말인가? 나는 내친 김에 그가 쓴 「하나님의 사자들」(Messengers for God)도 읽었는데, 그 책은 성경 이야기 즉 아브라함과 모세, 요셉과 욥의 이야기들을 들려주고 있었다. 도대체 어떻게 된 경위인가?

그래서 나는 호기심이 발동하여 비젤을 직접 보고 그의 강연을 들어야겠다고 결심했던 것이다. 「나이트」와 「불타는 영혼」 사이에 무슨 일이 일어났던 것일까? 거지 나사로와도 같은 이 비극적인 인물이 어떻게 해서 유대인의 죽음과 하나님의 죽음에 대한 이야기를 들려준, 이제는 하나님에 대한 신앙으로 활기 넘치게 사는 사람들에 대한 이야기를 들려주게 된 것일까?

그 날 밤 볼티모어에서 그는 강단 위로 걸어 올라가 지휘대 뒤에 서서 창세기 15장에 나오는 아브라함의 이야기를 읽기 시작했다. 아무런 서두격의 잡담도, 설명도, 해명도 없이 그는 무려 한 시간 동안 800명 정도의 세속 청중을 앉혀 놓고는 사실상 성경 공부를 했던 것이다. 그가 그 강연에서 말한 모든 내용은 침례교회에서 열린 수요일 저녁 기도회 내용을 그대로 옮겨 놓았다 해도 과언이 아니었다. 나는 다음의 문장을 받아 적었다. "성경을 탐구하고, 본문에 대해 질문하고, 하나님 말씀의 진리를 추구하는 것, 그것에 비하면 다른 일들은 시간이나 노력을 들일 가치가 별로 없는 일들이다." 그는 열정적이었다. 그러나 과장하지는 않았다. 그는 목청을 높이지 않으면서도 강렬했다. 그는 종종 기도를 언급했다. 나에게는 그가 살아 계신 하나님에 대한 신앙으로 잠잠하게 꽉 차 있는 사람 같아 보였다.

어떻게 하나님과 하나님 백성의 묘지가 되어 버린 아우슈비츠, 부헨발트의 「나이트」에서 부활하여, 이제는 볼티모어에서 아브라함의 살아 있는 신앙에 대해 성경 공부를 인도하게 되었는지, 무슨 일이 있었는지에 대해서 그는 한마디도 하지 않았다. 그러나 그 일이 실제로 **일어났으며**, 그런 일이 **일어나는** 때가 있다는 사실에 대해 그는 분명한 증인이었다. 사람은 최악의 상황을 지나가면서 영혼에 실낱 같은 믿음도 남지 않게 모든 믿음을 다 빼앗겨 버리고, 모든 증거가 하나님이 죽었음을 입증하는 세상에서 벌거벗은 영혼으로 덜덜 떨며 서 있는 상황까지 갔다가도, 여전히 믿음의 사람, 살아 계신 하나님 앞에 살아 있는 사람이 될 수 있다. 그 날 밤 나는 그 사람 안에서 부재와 공허가 세월이 지나면서 서서히 존재로 변화했음을 알았다. 그런데 그에게 그 존재는 망상과 가장을 다 벗어 버린 존재였다.

그 강연 중에 비젤은 '미드라쉬'(*midrash*)라는 말을 몇 차례 사용했다. "우리가 만약 현실적인 사람, 정직한 사람, 깨어 있는 사람이라면 '미드라쉬'가 우리의 삶에 들어올 것입니다." 그 말은 "찾아내다"라는 뜻이다. '미드라쉬'는 하나님 말씀의 의미를 **찾는** 사람의 행동을 일컫는다. '미드라쉬'에는 성경에서 하나님의 진리를 '찾는' 사람들이 들려준 이야기와 그들의 논평이 들어 있다.

그 '미드라쉬'가 유배 시절의 예언자의 삶에 들어갔다. 그는 예루살렘의 이사야가 설교한 말씀의 의미를 찾았고, 그 말씀을 힘겹게 살아가는 유배자들에게 다시 설교해 주었다. 그는 예루살렘의 이사야가 했던 설교, 그 은유와 이미지를 진지하게 받아들였고, 거기에다 물을 주어 바벨론 땅에서 그것을 길러 내었다. 그리고 그 씨에서 싹이 트고 가지가 자라는 것을 보고자 그 곁에 머물렀다. "이새의 뿌리에서 한 싹이 나서, 만민의 깃발로 세워질 것이며, 민족들이 그를 **찾아**[*yidroshu*는 명사 '미드라쉬'의 동사 어근이다] 모여들어서, 그가 있는 곳이 영광스럽게 될 것이다"(사 11:10, 새번역). 칼뱅은 간결하고 명확하게 표현했다. "성경의 모든 부분에서 하나님을 찾는다는 말은 우리의 희망을 하나님께 둔다는 뜻이다."[10]

이사야가 설교한 은유와 환상은 예언자가 죽음의 땅 바벨론에서 싹트는 것을 보았던 바로 그 씨앗이다. 그것은 또한 엘리 비젤의 생애와 글이 증언하고 있는 싹 난 씨앗이다.

너희 하나님

유배 시절의 예언자에 대해서 우리가 아는 것은 그가 대단한 설교자였다는 것뿐이다. 그의 개인사나 그의 환경에 대해서 우리는 단 하나도 아는 것이 없으며, 우리가 아는 것은 다만 그의 입에서 나온 말, 그가 혹은 또 다른 사람이 기록한 그 말뿐이다. 그가 어디에서 살았는지 우리는 알지 못하며, 그의 가족은 어떠했으며 그가 무엇으로 생계를 유지했는지, 그의 외모가 어떠했는지에 대해서 단 한마디의 말도 주어진 것이 없다. 그에 대해서는 단 한마디도 없고 오직 그가 했던 말만이 우리에게 주어져 있다. 그리고 그가 했던 사실상 모든 말의 주제는 하나님이었다. 그는 예언자로서 하나님을 대변했다.

인격적 음성을 상실한 기술이 상상력을 지배하는 세상에서 자란 우리들은 언어를 모욕하는 경향이 있다. 우리는 때로 언어를 **그냥** 말이라고 표현한다. 기계에서 나오는 말. 바벨탑에서 쏟아져 나왔으되 서로를 연결시키지 못했던 말들처럼 (특정한 남자, 이름을 가진 여자, 예수님 안에 계시된 하나님과 같은) 관계적인 존재, 살아 있는 존재로부터 단절된 말. 일을 해낸다는 관점에서 생각할 때 우리가 전형적으로 생각하게 되는 차원은 기계와 폭탄, 크기와 속도 그리고 돈이다. 그러한 것들의 효과는 참으로 인상적이지만 동시에 그것들은 철저하게 비인격적이다. 그러한 것들 틈에서 말이라고 하는 것이 무슨 힘이 있겠는가? 물론 말이 등장하지 않는 것은 아니지만, 그러한 경우 말은 대체로 정보를 제공하고 지시를 하기 위해서 쓰일 뿐이다. 무슨 일을 **해내고** 싶을 때, 역사에 변화를 가져오고 싶을 때, 우리는 달에다가 로켓을 쏘고, 도시에 폭탄을 떨어뜨리고, 고층 빌딩이나 경기장, 병원이나 학교를 세운다.

그러나 이 예언자와 함께 시간을 보내다 보면, "그냥"이라고 하는 그 의미 축소의 형용사가 점점 더 쓸모없게 된다. 적어도 말이라고 하는 단어와 관련해서는 그렇다. 그 예언자와 함께 시간을 보내다 보면 우리는 하나님 안에서는 "말이 행동 자체를 감싸게 된다"[11]는 것을 인식하고 그분께 더 가까이 가게 된다. 예언자가 사용한 방식으로 사용된 말은 **그냥** 말이 아니라, 말 **이상**이다. 말로서 한 것이 실제로 존재하게 되는 말이다. 그 말은 창세기의 계보 안에 있는 말이다. "하나님이 이르시되 빛이 있으라 하시니

빛이 있었고"(창 1:3). 그리고 사지가 마비된 자에게 "일어나라"고 말씀하심으로써 그를 일으켰던 예수님과 연속성이 있는 말이다(막 2:11-12).

예언자가 한 일은 바로 "말씀하셔서 모든 것이 생기게 된"(시 33:9) 그 음성을 말로 표현한 것이다. 그는 "여기에 너희의 하나님이 계신다[사 40:9].…보라! 들으라!"고 말했다. 그리고 그들은 그렇게 했다. 눈이 멀어 하나님을 보지 못했던 자들이 보았다. 귀가 멀어 하나님의 음성을 듣지 못했던 자들이 들었다. 예언자의 설교를 통해서, 외관상으로는 아무리 보아도 백성이 아니었던 사람들이 다시 한 번 하나님의 백성이 되었다. 그리고 지금도 여전히 그들은 하나님의 백성이며, 우리도 그 백성의 일원으로서 예언자가 복음('좋은 소식' 혹은 '좋은 기별')이라고 지칭한 그 설교에 의해서 계속 유지되고 깊어지는 가운데 하나님의 백성이라는 정체성을 살아내고 있다.

예언자의 설교는 "복음"이라는 용어를 히브리어와 기독교의 핵심 용어로 자리잡게 했다. 예언자가 그 말을 새로 만들어 낸 것은 아니지만, 그가 그 단어를 새롭게 사용한 것만은 사실이다. 그가 살았던 셈족의 세계에서 그 단어는 좋건 나쁘건 보도를 일컫는 말로 흔히 사용되었으며, 마치 오늘날 기자들이 우리에게 계속해서 전해 주는 그러한 보도와 같은 말이었다. 그러나 예언자는 세상의 뉴스나 이웃들의 가십에 대한 보도를 훨씬 더 능가하는 의미로 그 말을 사용했다. 그는 우리의 삶에 적극적으로 현존하시는 하나님에 대한 선포를 압축해서, 단지 우리의 가슴 속뿐만 아니라 우리의 역사 속에, 그리고 단지 보도 뉴스가 아니라 "여호와의 위대한 업적을 신앙 고백으로써 외치고, 종교적 기쁨을 일깨우기 위해서 즐겁게 선포하는"[12] 무엇으로, 즉 복음으로 그 선포를 농축시킨다. 그것은 그냥 무엇을 알리는 말이 아니다. 그 선포는 그것이 선포하고 있는 내용에 대한 참여 의식을 우리에게 일깨워 준다. 그 선포의 내용이란 바로 하나님이 자신의 말씀 안에서 직접 활동하시고 현존하시며, 원하건 원하지 않건 우리 자신도 거기에 **연루되어** 있다는 사실이다. 그 말씀은 메시지를 담고 있는 말씀이다. 하나님이 행동하신다는 뉴스, 그냥 행동**하시는** 것이 아니라 바로 지금 행동**하고 계시다는** 메시지를 담고 있는 말씀이다.

복음을 일컫는 히브리어 단어는 '바사'(*basar*)다[그리스어로는 *euangelizo*인데, 거기에서 영어 evangel(복음)과 evangelist(복음 전도자)가 파생되었다]. 예언자는 이 단어를 다섯 번 사용하고 있다(사 40:9에서 두 번, 41:27, 52:7에서 두 번). 그리고 그로부터 500년 후에 성 마가가 예수님의 생애와 죽음 그리고 부활을 이야기하는 그의 책 제목으로 그 단어(*euangelion*)를 사용했다. 마가복음에 나오는 예수님의 첫 대사에서 예수님은 자신이 시작하는 하나님의 통치를 일컫는 포괄적인 용어를 사용하셨다. "하나님의 나라." 이제 "복음"은 하나님의 나라를 (하늘에서와 같이) 이 땅에서도 세우는 예수님의 생애와 일에 대한 마가의 이야기를 일컫는 이름으로 사용되었다. 훗날 그 단어는 마태와 누가 그리고 요한이 우리 가운데 계시는 하나님, 우리를 구원하시는 하나님에 대해 같은 이야기를 다시 들려주었던 글의 제목으로 사용되었다. 사도 바울은 명사와 동사 모두로서 그 단어를 사용했는데, 다른 그 어떤 성경 저자보다도 많이 사용했다(신약 성경에 복음이라는 단어가 사용된 경우는 총 76회인데 그 중에서 바울이 60회를 사용했다). 그러나 그 단어를 그러한 의미로 처음 쓰기 시작한 사람, "복음"이라는 단어를 이처럼 말씀하시는 하나님, 창조하시는 하나님, 구원하시는 하나님을 선포하는 케리그마적인 의미로 처음 사용한 사람은 그 예언자였다.

지나치게 사용하거나 잘못 사용하게 되면 그 단어가 가지는 이사야적인 혹은 사도적인 효과가 떨어지게 된다. 그 단어를 형용사로 사용하게 되면 그 단어의 유용성은 사라져 버린다(복음의 사중주, 복음의 성막, 복음의 진리처럼 말이다). 그렇게 하기보다는 예언자의 시와 설교에 깊이 잠겨 보는 편이 좋을 것이다.

예언자의 첫 번째 임무는 유배 생활을 하고 있는 자신의 동료들에게 살아 계시고 현존하시는 하나님, 그들의 구원의 하나님에 대한 감각을 회복시켜 주는 것이었다. **너희의 하나님을 보라!**(사 40:9). 오랫동안 이스라엘 백성은 가나안과 앗수르의 신들을 가지고 이것저것을 시도하면서 지냈다. 그런데 이제 그들은 유배를 와서 바벨론의 신들, 바벨론의 성전들, 바벨론의 신화들에 둘러싸여 살게 되었다. 이제는 그들이 자기 선조들의 하나님을 면밀히 살펴보고 예배할 때가 된 것이다. "현존하는 하나님, 지금 이 곳에 그리고 가까이에 있는 하나님"이라고 자신을 계시한 그 하나님을 말이다('여호와': 나는 이 곳에 있다. 나는 네게 현존하고 있다).

데일 브루너(F. Dale Bruner)는 복음을 가르치는 것과 구분해서 복음을 '선포하는'(설교하는) 일의 독특성을 분명하게 설명한다. "복음은…하나님의 사회에 대한 소식, 그 사회가 하나님과 함께 온다는 소식이다.…복음은 '하나님'의 행위와 그 행위의 공표에 초점을 맞춘다."[13] 가르침은 우리가 알아야 하고 해야 하는 일을 알려 준다. 그것은 우리에 대한 것이다. 설교는 하나님이 누구이신지 그리고 하나님이 무슨 일을 하시는지를 우리에게 알려 준다. 그것은 하나님에 대한 것이다. 그리고 예언자가 하는 일이 바로 그것이다. 그는 하나님에 **대해서** 이야기하지 않고, 하나님을 설명하지 않고, 하나님을 논의하지 않는다. 그리고 그는 우리 자신에 대해서도 설명해 주지 않는다. 유배 생활에서 어떻게 살아남아야 하는지에 대한 충고도 없고, 우리의 생활을 개선시킬 수 있는 방향에 대한 지침도 없다. 그는 **복음을 설교한다**. 우리가 살고 있는 곳에서 그리고 우리가 함께 살고 있는 사람들 가운데서 하나님이 살아 계시고, 현존하시며, 구원의 활동을 하신다고 그는 말해 준다. 물론 우리가 사는 방식에 대한 암시들은 있지만, '우리와 상관 있는 살아 있는 실재는 지금 이 곳에 우리와 함께 계시는 **하나님**이다' 라는 사실을 이해할 때만 그 암시도 의미가 있다. 무엇보다도 우리 자신에 대한 내용을 설교한다면 그것은 '복음'을 설교하는 것이 아니다. 사실, 그것은 설교도 아니다. 그렇게 되면 그것은 좋은 소식이 아니라 나쁜 소식이 된다.

예언자의 설교 전략에는 세 가지 요소가 들어 있다. 첫째, 그는 유례 없이 탁월한 선포를 통해 하나님의 이미지들을 제공해 준다. 바로 인격적이고, 관계적이고, 우리의 구원을 의도하는 이미지들이다. 둘째, 주변에서 허세를 부리며 참으로 근사하게 펼쳐지는 우상 숭배를 조롱한다. 그리고 마지막으로, 그 이미지들이 단순한 이미지들로 퇴색해 버리지 않게 하기 위해서 그리고 그 우상들이 단순히 만화 같은 그림으로만 끝나지 않게 하기 위해서, 그는 자신의 복음 선포가 원래 뿌리를 두고 있으며 현재 그들의 유배 생활에서 일어나고 있는 사건의 위대한 창조적·역사적 선례인 창세기와 출애굽기를 언급하면서 자신의 복음 선포를 뒷받침한다.

하나님의 이미지들

예언자의 설교가 효과적이었던 것은, 그가 하나님의 실재를 주장했기 때문도 아니고 하나님을 따르지 않게 되면 따라올 결과들을 경고했기 때문도 아니었다. 그것은 현존하시고 살아 계시는 인격적인 하나님의 '여기 계심'을 전달한 방식 때문이었다. 그가 취한 방식은 풍부하고도 능숙하게 은유를 사용하는 것이었다.

그가 가장 많이 사용한 이미지들은 창조자와 구원자(비슷한 말로 구속자도 사용되었다)다. 하나님은 창조자이시다. 처음에는 이 각도에서 그리고 그 다음에는 저 각도에서 반복해 가며 예언자는 창세기를 통해서 우리가 친숙해진 이미지들을 사용하여 창조의 행위를 하시는 하나님을 선포한다. 그것은 결코 놀랄 일이 아니다(사실 그것은 당연한 일이다). 유배 생활도 마찬가지로 "혼돈하고 공허"했지만, 그들이 깨닫지 못했을 뿐 바로 그 순간에 하나님은 "수면 위에 운행하고" 계셨다(창 1:2). 하나님은 창세기에서 하셨던 일을 그 순간에도 하고 계셨다. "너희 주위를 둘러보라. 너희가 보는 곳마다 창조의 증거가 있다!"

너희는 눈을 높이 들어
  누가 이 모든 것을 창조하였나 보라.

너는 알지 못하였느냐, 듣지 못하였느냐.
영원하신 하나님 여호와,
  땅 끝까지 창조하신 이(사 40:26, 28).

하나님이 그들 가운데서 현재 하고 계시는 일을 해석하기 위해서 창조의 사역이 최소한 열두 번은 등장한다(사 40:12-17, 21-31; 41:17-20; 42:1; 43:1; 44:2; 44:24; 45:8, 12-18; 48:7-13; 51:13, 16; 54:5).

구원자(혹은 구속자)도 예언자의 설교에서 같은 비중으로 다루어진다. 유배 생활은 무의 장소 즉 "흑암이 깊음 위에 있는"(창 1:2) 장소만은 아니었다. 그 곳은 또한 고통과 상실의 장소이기도 했다. 유배 생활은 속박의 생활이었으며, 그래서 그들에게는 구속자가 필요했다. 유배 생활은 살아도 사는 것이 아니었으며, 그래서 그들에게는 구원자가 필요했다. 예언자는 바로 그 구원자가 되기 위해서 하나님이 현존하신다고 공표했다.

> 모든 육체가,
> 나 여호와는 네 구원자요
> 네 구속자요 야곱의 전능자인 줄 알리라(사 49:26).

하나님을 구속자요 구원자로 인용한 부분은 창조자/창조의 언급만큼이나 많다(사 43:1-7; 11-21; 43:25-28; 44:6, 22-24; 45:17-22; 46:12-13; 47:4; 48:17-20; 49:7, 22-26; 51:4-8; 52:3, 7-10; 54:5-8).

하나님은 창조하신다. 하나님의 창조는 하나님이 일하시는 배경과 형태를 제공해 준다. 하나님은 구원하신다. 하나님의 구원은 이 세상에서 일어나고 있는 모든 일, 우리 삶에서 일어나고 있는 모든 일을 설명해 주는 내용을 제공해 준다. 칼 바르트는 우리가 하늘과 땅 그리고 "만물"(창 2:1)의 창조와, 역사라고 하는 구속과 구원의 언약 사이의 필연적이고도 분리할 수 없는 관계를 이해해야 할 필요를 포괄적으로 검토한다. "땅 끝의 모든 끝이여,

내게로 돌이켜 구원을 받으라. 나는 하나님이라. 다른 이가 없느 니라"(사 45:22).

창조는 마치 성전을 짓는 것과도 같다. 성전은 예배와 구원의 삶에 사용되기 위해서 지어지는데, 창조는 그렇게 사용되기 위해 완벽하게 설계된 성전과도 같다. 창조는 극장이다. 언약은 그 극장에서 공연되는 구원이다. 창조자와 구원자는 여호와의 외면과 내면이다. 창조의 의미는 하나님의 뜻이 이루어지게 될 장소를 준비하는 것이다. 창조는 언약의 외부적 기초이며, 언약은 창조의 내부적 기초다.[14]

예언자는 창조자 하나님과 구원자 하나님의 이미지들을 쌓아서 이리저리 옮기고 다시 배열하고 또 섞는다. "산이 깎이고 강이 흐르기 시작하고 레바논의 삼목이 심긴 것으로 창조가 끝났다고 생각했느냐? 구원은 그저 역사 속의 사건에 불과하고 할머니 할아버지로부터 들은 이야기일 뿐이라고 생각했느냐? 창조자는 지금도 창조하고 계신다. 이 곳 바벨론에서! 구원자는 지금도 구원하고 계신다. 이 곳 바벨론에서!"

그 외에 다른 은유들도 이 이미지들과 함께 소개되면서 상상력을 풍부하게 해주고 다양한 뉘앙스를 잘 포착해 주고 있다. 하나님은 전사이시며 목자이시다. "주 여호와께서 장차 강한 자로 임하실 것이요…그는 목자같이 양 떼를 먹이시며"(사 40:10-11). 여기에서는 억압으로부터 구해 주는 강한 전사의 힘이, 자기 양 떼를 먹이고 모으고 이끄는 목자의 자비로운 부드러움과 결합되어 있다. 하나님은 돕는 자이시다. 창조와 구원에 관련된 "큼직한" 일만 하시는 것이 아니라, 우리가 스스로는 할 수 없는 일들을 하시기 위해서 인격적인 방식으로 현존하시는 돕는 자이시다. 바벨론의 성전들이 드리우는 그림자 밑에서 자신이 마치 벌레나 곤충처럼, 바벨론 군인들이 경멸하는 대상처럼 느껴지는가? 상관하지 말라. "버러지 같은 너 야곱아, 너희 이스라엘 사람들아, 두려워하지 말라. 나 여호와가 말하노니 내가 너를 도울 것이라"(사 41:14). 하나님은 어머니이시다. 돌봄과 친밀감을 전달해 주는 궁극적인 이미지는 아마도 어머니일 것이다. 많은 수고를 통해서 이 세상에 내보낸 아이를 가슴에 안고 있는 어머니. "여인이 어찌 그 젖 먹는 자식을 잊겠는가?"(사 49:15).

그 외에도 많은 은유들이 있다. 유배당한 그들은 하나님의 현존을 생생하게 느끼게 해주는 소리들(교향곡을 이루는 그 소리들!)을 귀로 들었다. 유배당한 그들은 행동하시는 하나님, 만화경처럼 화려하게 펼쳐지는 그 하나님의 이미지를 눈으로 보았다. 지금도 창조하시는 하나님. 지금도 구원하시는 하나님. 게다가 그 모든 것이 동시에 펼쳐져서 그 거대한 동시성에 우리는 사로잡히게 된다. 항목별로 분류할 수도 없고, 알파벳 순서로 정리할 수도 없고, 우리 입맛대로 골라낼 수도 없다.

우상들

살아 계신 구원의 하나님에 대한 이와 같은 진지한 이미지들 사이사이에, 예언자는 바벨론의 풍경을 어지럽히는 신도 아닌 신들을 조롱한다. 그의 조롱은 가혹하고 무자비하다.

신도 아닌 우상을 만드는 사람들은 결국 아무것도 이루지 못하며, 그들이 그토록 애써서 작업하는 그 일은 아무것도 아니다. 그들이 만든 자그마한 꼭두각시 신들은 아무것도 보지 못하고, 아무것도 알지 못한다. 정말로 골칫덩어리들이다! 아무것도 할 줄 모르는 신, "신 노릇"을 못하는 신을 굳이 만들려고 할 사람이 누가 있겠는가? 신도 아닌 것들을 숭배하는 자들이 모두 수치심에 자기 얼굴을 가리는 모습을 보라. 신도 아닌 것들을 만들어 내는 사람들이 그 우상이 제 몫을 하지 못하자 창피스러워 슬금슬금 도망가는 모습을 보라. 그 사람들을 다 밖으로 끌어내라. 그들이 하나님의 실재를 직면하게 하라.

대장장이가 용광로에 넣었다 뺐다 하며 모루에 놓고 망치질을 해서 만들어 내는 신도 아닌 것을 보라. 그가 얼마나 힘들게 일하는가! 배고픔과 목마름에 지친 채 열심히 일에만 몰두한다.

목수는 신도 아닌 것을 만들기 위해서 평면도를 그리고 그것을 나무토막에다 베껴 낸다. 끌로 모양을 내고 대패질로 다듬어서 인간의 모습을 만들어 낸다. 예배당에 가져다 놓기 위해 아름다운 여인의 상을 만들고 잘 생긴 남자의 상을 만든다. 먼저 삼목을 베거나 아니면 적당한 소나무나 떡갈나무를 골라낼 것이다. 골라낸 나무는 먼저 산 속에서 비의 양분을 맞으며 튼튼하게 자라게 놓아 둔다. 그러고 나면 두 가지 용도로 사용될 수 있을 것이다. 일부는 장작으로 써서 집을 덥히고 빵을 만드는 데 쓸 것이고, 나머지를 가지고는 자신이 섬기는 신을 만들 것이다. 신의 모습으로 조각해서 그 앞에서 기도를 한다. 절반의 나무를 가지고는 몸을 덥히고 저녁에 고기를 구워 먹을 불로 쓴다. 먹을 만큼 먹고 나면 포만감에 만족하며 의자에 등을 기대고 앉아서 불에다 발을 쪼인다. "이런 게 사는 거지." 그리고 나서도 신을 만들 수 있는 나무가 절반이 남아 있다. 자신의 개인적 목적에 맞게 만들어진 신이다. 자신이 내킬 때면 아무 때나 예배할 수 있는 손쉽고 편리한 신도 아닌 존재다. 필요가 생길 때면 언제든지 그는 그것을 향해 기도한다. "나를 구원해 주소서. 당신은 나의 신입니다."

좀 바보 같지 않은가? 그들은 보지 못하는가? 그들이 생각이나 있는 자들인가? '이 나무의 절반은 장작으로 썼다. 그것으로 빵을 굽고 고기를 구워서 맛있는 식사를 했다. 그리고 나서 남은 나무를 가지고 혐오스러운 신도 아닌 것을 만들었다. 그리고는 나무 조각에다가 대고 기도를 하고 있구나!' 이런 생각이 그들은 들지 않는단 말인가.

공허, 무를 사랑하는 이들은 실재로부터 너무 멀어지고 실재와의 감이 너무도 떨어지는 사람들이어서, 자신이 하고 있는 일도 제대로 보지 못하고, 자기 손에 들려 있는 신도 아닌 나무 작대기를 보면서도 '이건 미친 짓이야'라는 말도 하지 못한다(사 44:9-20, *The Message*).

예언자는 이렇게 조롱하면서 즐기는 듯이 보인다. 그는 매우 재미있게 실체가 곧 드러나게 될 바벨론의 신들을 비아냥거린다

(사 40:19-20; 41:5-7, 21-24; 42:17; 45:20-21; 46:1-2, 6-7; 47:12-14도 보라). 그의 말을 들으며 바벨론 사람들도 웃었을지 궁금해진다.

출애굽

그 외에 한 가지 더 필요한 일이 있었다. "너희 하나님"에 대한 감각이 회복되어 그것이 복음으로 작용하려면 예언자는 자신의 구원의 설교를, 창조와 역사에 대한 견고한 의식에 뿌리를 두고 전해야 했다. 이상화된 창조나 낭만화된 역사가 아니라, **흔들리지 않는** 창조 속에서 **살아진** 역사여야 했다. 예언자가 자신의 회중을 향해 말하고 있는 그 시점, 주전 6세기의 바벨론에서 그 회중이 살고 있던 그 역사여야 했다.

사람들은 예언자의 설교를 '영화'(spiritualization)할 수도 있었다. 그것은 종교적 삶에서 언제든지 가능한 일이다. 사람들은 예언자의 설교를 내면화하고, 독점하고, 위로가 되는 진리로 바꾸어 버리고, 고립시킬 수 있었다. 얼마든지 하나님을 그리고 하나님에 대한 예언자의 설교를 그들이 살고 있던 바벨론이라는 조건과는 별개의 것으로 분리해서 구획 지을 수 있었다. 그러나 창조와 역사는 사적인 것, 신비로운 것 혹은 정신적인 것으로 축소될 수 없다. 창조와 역사는 공적인 사건의 장에서 일어나는 일이다. 이집트로부터의 탈출, 바벨론으로의 유배, 그리고 본디오 빌라도에 의해 골고다에서 십자가에 달린 일 모두가 그렇다.

그러나 성경이 이와 같은 영화 작업에 계속해서 반대하고 있음을 한 치의 양보도 없이 증거하고 있음에도 불구하고, 참으로 많은 사람들이 이와 같은 증거를 불편해하고 창조와 역사 모두를 영화하려고 최선을 다한다. 창조 안에 있는 흙이나 모기 같은 지저분한 것들은 무시하고 우아한 꽃꽂이나 배우면서 창조를 영화하고, 주변에서 일어나는 사고와 기차 충돌 사건 같은 것들을 교과서에 나오는 역사적 기록으로 축소해서 역사를 영화한다. 이와 같은 영화는 암이 퍼진다든가, 못된 이웃을 만난다든가, 부패한 경제로 고생한다든가 하는 일 때문에 손상을 받게 되는 일이 없는 것으로 우리의 인생을 재해석하게 만든다.

영화는 창조의 거대한 세계와 구원의 복잡한 세상을, 우리가 암송하고 있는 성경 구절 몇 개, 영감을 받는 데 유용한 경건 서적 한두 권, 그리고 곧고도 좁은 길을 계속해서 갈 수 있게 해주는 진리나 원칙 몇 가지로 인생을 축소시킨다. 영화는 복음적 삶의 방식을 어떻게 해서든지 느낌이나 사상이나 프로젝트로 해체할 것을 고집한다. 기도에서 부적절한 말들은 싹 제거하고 기도를 경건하게 들리는 상투적 문구로 바꾸어 놓고, 성경 앞에는 아무것도 거치는 것이 없게 할 때 영화 작업은 성공하게 된다. 바벨론과 바벨론의 상황을 다루기를 회피하는 정도까지 말이다. 복음을 영화한다는 말은 우리가 하나님은 사랑하지만 "하나님이 이처럼 사랑하신" 세상은 사랑하지 않는다는 뜻이다.

예언자는 바벨론의 정치와 사업 그리고 종교의 일상적 생활을 무시하는 영화를 방지하기 위해서, 하나님이 그들의 유배 생활 동안에 그들에게 하시는 일이 하나님이 창세기와 출애굽기에서 하신 일에서 이미 그 선례가 있고, 그 때의 일과 지금의 이 일이 병렬 관계에 있음을 사람들이 이해할 수 있도록 설교했다.

> 라합을 저미시고 용을 찌르신 이가
>   어찌 주가 아니시며
> 바다를, 넓고 깊은 물을 말리시고
>   바다 깊은 곳에 길을 내어
> 구속받은 자들을 건너게 하신 이가
>   어찌 주가 아니시니이까.
> 여호와께 구속받은 자들이 돌아와
>   노래하며 시온으로 들어오니…(사 51:9-11).

라합은 고대 셈족의 이야기에 나오는 혼돈의 물에 사는 원시 시대 용의 이름이다(시 89:10; 욥 9:13; 26:12를 보라). 라합은 또한 이집트에 대한 은유로 쓰이기도 했는데, 이집트는 400년 동안 이스라엘을 억압한 "용"이었다(사 30:7; 시 87:4를 보라). 창조의 위대한 사역에서 하나님은 "라합을 저미시고" 혼돈을 이기셨다. 위대한 구원의 사역에서 하나님은 "바다 깊은 곳에 길을 내어 구속받은 자들이 건너가게" 하시고 이집트의 억압자들을 이기셨다. 예언자는 두 개의 용을 하나로 혼합한다. 하나님은 무법한 악의 세력을 꺾으시고, 예언자가 유배 중에 있는 회중을 향해 "여호와께 구속받은 자들이 돌아오리라"고 설교하는 그 순간에도 바벨론에서 구원의 사역을 이루신다.

설교자는 열정적으로 설교하면서 사람들에게 창조하시는 하나님, 구원하시는 하나님에 대한 이미지와 은유를 잇따라서 제공해 주고 있다. 그는 사람들의 상상력을 불러일으켜서 그들이 다시 한 번 자신들이 서 있는 "둥근 땅"을 바라보고, 자신들을 역사 속에 자리매김해 주는 구원의 출애굽 이야기를 듣도록 해준다. 출애굽과 유배는 병렬 관계를 이루는 사건이다. 이스라엘 백성은 마치 신이 존재하지 않는 것 같았던 그 세월과 이집트의 노예 생활이라고 하는 상황으로부터 구원을 받았으며, 바벨론 유수로 인한 황폐와 하나님이 죽은 것 같은 상황으로부터 다시 한 번 구원을 받고 있다. 전에 일어났던 일이 다시 일어나고 있는 것이다.

예언자는 지칠 줄 모르고 자신의 일을 한다. 거룩한 창조가 바벨론 땅에서 일어나고 있다. 거룩한 역사(구원)가 바벨론의 거리에서 일어나고 있다. 그러나 만약에 우리가 창조를 영화하고 역사를 영화하는 나쁜 습관을 받아들였다면 우리는 그것을 보지 못할 것이다. "하늘과 땅"을 단순한 땅으로 편집해 버렸을 것이기 때문이다.

하나님은 하늘에서 통치하신다. 그렇다. 하나님은 "그룹 사이에 좌정"(시 80:1)하시고 "이스라엘의 찬송 중에"(시 22:3) 계신다. 그렇다. 하나님은 "가난한 자들을"(시 10:12) 잊지 않으신다.

좋은 일이다. 하나님은 "내 영혼을 스올에 버리지 아니하시며" 그 대신에 나에게 "생명의 길"(시 16:10-11)을 보여 주신다. 그렇다. 그러나 우리가 결코 잊어서는 안 되는 사실은 하나님은 또한 "레바논 백향목을 꺾어 부수시고…가데스 광야를 진동시키'신다"(시 29:5, 8)는 사실이다. 하나님은 "하늘을 드리우시고 강림하시고…그룹을 타고 다니신다"(시 18:9-10). 하나님은 "말과 그 탄 자를 바다에 던지셨다"(출 15:1).

하나님은 우리 안에서 일하시지만 창조와 역사로부터 추출되어 추상화된 우리 안에서 일하시는 것이 아니다. 하나님은 인간의 마음을 만지신다. 그러나 하나님은 또한 산을 만지셔서 거기에서 연기가 나게 하신다(시 144:5). 하나님의 대로가 우리 마음 안에 있지만(시 84:5), 하나님의 길은 "바다"에도 있었다(시 77:19). 우리는 하나님을 우리의 경험이나 우리가 이해하는 하나님으로 축소시킬 수 없다. 창조는 거대하다. 구원은 포괄적이다. 예언자의 설교는 하나님의 가장 관대한 조건에 따라서 하나님을 수용하는 참여의 상상력을 자기 회중 안에 형성해 주었다.

나의 종

'구원'이 다가오고 있다! 그러나 그 구원은 어떻게 성취될 것인가? 그 수단은 무엇인가? 대답은 간단명료하다. 그리고 놀랍다. '나의 종.'

유배당한 자신의 회중에게 창조와 구원의 상상력을 다시 불어넣어 주는 임무를 맡은 예언자가 처음 내뱉는 말이 "너희 하나님"(사 40:9)이다. 살아 계신 하나님, 인격적인 하나님에 대한 그의 활기 넘치는 이미지들은 멋진 세상 속으로 확장되어 들어간다. 구원받은 남녀들이 유배 생활로부터 구원을 받았다! 이것은 인상적이기는 하지만, 그렇게 놀라운 일은 아니다. 그 복음의 길을 전하는 이스라엘 최고의 설교자인 예언자에게서 우리가 대체로 기대하는 것이 바로 그런 일이기 때문이다.

그러나 "나의 종"은 놀랍다. 바벨론의 사막에다가 "주의 길"(사 40:3 참고)을 놓기 위해서—하나님이 건설하고 계시는 "대로"(49:11)를 놓기 위해서—하나님이 사용하시는 수단을 설명하면서 예언자는 "나의 종"이라는 이름을 언급하고 있다. 조지 아담 스미스는 이렇게 쓰고 있다. "여호와 다음으로는 그 종이 그 예언에서 가장 중요한 인물이 된다. 자기 백성을 능히 구원하실 수 있으며 그 구원의 근원이 되는 존재는 하나님밖에 없다고 예언자는 강조하고 있는가? 그와 동일한 강도로 그는 하나님이 자신을 위해서 일해 줄 대리자로 선택한 자가 바로 그 종이라고 소개하고 있다."[15]

예언자는 종의 특색을 그리고 있는 네 개의 노래를 자신의 복음 설교 도중에 끼워 넣고 있다. 바로 이사야 42:1-9; 49:1-7; 50:4-9; 52:13-53:12이다. 구원의 위대한 행위를 이행하기 위해서 하나님이 선택한 사람은, 믿거나 말거나 바로 종, 비천한 종이다. 우선 예언자 자신이 스스로를 "종"이라는 명칭으로 이해하그 있다. 자신의 회중에게 "너희 하나님을 보라"라고 **설교한** 예언자는 또한 하나님이 그에게 " 내 종을 보라"라고 말씀하시는 것을 **들었다**. 예언자의 설교는 예언자의 들음이 수반되지 않으면 아무런 쓸모가 없다.

이 네 개의 노래가 사용된 이유는, 예언자 혹은 이스라엘이, 혹은 우리 중 그 누구라도 우리가 보기에 더 적합한 수단이라고 생각되는 것 혹은 하나님의 영광에 더 어울린다고 생각되는 무엇으로 하나님의 수단을 대체하지 않게 하기 위해서다. 하나님이 직접 그 종을 부르시고 정의하셨다. 그 종은 오로지 하나님이 제시하신 조건에 따라서만 자신을 이해하고 있다. 조지 아담 스미스는 이렇게 말한다.

> 편협하고 불완전한 신자들은 하나님에 대한 신앙을 하나님이 어떻게 일하셔야 하느냐에 대한 자신들의 생각으로 대체해서는 결코 안 된다는 사실을 상기해야 한다. 하나님이 일하시는 방식을 자신들이 이해하고 있는 하나님의 과거 계시들에 국한시켜서는 안 된다. 하나님은 심지어 자신의 선례도 반드시 따르시지는 않으며, 관습적이거나 종교적인 것들 이외에도 많은 세력들을 사용하실 수 있고, 은혜의 수단으로 그러한 다른 세력들을 사용하실 수 있다는 사실을 기억해야 한다. 그렇다. 심지어 고레스처럼 도덕적 혹은 종교적 성품이 전혀 없어 보이는 세력들까지도 하나님은 사용하신다.[16]

네 개의 노래를 통해서 그 종의 길과 방식들을 제시하면서 예언자는 우리가 그 단어를 진부한 표현으로 만들어 버리거나, 풍부한 인격성을 제거하고 밋밋하게 추상화해 버리지 않도록 충분히 설명해 준다. 예언자는 이 노래들을 통해서 우리가 복음 즉 예수님의 길을 제대로 이해하는 데 가장 특징적인 기여를 하게 된다. 그것은 또한 그의 메시지 중에서 우리가 동화하고 살아내기가 가장 힘든 측면이기도 하다. 그 누구도 종이 되고 싶어하는 사람은 없다. 우리는 자기 자신을 그렇게까지 형편없게 생각하지 않는다.

그러나 예언자는, 자신보다 앞선 그 어느 예언자보다도 더 철저하게 종의 이미지를 받아들였다. 하나님이 하나님 자신과 자신의 백성을 재정비하시고 재규명해서 그 백성이 자신들을 위해 준비된 구원의 삶에 들어갈 수 있도록 하신 인간적 수단과 방법이 무엇인지를 규명하고 설명하기 위해서, 예언자는 종의 이미지를 확고하게 받아들였다. "종"은 새로운 이미지는 아니지만, 유배 생활에서 이전의 강렬함을 상당 부분 잃었을 가능성이 크다. 그러나 그것이 이미 죽은 이미지라 하더라도, 그것은 단지 씨앗이 죽었다고 하는 것과 같은 의미에서 죽었을 뿐이다. 그러니까 겉으로 보기에는 죽은 듯이 보이지만 조건만 제대로 갖추어지면 언제든지 초록빛 생명을 발산하며 피어오를 준비가 되어 있었다. 유배 생활의 '무'가 바로 그 조건을 제공해 주었다.

유배당하기 750년 전에 모세가 이스라엘 백성을 이끌고 이집트에서 탈출해 나왔을 때, 모세와 모세가 이끈 백성의 주요 이미지는 "종"이었다("그의 종 모세", 출 14:31). 그들은 이집트에서 노예였지만(이것은 나쁜 일이다) 여호와의 종이 되었다(이것은 좋은 일이다). 그리고 이제 유배 시절의 예언자는(신 18:15, 18에서 예언한 "모세와 같은 예언자"가 바로 그일까?) 하나님의 백성으로 창조되었던 이스라엘의 시작 이야기와 이집트의 노예살이에서 벗어나게 된 이스라엘의 구원 이야기 속에 나오는 여호와의 실재와 현존 그리고 구원의 활동을 선포하고 있다. 그 하나님이 바벨론 유수에서 다시 한 번 활동하고 계신다.

"종"은 하나님의 백성을 지칭하는 새로운 용어가 아니다. 일찍부터 "종"이라고 하는 용어는 하나님의 백성이 스스로를 이해하는 핵심적인 용어였다. 이집트의 속박에서 벗어나 이스라엘이 자유를 얻게 된 위대한 홍해의 구원 사건은 그들을 자유로운 백성으로 만든 것이 아니라 또 다른 주인의 종으로 만들었다. "이스라엘 자손은 나의 종들['*abadim*=종들]이 됨이라 그들은 내가 애굽 땅에서 인도하여 낸 내 종이요, 나는 너희의 하나님 여호와이니라"(레 25:55). 그들은 이집트의 속박으로부터는 자유로워졌지만, 하나님으로부터 자유로워진 것은 아니었다. "출애굽의 요점은 자기 결정권의 의미에서의 자유가 아니라 '섬김'이었다. 즉, 국가와 국가의 교만한 왕이 아닌, 사랑하시고 구속하시고 구원하시는 이스라엘의 하나님에 대한 섬김이었다."[17]

모세가 이스라엘 노예들을 풀어 줄 것을 바로와 협상할 때 그는 "섬기다"라는 단어를 반복해서 사용했다. 하나님은 모세에게 이르시기를 "가서 바로에게 이렇게 말해라. '내 백성을 보내라. 그러면 그들이 광야에서 나를 **섬길** 것이니라'"(출 7:16; 8:1, 20; 9:1, 13; 10:3)라고 하셨다. 바로의 종들은 그 땅에 임하는 각종 재앙에 지친 나머지 왕에게 말했다. "그 사람들을 보내어 그들의 하나님 여호와를 섬기게 하소서"(출 10:7). 화가 몹시 난 바로는 드디어 항복하고 이스라엘에게 한 번이 아니라 네 번을, "가서 너희의 하나님 여호와를 섬기라"(출 10:8, 11, 24; 12:31)고 말했다. 그리고 그들은 갔다. 그러나 그들이 떠나자마자 바로는 생각이 바뀌어서 그들을 다시 데려오려고 길을 나섰다.

이집트의 전차들이 천둥 같은 소리를 내며 이스라엘 백성의 뒤를 쫓아왔을 때 이스라엘 백성은 자신이 홍해 앞에 발이 묶인 채 오도 가도 못하게 갇힌 신세임을 깨닫게 되었다. 모세가 그들을 막다른 골목으로 인도했던 것이다. 그들은 모세를 지도자의 자리에서 해임시키고("우리를 내버려 두라") 바로의 노예로 다시 돌아갈 채비를 했다. "우리가 애굽 사람을 **섬길** 것이라"(출 14:12). 그 다음 날 모세는 그 백성이 해변 반대편에 서서 자신의 구원을(!) 노래하고 외칠 수 있게 해주었다. 그러나 모세는 여전히 종이었고, 모세가 이끈 백성도 마찬가지였다. 모세가 가진 종의 지위는 변하지 않았다. "백성이 여호와를 경외하며 여호와와 그의 **종** 모세를 믿었더라"(출 14:31).

이스라엘과 모세는 모두 여전히 종이었다. 달라진 것은, 유일하게 달라진 것은, 그들이 다른 주인을 섬기게 되었다는 것뿐이었다. 그들은 죽음의 독재자 바로 대신에 생명의 주 여호와를 섬기게 되었다[히브리어 '*ebed*는 문맥에 따라서 영어로 slave(노예) 혹은 servant(종)로 번역된다. 섬길 것을 강요받는다면 우리는 노예다. 섬김이 선택에 의한 것이라면 우리는 종이다. 신약성경의 그리스어 '둘로스'(*doulos*)도 마찬가지로 종 혹은 노예로 번역된다].

"종"이라는 말이 우리를 놀라게 하는 이유는, 그 단어가 그 '길', 구원의 길, "우리 하나님의 대로"(사 40:3)와는 너무도 맞지 않기 때문이다. "광야에 길을 사막에 강을"(사 43:19) 내는 일은 영광스러운 일이다. 넘치도록 영광스럽다. 그러나 이 영광스런 일을 하기 위해서 하나님이 선택하는 대리인들은 영광스럽지 않은 종들이다. 종들은 그들이 위대한 일을 할 자격을 갖추었음을 알려 주는 아무런 신임장도, 지위도, 업적도 없다.

이것이 정말로 하나님이 구원의 사역을 증언하시기를 원하는 방식인가? "둥근 땅 위에 앉으신" 전능하신 하나님은 정말로 이러한 방식으로 사람들이 하나님을 인식하기를 바라시는가? 그것은 우리가 기대했던 바와는 사뭇 다르다. 자유의 투사라든가, 전쟁으로 단련된 전사, 아니면 조건을 협상하는 데 능통한 약삭빠른 정치가 정도는 되어야 하는 것 아닌가? 거기다가 천사들도

한 무리 끼워 넣지 못할 이유가 무엇이란 말인가? 종은 특별히 뛰어난 것이 없는 지위이며, 직업의 사다리에서도 맨 아래 칸에 해당하는 일이다. 그런데 그런 단순한 종들, 유배당한 자들, 영토도 왕도 신도 없다고 여겨진 이 유배당한 자들이 여기에 있다. 그런데 그러한 때조차도 하나님은 그 남자와 여자들을 사용하셔서 그들의 구원을 이루고 계셨다.

성경을 배운 사람들에게 종은 언제나 자신에게 주어진 정체성이었다. 우리는 하나님을 섬긴다. 하나님이 우리를 섬기는 것이 아니다. 하나님이 명령하시고, 우리가 섬겨야 할 조건들을 제시하시고, 우리는 그것을 수행한다. 하나님은 선하고 자비로운 주인이시지만, 하나님은 우리를 섬기지 않는다.

 하나님의 방식은 언제나 종을 사용하시는 것이었다. 아무런 입지도 업적도 영향력도 없는 남녀들, 종들을 하나님은 사용하신다. 종의 정체성에서 핵심적 요소는 하나님이 되지 **않는** 것, 관할하지 않는 것, 주도권을 잡지 않는 것이다. 혹은 긍정적으로 표현하자면, 종은 주인의 몸짓과 지시에 민감하게 반응하면서 다른 존재가 이미 결정한 일에, 이미 진행되고 있는 일에 끼어드는 사람이다(시 123편). 종은 전체 사정을 알지 못한다. 처음부터 끝까지 일이 어떻게 진행되는지 알지 못한다. 종의 임무는, 주인의 열망이라고 알고 있는 그 일과 직접적인 연관이 있는 일을 잘 해

내는 것이다. 그러는 내내 종은 또한 자신이 알고 있는 그 어떤 것보다도 훨씬 더 많은 일, 좋은 일과 나쁜 일이 진행되고 있음을 인식한다. 다시 말해 그는 신비 속에서 살지만 혼란 속에서 살지는 않는다. 선한 종은 하나님을(지금 여기에 계시는 하나님, '여호와'를) 언제나 인격적이고 현존하시는 주권자로서 신뢰하고 순종하며 그분께 영광을 돌리고자 늘 간절히 바라는 사람이다.

네 개의 종의 노래

"종의 노래"라는 명칭이 붙은 네 개의 본문은, 하나님이 바벨론 유배에서 자신의 백성을 구원하기 위해서 사용하실 종 혹은 종들을 밝힐 때 예언자가 특별히 관심을 기울이는 부분이다.

"종"이라고 하는 명칭이 유동적이라는 사실이 이쯤에 오면 분명해진다(성경 독자들 대부분이 그 부분에 대해서 일치를 보이고 있다). 때로 "종"은 (모세나 다윗처럼) 이름이 부여된 사람을 지칭한다. 나중에 신약 성경 저자들은 이 네 개의 종의 노래가 제시하는 종이 바로 자기 자신이라고 예수님이 스스로를 이해하셨음을 밝히고 있다. 바울도 자신을 종이라고 했다. 그러나 또한 "종"은 우리 모두를 포함하는 말이기도 하다. 아무런 가감 없이 정말로 하나님의 모든 백성을 포함한다. "종"은 우리에 대해서 사용할 수 있는 가장 고귀하고도 가장 정확한 단어다. 우리는 모두 종이다. 하나님이 보시기에는 회중 가운데서 무작위로 아무나 뽑아 낸다 해도 (모세와 그 이외의 사람들처럼) 이름으로 알려진 그 어떤 종 못지않게 종의 역할을 잘 해낼 수 있다. 그러나 대부분의 종들은 이름으로 알려져 있지 않다. 길이 되신 예수님께 관심을 가지고 있는 사람들, 예수님이 바로 우리가 여행하도록 부름받은 그 길이 되시는 '방식'에 대해서 알고 싶어하는 사람들은 그 사실에 특별히 관심을 가지게 된다.

예언자는 "보라!"라는 말로 이목을 집중시킴으로써 이 구원 복음의 설교가 긴박함을 표시했다. 일곱 개의 스타카토로 '보라'라는 말이 반복되고 있다(사 40:9, 10, 15; 41:11, 15, 24, 29). "보라! 하나님의 말씀을 들으라." 종의 노래를 소개할 시점이 되어서도 예언자는 같은 말을 사용한다. "보라!"(사 42:1). "보라! 이 종의 노래들을 들어 보아라. 너희의 삶에서 하나님은 누구이신지에 집중할 필요가 있다"("너희의 하나님을 보라!"). "그리고 너희가 수단과 방법을 아는 것도 마찬가지로 중요하다. 즉, 하나님이 너희의 삶 속에서 일하시기 위해서 사용하시는 **종**을 아는 것도 중요하다"("나의 종을 보라!"). 첫 번째와 네 번째 노래는 "보라"로 시작하고 있고, 세 번째 노래는 두 번의 "보라"로 결론을 맺고 있는데 그것은 마치 "여기에 표시를 해 두어라. 이 부분이 가장 중요하다!"라고 말하는 것처럼 보인다.

이사야 42:1-9. 첫 번째 노래에서는 종이 사명을 위해 "선택"을 받는다. 그는 "이방에 정의를 베풀" 것이다. 막중한 임무다. 그러나 그가 그 일을 수행하는 방식은 웅장한 것하고는 거리가 멀다. 그는 조용하고 부드럽게 일할 것이며, 고함도 지르지 않고, 강제하지도 않고, 폭력을 행사하지도 않을 것이다. 목적과 수단의 일치는 중요하다. 비록 그 수단이 적합해 보이지 않음에도 불구하고 그 수단의 성공이 보장되고 있다. "그는 쇠하지 않을 것이다."

이사야 49:1-7. 두 번째 노래는 종을 "태에서부터 부르셨다"고 묘사하고 있다. 하나님이 종을 사용하시는 것은 망해 가는 기업을 회생시켜 보겠다고 뒤늦게 시도하는 필사의 몸부림이 아니다. 그것은 막판에 가서 내린 결정이 아니었다. 그 일은 오래 전부터 준비되고 있었다. 그럼에도 불구하고 그것은 쉬운 일이 아니었다. 종 스스로도 자신이 하는 일이 쓸모없다고 느끼게 되고 하나님도 그가 "사람에게 멸시를 당하는 자, 백성에게 미움을 받는 자"가 될 것임을 인정하셨다. 그러나 이 막중한 임무가 종이 부족하다고 해서 그의 형편에 맞게 줄어들지는 않는다. "내가 너를 이방의 빛으로 삼으리라." 그리고 그 결과는 만족스러울 것이다. "왕들이 보고…경배하리니."

이사야 50:4-9. 세 번째 노래는 멸시와 경멸을 당하게 되는 종의 증언과 설교의 사역을 다시 한 번 확언해 준다. "나를 때리는 자들에게 내 등을 맡기며…모욕과 침 뱉음을 당하여도 내 얼굴을 가리지 아니하였느니라." 그러나 종은 흔들리지 않으며 주춤하지 않는다. "내 얼굴을 부싯돌같이 굳게 하였으므로." 그리고 계속해서 승리가 보장된다. "보라, 주 여호와께서 나를 도우시리니"(9절).

이사야 52:13-53:12. 네 번째 노래는 앞의 세 노래가 서곡에 불과했음을 보여 주는 제일 중요한 노래가 된다. 여기서는 정의와 구원이라는 하나님의 일을 실행하기 위해서 하나님이 그 종을 선택하시고, 준비시키시고, 임명하셨다는 증언이 계속되고, 그 종의 사역이 거절당하고 그가 고난을 당할 것이라는 이야기가 계속되고, 그럼에도 불구하고 이 그럴듯하지 않은 수단이 결국에는 그 목적을 달성하리라는 확신이 계속해서 이어진다. 그러나 여기에는 다른 노래와는 놀라운 방식으로 분명하게 구분되는 새로운 요소가 하나 있다. 그리고 그 놀라운 방식은 언제나 뉴스로 남아 있는 뉴스, 즉 복음을 우리가 이해하고 그 복음에 참여하게 되는 결정적인 방식이다. 이 결정적인 방식은 희생적 고난, 다른 사람들과 함께 그리고 그들을 위해서 받는 고난과 연결되어 있다.

이 마지막 종의 노래는 두 개의 목소리로 구성되어 있다. 시작(52:13-15)과 결말(53:11하-12) 부분은 하나님의 목소리로 되어 있다. 그리고 가운데 부분(53:1-11상)은 "우리"의 목소리, 종의 고난과 죽음을 알려 주고 그것이 우리의 구원에 대해서 가지는 의미를 설명해 주는 목소리로 되어 있다. 이 "우리"의 목소리는 그 노래의 심장부에 해당하지만, 우리의 문제를 해결하는 데 필요하다고 흔히 생각하는 것과는 상당히 어긋나는 내용이다. 그 내용은 우리가 생각하는 타당성과 정의를 너무도 심각하게 건드리기 때문에 누군가가 대단한 확신을 심어 주지 않는 이상 그것이 정말로 하나님이 의도하시는 바라고 생각하기가 어렵다. 그래서 한쪽 끝에서는 "보라 내 종이 형통하리니"(52:13)라고 받쳐 주고, 다른 한쪽 끝에서는 "나의 의로운 종이 자기 지식으로 많은 사람을 의롭게 하며"(53:11하)라고 받쳐 준다. 이 방식, 이 희생적 고난의 방식이 바로 이스라엘의 문제를 다루시는, 그리고 이 세상의 문제를 다루시는 하나님의 방식이다. 풍부한 내용의 서두(52:13-15)와 확신에 찬 결말(53:11하-12)이 그 가운데 부분의 내용을 확고하게 잡아 주어서 우리가 아무런 주저함 없이 그 내용을 생각해 볼 수 있게 해준다.

이 종은 그 노래의 중심부다. "마른 땅에서 나온 뿌리…고운 모양도 없고…멸시를 받고 버림을 받아…우리는 생각하기를 그는 징벌을 받아 하나님께 맞으며…곤욕을 당하고…살아 있는 자들의 땅에서 끊어지고…그의 무덤이 악인들과 함께 있었으며." 바로 고난받는 종의 모습이다.

그러나 여기에서 중요한 것은 이 고난이 비극적인 것으로, 불행한 것으로, 마땅히 되어야 할 일을 방해하는 것으로 제시되지 않는다는 사실이다. 이 고난은 하나님이 **선택**하신 구원의 방법이다. "우리의 슬픔을 당하였거늘…그가 상함은 우리의 죄악 때문이라.…그가 징계를 받음으로 우리는 평화를 누리고…우리 모두의 죄악을 그에게 담당시키셨도다.…마땅히 형벌 받을 내 백성의 허물 때문이라.…그의 영혼을 속건 제물로 드리기에 이르면." 그 종은 우리의 자리에 서서 우리를 대신한다. 베른트 야노프스키(Bernd Janowski)는 이사야 53장에 대한 매우 섬세한 해석학적 연구에서 이 종의 중요성을 한 문장으로 요약해 그 정수를 뽑아낸다. "한 사람이 어떤 행위 혹은 고난을 통해서, 자기 스스로 그것을 취하려 하지 않거나 취할 능력이 없는 다른 사람의 **자리**를 대신 취한다."[18] 우리는 때로 그것을 대리적 고난이라고 부른다.

종은 하나님을 섬긴다. 그것은 말할 필요도 없다. 그러나 네 번째 노래에서 주목하게 되는 독특한 점은 그 종이 죄인을 섬김으로써, 죄인의 자리를 취함으로써, 죄의 결과를 받아들임으로써, 죄인이 자기 스스로는 할 수 없는 그 일을 죄인을 위해서 해 줌으로써 하나님을 섬긴다고 하는 사실이다.

이것이 바로 이 세상의 문제를 다루는 복음의 방식이며, 우리를 불구로 만들고 우리를 무능력하게 만드는 다면적인 죄라는 암을 다루는 복음의 방식이다. 우리의 문제는 다양한 형태로 변주된다. 불신앙, 표적에서 벗어남, 사악함, 반항, 범죄, 고집스러움, 무관심, 폭력, 교만 등 수도 없이 많다. 그러나 그 잘못이 의도적이건 무심코 행해진 것이건 간에, 그 종은 역겹다고 피하거나 말이나 무기의 힘으로 공격하지 않는다. 그 대신에 그 종은 상황에 따르고 결과를 받아들인다는 의미로 그것을 수용하고, 받아들이고, 고난을 받는다. 그 종은 잘못을 행한 자와 그의 잘못을 희생의 제단으로 자신이 직접 **가져가서** 그를 제물로 바꾼다. 그 종은 자신의 형제자매들에게 이렇게 말한다. "오직 하나님만이 당신을 구원하실 수 있습니다. 당신이 하나님 앞에 나갈 수 없다고 생각하십니까? 제가 대신해서 가겠습니다." 아니면, 적어도 "제가 같이 가게 해주십시오"라고 말한다.

사람들은 "도대체 이 종이 누구인가?"라는 질문을 던지고 그에 답하는 데 상당히 많은 주의를 기울여 왔고 지금도 여전히 그 문제에 집중하고 있다. 그러나 구원의 복음을 이해하는 데 핵심이 되는 이 사람과 사건에 대해서 정확한 지식을 얻고자 세심하게 주의를 기울여 탐구한 성경 본문은 거의 없다. 기독 교회에서는 그리스도이신 예수, 성육신하신 하나님이 창세 때에 ("죽임을 당한 어린양의…창세 때부터", 계 13:8, 새번역) 결정적으로 구원을 성취하시고 또한 역사의 중심 사건으로서 구원을 결정적으로 성취하셨다는 데 서로 의견의 일치를 보고 있다. 십자가에 달리신 예수가 구원의 수단이 되는 것이다.

그러나 예수님의 고난과 죽음이 결정적이고 완전하기는 하지만 그것이 전부가 아니다. 예수님이 고난과 죽음을 통해서 성취하신 그 일에 우리가 참여하는 일이 남아 있는 것이다. 그 종이 예수님이기는 하지만 또한 그 예수님께도 종이 있다. 그 종이 정확하게 누구인지를 밝히기를 이 본문이 꺼리는 것은 어쩌면 의도적인지도 모른다. 여기에서 딱히 그 종이 누구라고 정의하기가 모호한 이유는 어쩌면 우리가 그 종의 임무를 유배 시절의 한 익명의 사람에게 혹은 무엇보다도 예수님께 국한시키지 못하게 하기 위함인지도 모른다. 우리 또한 이 일에 참여하는 사람들인 것이다. 그리고 우리 스스로 자격이 없다며 거기에서 빠져나올 수 없다. 이 본문에 전반적으로 퍼져 있는 관심은 복음을 따르는 모든 사람은 유배 시절의 예언자가 제시하는 대로의 종의 정체성을 수용해야 한다는 것이다. "모세가 종이었던 것만큼이나(그리고 장차 오실 분을 기다리는 사람들의 경우, 예수님이 완전하신 종인 것만큼이나) 나도 종이다. 너희들 하나하나가 모두 종이다." 우리가 아무리 거기에서 빠져나오려고 애를 쓰거나 피해 갈 길을 찾는다 하더라도 고난과 버림받음과 죽음을 경험하지 않으면서 예수님을 따를 수 있는 길은 전혀 없다. 예외는 없다.

출애굽 때에는 모세가 그러한 종이 되었다. 사람들이 금송아지를 만드는 불신앙의 행위를 하고 멸절될 위기에 처했을 때 그는 "이스라엘을 위해서 그리고 또한 하나님을 위해서 대속의 신비에"[19] 자기 자신을 내어주었다. "원하건대 주께서 기록하신 책에서 내 이름을 지워 버려 주옵소서"(출 32:32). 그러나 모세만 그랬던 것이 아니다. 모세의 뒤를 이은 많은 사람들이 종의 정체성을 받아들였다.

유배 시절에 그 예언자는 아마도 바벨론에서 바로 그러한 종의 임무를 받아들였을 것이다. "그가 많은 사람의 죄를 담당하며 범죄자를 위하여 기도하였느니라"(사 53:12). 그는 불신앙과 불순종이라고 하는 악의 순환을 깨뜨렸다. 그러나 월터 브루그만(Walter Brueggemann)이 우리에게 상기시켜 주는 것처럼, "힘이나, 권력이나, 주장을 통해서" 그렇게 하지는 않았다. "왜냐하면 그와 같은 강력한 주장은 상대방의 부정적 감정을 더 고조시키고 부추기기만 할 뿐이기 때문이다. 아무런 자원도 없는 무명의 이 종은 바로 상처받기 쉬운 연약한 삶을 통해서 죽음과 상처의 순환을 깨며, 폭력을 당하면서 그 폭력의 독재를 종식시킨다."[20] 그러나 그 예언자만 그렇게 한 것이 아니다. 그의 회중에 있던 많은 사람들도 마찬가지로 종의 삶을 받아들였다.

그리고 예수님이 있다. 모든 신약 성경의 저자들은 유배 시절의 언어로 기록된 이사야 53장의 단편들과 암시들 속에서 자신들이 분별해 낸 내용을 가장 충실하게 살아내신 분이 바로 예수님이라고 이해했다. 고난, 굴욕, 고소하는 자들 앞에서의 침묵, 도살장으로 끌려간 (하나님의) 어린양, 잔인한 채찍질, 빌라도와 가야바 앞에서의 재판, 죽음, 하나님으로부터 버림받음…. 예수님은 예언자가 증언하고 있는 종의 모든 요소들을 그대로 다 수용하셨다. 모세와 그의 뒤를 이은 자들이 부분적으로 했던 일, 예언자와 그의 회중이 부분적으로 했던 일을 예수님은 온전하게, 완벽하게 해내셨다. 예수님은 하나님이시면서 동시에 종이셨다. 예수님은 하나님이 선포하신 모든 요소들을 종합해 내셨고, "우리를 위해서 그리고 우리의 구원을 위해서" 종이 되심으로써 그렇게 하셨다. 이것은 도무지 이해할 수 없는 거대한 신비이지만, 그 신비가 우리의 동참을 막지는 않는다.

그리고 그 일을 오직 예수님만이 하신 것도 아니다. 물론 그것은 예수님만의 고유한 업적이다. 예수님이 하신 일 그리고 지금도 하고 계신 일에 우리가 그 무엇을 덧붙일 수도 빼버릴 수도 없기 때문이다. 이사야 53장의 모든 이미지가 명확해지는 골고다에서의 십자가 사건은 반복될 수 없다. 그러나 십자가를 '지는 일'은 그렇지 않다. 예수님이 유일무이하신 분이라고 해서 예수님이 가신 종의 길에 우리가 동참할 수 없는 것은 아니다. 우리는 예수님이 이전에도 하셨고 지금도 하고 계시는 방식으로 예수님의 일에 동참할 수 있으며, **반드시** 동참해야 한다. 그리고 오직 예수님이 하신 방식으로만 그 일에 동참해야 한다. "섬김을 받으려 함이 아니라 도리어 섬기려 하고 자기 목숨을 많은 사람의 대속물로 주려고"(막 10:45) 오신 종 되신 우리의 구세주를 따를 때, 우리는 즐겁게 순종하는 종으로서 따라야 한다.

우리의 "몸을 산 제물"(롬 12:1)로 드린다고 할 때 우리가 하는 일이 바로 그런 것이 아니겠는가? 우리가 "짐을 서로 질 때"(갈 6:2) 예수님이 가신 종의 길을 따르는 동반자들이 되는 것 아니겠는가?

유배라고 하는 모호한 상황에서 예언자가 전한 복음은 드디어 골고다에서 가장 두드러지는 강단을 얻게 되었고, 예수님이 바로 그 설교자가 되셨다. 그러나 그 강단이 아무리 눈에 띄고 그 설교자가 아무리 힘 있게 말한다 할지라도, 종의 길은 기독교 공동체가 잘 걸어간 길이라고 말하기가 힘들며, 어쩌면 결코 잘 걸어가지 못한 길이라고도 할 수 있다.

사람들이 안고 있는 문제 그리고 이 세상이 안고 있는 문제를 이와 같은 희생적 고난을 치르는 종의 방식으로 다루는 것은 우리 문화가 우리를 길들여 놓은 방식과는 너무도 다르다. 성경과 예수님을 벗어난 곳에서 이루어지는 표준적인 시술 절차는, 무엇보다도 가르침과 강제라는 수단을 통해서 이 세상의 문제가 무엇이든 그것을 제거하거나 최소화하려 하는 것이다. 사람들에게 옳은 것을 '가르치거나' 아니면 옳은 것을 행하도록 '만들어라.' 교수와 경찰이 바로 교육과 법의 집행이라고 하는 이 두 가지 방식을 대표한다. 우리는 사람들이 올바르게 그리고 책임 있게 살도록 '가르치기' 위해서 그들을 학교로 보낸다. 그것이 효과가 없으면 보상과 처벌이라는 시스템을 통해서 그들이 그것을 하게끔 '만든다'. 심지어 그들을 감옥에 가두는 한이 있어도 말이다.

그러나 그 두 가지 중 어떤 방법도 큰 효과는 없는 것 같아 보인다. 학교와 대학에서 취하는 가르침의 형식은 그다지 성공적이라고 할 수 없다. 제일 좋다고 하는 직업과 직군에서 악당과 배신자들, 도둑과 사기꾼들, 자살자와 폭행자들이 넘쳐나고 있다.

문명이 발달할수록 죄도 그만큼 더 성행한다. 감옥과 교도소를 통한 강제의 방식도 별 효과가 없어 보인다. 소수의 범죄자들을 잠시 격리시켜 놓는다는 것이 그 취지인데, 그렇게 한다 해도 때로는 교도소에 있는 인구가 학교에 다니는 인구만큼이나 많아진다. 우리는 "하나님과 국가"를 섬기는 데 사용하겠다고 동의하는 사람이라면 누구에게나 총과 폭탄을 나눠 주고, 국내에서건 국외에서건 "평화를 방해하는" 사람이라면 누구든지 위협하거나 죽인다. 이 세상의 문제를 단순히 양적인 차원에서만 줄이는 데도 그러한 방법들은 하나도 효과가 없어 보인다.

이사야 53장은 모든 헛된 기대, 마귀의 모든 유혹, 성경의 이야기를 종교적으로 개정해서 예수님과 그의 추종자들을 미국에서 성공한 사람들의 이야기로 바꾸어 놓는 모든 헛된 일들을 관에다 묻어 버리는 결정적인 못질이다.

한편 그 골고다의 강단은 여전히 역사의 중심에 서 있다. 그리고 그 설교자는 이 세상을 구원할 유일한 말씀을 지금도 전하신다.

아름다움

유배 시절의 예언자 이야기를 마치기 전에 설명이 필요한 단어가 하나 있다. 바로 "아름다움"이다. 예언자는 이 단어를 단 한 번 사용한다. 그러나 이 단어는 지금까지 예언자가 우리 앞에 제시하고 있는 모든 것을 가장 정확하게 그리고 가장 빈틈없이 종합해 주는 단 하나의 단어다. 이 단어에 대한 설명이 필요한 이유는 당시 바벨론의 상황으로 미루어볼 때 이 단어가 결코 설득력 있어 보이지 않기 때문이다. 당시의 상황은 불경한 교만, 유배의 상황에서 오는 절망, 영광의 하나님과 고난 받는 종, 구원과 신에 대한 망상, 보고 듣는 것과 보고 듣지 못하는 것, 지금까지 벌어진 일과 지금 벌어지고 있는 일과 앞으로 벌어질 일 등이 혼합된 상황이었다. 이 모든 것에 대해서 예언자가 했던 한마디의 말은 "아름답다"이다. 그러니 어떻게 설명을 하지 않고 넘어갈 수 있겠는가.

  아름다움은 세속 문화에서건 교회 문화에서건 우리 문화에서 평가절하되는 경우가 많다. "예쁘다" 혹은 "보기 좋다" 등과 같은 무미건조한 말과 같게 여겨지면서 장식 정도로 그 의미가 축소되는 것이다. 그러나 아름다움은 무엇에 덧붙이는 것, 여분의 것, 장식용 레이스와 같은 것이 아니다. 아름다움은 근본적인 것이다. 아름다움은 생계를 위해서 일하거나, 구원을 받거나, 복권에 당첨되는 것과 같은 중요한 일들을 해결한 후에야 즐기는 그러한 것이 아니다. 아름다움은 하나님의 존재와 하나님의 방식 속에 내재되어 있는 온전함과 선함을 증거하고 증언한다. 그것은 우리가 감당하거나 통제할 수 있는 것을 넘어서는 생명이다. 아름다움은 우리가 주님의 길을 가면서 맞닥뜨리게 되는 모든 것(힘겹게 사막을 건너는 일, 바위, 꽃, 용 라합, 얼굴, 와사삭 흔들리는 나무, "취하게 하는 잔", 산을 헤집는 폭풍우, 온갖 종류의 부상과 상처, 노인의 몸짓, 도살장으로 끌려가는 양, 손쉬운 일, 제단에서의 외침, 멋진 죽음, 독수리와 같은 날개, 성경, 예수님)에 지속적으로 주의를 기울이고 경배의 마음으로 주의를 기울일 때 경험하게 된다.

아내와 나는 오귀스트 로댕의 작품을 전시한 노스캐롤라이나 주의 어느 박물관에서 몇 시간을 보낸 적이 있다. 로댕의 조각들이 일단 우리의 상상력을 지배하고 나면 걸어가는 남자 혹은 사랑에 빠진 여자를 보았을 때 그냥 사소하고 하찮은 존재인 양 무심코 지나칠 수 없게 된다. 내가 생각하기에, 로댕은 사람들이 어떠한 자세 혹은 행동을 하고 있건 거기에서 오직 아름다움이라고밖에 부를 수 없는 것을 보았고, 그 아름다움은 무언가 황홀한 것, 눈에 보이는 것을 넘어서는 무엇, 생명 그 자체를 증언하고 있었다.

그 전시회의 프로그램을 보고 나는 로댕이 자신의 제자들을 다음과 같은 말로 가르치는 경우가 많았음을 알 수 있었다. "잘생긴 모델, 완벽한 비율을 이루는 표본 같은 것을 찾지 말라. 지나가다가 보게 되는 그 누구든지 모델로 삼으라. 그들 모두가 아름답다."

이것은 모든 사전적 정의에서 벗어나는 아름다움이다. 그것을 이해하려면 죄로 왜곡된 우리의 정체성을 바꾸지 않고서도 만족스럽게 무언가를 찾아다닐 수 있게 해주는 우리의 모든 일상적 용어들을 고치고 재구성해야 한다. 모든 성경의 단어들이 사실은 그러한 작업을 요구한다. 성경은 예수님 안에서 완전하게 그리고 궁극적으로 형식을 갖추게 되는 신실한 순종의 삶을 하나하나 이루어 간다는 관점에서 우리의 용어를 재정의할 것을 주장한다. "좋은 소식을 전하는…자의…발이 어찌 그리 아름다운가"(사 52:7)라고 예언자는 말한다. 고난 받는 종에 의해서 성취된 구원의 복음을 선포하는 사자의 발이 아름답다고 그는 말한다.

그러나 그것은 확실히 우리가 익숙해 있는 종류의 아름다움은 아니다. "그의 모양이 타인보다 상하였고 그의 모습이 사람들보다 상하였으므로…고운 모양도 없고 풍채도 없은즉 우리가 보기에 흠모할 만한 아름다운 것이 없도다"(52:14; 53:2). 우리가 보기에 "아름다운 것이 없는" 바로 그 사람과 그 상황에서 아름다움이 나오고 있다. 이것은 아름다움에 대한 우리의 전형적인 생각을 거부하는 아름다움이지만, 일단 우리가 그것을 받아들이고 그것을 살아내기 시작하면, 그 아름다움은 그 어떤 여행 포스터나 패션 화보나 매혹적인 포즈도 따라오지 못하는 아름다움이 된다. 예언자는 바벨론이나 북미에 있는 사실상 모든 것에 대조되는 신학적 미학을 우리에게 가르치고 있다.

이 모든 것이 우리 앞에 그토록 명백하게 제시되어 있건만 왜 그토록 많은 사람들이 세속 문화의 전형에서 조금이라도 벗어나기만 하면 "아름다움"이라는 말을 쓰기를 완고하게 거절하는 것일까? 아름다움은 '예쁜 것'이 아니라, 우리가 사는 곳에 모습을 드러내셔서 많은 사람의 죄를 지실 때 그 충만한 신성이 취하신 '형식'이며, 그러한 아름다움에 대한 통찰력과 식견으로 우리의 상상력을 살찌우기 위해서는 이 예언자가 필요하다. 기계 디자이너들과 미용사들로부터 아름다움을 배우겠다고 고집한다면, 그 산을 넘는 사자의 발을 '아름답게' 만드는 것이 무엇인지 우리는 결코 이해하지 못할 것이다.

아름다움의 독특한 점은 그것이 **계시**한다는 것이다. 표면 바로 밑에 있는 것의 깊이를 계시하면서 먼 과거의 것을 현재와 연결시킨다. 그러나 "계시"라는 말은, 자신이 보고, 듣고, 만지고, 냄새 맡고, 맛보는 모든 것을 다 통제한다고 생각하는 사람에게는 무의미한 단어다. "너희는 여호와의 선하심['아름다우심']을 맛보아 알지어다"(시 34:8; 히브리어 *tob*는 "선하다" 혹은 "아름답다" 둘 중 하나로 번역될 수 있다). 그러나 "여호와"라고 하는 말이 무의미한 말이라고 미리 결정한 사람에게 이 문장은 무의미하다. 초월성에 무관심한 사람, 위의 것과 아래의 것, 먼 것과 가까운 것 사이의 유기적 연결에 무관심한 사람은 구원이라고 하는 아름다움을 사실상 인지할 수 없다. 예수님의 길을 따르기를 거부하는 사람들에 대해서 내려지는 판결은 '추하다'이다. 예언자의 동시대인들이 그 종의 모습에서 구세주의 모습을 알아보지 못하고, 대신에 그를 "그에게서 얼굴을 가리는 것같이" 대하고

"우리도 그를 귀히 여기지 아니하였다"는 것은 사실 놀라운 일이 아니다. 우리의 많은 동시대인들도 그렇게 한다.

아름다움은 하나님이나 우리, 혹은 하나님의 세상이나 우리의 상황을 더 나아 보이게 만드는 그 어떤 것도 부여해 주지 않는다. 아름다움은 이미 거기에 있다. 기도나 사랑이나 예배(이러한 것은 다 신비다)를 통해서 우리는 진리, 실재, 선함, 구원 즉 하나님을 인식한다. 아름다움은 (찰스 윌리엄스의 표현을 빌리자면) 상호 내재(coinherence)에 형태를 부여해 준다. 아름다움은 아무것도 설명해 주지 않는다. 아름다움은 창조와 구원의 모든 요소들, 늘 거기에 있었던 것들(잠자리, 사고, 토네이도, 예루살렘, 바벨론 등) 안에 내재되어 있는 모든 요소를 계시한다. 그것이 '아름다움'이다. 아름다움은 하나님의 존재와 하나님이 일하시는 방식과 유기적으로 존재하는 것이지 그것을 방해하거나 침해하는 것이 아니다. 하나님은 지금 무슨 일이 일어나는지 우리에게 알려 주시기 위해서 다양한 모습으로 변장된 종들을 사용하신다. 예술가, 목사, 건축가, 선생, 시인, 작가, 정원사, 요리사, 작곡가, 극작가, 조각가, 어머니와 아버지, 자녀들, 손자 손녀들을 사용하셔서 우리 앞에 있는 바로 그것, 그 내면과 외면, 이 곳과 저 곳을 계시하셔서 우리가 거기에 동참할 수 있게 하신다. 그것이 아름다움이다.

아름다움은 형태가 없던 것이 형태를 취한 결과다. 하나님이 "혼돈과 공허"로부터 하늘과 땅을 만드신 결과다. 우리가 한때

"흑암이 깊음 위에 있는" 것을 보았다면 이제는 그 깊음에서 빛이 뻗어 나오는 것을 보게 된다. 그 빛을 보고 하나님은 좋다고 하셨다(여기서도 tob이 사용되었다. 아름답다!). 그것은 깨어진 삶, 죄로 부서진 영혼의 파편과 조각들을 끌어 모으는 일이다. 하나님의 쓰임을 받는 자가 혼돈으로 엉망이 된 그 곳으로 들어가 '아무것도 빼놓지 않는' 새 창조, "많은 사람의 죄를 담당하고" 그 사람들을 구원의 재료로 사용하는 새 창조를 이루어가는 일이다.

죄는 박박 문질러 지워 버림으로써 구속되는 것이 아니라 "많은 사람을 의롭게" 하는 희생으로 그것을 받아들임으로써 구속된다. 바로 예수님이 그렇게 하셨다. 물론 우리는 예수님이 아니다. 우리 스스로는 결코 그렇게 할 수 없다. 그러나 우리는 이 세상의 죄악, 교회의 죄악, 우리 가족의 죄악에 대해서 예수님이 하시는 일에 동참할 수는 있다. 예수님은 그 죄악을 받아들이시고 그것을 견뎌내신다. 우리는 예수님의 십자가의 길에 들어설 수 있고 이 세상을 화해시키는 예수님의 일에 동참할 수 있다. 구원은 잘못으로부터의 도피가 아니라 모든 잘못을 꼭 끌어안고 화해시키는 일이다.

이것은 기껏해야 추한 일밖에 되지 못하는 죄와 죄인에 대한 정죄로부터 근본적으로 벗어나는 행위다. 우리는 더 이상 다른 사람들의 죄나 문제를 흥미로워하며 혹은 비난하며 바라보는 구경꾼이 아니라, 예수님의 희생적 삶에 동참해서 같이 고난 받는 사람들이다. 예수님은 우리 자녀들의 죄, 우리 대통령들의 죄, 우리 목사들의 죄, 우리 친구들의 죄, 신문에 이름이 나오는 사람들과 이웃 남녀들의 죄, 우리 모두의 죄를 담당하셨다.

내가 강조하고 싶은 바는 우리가 이사야 53장을 가까이하고 싶다면 우리의 상상력과 기억을 근본적으로 수정해야 한다는 것이다. 그렇게 해야 우리는 희생, 헌신, 연약함, 고난을 구원의 선택 사항이 아니라 구원의 본질로 받아들일 수 있다. 이것은 참으로 납득하기 힘든 사실이다. 바벨론에 살았던 히브리인들에게나 북미에 살고 있는 그리스도인들에게나 다 어렵다. 여기에는 헤아릴 수 없는 신비가 있다. 타인(예수님이라는 타인!)이라는 수단을 통해서 잘못을 바로 잡는다니! 이 신비의 다양한 양상들은 일군의 단어들을 통해서 특정 양상이 번갈아 부각된다. 중보, 용서, 속죄, 희생, 보상 등 모든 단어가 서로 유기적으로 연결되어 있다. 구원이란 십자가에 달리신 예수님, 성만찬에서 나누는 그 예수님의 살과 피, 내 안으로 들어온 떡과 포도주, 내 안에 계신 그리스도다. 이 모든 일이 날마다 내 안에서 그리고 내 가족 안에서 일어나며, 내가 이웃을 방문할 때, 책과 편지를 쓸 때, 일하러 갈 때, 식사를 준비할 때, 빨래를 할 때 일어난다. 이것이 바로 창조, 역사 그리고 공동체의 중심에서 일어나고 있는 활동(구원!)이다. 이러한 일이 바로 거룩한 세상, 거룩한 백성, 거룩한 시간을 만든다. 이 사실을 알고 자발적으로 동참하는 사람들이 더러 있다. "어찌 그리 아름다운가."

예언자가 복음을 "너희 하나님"과 "나의 종"을 결합시켜서 구성하고, 산을 오르는 사자를 통해서 그토록 기쁨에 넘쳐 그것이 아름답다고 설교하는 명백한 의도는, 주님의 길에는 그 어떠한 폭력이나 선전도 있을 수 없다는 사실을 말하기 위함이다. 그 길을 따라 사는 인생은 결코 폭력적이지 않다. 그러한 인생은 죄를 거절하지 않고, 중보의 행위를 통해서 죄를 **감내한다**. 우리는 이사야 53장의 세계로 들어가서 죄인 곁에, 타자 곁에, 아웃사이더 곁에 서 계시는 예수님과 같은 자리에 선다. 어떻게 그렇게 되는지는 설명할 수 없지만 우리는 다른 사람을 위한 보증이 된다. 그러나 주인의 발자취를 따라가는 데는, 혹은 주인의 명령을 실천하는 데는 아무런 강제도 없다. 아무런 악담도, 고발도, 협박도 없다. 목청을 높이거나, 입 꼬리를 내리며 비웃거나, 성급하게 무시해 버리는 일이 주님의 길에서는 일어날 수 없다.

그 길을 가는 사람들은 이러한 사실을 정말로 진지하게 받아들일 필요가 있다. 왜냐하면 우리는 실용주의에 흠뻑 젖은 문화 속에서 살고 있기 때문이다. 북미의 문화가 해석하는 실용주의는 선한 목적을 이룰 가능성이 있기만 하다면 그 어떤 수단도 정당하다고 가정한다. 그 목적이 자녀 양육이건, 영혼 구원이건, 게임에서 이기는 것이건, 혹은 가난한 사람들에게 나누어 주기 위해서 많은 돈을 버는 것이건 상관없다. 이사야 53장의 방식과 예수님의 십자가 방식을 위반한 사회적, 정치적, 종교적 결과는 참혹하다. 증오가 쌓이다 못해 살인이 행해지고, 상호 비방이 분열을 낳고, 사람을 판단하는 비판이 마음을 굳어지게 해 소외를 낳고 있다.

우리가 예수님을 따르고 종으로서 살기로 결심했다면, 세상의 방식으로는 그렇게 살 수 없다. 그냥 그렇게 해서는 안 된다는 것이 아니라, 그렇게 **할 수** 없다. 종은 추한 것을 제거함으로써 아름다움의 대리인이 되는 것이 아니라, 지금 우리가 서 있는 바로 이 곳에서 그 종이신 예수님을 따라서 구원을 분별하고 읽어 내고 기도하며 그 구원을 온전한 형태로 구현해 냄으로써 아름다움의 대리인이 된다.

우리는 예언자가 설교하고 글로 쓰는 것을 오해할 위험이 있다. 그는 자신의 최우선 관심사인 너희 하나님과 나의 종이라고 하는 두 가지 요소에 대해서 매우 분명하고, 매우 상세하고, 매우 정확하다. 하나님은 근원이시고 종은 수단이지만, 구원을 이루는 데는 그 둘이 서로 풀어질 수 없게 단단하게 얽혀 있다. 여기에서 큰 위험은 몰이해가 아니라, 부주의와 산만함이다. 그래서 예언자는 자신이 해야 할 말을 하는 것에 덧붙여서 그가 우리 앞에 그토록 세련되게 그리고 긴급하게 제시한 것에 '집중하라'고 반복해서 요청한다.

우리의 주의를 끌기 위해서 그가 사용하는 특징적인 단어는 "보라!"라는 외침이다. 그는 자신의 첫 설교에서 그 말을 처음 사용했다. "너희의 하나님을 보라"(사 40:9). 유배 시절의 예언자는 그 어떤 히브리 예언자보다도 자주 그 단어를 사용한다. 그 단어는 그 뒤에 나오는 내용에 주의를 기울이게 하는 감탄사의 기능을 하고 있다. "집중! 이것을 놓치면 안 된다! 멈추어라.…보라.…들으라." 본다는 것은 단순히 고양이와 개를 구분하고, 트럭에 치이지 않고 길을 건너고, 슈퍼마켓 복도에서 카트를 밀면서 쇼핑 목록에 적힌 물건들을 찾아내고, 계약서에 적힌 작은 글씨를 읽는 것이 아니다. 듣는다는 것은 단순히 전화를 받고, 라디오를 듣고, 엄마의 자장가를 들으며 편안하게 잠들고, 졸지 않고 설교를 끝까지 듣는 것이 아니다.

그리고 "너희 하나님"에는 우리가 그냥 책에서 읽을 수 있는 내용보다 훨씬 더 많은 무엇이 있다. "나의 종"에는 정말로 꼼꼼한 해석학 공부가 우리에게 줄 수 있는 것보다도 훨씬 더 많은 무엇이 있다.

모든 해바라기와 떡갈나무, 모든 강아지와 코끼리, 모든 소녀의 유연한 몸과 노인의 주름진 얼굴에는 내면, 깊이, 의미가 있다. 우리가 흔히 말하는 것처럼, 겉보기와는 달리 더 많은 것이 그 안에 있다. 본다는 것은 단순히 홍채와 망막이 제 기능을 한다는 말이 아니다. 우리 코앞에 있는 것을 제대로 다 보기 위해서는, 표면뿐 아니라 표면을 넘어서까지 꿰뚫어보기 위해서는 상상력이 필요하다. 겉으로 드러나는 외양은 가리기도 하고 드러내기도 한다. 그 두 가지를 분별해서 전체적인 그림을 이해하는 데 필요한 수단이 상상력이다.

마찬가지로 모든 동사와 부사, 모든 명사와 형용사, 모든 감탄사와 계사(繫辭)는 셀 수 없이 많은 목소리들이 하는 말과 노래의 모든 단어와 살아 있는 관계를 맺고 있다. 듣는다는 것은 단순히 고막에 귀지가 쌓이지 않게 하는 것의 문제가 아니다. 가장 단순한 문장을 이해하는 데도 **기억**이 필요하다. 언어는 거대하고 복잡하게 얽혀 있으며 **살아 있다**. 복잡한 음절과 통사가 통일성을 가지게 해주고, 구성원들 전체의 목소리를 하나로 모아 주고, 이야기 전체를 이해하게 해주고, 방 저편에서 들려오는 목소리뿐만 아니라 수킬로미터 밖에서 그리고 여러 세기를 거슬러서 들려오는 목소리까지 듣게 해주는 수단이 바로 '기억'이다.

상상력은 표면 밑에 있는 것을 깨닫게 해주고 이 곳에서 우리에게 제시되는 삶에 적절하게 대응하게 해준다.

기억은 지금 이 순간에 우리 귀에 들어오는 대화와 소리 이전의, 그리고 그 너머의 대화와 소리와의 접촉을 잃지 않게 해준다.

상상력과 기억이 없다면 우리는 표면적인 것 그리고 직접적인 것으로만 축소되고, 오감으로 느끼는 것과 지금 이 순간에 경험하는 것에만 국한된 감옥에 살게 된다. 그러나 상상력과 기억이 활발하게 활동하게 되면 그 감옥의 문이 활짝 열리고 우리는 거기에서 걸어 나가 기하급수적으로 계속해서 확장되는 거대하고 다면적인 세상으로 들어가게 된다. 이 세상, 외면적이면서 동시에 내면적이고, 현재적이면서 동시에 내세적인 이 세상을 규명하고 증거하기 위해서 우리가 사용하는 단어는 "아름다움"이다. 언제나 그리고 어디에서나 내재되어 있는 것의 하나됨, 온전함, 복잡함을 인식하고 거기에 동참하게 될 때 우리는 "어찌 그리 아름다운가!" 하고 외친다.

예언자가 "어찌 그리 아름다운가" 하고 감탄에 차서 외칠 때 우리는 그가 어떤 본문으로 처음 말씀을 전하기 시작했는지를 깨닫게 된다.

> 아름다운 소식을 시온에 전하는 자여,
>   너는 높은 산에 오르라.
> 아름다운 소식을 예루살렘에 전하는 자여,
>   너는 힘써 소리를 높이라.
>   두려워하지 말고
> 소리를 높여 유다의 성읍들에게 이르기를
>   "너희의 하나님을 보라!" 하라(사 40:9).

예언자가 자신이 처음 전했던 설교의 주제에 살을 붙여 나가고 그 주제의 강도를 더해가면서 이제 자신이 전하는 메시지의 완성에 상당히 도달해 있는 그 시점에 이르게 되면 우리는 이 메시지가 새로운 것이 아님을 깨닫게 된다. 왜냐하면 예언자는 본질적으로 앞에서 이야기했던 본문에 약간의 변화만을 주면서 그것을 반복하고 있기 때문이다.

> 좋은 소식을 전하며 평화를 공포하며
> 복된 좋은 소식을 가져오며,
> 구원을 공포하며 시온을 향하여 이르기를
> "네 하나님이 통치하신다" 하는 자의 산을 넘는 발이
> 어찌 그리 아름다운가(사 52:7).

40장에서 했던 예언자의 첫 설교는 "너희의 하나님을 보라!"(9절)라는 외침이 특징을 이루고 있다. 이 외침은 마지막 종의 노래에서 모든 것을 요약해 주는 외침으로 발전한다. "어찌 그리 아름다운가"(사 52:7). '보라'와 '어찌 그리 아름다운가'가 그 수십 년 동안의 유배 생활을 가로지르며 서로의 외침을 주고받는다. 지금 여기에서 일어나고 있는 일을 보라. 이 유배 생활 동안에 우리에게 일어나고 있는 모든 일의 일관성을, 그 빛남을 보는가? 친구들이여, 결코 놓치지 않기를 바란다!

예언자는 먼저 하나님의 메시지를 복음으로, 그리고 "높은 산"에서 그 복음을 설교한 사람을 "아름다운 소식을 전하는 자"(*m'basser*, 사 40:9)라고 지칭함으로써 자신의 설교를 시작했다.

이 복음의 메시지는 한줄 한줄, 한쪽 한쪽 쌓여 갔다. 이 "구원을 공포하는" 사자(m'basser)는 종인 우리 모두가 이 구원의 위대한 사역에 얼마나 깊이 관련되어 있는지를 보여 주었다. 예언자는 이 길, 이 대로를 가는 모든 사람이, 심지어 그들이 익명의 사람이라 할지라도, 지금 선포되고 있는 이 구원에서 매우 중요한 부분을 차지하게 하려는 의도를 분명히 가지고 있다. 기쁨에 찬 선포, 위로와 소망과 구원과 아울러 어두움과 죽음, 상실과 절망도 있었다. 이 비전이 대단원을 이루는 네 번째 노래(사 53장)와 그 후속편(사 54-55장)을 향해 확장되어 가면서, 유배의 절망, 바벨론의 신에 대한 착각, 하나님의 긍휼, 거룩한 구원 등 모든 세부 내용들이 거룩한 광채로, 복음으로 모아진다. "어찌 그리 아름다운가!"

행여 예수님이 사용하신 길이라는 은유를 상투적인 문구로 축소시키거나 표어로 단순화시키는 우를 범할까 봐 나는 독자들과 함께 그 은유를 파고들며 복잡하게 얽힌 그 가닥들을 구분해 내고 있다. 아브라함과 모세, 다윗과 엘리야, 예루살렘의 이사야와 유배 시절의 이사야. 이들은 각각 믿음의 길과 언어의 길, 불완전의 길과 주변성의 길, 거룩의 길과 아름다움의 길로 설명되었다. 예수님은 이 모든 것을 다 가져다가 자신 안에 구현하셨고, 이 모든 요소들을 가져다가 단 하나의 일관된 그리고 접근 가능한 길로 형성하셨다.

예수님과 예수님의 선배들, 예수님과 예수님의 장소, 예수님과 예수님의 인격과 분리된 기독교 복음은 있을 수 없다. 복음은 생각이나 계획이나 비전이 아니다. 복음은 오로지 창조와 성육신 안에서, 사건과 장소 안에서만 작용한다. 그리고 예수님 안에서만 작용한다. 예수님은 언제나 지금 이 곳에서 그리고 인격적인 관계 속에서 일하셨고, 예수님 자신이 하신 그러한 모든 일을 우리가 분명히 이해할 수 있게 해주신다. (삶을 관념으로 바꾸거나, 은유를 추상 개념으로 대체하는) 탈육화는 마귀가 하는 일이다.

수년 전에 나는 뛰어난 소설가인 솔 벨로우(Saul Bellow)가 했던 말을 보고 받아 적었다. "이 세상을 단순화시키고 설명하기 위해서 그것을 덮어 버리는 추상화라는 회색 그물에…우리는 반드시 반대해야 한다.…세부 내용의 특수성과 장소의 직접성을 주장함으로써 그것에 반대해야 하고, 그럼으로써 직접 삶에 접근해서 '관념이 우리를 좌지우지하지' 않게 해야 한다."

"나는 길이요"라고 하신 예수님의 말씀에는 이 모든 것과 그보다 더 많은 것, 훨씬 더 많은 것이 담겨 있다.

제2부
다른 길들

…우리는 예측의 경이 속에서 움직인다.
여행의 수고 속에서
우리 욕망의 희소성을 지키며.
웬델 베리, "분"(Boone),
「시 모음집」(*Collected Poems*) 중에서

몇 년 전 아내가 내게 「곰돌이 푸」(*Winnie the Pooh*) 이야기를 읽어 주기 시작했다. 35년 전에 아내가 우리 자녀들에게 읽어 주었고, 그러면서 내가 더러 엿들은 부분들도 있었다. 하지만 아내는 너무 늦기 전에 내가 그 이야기 전체를 직접 들어 보는 것이 좋겠다고 생각했다.

어느 날 저녁 아내가 책을 읽어 주는 동안에 나는 우리 집 앞마당과도 같은 산에서 흐르는 물이 가을 햇볕을 반사하는 모습을 바라보며 이야기를 건성으로 듣고 있었다. 그러다가 갑자기 정신이 번쩍 들었다. 매사가 칼로 자른 듯 명쾌할 수 없는 이 세상에서 나는 기독교 영성 신학을 가르치고 그것에 대해서 글을 쓴다. 그런데 그 세상이 마치 카메라 렌즈의 초점이 맞춰지듯 또렷하게 내 눈에 들어왔다. 그러면서 나와 함께 일하고 있는 사람들이 전과는 다르게 보였다.

내 아내 잰은 이제 막 8장의 이야기를 마친 참이었다. 크리스토퍼 로빈이라는 남자 아이가 천진난만한 동물들을 불러 모아 모험을 떠나는 이야기였다. 그들은 다함께 북극을 찾아 나섰다.

등장 인물 중 그 누구도 도대체 무슨 일이 벌어지고 있는지 제대로 이해하지 못하는 가운데, 모두가 매사를 아주 진지하게 받아들이면서 벌어지는 두서없는 이야기들이 나열되었다. 각각의 등장 인물들은 그 탐험에서 꼭 필요한 것을 하나씩은 기여했다. 그들이 살고 있는 세상은 의미를 가지고 있는 거대한 장소였고, 거기에서는 그 누구도 제외되지 않았다. 하지만 그렇다고 해서 누가 북극이 무엇인지 분명하게 알고 있는 것도 아니었다. 심지어 그 탐험을 제안한 크리스토퍼 로빈조차도 잘 알지 못했다.

탐험을 하는 도중에 꼬마 루가 시냇물에 빠지게 되었다. 그래서 모두가 루를 구조하는 일에 뛰어들었다. 푸가 막대기[영어로 pole인데 North Pole(북극)의 pole과 철자가 같다—역주] 하나를 집어 들더니 그것으로 루를 건져 냈다. 일단 급한 불을 끄고 나자 동물들은 그 사건에 대해서 이야기하기 시작했다. 푸는 손에 막대기를 든 채로 거기에 서 있었다. 그러자 크리스토퍼 로빈이 말했다.

"푸, 그 막대기(pole) 어디서 났어?"
푸가 자기 손에 들려 있는 막대기를 바라보았다.
"그냥 찾았어. 분명히 쓸모가 있을 거라고 생각했지. 그냥 주웠어."
"푸", 크리스토퍼 로빈이 엄숙하게 말했다. "이제 이 탐험은 끝났어. 네가 북극(North Pole)을 찾은 거야!"
"그래?" 푸가 말했다.

동물들이 한동안 두서없이 이런저런 말들을 하는데 크리스토퍼 로빈이 푸가 발견한 북극에 다시 주의를 기울이게 했다.

그들은 막대기를 땅에 꽂았고 크리스토퍼 로빈이 팻말을 달았다.

북극(North Pole)
푸가 발견함.
푸가 찾았음.

그리고 그들은 모두 집으로 돌아갔다.…

잰이 그 이야기를 읽어 주는 동안에 내가 "보았던" 것은 고호하게 정의된 영성(북극)을 찾아다니는 매력적인 인물들이 살고 있는, 내가 속한 문화였다. 이따금씩 그러한 인물들 중 한 사람이 무엇인가를 집어 들면 누군가가 그것을 보고 "바로 저거다!"라고 말한다. 그것은 정말로 "저것"처럼 보인다. 그러고는 누군가가, 대개는 영적 권위를 가지고 있는 어떤 인물(크리스토퍼 로빈)이 거기에다가 팻말을 단다. "영성." 그리고 그들은 모두 집으로 돌아간다. 다음 탐험이 제안될 때까지.

내가 살고 있는 미국에서는 갈수록 많은 사람들이 "영성"이라는 것에 끌리고 있다. "북극"을 찾아나서는 새로운 탐험이 이 나라의 거의 모든 곳에서 거의 날마다 일어나고 있다(동극과 서극도 가능한 선택 사항이다). 늦가을 저녁에 그 이야기를 들으면서 나는 내가 그토록 사랑하고 존경함에도 불구하고 지금의 상태로 머물게 내버려둘 수는 없는 많은 인물들을 그 이야기 속에서 알아보았다. 사람을 끄는 그들의 매력을 하나하나 다 존중해 주고 싶지만 나는 또한 그들에게 북극이 무엇이며 그것이 어디에 있는지를 보여 주고 싶다. 나는 그들을 예수님께로 이끌고 싶다.

예수님의 길만이 삶을 사는 유일한 길은 아니다. 다른 길들도 상당히 많이 있다. 다른 길들은 많은 사람을 끌어들인다. 예수님의 길에 이끌린 사람들보다도 다른 길들에 이끌린 사람들이 훨씬 더 많다. 다른 길들은 예수님의 길과 경쟁하며 종종 예수님의 길을 대체한다. 나는 예수님이 사셨던 시대에 참으로 많은 사람들이 따랐던 다른 길들을 몇 가지 살펴보고 그 길들을 예수님의 길과 대조시켜 보고자 한다. 나는 예수님의 길에서 구별되는 것이 무엇인지 정확하게 보고 들을 수 있도록 우리의 눈과 귀를 훈련시키고 싶다. 그래서 우리가 예수님의 길을 신실하게 그리고 순종하며 가는 데 필요한 분별력을 날마다 발휘하게 해주고 싶다. 우리의 학교와 사업, 오락 산업과 직업, 그리고 교회에서 우리는 예수님의 길을 노골적으로 혹은 은밀하게 좀먹거나 왜곡하는 (그것도 종종 예수님의 이름으로 그렇게 하는) 숱한 수단과 방법들 속에 파묻혀 산다. 때로는 예수님의 길을 피해 가는 매력적인 우회로를 제안하고, 때로는 십자가의 길에서 벗어나 "멸망으로 인도하는 넓은 길"을 가도록 악의적으로 거짓 팻말을 세움으로써 그렇게 한다. 크리스토퍼 로빈과 그의 친구들, 특히 "뇌가 아주 작은 곰"인 푸처럼 방향 감각을 상실하고 혼란에 빠진 남녀들은 특히 오도될 가능성이 더 크다.

의미에 굶주리고 영에 목마르고 하나님을 알고 싶어하는 이 세상에서 내게 주어진 임무는 성경을 생명의 계시로서, 예수님이 규정하시고 창조하신 생명의 계시로서 가르치고 설교하는 것이다. 하지만 그 일이 쉽지 않다. 나는 대체로 예수님에 대해서 무관심하거나 무지한 문화 속에서 살고 있다. 나는 이 세대를 위해서 예수님의 길을 다시 한 번 명확하게 제시해 주고 그 긴박성을 상기시켜 주고 싶다.

제1부 예수님의 길에서는, 예수님으로 시작해서 아브라함, 모세, 다윗, 엘리야, 예루살렘의 이사야, 그리고 유배 시절의 이사야로 이어 가면서 "주의 길을 예비하기" 위해서 하나님이 사용하신 남녀들이 갔던 다층적이고도 풍부한 질감의 길들을 보여 주고자 했다. 그와 같은 하나님의 예비는 거의 2천 년에 걸쳐서 이루어진 매우 광범위한 작업이었다. 그 작업이 완성되자(바울의 말로 하자면 "때가 차매") 예수님이 그 길이 되셨다. 하나님이 우리에게로 오시는 길이자 우리가 하나님께로 가는 길이 되셨다("올라가는 길과 내려오는 길은 같다").

그 길이 2천 년에 걸쳐서 광범위하게 그리고 끈기 있게 예비되었다는 사실을 생각해 본다면, 당시에 일어나고 있던 일을 제대로 알아본 사람이 많지 않았다는 사실이 놀랍기만 하다. 자신이 하고 있는 일을 내버려두고 예수님을 따른 사람은 많지 않았다. 예수님은 단번에 이 세상을 휩쓸지 않으셨다. 당시에 영성은 어디에서나 느낄 수 있는 것이었다. 영성의 시장은 복잡하고 소란스러웠다. 선택할 수 있는 영성들이 푸짐하게 많았다. 성육신하신 하나님이 그들 가운데 현존하셨음에도 불구하고, 육신이 되신 말씀이 실제로 자기들이 사는 동네를 걸어 다니셨음에도 불구하고, 대부분의 사람들은 생각 없이 그랬건 의도적으로 그랬건 다른 길들을 따랐다.

사람들은 여전히 그렇게 하고 있다. 1세기의 팔레스틴에서처럼 21세기의 미국에서도 같은 일이 일어나고 있다. 우리도 마찬가지로 쉽게 볼 수 있고 쉽게 들을 수 있는 여러 가지 삶의 방식들 속에 파묻혀 산다. 예수님의 길이 독특하고 긴급한 이유가 무엇인지를 분명하게 밝히기 위해서는 당시에 존재했던 다른 길들을 몇 가지 살펴보는 것이 유용하다. 예수님이 살았던 시대에 이 다른 길들은 예수님에 대한 무지에서 혹은 무관심에서 발전되었다. 그 길들을 자세히 들여다보면 오늘날의 다른 길들과 별다르지 않아 보인다.

다른 길들. 우선, 헤롯의 길부터 살펴보자.

헤롯의 길 8

내가 12살이었을 때 우리 가족은 몬태나의 작은 도시에서 시애틀로 이사를 갔다. 나에게 시애틀은 아주 큰 도시였다. 나는 유명한 도시, 큰 도시에 살게 되어 무척 기뻤다. 그 도시에는 고층 빌딩과 버스와 6차선 도로가 있었다. 머지않아 나는 토요일마다 혼자 나가서 그 큰 도시를 탐험하고 다녔다. 내가 **큰** 도시를 탐험하고 있다는 사실을 상당히 의식하면서 말이다. 내 청소년기의 상상력에서는 크기와 규모가 결정적인 가치들이었다. 내 인생의 열두 번째 해에 나는 거의 매주 토요일마다 도심으로 버스를 타고 가서 그 도시의 명성이 마치 나의 명성인 양 누비고 다녔다. 나는 해안 지구를 떠돌며 커다란 배들이 늘어선 그 분위기에 흠뻑 빠져들었다. 나는 길거리에 다니는 사람들의 어깨를 스치며 지나갔고, 주변에서 들리는 네다섯 가지의 서로 다른 언어에 흠뻑 취했다. 몬태나 주 전체에 사는 인구보다도 토요일에 시애틀에 모이는 인구가 더 많았다.

돌이켜 생각해 볼 때 나의 그 토요일의 모험에서 한 가지 의미심장하게 다가오는 일은, 매주 엘리베이터를 타고 당시 시애틀에서 가장 높은 빌딩이자 내가 그 때까지 보았던 그 어떤 건물보다도 높은 건물이었던 스미스 타워에 올라갔던 일이다. 8년 동안 그 빌딩은 시카고 서부에서 가장 높은 빌딩이었다. 25센트만 내면 제일 위층에 있는 전망대로 올라갈 수 있었고 거기에서 그 도시와 그 도시의 언덕들을 내려다볼 수 있었다. 위드비 섬, 퓨젓사운드와 그 곳의 여객선들, 서쪽에 있는 올림픽 마운틴스, 동쪽의 캐스케이드 공원, 레이니어 산과 베이커 산의 거대한 화산성 단층, 그리고 저 아래에서 자동차와 사람들이 벌떼처럼 윙윙거리며 움직이는 모습 등.

내가 감명을 받은 것은 그 높이라든가 거기에서 바라본 경치와 같은 것이 아니었다. 그런 것보다는 내가 서쪽에서 가장 높은 빌딩인 스미스 타워에 올라와 있고, 북서부에서 가장 큰 도시인 시애틀에 살고 있다는 사실에 더 감명을 받았다. 그 속에서 나 자신도 크고 중요한 인물이 되어 버린 것 같았다. 나는 어릴 때부터 로키 산맥을 탔던 사람이고, 그래서 높이가 그렇게 낯설지 않은 사람이었다. 나는 산맥과 호수와 강의 숨 막힐 듯한 경치가 내 앞에 펼쳐지는 것을 보면서 자랐다. 나는 자세히 바라보기만 하면 거의 시카고까지도 볼 수 있는 산을 올랐던 사람이다. 하지만 그 산 위에서는 한 번도 내가 중요한 사람이라는 느낌을 가져 본 적이 없었다. 기껏해야 내가 작아지는 느낌, 경건의 느낌이 들거나, 커다란 무엇에 의해 안기는 느낌이 들었을 뿐, 결코 나 자신이 크다는 느낌은 들지 않았다.

그러나 시애틀의 스미스 타워 꼭대기에서는 내가 크고 중요한 사람같이 느껴졌다. 청소년 시절의 내 상상력이 헤롯에 의해 훈련받고 있는 순간이었다. 나는 크기와 부가 인간의 조건을 결정하는 헤롯의 세계에 잠겨 있었고 그것을 극복하는 데는 오랜 시간이 걸렸다. 나는 여전히 그 세계 속에서 살고 있지만 더 이상 그 세계에 감탄하지는 않는다. 그 동안에 나는 이런저런 실수를 하면서 헤롯의 세계를 경계하게 되었다. 예수님 안에 결합되어 있는 성경적 상상력을 의도적으로 계발하면서 나는 시애틀과 스미스 타워, 바벨과 바벨탑, 이집트와 피라미드, 바벨론과 마르둑 성전에 대립되는 이미지들을 얻게 되었다. 더 많은 것을 원하는 이미지, 꼭대기에 오르는 이미지, 권력을 행사하는 이미지, 중요한 사람이 되는 이미지, 이러한 것들은 너무도 쉽게 그리고 자주 죄를 가리는 덮개가 되어 버린다. 예수님 당시의 팔레스틴에서는 이 크기와 권력과 중요성을 모셔 놓은 신전의 핵심 인둘이 바로 헤롯이었다. 예수님은 헤롯에 대립되는 가장 대표적인, 그러나 (오늘날도 여전히 그런 것처럼) 무시당하는 인물이었다.

청소년기에 스미스 타워에 심취했던 것으로 미루어볼 때, 내가 만약 1세기에 살았더라면 분명히 헤롯에게서 깊은 감명을 받았을 것이다. 헤롯은 팔레스틴 지방에서 가장 위대한 이름이었다. 그는 세상에서 가장 부유한 사람이었다. 그는 그 나라에서 그 누구보다도 많은 사람을 고용하고 있었다. 길거리에 나서기만 하면 헤롯의 이름을 들을 수 있었고 어느 길을 가든지 헤롯이 지은 거대한 건물을 만나게 되어 있었다. 헤롯, 헤롯, 헤롯.

예수님이 탄생하신 해와 헤롯이 사망한 해는 거의 같다. 예수님의 생애와 헤롯의 죽음만큼 대조적인 것도 없을 것이다. 예수님은 작은 마을에 있는 동물들의 숙소에서 태어나셨다. 아마도 그곳은 입구가 넓은 동굴이었을 것이다. 그 나라에서는 그러한 동굴이 바로 양과 염소와 소들의 주요 거주지였다.

예수님이 정확하게 어디에서 탄생하셨는지 우리는 모른다. 다만 그 마을이 베들레헴이라는 사실만 알 뿐이다. 1,700년 전에 오래 된 동굴 하나가 선택되어(아마도 로마 황제 콘스탄티누스의 어머니인 헬레나가 택했을 것이다) 마리아가 우리의 구세주를 낳은 장소로 지정되었다. 그 위에 어색한 외양의 교회가 하나 지어졌는데, 성소라기보다는 오히려 요새에 가까워 보이는 교회였다. 그 위치는 기껏해야 추정된 장소일 뿐이지만, 해마다 수천 명의 사람들이 몰려와 동굴 안으로 들어가 본다. 어떤 사람들은 거기에서 예배를 드리기도 한다.

여러 해 전에 잰과 나는 그 곳을 방문했는데, 사람들 틈에 끼어 교회 밑에 예수님이 탄생한 곳이라고 표시되어 있는 어두침침하고 비좁은 구역으로 들어가 보았다. 약 30명의 사람들이 바로 우리 앞에 단체로 와 있었다. 그들은 예배를 드리고 있었고, 우리가 알아듣지 못하는 언어로 힘차게 노래를 불렀다. 하지만 우리가 더러 알아듣는 곡들도 있었다. 그들은 예수님에 대해서 그리고 예수님을 위해서 노래를 부르고 있는 것이 분명했다. 어찌나 열정적이고 감정이 풍부하던지 우리는 그들이 오순절파 설교자들인 줄 알았다.

나중에 그 사람들 중에서 영어를 조금 할 줄 아는 사람과 우리는 이야기를 나누었고, 그들이 순례 여행을 온 폴란드의 신부들이라는 사실을 알게 되었다. 그 신부는 우리를 경계하며 짤막하게 이야기했다. 당시는 철의 장막이 무너지기 전이었기 때문에 신부가 서구인과 대화하는 것을 수상쩍게 여길 공산주의 밀고자들이 근처에 있을 수도 있었다. 우리 부부는 낯선 사람에게서 우리와 같은 영을 가진, 살아 있는 그리스도인의 모습을 보고 무척 반가웠고 기뻤다. 그러한 접촉이 위험할지도 모른다고 하는 인식과 비밀스러운 그의 태도가 그러한 감정을 더 고조시켰다. 나는 예수님의 탄생을 둘러싸고 헤롯이 보였던 편집증을 떠올리고는 2,000년 동안 별로 달라진 것이 없다는 생각이 들었다.

예수님이 탄생하시고 머지않아(아마도 몇 달 후, 아니면 길어야 1, 2년 후에) 헤롯은 베들레헴에서 남동쪽으로 약 5킬로미터 정도 떨어진 헤로디움이라는 거대한 산 위의 요새 궁전에 묻혔다.

예수님은 궁벽한 곳에서 조용하게 탄생하셨다. 그의 부모와 몇몇 어린 목동들, 방문 중인 몇몇 종교학자들(그 유명한 동방박사들) 그리고 당나귀 한 마리, 소 한 마리, 양 두 마리가 애정 어린 눈으로 그를 지켜보고 있었다(크리스마스 때 우리가 흔히 썼던 탄생 이미지가 맞다면 이 구성 인원이 전부일 것이다). 우리가 결혼했을 당시 잰은 볼티모어에서 거의 아프리카계 미국인으로 이루어진 초등학교에서 1학년 학생들을 가르쳤다. 하루는 베티 앤 갈로웨이라는 학생이 이렇게 외쳤다. "Holy Cow!"(문자 그대로 해석하면 '거룩한 소'이지만 영어권에서는 놀람이나 감탄을 나타내는 속어다—역주) 잰은 "베티 앤, 소는 거룩하지 않단다"라고 말했다. 그러자 베티 앤은 "하지만 예수님이 태어나셨을 때 구유 앞에 무릎을 꿇었잖아요"라고 대답했다. 그렇다. 우리는 정확한 내용을 알 수 없는 예수님의 탄생이나 탄생지에 대해서 그러한 내용들을 덧붙인다. 그러한 내용들은 우리의 상상력에 침투해 들어오고 우리는 가정이나 교회에서 수천 가지의 개인적인 변형을 가미해서 그것을 재창조해 낸다. 우리는 그 탄생을 기억하기를 무척 좋아한다. 그래서 계속해서 거기에다 다정한 내용과 노래들을 덧붙인다.

그러나 헤롯의 매장은 모호하지도 않았고 조용하지도 않았다. 그리고 당연히 애정 어리지도 않았다. 그가 묻힌 무덤은 평평한 사막 위로 높이 솟아 있었다. 그 곳은 헤롯이 세운 산이었다. 그

근처에는 나지막한 언덕이 하나 있었는데, 헤롯이 요구한 크기에는 결코 미치지 못하는 언덕이었다. 그래서 헤롯은 엄청난 양의 흙과 바위를 실어오게 해서 자신의 산을 더 높이 쌓게 했고, 결국에는 사막의 지평선 위로 불쑥 솟아오르는 높은 산을 만들고야 말았다. 그리고 그 꼭대기에는 아름다운 궁전을 짓게 했다. 대단한 건축물이요 무척이나 우아한 궁전이었다. 헤롯은 자신이 죽고 난 후에 무덤 속으로 사라진 채 잊히는 것을 결코 원하지 않았다. 그의 무덤은 사람들이 영원히 그의 권력과 중요성과 명성을 인식하고 그것에 감동하도록 고안된, 결코 외면할 수 없는 장소였다. 그리고 실제로 사람들은 오늘날까지도 그 곳을 방문하고 감탄한다. 그러나 베들레헴으로 예배하러 가는 사람들의 숫자에 비하면 소수에 불과하다.

예루살렘에서 동쪽으로 1.6킬로미터 정도 떨어진 감람산에서 남쪽으로 바라다보면 헤롯의 무덤인 산 위의 성 헤로디움이 지금도 지평선 위로 불쑥 솟아오른 모습을 볼 수 있다. 반면에 예수님이 탄생하신 동굴은 우둔해 보이는 교회 건물 때문에 잘 보이지 않는다. 그러나 헤로디움에서 예배를 드리는 사람은 아무도 없다.

헤롯의 매장은 호화롭게 치러졌다. 수천 명의 사람들이 그의 장례 행렬에 참가했다. 헤롯의 생애 말년에 그의 잔인한 기질은 더 심해졌다. 그는 실제로 괴물이 되어 버렸고, 모두가 그를 싫어했으며, 그는 순간적인 기분 때문에 대량 학살을 자행했다. 사형

집행은 그의 일과가 되어 버렸다. 위험 요소가 많은 정치적인 사업으로 멀리 가야 했을 때, 그는 두 번이나 자신이 돌아오지 못하면 자신이 가장 아끼는 아내인 마리암네를(그에게는 열 명의 아내가 있었다) 죽이도록 비밀리에 손을 써 놓았다. 다른 사람이 자기 아내를 가진다는 생각은 참을 수가 없었던 것이다. 그는 마리암네를 열정적으로 사랑했지만, 그것은 전형적인 헤롯 방식의 사랑이었다. 사람에 대한 사랑이 아니라 소유에 대한 사랑이었던 것이다. 그러나 두 번 모두 여행에서 무사히 돌아왔고 배우자 살인은 일어나지 않았다. 그러나 훗날 마리암네가 간통을 했다는 의혹을 품은 그는 결국에는 그를 죽여 버렸다. 그는 또한 자신의 삼촌인 요셉, 장모인 알렉산드라, 그리고 세 명의 아들 아리스토불루스, 알렉산더, 안티파터를 죽였다. 헤롯과 개인적으로 친했던 로마의 카이사르 아우구스투스는 "내가 헤롯의 아들이 되느니 차라리 헤롯의 돼지가 되겠다"[1]는 유명한 말을 남겼는데, 그 말을 헤롯의 묘비명으로 쓰면 딱 좋았을 것이다.

헤롯은 자신이 죽으면 전국적으로 잔치가 벌어지리라는 것을 알았다. 70세가 되어 심각하게 병을 앓으면서 자신이 죽어가고 있다는 사실을 알았던 그는 곳곳에서 애도가 일어나게 할 수 있는 계획을 세웠다. 그는 팔레스틴 전역에서 몇 개의 마을을 택해 그 곳의 유대인 장로들을 체포하게 했다. 그들은 여리고의 경기장에 투옥되었고, 헤롯은 자신이 죽자마자 그들을 죽이라는 지시를 내려 놓았다. 그렇게 하면 헤롯이 죽었을 때 전국적으로 크게 애도하는 소리가 울려 퍼질 것이었기 때문이다. 다행히도 그의 명령은 수행되지 않았다. 축하 행사와 잔치는 많았지만, 눈물을 흘리는 사람은 하나도 없었다.

베들레헴에 있는 그 동굴과 헤로디움이라는 요새 궁전은 오늘날까지도 남아 있는, 이 세상을 살아가는 두 가지 대조적인 방식을 보여 주고 있다. 바로 예수님의 방식과 헤롯의 방식이다.

예수님과 헤롯

헤롯의 방식은 예수님이 태어나신 세상에서 일을 해내는 표준적인 방식이었다. 예수님의 탄생과 헤롯의 죽음으로 우리의 달력에 표시되는 그 중요한 시점에 로마는 세계적인 제국으로 이미 자리를 굳히고 있었다. 그 당시의 지배적인 군사적·정치적 현실이었던 것이다. 헤롯은 그와 같은 권력과 대단한 소비력과 전시 효과를 팔레스틴에 축소된 규모로 재연해 놓았다. 재연한다는 차원에서는 결코 로마에 뒤지지 않았으며, 어떤 면에서는 로마를 능가하기까지 했다. 그는 총 일곱 개의 복합 궁전 건물을 세웠는데, 그 일곱 개의 건물 모두 로마의 그 어떤 황제가 지었던 것보다도 더 컸다.

헤롯이 해 놓은 일에 감탄하지 않기란, 적어도 나로서는 불가능한 일이다. 그는 34년 동안 팔레스틴을 지배했다. 정치적으로 그는 권력에 굶주린 로마와, 종교적인 여러 유대인 종파와, 갈수록 늘어나는 세속화된 그리스파 유대인들을 조정해서 질서와 번영의 외양을 갖추어 놓았다. 그는 종교적인 사람은 아니었지만, 그리스·로마 문화(예술과 건축, 문학 작품과 연극연, 스포츠)를 정치적 권력의 수단으로 이용하면서 그것을 쉼 없이 공격적으로 선전하는 사람이었다. 그의 건축 사업은 정말로 대단했다. 원형 경기장 및 각종 경기장, 궁전, 성전, 요새, 수도관, 광장, 도로, 새로 짓거나 복원한 도시, 분수, 그리고 그의 최고 업적인 재건된 예루살렘 성전에 이르기까지 참으로 대단했다. 심지어 오늘날에도 팔레스틴과 이스라엘 지역을 가면 어디서나 헤롯의 건축 사업의 흔적을 보게 된다.

그런데 놀라운 일은, 예수님은 이 모든 사업을 다 무시하셨다는 것이다. 예수님은 헤롯의 정책이 지배하는 도로와 도시에서, 헤롯의 권력이 만들어 낸 건축물 속에서, 헤롯의 일시적 변덕에 좌지우지되는 지역 사회 속에서 평생을 사신 분이다. 그런데 예수님은 그러한 것들에 일말의 관심도 보이지 않으셨다.

좀 역설적인 의미에서 예수님이 사실상 헤롯과 같은 의제를 가지고 있었다는 사실을 깨닫게 되면 그 놀라움은 더 커진다. 예수님은 이 세상 모든 사람의 태도를 형성하고 그들의 상상력을 사로잡을 포괄적인 삶의 방식을 세우고자 하셨다. 예수님의 의도는 그냥 몇몇 사람들을 데리고 개인적인 의를 이루어 내겠다는 정도가 아니었다. 세속적 삶의 주류로부터 물러나서 사람들이 공부와 기도와 선한 일을 통해서 하나님과 평화를 계발할 수 있는 자그마한 사랑의 군락을 만들려는 정도가 아니었다. 예수님의 눈은 이 세상을 주시하고 있었다. 하나님은 **세상**을 이처럼 사랑하셔서 온 **천하**에 다니셨다.

예수님은 "때가 찼고 하나님 나라가 가까이 왔으니"(막 1:15)라는 말로 자신의 공적 사역을 시작하셨다. 시간이 다 됐다. 이제 새로운 정부를 세울 것이다. 하나님 나라를 세울 것이다. 예수님이 "하나님 나라"라는 용어를 사용하신 것은(예수님은 그 용어를 눈에 띄게 자주 사용하셨다) 가장 크고도 포괄적인 관점에서 이야기를 하시기 위함이다. 우리의 어떤 행동이나 느낌이나 말도 "하나님 나라"에서 제외되지 못한다. 또한 그것이 분명 **하나님** 나라이기 때문에, 거기에서 일어나는 모든 일은 하나님의 통치 하에 있고, 하나님의 통치가 침투해 있으며, 하나님의 통치에 의해 판결받고, 하나님의 통치 안에 포함되어 있다. 나의 개인적 생각과 감정과 행동 하나하나는 물론이고, 뉴욕의 증시 시장, 아프리카 수단의 기아, 지난 밤에 애틀랜타에서 태어난 첫 손자 혹은 손녀, 캘커타의 가난, 텔아비브와 뉴욕과 바그다드에서 일어나는 자살 폭탄 테러, 달라스에서 행해지는 낙태 시술, 시라큐즈에서 열리는 수요일 밤 기도 모임, 시카고에서 협상이 벌어지고 있는 은행 합병, 캘리포니아에서 아보카도를 따고 있는 멕시코 이민자들 등, 크고 작은 모든 일, 정말로 모든 일이 하나님 나라 안에 있고, 예수님은 그 나라의 왕이시다.

우리가 여기에서 일단 느껴야 하는 것은 예수님이 하시는 일의 **규모** 그 자체다. 그것은 우리가 상상할 수 있는 가장 큰 규모 즉 나라다. 예수님의 의도는 처음부터, 팔레스틴에서부터 시작하되 결코 팔레스틴에만 국한되지는 않는 나라를 이 지구상에 세우는 것이었다. 그리고 지금도 여전히 그 의도는 동일하다.

따라서 우리는 예수님 자신이 하시고자 하는 일을 이미 이루어 놓은 사람이 예수님 앞에 있었다고 하는 사실을 의식하지 않을 수 없다. 34년의 통치 기간 동안 헤롯은 나라라고 하는 것을 세우는 일에 보기 드문 성과를 내었다. 권력의 중개인으로서 그의 능숙함, 엄청난 부를 획득한 약삭빠름, 사람들의 사고와 가치를 형성하기 위해서 그가 사용한 그리스의 극장과 스포츠 경기, 모든 사람들로 하여금 자신들의 왕이 전능하고 위엄 있다는 느낌을 가지게 해주는 황홀한 건축물 등, 그의 성취는 참으로 대단했다. 그는 유대인과 로마인들, 이교도와 그리스인들, 반목 관계에 있는 분파와 호의적이지 않은 정치적 정당들 등 매우 다양한 그룹들을 모아서 그들 사이에서 일종의 연합을 이루었다.

그렇다면 왜 예수님은 헤롯에게서 배우지 않으셨을까? 왜 예수님은 헤롯을 멘토로 삼아서 세상 사는 이치를 배우지 않으셨을까? 예수님이 태어나셨던 그 세상에서는 나라를 세우는 일을 헤롯만큼 잘한 사람도 없었다. 물론 헤롯이 하나님께 관심이 없었다는 게 사실이기는 하지만, 다른 모든 것은 완벽했다. 예수님은 그저 헤롯의 정치적 스타일, 그의 기술, 그가 이미 실험을 마친 원칙들을 받아들이고 수정만 조금 해서 하나님의 통치 하에서 그것이 작동하도록만 하면 되었다. 헤롯의 도덕성에 문제가 있는 것은 사실이지만, 예수님이라면 능히 의에 대한 예수님 자신의 깊은 의식을 심어 주실 수 있었다. 예수님이 태어나시고, 자라나셨고, 또한 자신을 따라서 하나님 나라의 삶을 살라고 남녀들을 부르신 팔레스틴에서는, 나라를 세우는 일을 이미 성취한 헤롯이라는 달인이 있었다. 크게 생각할 줄 알고 구체적인 내용들을 실행해서 자신이 생각한 것을 실현하고 거기에 모든 사람을 끌어당길 줄 아는 헤롯이 이미 있었던 것이다.

그러나 예수님은 그렇게 하지 않으셨다. 예수님은 마치 헤롯이라는 사람이 존재하지도 않는 것처럼 사셨다. 예수님이 헤롯의 이름을 언급하신 유일한 경우라고 우리가 알고 있는 것은 헤롯의 아들 안티파스와 관련해서 예수님이 말씀하실 때였는데, 그 때 예수님은 "헤롯의 누룩"(막 8:15)을 조심하라고 제자들에게 경고하셨다. 또 한 번은 아예 헤롯의 이름도 언급하시지도 않고 그를 "여우"(눅 13:31)라고 부르시면서 하찮은 존재인 양 무시하셨다. 예수님은 자기 주변에 참으로 대단하게 진열되어 있는 권력과 성취의 세상을 무시하셨다. 예수님은 사회의 주변부에서 중요하지 않은 사람들과 일하기로 선택하셨고, 연약한 사람들, 마음이 불안한 사람들, 힘없는 사람들에게 특별히 관심을 가지기로 선택하셨다.

예수님은 자신의 작전 기지로 갈릴리 바다의 북쪽 해변에 자리잡은 가버나움이라는 작은 도시를 택하셨다. 근처에 주요 통상로가 지나가고 있었기 때문에 아주 외딴 곳이라고는 할 수 없지만, 어쨌든 그 곳은 정치적으로 중요한 장소는 아니었다. 가버나움과 함께 고라신과 벳세다라고 하는 다른 두 개의 소도시가 오늘날 우리가 "복음의 삼각형"이라고 부르는 지대를 형성하고 있었다. 이 소도시들은 예수님이 가르치고 설교하신 주요 장소가 되었다. 예수님은 그 곳을 중심으로 자신이 열어 가고 있는 하나님 나라를 대표하고 증언할 제자들을 부르고 훈련시키셨다.

고고학적 발굴이 보여 주는 바에 의하면 이 세 도시는 진정한 공동체였다. 규모가 아주 작아서 아마도 모든 사람이 서로 알고 지냈을 것이다. 집들은 안마당 같은 곳을 중심으로 빙 둘러 연결되어 있었고 그 중에서 회당이 가장 두드러지는 건물이었다. 확대 가족이 같이 모여서 살았고, 오늘날 많은 아만파(17세기에 스위스의 목사 아만이 창시한 메노파의 한 분파로서, 미국 펜실베이니아 주에 이주하여 검소하게 살고 있다—역주)의 사람들이 그렇게 하는 것처럼, 아이들이 자라서 결혼하고 자녀를 낳고 하는 과정에 따라서 방을 이어서 지어 가며 집을 확장했다. 그들 사이에서는 도덕, 식사, 축하 잔치, 매매, 사업, 정치, 예배 등 사실상 모든 일이 친밀한 인격적 관계망 속에서 일어났다. 비인격적인 것은 하나도 없었다. 모든 사람이 서로의 이름을 알았다.

두 가지 건축학적 특징이 이 도시들의 특징을 잘 설명해 주고 있는데, 한 가지는 겹치고 이어서 지은 미로와 같은 집, (보통 "집단 주택"이라고 불리는) 상호 연결된 집이고, 또 한 가지는 회당이다. 이 건축물은 우리에게 두 가지 사실을 알려 준다. 이 사람들은 서로 이름을 아는 관계로서 서로의 삶에 대해 많은 연관을 가지고 있는 이웃이었고, 또한 이들은 하나님과도 많은 연관을 가지고 있는 사람들이었다. 자기 인생을 살아가고 자신의 일을 하면서 이 사람들은 자신이 알고 있는 사람들 그리고 자신을 알고 있는 사람들을 피해갈 수 없었을 것이다. 그리고 하나님과 대면하는 것 또한 피할 수 없었을 것이다.

반면, 헤롯의 건축물은 그 집들과는 매우 대조적인 양상을 띠며 서 있었다. 그가 지은 건물들은 군중들을 끌어 모으도록 고안된 건물이었다. 극장과 원형 경기장, 스포츠 경기장, 거대한 요새, 궁전 등 거기에는 수많은 사람들이 모여들었다. 그리고 그 모든 건물은 수백 명의 외국인 노동자들이 지은 건물이었다. 헤롯은 무엇보다도 세속적이고 비인격적인 도시들을 세웠다(예루살렘 성전만은 예외였지만, 그 성전을 지은 동기도 세속적인 것이었다. 자신의 세속화 사명을 수행하는 동안 유대인들을 잠잠케 하기 위한 종교적인 뇌물이었던 것이다).

이 세상을 포괄하는 하나님 나라에 살며 섬길 시민들을 모집하고 그 나라에 살며 섬기는 수단과 방법들을 시민들이 익히도록 하기 위해서 예수님이 활동하신 무대는 집단 주택과 회당이었다.

당시 갈릴리에는 두 개의 커다란 도시가 있었다. 예수님의 고향인 나사렛에서 북쪽으로 불과 5킬로미터밖에 떨어져 있지 않은 갈릴리의 수도 세포리스와, 갈릴리 바다의 남서쪽 해변에 세워진 행정과 상업의 중심지 디베랴였다. 두 도시 모두 인상적인 도시였다. 세포리스는 오래 된 도시였다. 헤롯이 죽자마자 거기에서 반란이 일어났는데, 로마의 총독 바루스는 그 도시를 다 태워 버리는 것으로 그 문제를 해결했다. 예수님과 동시대에 살았던 헤롯의 아들 안티파스는 정교하고도 화려하게 그 도시를 재건하는 데 한 시도 낭비하지 않았다. 3천 명이 들어갈 수 있는 극장을 세운 그는 자기 아버지의 유전자를 물려받은 것이 틀림없었다. 어떤 사람들은 예수님이 아버지 요셉과 함께 그 도시를 재건하는 데 동원된 노동 인력에 속해 있었을 것이라고 추측한다.

예수님이 청소년기에 그리고 이른 성인기에 자신의 집 나사렛에서부터 세포리스를 지나기까지, 언덕들이 밀집해 있는 갈릴리 남부 지역을 걸어가는 모습을 우리는 쉽게 상상해 볼 수 있다. 그로부터 몇 년 후에 헤롯 안티파스는 아무것도 없었던 곳에 왕궁과 경기장과 시장 등을 완벽하게 갖춘 디베랴라는 도시를 세웠다. 거기에는 그 지역에서 나는 천연 온천수를 끌어다 놓은 온천장도 있었다. 예수님 당시에 그 곳은 번창하는 행정과 상업의 중심지였다.

갈릴리 지방은 그 두 도시의 화려한 건축적, 상업적, 정치적 후광을 입고 있었다. 그 곳은 영향력의 중심지였다. 갈릴리 사람들에게 세포리스와 디베랴는 중요한 사건이 일어나는 곳이었다. 두 도시 모두 우리가 예수님이 자주 다니셨던 곳으로 알고 있는 장소와 길에서 그리 멀지 않은 위치에 있었다. 그러나 예수님의 이야기에는 그 어느 도시도 언급되지 않고 있다. 예수님을 찾고 있던 사람들을 태운 "디베랴에서 온 배들이"(요 6:23)라는 문구에서 잠깐 언급되고 있을 뿐이다.

여기에서 내가 주장하고 싶은 것은, 예수님이 뭘 잘 모르셨기 때문에, 혹은 자신이 아는 동네가 거기밖에 없었기 때문에 개우 인격적이고 하나님을 지향하는 가버나움과 고라신, 벳세다와 같은 소도시에서 자신의 삶의 방식을 실천하신 것이 아니라는 점이다. 결코 그렇지 않다. 예수님은 의도적으로 그 곳을 **선택**하셨다. 예수님은 그 소도시들만큼이나 세포리스와 디베랴 그리고 헤롯의 방식이 사람들의 삶을 지배하던 해안의 가이사랴까지도 쉽게 접근하실 수 있었다.

N. T. 라이트(Wright)는 이렇게 지적한다. "개인적으로 기도하고, 개인적으로 고귀한 도덕성을 유지하면서 바벨탑을 다시 세우러 가는 것으로는 충분하지 않다. 우리가 사는 세상의 서로 다른 양상들이 가지고 있는 실질적 내용과 그 구조는 예수님의 유일무이한 업적의 조명을 받아서 의문시될 필요가 있다."[2]

세포리스와 디베랴에 매력적으로 전시되어 있고 쉽게 접근할 수 있는 헤롯의 방식을 눈앞에 두고도 예수님은 "나를 따르라"고 말씀하셨다. 그 말의 의미는, 적어도 부분적으로는 "내가 하는 방식대로 해라. 영혼들의 관계망, 인격적 관계망으로 나를 따라 들어오라. 그리고 이 사람들이 하나님을 예배하기 위해서 모이는 장소로 나를 따라오라"일 것이다.

바리새인들

헤롯은 인상적이었다. 헤롯은 효율적이었고 성공적이었다. 그러나 헤롯은 또한 세속적이었고 신을 믿지 않았다. 그가 아무리 능숙하게 그 땅에 번영과 평화를 가져온다 하더라도, 헤롯과는 아무런 상관도 하지 않으려는 유대인들이 많이 있었다. 그러한 유대인들은, 하나님께 영광을 돌리지 않는 인생은 아무리 번창하고 안정을 누린다 할지라도 살 가치가 없는 인생이라고 생각했다. 그 유대인들이 바로 바리새인들이었다.

헤롯의 죽음과 예수님의 탄생이 있기 약 300년 전에, 알렉산더 대제가 이끄는 그리스인들이 페르시아를 정복함으로써 그들은 이 세상의 새로운 제국으로 부상했다. 페르시아인들은 유대인들을 관대하게 대하면서 그들이 자신들의 방식대로 예배를 드릴 수 있게 해주었다. 그러나 그리스인들은 군사적인 정복만으로는 만족할 수 없었다. 그들은 지성과 아름다움과 쾌락이 특징을 이루는 삶의 방식을 지지하는 사람들이었다. 그들은 권력을 가지는 것으로는 만족할 수 없었고, 돈을 가지는 것으로도 만족할 수가 없었다. 그들은 우리가 인본주의라고 지칭할 수 있는 사조를 전하는 선교사들이었다. 그들은 정신과 육체를 찬양하고 그것의 잠재력을 온전히 다 발전시키는 삶으로 사람들을 회심시키고 싶어 했다. 우리는 사람들이 예수 그리스도를 통해서 자신의 죄로부터 구원을 받게 하기 위해서 선교사들을 보낸다. 그들은 교육과 예술, 연극과 스포츠를 통해서 사람들을 문명화하기 위해서 선교사들을 보냈다. 그들은 공격적이고, 끈질기고, 열정적이고, 설득력 있고, 또한 매우 성공적이었다.

그들이 회심시킨 사람들의 통계 수치는 참으로 인상적이다. 알렉산더의 전격 작전이 시행된 지 약 100년 후에는 중동 지역이 다 그리스화되었다. 그리스어, 그리스 학교, 그리스 극장, 그리스 예술, 그리스 경기와 체육 대회, 그리고 그리스의 신들. 특히 그리스의 신들은 사람들에게 요구하는 것이 거의 혹은 전혀 없었고, 그리스화 사업에 장엄하고 화려한 배경을 제공해 주면서 자신의 탁월성에 자부심을 가지고 있는 인간을 세계 무대의 중앙에 서게 해주었다. 그리스의 신들은 인간 조건을 탐험하는 드라마에서 무대 배경 정도의 역할만을 했다.

이 대대적인 전도 캠페인은 사실상 모든 곳에서 대단한 성공을 거두었다. 팔레스틴에 사는 많은 유대인들은 상당히 열광적으로 이 새로운 방식을 받아들였다. 친 그리스당은 강력했고 날마다 새로운 추종자들을 끌어들였다. 영향력 있는 많은 유대인

지도자들도 친 그리스적이었다.

그러나 이러한 그리스화 캠페인은 또한 팔레스틴에서 강력한 저항에 부딪히기도 했다. "경건한 유대인"(*chasidim*)으로 흔히 불리는 상당수의 유대인들이 그리스 문화로의 회심을 거부했다. 그들은 스스로를 계시하시고 그들과 언약을 맺으시고 그들에게 명령을 주신 하나님의 백성으로서 스스로를 이해했다. 유대인으로서 그들은 인간에 대해서 그리스인들과 같은 믿음을 전혀 가지고 있지 않았다. 그들은 하나님을 믿었고, 그 하나님은 자신이 계시하신 정의와 사랑, 자비와 구원을 대체하거나 대안이 되는 인간의 산물을 맹렬하게 거절하는 질투의 하나님이셨다. 그리스인들처럼 그토록 열성적으로 하나님의 자리에 인간을 놓는 일은, 유대인들에게는 터무니없는 신성 모독의 행위였다.

그리스인들은 거절당하는 데 익숙하지 않은 사람들이었다. 바르게 잘 사는 데 기초가 되는 것은 하나님의 구원이 아니라 인간의 문명이라고 너무도 확신한 나머지 그들은 유대인들에게 압력을 가하기 시작했다. 유대인들이 저항하면 할수록 그리스인들의 강요는 더 심해졌다.

그런데 한편 팽창주의자인 로마인들이 그리스 제국을 위협하고 있었다. 로마인들은 오늘날 터키의 서부 지역에 해당하는 곳을 상당 부분 차지하고는 소중한 천연 자원들의 이동을 막아 버렸다. 로마인들은 거의 모든 전선에서 그리스의 군사력을 위협하고 있었다. 자신의 제국이 무너지고 있음을 깨달은 그리스인들은 (예루살렘과 그 이외의) 성전들을 약탈하기 시작했고, 정치적 연합을 이루어 내기 위해서 헬레니즘을 강요했다. 이제는 더 이상 이전과 같은 그리스 문화에 대한 열성이 아니라, 필사적으로 권력을 유지하려는 몸부림이었다.

드디어 그리스인들은 폭력을 사용하기 시작했다. 그들은 안식일 지키기, 할례, 성전에서의 희생 제사를 금지하는 법을 제정했고 그리스의 방식을 받아들이려 하지 않는 사람들은 죽이기까지 했으며, 로마의 위협에 맞서 정치적 하부 구조를 강화했다. 필요하다면 이 대단한 그리스 문명을(사람들을 인간이 이를 수 있는 최고의 상태로 만들어 주는 이 변혁적인 그리스 프로그램을) 강요하는 일도 마다하지 않겠다는 태세였다.

이와 같은 압력과 박해는, 그저 "경건한" 유대인이었던 사람들을 반대 세력인 바리새인으로 만드는 촉매제가 되었다. 바리새인들은 그리스의 이방인들이 이끄는 그리스화 프로그램에 반대했을 뿐만 아니라 유대인들 사이에서 빠르게 번지고 있던 친그리스당에도 반대했다. "바리새인"이란 "구별된 사람"이라는 뜻이다. 죄와 악으로 가득 찬 방식, 이교도의 방식, **그리스**의 방식과 분리되었다는 의미에서 구별되었다는 뜻이다. 그들은 정치적 연합을 강요하려 하고 그리스의 가치와 기준에 그들을 동화시키려는 압력에 저항했다. 그들은 하나님이 그들과 맺으신 언약을 부인하라는 요구에 저항했고, 하나님의 명령을 지키는 것은 도덕적 혹은 영적인 노예 상태를 의미한다는 모든 암시에 저항했고, 하나님께 더 많은 에너지를 쏠수록 진정한 인간이 되는데 쓸 에너지는 줄어들 뿐이라고 하는 세뇌적인 선전에 저항했다.

하나님을 두려워하는 그들의 어리석은 방식을 버리고 지혜롭고 인간 중심적인 그리스의 방식들을 받아들이라고 하는 압력을 받은 유대인들은 결국 폭발해서 무장 반란을 일으켰고 그러한 반란은 곧 그 지역 전체로 퍼져나갔다. 유대인들의 반감은 오래 전부터 형성되어 오던 것이었고 그리스 제국이 강요한 문화 밑에서 부글부글 끓어오르던 참에 그리스의 왕 안티오코스 4세 에피파네스가 거기에 불을 질러 버렸다. 주전 198년에 정권을 잡은 그는 30년 동안 유대인들에게 압력을 행사했는데, 유대인들의 완강한 저항에 부딪히자 끝내 폭력을 행사하고야 말았다. 그는 안식일 지키기와 할례를 금지하고, 그 규정을 어기면 사형에 처하게 했다. 주전 167년 12월에 예루살렘 성전에 제단이 세워지고 거기에서 올림포스의 제우스에게 드리는 이교도의 희생 제사가 드려졌다(단 11:31; 12:11에서 언급되고 있는 "멸망하게 하는 가증한 것"이었다).

나아가서 안티오코스 에피파네스는 모든 마을에서 이교 신들에게 희생 제사를 드릴 것을 명령했다. 모데인이라고 하는 마을에 왕의 사령관이 유대인들의 순종을 강요하기 위해 도착했을 때 그 곳의 제사장이었던 맛다디아스는 더 이상 참을 수가 없었다. 그는 희생 제사를 드리라는 명령을 거절했다. 다른 유대인이 희생 제사를 드리려 들어서자 맛다디아스는 그 유대인 제사장과 왕의 사령관을 죽여 버렸다. 그리고 화려한 마무리로 그는 제단을 파괴해 버렸다. 그러고는 자신의 다섯 아들을 데리고 도망가서 사막에 있는 동굴들과 여러 은신처에서 숨어 살았다. 머지않아 많은 경건한 유대인들이 그들에게 합류했고, 박해가 심해질수록 그들의 독특한 정체성은 더 날카로워지고 강렬해졌으며, 자신들의 하나님을 예배할 수 있는 자유를 위해 싸울 준비가 되어 있었다. 맛다디아스는 게릴라전을 치를 수 있도록 조직을 정비했고, 전국을 다니면서 제단을 파괴하고 느슨한 유대인들을 죽이고 아이들에게 할례를 주고, 안티오코스 에피파네스의 명령에 공개적으로 저항할 것을 설교했다.

그런 과정에서 순교자들이 속출했다. 맛다디아스는 그 이듬해 봄에 죽었지만, 그의 아들 유다 마카비우스("망치"라는 뜻)가 이끄는 가운데 다섯 아들이 그 자리를 이어받았다. 마카비우스 전쟁이 시작되었던 것이다.[3] 출발은 좀 불안정했지만, 유다와 그의 형제들은 그들의 후손들과 함께 다소 불안정하기는 해도 여전히 중요한 정치적·종교적 독립을 얻어내었다. 바벨론 유배(주전 586년) 이후 처음으로 유대인들이 외세의 압력에서 벗어나게 된 것이다. 그들은 로마의 장군 폼페이가 주전 63년에 예루살렘으로 행진해 들어올 때까지 독립을 지켰고, 유대인들의 독립은 그것으로 끝이 났다.

그로부터 얼마 후 (주전 37년에) 로마인들은 헤롯을 유다의 왕으로 임명했다.

안티오코스 에피파네스가 죽고 헤롯 대제가 즉위하기까지 150년의 세월은 그야말로 격동의 세월이었다. 그러나 그 기간 내내 바리새인들은 두드러지는 역할을 했다. 바리새인들은 대내외적으로 문화적·정치적 세력에 맞서 그리스인들이 그토록 지워 버리고자 했던 유대인의 정체성을 타협하지 않고, 보존하고 강화시켰다. 바리새인들은 참으로 용감했고 그 신실함이 대단했다. 바리새인들은 가장 열정적이고 충성스러운, 유대인 최고의 모습이었다. 그들의 운동은 민중을 대표했으며, 풀뿌리 운동으로서, 모세 밑에서 살던 억압적인 삶으로부터 돌아서서 자유와 아름다움과 지성을 받아들이라는 그리스의 복음적 요청(역사상 처음으로 진정한 인간이 되어 보라고 하는 요청)에 대응하기를 거부한 수천 명의 평범한 유대인들의 운동이었다.

그리스인들의 압력이 너무도 전적이고 포괄적이었기 때문에 바리새인들의 대응 또한 전적이고 포괄적이었다. 그럴 수밖에 없었다. 그들은 한 치도 양보할 수 없는 처지였다. 한발만 물러서도 근본적이고 비타협적인 믿음의 순종에 기반한 그들의 풍부한 삶이 무너질 수도 있었기 때문이다. 그들은 계속해서 자신들의 분리를 유지하기 위해서 규칙들을 더 많이 만들어나갔다. 자신들의 정체성을 확고히 하기 위해서 관습들이 개발되었다. 신약성경에서 보이는 대로의 모습으로 바리새인들이 등장하게 되었을 무렵에는 두 가지 불행한 일이 일어난 후였다.

하나는 이처럼 축적된 규칙과 관습들이 많은 바리새인들 사이에서 견고한 외형적 갑옷처럼 되어 버린 일이다. 유대인의 정체성은 보존되었지만 약 200년의 세월이 흐르고 나자 그 정체성은 내면적이기보다는 외면적인 것이 되어 버렸다. 그들은 종교적 갑각류가 되어 버렸다. 모든 뼈대가 몸 바깥에 형성된 것이다.

두 번째 불행한 일은 바리새인들이 개인적 태도의 모든 사소한 부분에까지 과도하게 집착하는 소심한 사람들이 되어 버린 것이다. 그들은 처음에는 그리스적 지성의 폭력적인 교만에 도전하는, 당대에 필요한 일을 시작했다. 그들은 하나님과 하나님의 율법에 대해서, 그리스의 선교사들이 상상할 수 있는 그 어떤 것보다도 큰 비전을 가지고 있었다. 그들은 문명에 대한 그리스적 비전의 웅장함에 대해서 "하늘에 세우신" 하나님의 보좌로 맞섰다. 그러나 예수님이 등장하실 무렵이 되어서는 하나님 나라에 대한 비전은 잃어버리고 유대인의 정체성과 관련된 복장이나 태도의 모든 요소에 대해서 지나치게 집착하게 되었고, 유대인이 된다는 것의 의미를 하나하나 다 따져 가며 논의하고 규정했다. 그들은 유대인이라고 하는 자신들의 정체성의 모든 요소에 대해서 강박적으로 매달리게 되었다.

설산에 둘러싸인 거대한 호수가 내다보이는 기가 막힌 전망창이 있는 집으로 이사를 했다고 한번 상상해 보자. 제일 좋은 자리에 앉아서 요란한 폭풍과 구름의 형성, 바위와 나무와 야생화와 물 위로 비추는 햇살의 그 다양한 색채들을 다 감상할 수 있다. 그 경치에 당신은 사로잡힌다. 하루에도 몇 번씩 하던 일을 멈추고 그 창 앞에 서서 그 위엄과 아름다움을 감상하고 다양한 나무와 꽃들 그리고 날씨의 변화가 펼치는 불꽃놀이에 감탄한다. 그러다가 어느 날 오후 유리창에 새똥이 묻어 있는 것을 보고는 물 한 양동이와 수건을 가져와서 닦아 낸다. 이틀 정도 후에 폭풍우가 지나가면서 이번에는 창문에 빗자국을 남겨 놓는다. 그래서 이번에도 양동이를 가져다가 또 닦는다. 또 어떤 날은 손에 무엇이 잔뜩 묻은 어린아이들을 한 무리 동반한 손님들이 찾아온다. 그들이 떠나자마자 유리창에 난 손자국이 눈에 확 들어온다. 손님들이 떠나기가 무섭게 또 양동이를 들고 나온다.

당신은 그 창문이 무척이나 자랑스럽다. 게다가 크기 또한 얼마나 대단한가. 하지만 그 창문에 얼마나 다양한 이물질이 들러붙어서 시야를 흐리고 그 명상적인 아름다움을 방해하는지 참으로 놀랍기만 하다. 그 창문을 깨끗하게 유지하는 일이 강박신경증으로까지 발전해 버린다. 사다리와 양동이와 창문 닦는 기구가 쌓여 간다. 손이 잘 안 닿는 구석이나 높이까지도 다 닦으려고 창 안팎으로 비계를 설치한다. 당신은 북미에서 가장 깨끗한 창문을 가지게 된다. 그러나 이제는 그 창밖을 내다본 것이 이미 오래 전의 일이 되어 버렸다. 당신은 바리새인이 된 것이다.

내면의 열정에서부터 외면의 행위로 서서히 옮겨간, 하나님의 위엄에 주의를 기울이다가 서서히 하나님을 위해서 집안 청소를 해주는 일로 옮겨간 예수님 당대의 바리새인들은 전체적으로 그다지 매력적인 사람들이 아니었다. 그래도 여전히 그들은 유대교 최고의 모습을 대변하는 사람들이었다. 적어도 그들은 자신의 유산을 알고 있는 사람들이었던 것이다. 그들은 자신이 무엇보다도 유대인이며 언제나 유대인이라는 사실을 알았고, 성경을 연구했고 성경을 속속들이 알았으며, 이처럼 열렬히 보존된 유대인의 정체성을 물려받은 자랑스러운 후계자들이었다. 복음의 이야기는 세 명의 바리새인 즉 니고데모, 아리마대 요셉, 가말리엘에 의해서 더욱 빛을 발하게 된다.

예수님과 바리새인들

만약 예수님이 찾으신 것이 동지였다면, 자신의 하나님 나라 사역에 제휴할 단체였다면, 바리새인들이 자명한 선택이어야 했다. 그들은 팔레스틴에서 실적이 제일 좋은 사람들이었다. 그들은 하나님의 요구와 약속에 대한 진실성과 충성을 역사적으로 놀랍게 증명한 사람들이었다. 그들은 헤롯이 대변하는 이 세상의 방식에 저항한 가장 강력하고도 단호한 무리였다. 예수님이 태어나시기 이전의 세월 동안에 헤롯은 안티오코스 4세 에피파네스의 업적을 물려받아 원기왕성하게 나라 곳곳에서 부흥 집회를 열어 문명이라고 하는 그리스의 복음으로 회심하라고 요청했다. 헤롯은 팔레스틴의 여러 원형 경기장에서 대중 전도 집회를 연 그리스 복음의 빌리 그레이엄이라고 생각하면 된다. 돌이켜 생각해 보면 헤롯은 사실 그리스 문화에는 별 관심이 없었다. 그의 그리스화 캠페인은 원색적인 정치적 야심을 가려 주는 간판에 불과했다. 바리새인들은 안티오코스에 대항해서 지키고자 했던 것을 그로부터 200년이 지난 후에도 헤롯과 그가 대변하는 모든 것에 대항해서 지켜야 했다.

세월이 지나면서 바리새인들이 좀 경직된 것은 사실이다. 그들에게는 개혁이 필요했고, 활기를 좀 띨 필요가 있었다. 그래도 그들은 작업을 시작할 수 있는 견고한 기초 역할을 충분히 할 수 있었다.

그러나 예수님은 헤롯의 웅장함을 따르지 않은 것처럼 바리새인들의 열렬함도 따르지 않았다. 바리새인들에게는 존경할 만한 점이 많았다. 유대인의 정체성을 유지해 준 것에 대해서 모든 유대인은 바리새인들에게 빚진 면이 있었다. 나는 오늘날 우리가 바리새인들이 마땅히 받아야 할 만큼의 인정을 해주지 않고 있다고 생각한다. 그들은 지금까지 그리스도인들이 그들에 대해서 흔히 보여 주었던 태도보다도 훨씬 더 많은 존경을 받을 필요가 있다. 그러나 예수님이 바리새인들의 방식에 준해서 일하지 않으신 것만큼은 분명하다. 예수님의 방식이 독특하고 독창적이고 급진적이라는 우리의 생각은, 예수님이 헤롯의 방식을 거부하셨을 뿐만 아니라 헤롯의 방식에 가장 의도적으로 대항했던 방식 즉 바리새인들의 방식도 거절하신 것을 볼 때 더 굳어지게 된다.

당신이 헤롯의 수단과 방식에 따라서 성장한 1세기의 남자 혹은 여자라고 한번 상상해 보라. 그러다가 예수님을 만나게 되었다. 멀리서 예수님을 지켜보면서 늘 그분에 대한 호기심이 있었다. 그러던 어느 날 예수님이 "나를 따르라"고 말씀하시는 것을 들었다고 하자. 그래서 그 말을 받아들이고 예수님을 따르기 시작한다. 그 때 당신은 무엇을 눈치 채겠는가? 내 생각에 내가 가장 먼저 눈치 채게 되는 사실은, 내가 예수님을 따르게 됨과 동시에 관계의 세계 속에 던져지게 되었다는 사실일 것 같다. 실제의 사람들과 하나님이 복잡하게 얽혀 있는 그러나 은은하게 빛나는 거미줄과 같은 관계의 망 속에 내가 던져졌다는 사실이 가장 눈에 뜨일 것이다. 예수님을 따르게 됨으로써, 나는 크기와 숫자, 거대하고 아름다운 빌딩, 유명한 신들과 로마의 유명 인사들과 호화로운 광경들, 소음과 폭력과 군중의 세계를 떠나, 개인의 이름들이 있고, 인격적 만남, 인격적 대화, 인격적 모임이 있고, 인격적인 하나님이 계신 훨씬 더 소박하고 조용한 세계 속으로 걸어 들어가게 되었을 것이다.

마찬가지로, 내가 만약 유다 마카비우스와 그 형제들의 영웅적 행위(순교, 유대인의 해방이라고 하는 위대한 대의 등)로 나의 상상력을 살찌우고, 바리새인들이 중추가 되었던 운동에 감명을 받으며 살다가 예수님이 "나를 따르라"고 하시는 말씀을 들고 그것을 받아들여 예수님을 따르기 시작했다면, 내가 처음으로 눈치 채게 되는 것은 예수님이 사용하신 언어일 것이다. 예수님의 특징적인 대화 방식은 이야기였다. 예수님은 (우리가 비유라고 부르는) 이야기를 들려주셨다. 그리고 은유를 사용하셨다.

이야기는 참여와 관계를 만들어 내는 말의 용법이다. 이야기는 우리가 날마다 살아가는 삶의 재료들을 가져다가 우리의 경험을 구성해 주는 행위로 우리를 이끌고 간다. 우리가 사랑하거나 미워하는 사람들, 우리가 잘하거나 못하는 일들, 부모와 자녀의 행동 방식, 우리가 직면해야 하는 결정들 속으로 말이다. 만약에 이야기꾼이 탁월하다면, 오늘날 우리가 살아가면서 당면하는 일들, 그러나 우리가 놓친 일들을 그 이야기 속에서 듣고 알아채게 되는 경우가 많을 것이다. 그리고 놓쳤던 일들을 보게 되었으니 앞으로는 더 잘 살아내게 될 것이다. 즐거운 일은 더 깊이 즐기고, 위험에 대해서는 좀더 주의를 기울여 조심하고, 전에는 인식하지 못했던 기회를 포착하고, 함께 시간을 보낼 가치가 전혀 없다고 생각했던 사람을 좀더 인정하게 될 것이다.

때로는 이야기꾼이 인간으로 산다는 것의 의미를 재조명해 주어서 우리 자신과 우리 주변 사람들을 다른 각도에서 바라보게 하고, 그래서 늘 하던 일이지만 아주 새로운 방식으로 다시 해 보고자 하는 의욕이 솟구치게 해줄 수도 있다. 전에는 출구 없는 지루함 속에 갇혀 있다고 생각했다. 그런데 이야기꾼이 사랑, 갈등, 가치에 대해서 보여 주는 어떤 것이 우리로 하여금 전혀 다른 차원에서 삶에 참여하게 만든다. 이야기꾼은 삶을 살아가는 다른 방식들을 상상해 내고, 우리가 누구인지 그리고 우리의 이웃이 누구인지에 대해서 우리의 상상력을 신선한 방식으로 일깨워 준다. 우리는 좀더 강렬하게 살고 좀더 의식하며 살아야겠다는 자극을 받게 된다.

바리새인들은 그러한 방식으로 언어를 사용하지 않았다. 그들은 규정하고 방어하기 위해서 언어를 사용했다. 그들은 규칙과 규정으로 유명한 사람들이었다. 그들은 다양한 태도들의 옳고 그름에 대해서 끝도 없이 논의했다. 그들은 성경을 연구하고, 각 음절과 문장 부호의 의미를 파고들고, 마치 개가 자기 뼈다귀를 가지고 하는 것처럼 성경 텍스트를 물고 뜯었다. 그들은 **진지하게** 언어를 사용했다. 그리고 특색 없이 사용했다. 그들은 이야기를 들려주느라 시간을 낭비할 틈이 없었다. 그들에게 이야기하기는 하찮은 일이었다. 그들의 히브리적 배경과 성경적 배경에는 이야기가 풍부했고, 그 이후로 자신들의 이야기를 회복해 나가기는 했지만, 예수님 당대에는 이야기를 들려주는 것보다 훨씬 더 중요한 일들이 있다고 그들은 생각했다. 그들은 사람들에게 무엇을 해야 하는지, 언제, 어디에서 그것을 해야 하는지에 대해서 아주 실제적인 지침을 주어야 한다고 생각했다.

어느 날 어떤 사람이 예수님께 "이웃"을 정의해 달라고 질문했을 때 예수님이 들려주신 답변에서 우리는 언어를 사용하는 두 가지 방식의 대조적인 면을 가장 분명하게 보게 된다. 바리새인들은 개념 정의를 좋아했다. 예수님은 그에게 이야기로 답변해 주셨다. 바로 사마리아인의 이야기다(눅 10장). 만약 예수님이 그 질문이 주어진 방식에 따라서 답변하셨더라면, 그 두 사람은 밤늦도록 그 단어의 정의를 놓고 사소한 것까지 따지고 있었을 것이다. 그러나 예수님은 그렇게 하지 않으셨다. 예수님은 이야기를 들려주셨다. 그 이야기는 이웃이란 무엇이라고 냉정하게 정의하지 않고, 질문을 던진 그 남자를 끌어들여 살과 피를 가진 살아 있는 이웃이 **되게**(혹은 그의 선택에 따라서, 되지 않게) 했다.

그리고 예수님은 은유를 사용하셨다. 예수님은 우리가 소금과 빛이라고 하셨다. 그리고 자신이 떡이고 문이라고 하셨다. 대개의 경우 사람들은 예수님이 무슨 말씀을 하시는지 도무지 이해하지 못했다. 문자주의적인 바리새인들이 특히 더 어려워했다. 니고데모가 그 전형이라고 하겠다. "'거듭나다'가 무슨 말입니까? 그건 불가능합니다. 제발 말이 되는 말을 좀 해주세요."

은유는, 문자적으로는 거짓말이다. 그것은 사실일 수 없다. 당신은 소금이 아니다. 내가 당신을 내 계란 프라이에 뿌린다고 해서 계란의 맛이 더 좋아지지 않는다. 나는 빛이 아니다. 내가 어두운 방으로 걸어 들어가면 그 방이 밝아지지 않는다. 하나님은 바위가 아니다. 지질학자들은 하나님에 대한 화석상의 증거를 찾겠다고 바위를 조사하지 않는다. 혹은 하나님에 대한 캄브리아기 이전 시기의 계시를 주장하는 학술 논문을 쓰지도 않는다.

그렇다면 왜 은유를 사용해서 말하는가? 왜 예수님은 그토록 은유를 좋아하셨는가? 왜 성경에는 그토록 많은 은유가 나오는가? 이 질문을 처음 던질 때는 정말로 그것이 이상해 보여서 질문을 던지게 된다. 왜냐하면 은유는 정확하지 않기 때문이다. 은유는 거의 언제나 여러 가지 다른 방식으로 이해될 수 있다. 단약 예수님이 무엇보다도 정확성에 관심이 있으셨다면, 예수님은 결코 "나는 포도나무요 너희는 가지이니"(요 15:5)라든가 "내 양을 먹이라"(요 21:15)라는 말들을 하며 다니지 않으셨을 것이다.

하지만 조금만 더 깊이 생각해 보면 우리는 은유가 언어와 복음의 핵심이라고 할 수 있는 놀라운 일 두 가지를 해낸다는 사실을 깨닫게 된다. 하나는 은유가 참여를 요구한다는 사실이다. 예수님이 "나는 선한 목자다"(요 10:14)라고 말씀하실 때 우리의 상상력이 작동하기 시작한다. 우리의 생각 속에 하나의 그림이 그려지고, 그것과 연관된 것들이 떠오르고, 그 문구는 살아나게 된다. 은유는 압축된 이야기이며, 은유가 우리의 의식 속에 뿌리를 내리면서 우리를 참여시키는 이야기를 들려주기 시작한다. 은유 앞에서 수동적으로 머물기란 힘든 일이다. 은유는 그저 구경꾼으로 머물면서 일어나고 있는 일을 냉정하게 바라보고 있기 힘들게 만든다. 은유는 그것을 들려주는 저자 혹은 화자가 관여하고 있는 일에 우리도 끌어들인다.

그리고 은유는 우리를 의미의 그물망 속으로 끌어들인다. 이 하나님의 창조와 구원의 세계에서는 모든 것이 서로 연결되어 있다. 이 세상은, 세계 각지의 도시와 가정들의 지하실과 다락방 그리고 벽장 속에 들어 있는 물건들을 다 꺼내 놓고 우리 인생의 지금 이 순간에 우리에게 딱 맞는 것이 무엇인지를 찾으려고 뒤적이는 거대한 벼룩시장이 아니다. 그보다는 오히려 복합적이고 복잡한 유기체에 더 가깝다. 우리가 둘러보는 곳 어디에나, 우리가 만지는 것 모두에, 우리가 듣는 모든 소리에, 의미와 목적이 있는 창조와 언약의 세상이다. 은유는 하나님의 창조와 언약에 고유한 복잡하고 유기적인 연결성에 우리를 적극적으로 참여시키는 말의 용법이다. 모든 것이 다른 모든 것과 연관이 있다. 포도나무의 가지를 치고 양을 먹이는 일은 예수님이 우리에게 하나님을 계시해 주시고 우리의 구원을 이루어 가시는 이 세상에서 일어나는 일들이다.

진리를 정확하게 지키고, 이 세상의 방식들로부터 진리를 구분해 내는 일에 자신을 헌신한 바리새인들은 최대한 비인격적이고 통제된 언어를 사용했다. 바리새인들 못지않게 진리에 헌신했고, 그들 못지않게 이 세상의 위험에 대해 염려했던 예수님은 매우 인격적이고 관계적이고 참여적인 언어를 사용하셨다. 예수님은 이야기를 사용하셔서, 하나님이 우리의 구원과 이 세상의 구원을 이루어 가기 위해서 사용하시는 인물들로 넘쳐나는 플롯에 우리가 연루되어 있음을 깨닫도록 촉구하셨다. 예수님은 우리가 직접 행동에 뛰어들게 하기 위해서, 가족을 돌보고 재정을 관리하고, 지구를 돌보고 불의에 항의하고, 하나님을 예배하고 우리의 죄를 회개하는 그러한 일들 속에서 영혼과 정신과 힘을 다해서 생각하고 기도하게 하기 위해서 은유를 사용하셨다.

예수님이 "나를 따르라"고 말씀하시고 그래서 우리가 예수님을 따르게 되면, 예수님은 헤롯이 자신의 야망을 위해서 사람들을 이용하고 또 그들을 단순한 기능으로 축소시키기 위해서 그들을 비인격화하는 데 사용한 방식들로부터 우리를 구출해 주신다. 그리고 예수님은 정확하고 순결한 언어를 사용하기 위해서 언어를 비인격화하는 바리새인들의 방식으로부터도 우리를 구출해 주신다. 바리새인들이 그렇게 정확하고 순결한 언어를 원하는 이유는 이 세상의 모호한 방식들과는 구분되는 정체성, 우리를 오염시킬 수도 있는 다른 사람들과의 인격적 관계를 회피하는 정체성, 개인적 참여를 회피하는 언어를 사용해서 진리를 성취하는 정체성을 규정하기 위해서다. 그러나 그러한 언어는 그 언어의 사용자를 이 세상의 잘못으로부터 분리시켜 줄 뿐만 아니라, 하나님의 창조와 언약 전체로부터 분리시켜 버린다.

마리아와 함께 기도하며 가는 예수의 길

예수님을 따르는 일은 예수님의 수단과 방법들을 우리의 일상적 삶 속에 실현해야 함을 의미한다. 예수님의 방식을 그냥 알아보고 승인하고 바른 방향으로 가기 시작하는 것만으로는 충분하지 않다. 예수님의 방식들은 우리의 상상력 속에 수용되고 우리의 습관 속에 동화되어야 한다. 그렇게 하려면 예수님을 따르는 그 길을 **기도**해야 한다. 그것은 외부에서 부과될 수도 없고 모방될 수도 없다. 반드시 내부에서부터 형성되어야 한다. 그리고 그러한 형성은 기도 속에서 일어난다. 기도의 실천은 예수님의 방식이 우리의 삶 전체에 스며들어서 우리가 거룩의 흐름에 따라 매끄럽게 자발적으로 걷고, 리듬 있게 말할 수 있게 되는 최고의 방식이다.

그 모든 것을 혼자 해야 한다면 우리는 산만하고 정신없는 사람들이 되어 버리고, 돌발 행동과 돌출 행동을 하게 된다. 죄가 우리를 그렇게 만든다. 헤롯과 바리새인들의 문화적 힘은 각기 다르기는 하지만 모두 우리의 가치와 언어를 비인격화함으로써 죄의 효과를 악화시킨다. 우리가 더 사물화되고, 대상화되고, 비인격적이 될수록 우리는 하나님이 창조하신 인간성과 하나님이 창조하신 우리 주변의 사람들로부터 더욱 유리되기에 더 많이 기도해야 한다. 기도는 성령께서 우리 안에서 함께 기도하시는 가운데 창조에서 우리가 차지하는 원래의 자리를 회복시켜 주고, 우리가 야망에 얽매이지 않고 이 세상에서 일할 수 있게 해준다(롬 8:19-26). 기도는 그리스도 안에서 일어나고 있는 위대한 화해의 일에 참여하게 해주고, 우리가 가족과 진구들과 함께 관계의 친밀함을 누릴 수 있도록 자유롭게 해준다(골 1:15-23). 예수님이 베들레헴의 그 마구간에서 나와 헤롯과 바리새인들의 땅으로 들어서시자, 오든(W. H. Auden)의 예리한 표현에 의하면 "모든 것이… '너'가 되었고 '그것'은 하나도 없었다."⁴⁾

'그것'을 '너'로 전환시키는 예수님의 방식을 따르고, 노동의 세계에 헤롯이 미치는 비인격적인 영향에 맞서고, 관계의 세계에 바리새인들이 미치는 비인격적 영향에 맞서는 일에 나서는 이들을 위해 나는 우선 마리아의 기도를 권하고 싶다. 마리아의 기도는 이와 같은 성령의 재형성 사역이 우리 안에 깊이 닻을 내리게 함으로써, 예수님의 길을 따르는 우리가 예수님의 수단과 방법들을 몸에 익히게 해준다.

헤롯이 모든 사람을 좋은 그리스인으로 만들려고 애쓰고 있고 바리새인들은 그들을 좋은 유대인으로 만들려고 최선을 다하고 있던 1세기의 세상에서, 천사 가브리엘이 마리아에게 그가 곧 임신해서 예수님의 어머니가 될 것이라고 선언했을 때 마리아는 이렇게 기도했다.

주의 여종이오니
말씀대로 내게 이루어지이다(눅 1:38).

여기서 나는 엄청난 추측을 하나 해 보고자 한다. 내 생각에 이 기도는 마리아 자신뿐만 아니라 예수님의 삶도 형성해 준 기도였을 것 같다. 마리아가 예수님에게 기도를 가르칠 때 이 기도를 가르쳤을 가능성이 매우 크기 때문이다. 예수님의 기도 생활은, 1세기의 모든 기도하는 유대인들의 기도 생활이 그랬던 것처럼 시편에 의해 형성되었다. 시편은 우리 삶의 모든 부분이 하나님께 믿음과 순종으로 반응하게 이끌어 주는 150편의 기도다. 그러나 우리 구세주의 어머니로서 마리아를 형성해 준 이 기도도 시편과 마찬가지로, 그 길을 사시고 그 길을 정의하신 예수님을 형성해 주었을 것이다. 예수님이 자궁에 있을 때부터 이 기도가 예수님의 형성에 미친 영향은, 예수님이 죽으시기 전날 밤에 겟세마네에서 거의 동일한 기도를 드리신 사실을 통해 확인할 수 있다. "내 원대로 마시옵고 아버지의 원대로 되기를 원하나이다"(눅 22:42).

나는 예수님이 전 생애 동안 날마다 자신의 어머니가 가르쳐 주신 이 기도를 드리셨을 것이라고 생각한다. 이 기도를 혹은 그와 비슷한 기도를 드리심으로써 예수님은 헤롯의 길을 채택하지 않을 수 있었다. 그리고 이 기도를 드리심으로써 예수님은 바리새인들의 의제를 취하지 않을 수 있었다. 우리 자신도 이 기도를 드리는 것 이외에 그 사실을 우리 안에 더 잘 받아들일 수 있는 방법을 나는 생각해 낼 수 없다. "주의 여종이오니, 말씀대로 내게 이루어지이다."

명사 하나와 동사 하나가 그 기도의 구조를 이루고 있다. 명사는 마리아의 정체성을 드러내고, 동사는 마리아를 하나님의 행동 안으로 끌어들인다.

명사는 종 혹은 노예(*doulē*)다. 우리는 기도하면서 우리의 가장 진정하고 깊은 정체성에 닿게 된다. 우리는 종이다. 마리아는 이제 막 하나님의 나라에서 우리가 생각할 수 있는 가장 명예로운 소명을 받았다. 우리 주님의 어머니가 되는 것, 육화된 하나님을 그분을 기다리는 이 세상에 내보내는 사람이 되는 소명을 받았다. 그럼에도 불구하고 마리아는 자신을 하나님의 종(*doulē*)으로 이해하고 있다. 우리가 높아질수록 우리가 처한 위치가 더 부각되고, 하나님 나라의 질서에서 우리가 더 중요해질수록 우리는 더 종처럼 된다. "종"은 마리아가 기도한 정체성이었다. 그리고 그것은 예수님이 기도한 정체성이었다. 어머니와 아들이 모두 종이 되는 기도를 드렸다.

매일, 매주, 매월, 우리 가운데 계시는 하나님으로서 예수님의 정체성이 하나하나 채워져 나갈 때 예수님은 그 각각의 요소들을 종의 형태로 만들어 가는 기도를 하셨다. 예수님이 날마다 꾸준히 드리신 기도는, 사람들이 예수님에게서 알아보고 인지한 모든 것과 예수님이 하신 모든 몸짓이 하나님과 하나님의 구원을 나타내는 계시가 될 수 있게 해주었다.

이방인의 집권자들이 그들을 임의로 주관하고 그 고관들이 그들에게 권세를 부리는 줄을 너희가 알거니와 너희 중에는 그렇지 않아야 하나니, 너희 중에 누구든지 크고자 하는 자는 너희를 섬기는 자가 되고 너희 중에 누구든지 으뜸이 되고자 하는 자는 너희의 종이 되어야 하리라. 인자가 온 것은 섬김을 받으려 함이 아니라, 도리어 섬기려 하고 자기 목숨을 많은 사람의 대속물로 주려 함이니라(마 20:25-28).

동사를 통해서 마리아는 하나님의 행동이 자신의 삶에서 일어나게 기도한다. "말씀대로 내게 이루어지이다." 그 행동은 마리아가 혼자서 하게 될 행동이 결코 아니다. 그 행동은 하나님이 마리아 안에서 하실 행동이다. 마리아는 바로 그 행동에 굴복한다. 마리아는 하나님의 행동을 받아들인다.

예수님도 자신의 생애 내내 이 동사를 자신의 기도에 사용하셨음이 분명하다. 예수님은 하나님이 계시된 분으로서 진리를 말씀하시고, 제자들을 초대하시고, 죄를 책망하시고, 죄를 용서하셨다. 인격적인 말. 친밀한 관계. 그리고 결국에는 성육신. 예수님 전체 안에 계신 하나님 전체였다.

우리는 기도할 때 우리가 사용하는 동사에 부단히 주의를 기울여야 할 것이다. 우리는 기도를 수단 삼아 하나님 나라의 일을 관할하는 자가 되기를 원하는가, 아니면 기도를 통해서 하나님이 자신을 계시하시고 자신의 뜻을 실현하시는 통로가 되기를 원하는가? 우리의 기도가 "오 하나님, 나를 헤롯처럼 만들어 주시면 당신을 위해 위대한 일을 하겠습니다" 하는 식으로 단정적이고 요구하는 기도는 아닌가? 우리의 기도가 "오 하나님, 내가 이 세리와 같지 않음을 감사드립니다" 하는 식으로 이기적이고 자신을 다른 사람과 분리시키는 기도는 아닌가?

    우리의 기도가 "말씀대로 내게 이루어지이다"라고 말하며, 하나님 나라에서 자발적인 순종의 삶으로 우리의 삶이 형성되게 하는 복종의 행위인가?

가야바의 길

가야바. 그 이름만 들어도 온갖 것들이 연상된다. 그리고 모두가 부정적인 것들이다. 특권이 된 종교, 착취하는 종교, 부유한 사람들의 집단(부유한 인사이더들의 배타적 집단)이 된 종교, 소모품이 된 종교, 억압하는 종교.

헤롯은 예수님 이야기의 서두에, 예수님의 탄생 때 등장한다. 헤롯은 예수님을 죽이려 했지만 성공하지 못했다. 헤롯은 수도 없이 많은 아기들을 죽였지만, 예수님은 그 대학살을 피할 수 있었다. 가야바는 예수님의 이야기가 거의 끝날 무렵, 예수님이 생사의 재판을 받는 장면에 등장한다. 가야바는 예수님을 죽이려고 하는 음모에 가담해 있었고, 그 음모는 성공했다. 예수님은 처형되었다.

헤롯과 가야바는 서로 무척 다른 세계에 속해 있었다. 헤롯은 정치인으로서 로마의 이교주의와 노골적인 권력의 세계에 살았다. 가야바는 제사장으로서 하나님에 대한 예배와 믿음이라고 하는 유대인의 세계에서 살았다. 헤롯은 세속 세계의 지도자였고, 가야바는 종교 세계의 지도자였다. 두 사람 모두 자신의 일을 아주 성공적으로 해내고 있었다. 두 사람 모두 각각의 영역에서 최고의 일자리를 가지고 있었다. 그리고 두 사람 모두 예수님을 반대했다. 두 사람 모두 자신들이 영향력을 미치는 세계가 예수님에 의해 위협을 받고 있다고 생각했다. 두 사람 모두 예수님을 죽이는 일을 불변의 정책으로 삼고 있었다. 만약에 고고학자들이 그들의 비전 선언문이 담겨 있는 문서를 발견한다면(좋은 지도자들은 다 그런 선언문을 공식적으로 작성한다고 한다) 두 사람의 선언문 모두 요점이 명확하고 동일할 확률이 매우 높다. 예수를 죽이자.

가야바에 대해서는 알려진 바가 별로 없다. 헤롯에 대해 주어진 상당량의 자료에 비하면 가야바에 대해서는 사실상 알려진 바가 전혀 없다고 봐도 좋을 것이다. 가야바에 대해서 우리가 개인적으로 아는 것이라고는, 그가 예루살렘에서 대제사장을 많이 배출한 어느 가정 출신으로서 눈에 띄는 지위를 가지고 있었고, 바리새파의 적수라고 할 수 있는 사두개파와 연관이 있었다는 것

뿐이다. 그의 가족은 성전을 기반으로 권력을 쌓았고, 가야바의 장인 안나스가 가야바 이전에 10년 동안 대제사장을 하면서 가족에게 그 지위를 물려주는 데 성공했다는 사실 정도를 우리는 알고 있다.

사두개파는 부유하고 귀족적인 집단이었다. 적수인 바리새파가 보통 사람들로 구성되어 있었고 반(反)유대적 가치와 전략들이 범람하는 세상 속에서 최고의 유대인이 되는 데 훨씬 더 많은 관심이 있었던 반면에, 사두개파는 정부와 문화의 요직에 있는 사람들과 인맥을 쌓음으로써 크게 성공하는 일에 더 관심이 많았다. 가야바는 자신의 가족과 지위 그리고 자신이 속해 있던 사두개파의 세력을 기반으로 하여 귀족적인 삶을 사는 특권층이었을 것이다. 그는 자신의 직업을 통해서 편안한 삶 이외의 것까지 얻어내는 종교 전문가였다.

1971년과 1972년에 이스라엘의 고고학자들이 수행한 예루살렘 발굴에서는 가야바 시대의 호화로운 주택이 몇 채 모습을 드러내었다. 2층 내지 3층으로 되어 있는 규모가 큰 집으로서, 수조, 공동 목욕탕, 연못 등의 시설을 갖추고 바닥은 모자이크로 장식된 예루살렘의 부유한 가족들이 거주하던 집들이었다. 일부 발굴자들은 그 중에 가야바의 집도 있다고 상당히 확신하는 것 같아 보인다.[1] 만약 그들이 옳다면, 대제사장이 누렸던 사치스러운 생활 방식에 우리는 감탄하지 않을 수 없다. 가야바는 자기 직업에서는 가장 윗자리에 있는 사람이었다. 그는 "대"제사장이었다. 그리고 그는 예루살렘의 대제사장들이 그 사회에서 가장 높은 계급에 속하던 역사적 시기에 그 지위를 가지고 있었다. 가야바는 예수님이 팔레스틴 지방을 다니면서 사람들에게 "나를 따르라"고 부르던 그 시기에 그 지방에서 가장 부각되는 강력한 종교 지도자였다.

제사장은 대부분의 사회에서 중요한 인물이다. 그 이유는 이렇다. 남자와 여자로서 우리 존재의 핵심은 "하나님의 형상"이다. 우리는 하나님을 위해서, 하나님에 의해서 창조되었다. 우리 몸과 영혼의 조직 안에는 하나님의 도장이 찍혀 있다. 하나님과 우리의 관계는 우리에게 가장 중요한 일이다. 우리에게는 먹을 것과 입을 것, 살 집과 치료에 대한 신체적 필요가 있다. 우리에게는 가족과 친구와 이웃에 대한 사회적 필요가 있다. 우리에게는 보호와 안전에 대한 필요가 있다. 우리에게는 사랑과 인정과 위로에 대한 감정적인 필요가 있다. 우리에게는 앎과 이해에 대한 지적인 필요가 있다.

    우리는 복합적이고 다면적인 존재들이다. 인간의 다양성은 참으로 놀랍다. 우리 중에 서로 같은 사람이 하나도 없다. 우리는 위에서 나열한 필요들을 채우도록 서로 도움으로써 서로를 섬긴다. 농부, 선생, 의사, 군인, 변호사, 작가, 상인, 예술가, 건축업자, 은행가 등으로서 우리는 서로의 필요를 채우는 일을 한다. 그러나 이 모든 필요의 중심에 있고 그 모든 필요에 스며들어 있는 것은 바로 하나님에 대한 우리의 필요다. 제사장들은 이와 같은 하나님에 대한 필요를 다루도록 우리를 도와주는 사람들이다. 물론 그들이 우리를 대신해 주는 것은 아니다. 식료품 상인이 우리를 위해 음식을 대신 소화해 주지는 않는 것처럼 말이다. 그러나 그들은 하나님 나라의 경륜에 한 부분을 차지하고 있는 사람들이다.

우리는 정말로 도움이 필요한 존재이면서도, 우리는 차라리 내가 나 자신을 위한 신이 되는 것이 낫겠다는 생각을 쉽게 한다. 그리고 우리가 만든 신을 따라 살다가 일이 잘 풀리지 않는 만약의 경우를 대비해서, 일종의 안전망처럼 하나님을 그냥 구비해 놓기 원한다. 그러나 일이 잘 풀리고 볕드는 날이 계속되고 우리의 필요가 다 채워지는 것 같으면 하나님과 대면하는 일이 썩 내키지 않는 것이 사실이다.

그런데 실제로는 일이 언제나 잘 풀리는 것도 아니고, 볕드는 날이 계속되는 것도 아니며, 우리의 필요가 만족할 정도로 채워지는 것도 아니다. 이와 같은 온갖 불만과 좌절 속에서, 우리가 근본적으로 무엇인가를 **필요로 하는** 존재임을 느끼면서, 우리는 존재의 중심, 존재의 핵심에서 도움을 받을 수 있는 방안을 찾게 된다. 즉 이 문제는 하나님에 대한 우리의 필요를 다루어야 하는 문제임을 깨닫게 되는 것이다. 다른 필요는 몰라도 하나님에 대한 필요만큼은 도대체 어떻게 다루어야 하는지를 모른다는 사실을 어떤 사람들은 (그리고 결국에는 대부분의 사람들이) 드디어 깨닫게 된다. 우리에게는 도움이 필요하다. 제사장이 필요하다. 도대체 무슨 일이 일어나고 있는지 우리에게 설명해 주고 지혜롭게 안내해 줄 사람이 필요하다.

  제사장은 우리와 하나님 사이에, 하나님과 우리 사이에 서 있다. 제사장은 우리에게 하나님을 제시해 준다. 하나님이 누구이신지, 어떻게 행동하시는지, 어떤 진리를 계시하시는지 우리에게 알려 주고, 그 하나님을 받아들이고 믿고, 순종하고 신뢰하고 예배하라고 우리를 청한다. 그리고 제사장은 우리를 하나님 앞으로 데려간다. 우리의 죄와 죄책, 일과 감사, 실패와 자만, 질병과 무지를 하나님 앞에 내어놓고, 하나님이 우리를 받아 주시고, 용서하고, 인도하시고, 구원해 주시기를 청한다. 제사장은 하나님을 우리에게 모시고 온다. 하나님의 모든 것, 하나님의 존재와 하나님이 하시는 일 모두를 우리에게 가져온다. 그것은 우리에게 주어진 선물이다. 제사장은 우리를 하나님께 바친다. 우리의 존재와 우리가 하는 일 모두를 하나님께 바친다. 이것은 하나님께 드리는 선물이다. 여기에는 어느 방향에서든 강제가 없다. 제사장은 거대한 자유의 대지를 아무런 장애물이 없도록 치워 놓는 일을 하고, 거기에서 하나님은 자유롭게 주시고 우리는 받으며, 우리가 자유롭게 드리고 하나님이 받으신다. 이 만남에서 하나님이 가장 하나님답고 우리 또한 가장 우리답다.

  제사장이 관장하는 이와 같은 오고감, 주고받음, 받고 줌의 행위가 바로 예배이며, 이와 같은 교환이 일어나는 행위의 중심에는 희생이 있다.

그 일은 다음과 같이 진행된다. 예배의 장소가 마련된다. 그 장소는 하나님과 우리가 만나는 만남의 장소로 별도로 지정된다. 돌이든, 천막이든, 성전이든, 보이지 않는 하나님의 현존을 증언하기 위해서 무엇인가가 세워진다. 거기에서 일어나게 될 교환의 행위에 주의를 집중시키기 위해서 제단이 세워진다.

이 제단에서 사람들은 제물을 바친다. 그 제물은 우리가 가진 것 중에서 제일 좋은 것이어야 한다. 제물은 염소도 되고, 양이나 비둘기, 혹은 밀가루 한 컵이나 빵 한 조각이어도 된다. 얼마나 많이 드리는지는 중요하지 않다. 그러나 우리가 바칠 수 있는 최선의 것이어야 한다. 제물을 가져오면서 우리는 이렇게 말한다. "이것이 우리가 가진 최고의 것입니다. 우리가 할 수 있는 최선입니다. 하지만 이것으로는 충분하지 않고, 이것으로는 온전해져야 하고 구원받아야 하는 나의 필요가 충족되지 못합니다. 이것으로는 효과가 없었습니다. 그래서 여기에 가져왔습니다. 하나님, 이제 당신 차례입니다. 이것을 가지고 하나님이 무엇을 하실 수 있는지 보십시오."

시편 5편에 묘사된 생생한 장면이 이와 같은 행위를 잘 보여 주고 있다. 이 시편은 희생의 행위를 축으로 움직이고 있다.

야훼여, 당신은 아침 기도를 들어 주시기에
이른 아침부터 제물 차려 놓고 당신의 처분만을 기다리고 있사옵니다(시 5:3, 공동번역).

이 시편 기자는, 동물이든 빵 한 덩이든 보리 가루 한 컵이든, 자신의 제물을 제단 위에 올려 놓는다. 그리고 그 밑에 불을 지핀다. 그리고 시편 기자는 그것을 지켜보며 기다린다. "제물 차려 놓고 당신의 처분만을 기다리고 있사옵니다." 그는 무엇을 보는가? 그는 제물이 타면서 나는 연기가 하나님께로 올라가 그것이 용서와 은혜와 축복과 치유와 영생으로 변화되는 과정에서 제물이 소멸되어 버리는 모습을 지켜본다. 희생 제물이 드디어 다 타 버리고 그 거래가 끝나고 나면 제사장은 사죄, 축복, 용서를 선언한다.

그것이 바로 제사장이 하는 일이다. 가야바가 제사장으로 임명을 받은 것도 바로 그 일을 하기 위해서다. 그러나 때로 제사장들은 하나님과 하나님 백성의 종이 되는 것을 참지 못하고, 그 관계를 자신이 통제하고 하나님의 일과 우리의 구원을 자신이 관리하겠다고 나선다. 세상에 물의를 빚는 나쁜 제사장은 그렇게 해서 생긴다. 결국 가야바와 같은 제사장이 생기는 것이다.

하나님을 섬기고 남을 섬기기보다는 자기 자신을 섬기는 가야바와 같은 제사장들 때문에, 정치적이든 종교적이든 개혁가들은 우선 제사장을 없애는 일부터 시작한다. 종교와 관련된 직업이 부패에 특히나 더 취약해 보이는 것이 사실이다. 그러나 성경의 전통을 보면 그렇다고 해서 제사장직이 폐지되지는 않는다. 오히려 예수님 안에서 완성된다. 그리고 가까이에서 공동체를 돕고 보조하고, 인도하고 지도하는 제사장의 기능은 주교, 부제, 목사, 성직자 등 다양한 용어로 불리는 사람들에 의해 지속된다.

마르틴 루터가 교회를 개혁하면서 그 초석 중 하나로 모든 신자를 제사장으로 천명하려고 했을 때 그가 의도한 바는, 다른 많은 개혁가들이 시도했던 것처럼 제사장직을 제거하려는 것이 아니었다. 그는 종교적 관료주의로 타락한 제사장 제도를 민주화하려는 것이었다. 그는 우리 각자에게 서로에게 제사장이 되어 주는 책임을 맡기려 했다. 서로가 서로를 안내하고 기도해 주고 격려하되, 간섭하거나 아예 떠맡아 버리지는 않는 그러한 관계를 의도했다. 오로지 자신의 유익만을 챙기는 현재 만연한 완고한 소비적 개인주의는 사실 그리스도인의 삶과 맞지 않는다. 우리는 그리스도인 형제자매들이 필요하고, 그리스도인 형제자매들은 우리가 필요하다. **하나님의** 사람인 우리가 필요하다. 베드로가 자신의 회중에게 "거룩한 제사장"(벧전 2:5, 9)이라그 말한 것은 바로 이러한 맥락에서다. 예수님은 우리의 대제사장이시다. 예수님은 우리가 하나님과 친밀한 관계를 맺게 하시려고 희생을 치르시는데, 그 친밀한 관계는 다른 사람들과의 관계가 이루어지는 공동체 안에서 맺어지는 관계이기도 하다. 단순한 인간 제사장은 그러한 친밀함에 간섭할 수 없다(히브리인들에게 보낸 권위 있는 편지가 그 점을 분명하게 말해 주고 있다). 그러나 우리가 홀로 예수님의 길을 갈 수 있다고 생각해서도 안 된다.

❧

사실 성경의 막대한 지면이 이와 같은 만남을 상상하도록 훈련시키는 데 할애되었다. 창세기에서 세워진 그 숱한 제단들, 출애굽기의 성막 건축과 제사장의 옷들, 레위기의 여러 제사들, 열왕기의 솔로몬 성전 건축 과정, 역대기에 제시된 예배를 섬길 인물 선정과 충분한 준비, 사복음서에서 제시된 희생 제사와 예수님의 관계, 히브리서에서 궁극적인 제사장으로 제시된 예수님, 요한계시록에서 모든 희생적 예배가 천국에서 하나로 모아지고 재연되는 영광스러운 대단원.

이것이 바로 제사장이 하는 일이고, 바로 제사장의 소임을 받은 가야바가 해야 했던 일이다.

❧

이와 같은 일이 일어나는 영광스러운 배경과 그 일의 각 요소가 가지는 영원하고도 거룩한 중요성을 생각해 볼 때 성경에 나오는 제사장들의 평판이 썩 좋지 않다는 사실은 그저 놀라울 따름이다. 성경 이야기에 처음 나오는 제사장은 멜기세덱인데, 그에 대해서 우리가 아는 바는 거의 없다. 아브라함의 내러티브에서 어렴풋이 제시될 뿐이다. 하지만 그에 대한 느낌은 좋다. 나쁜 징조는 하나도 없다. 신비이기는 하지만 기분 좋은 신비다.

제사장의 일을 본격적으로 한 최초의 제사장은 아론인데, 그의 실적은 형편없었다. 그는 그 악명 높은 황금 송아지를 만듦으로써 사람들을 하나님께로 이끄는 예배를 인도하는 대신에 오히려 사람과 하나님을 분리시키는 예배를 인도하고 말았다.

엘리는 하나님에 대한 인식이나 사람들을 돌보는 일에 대해서 코뿔소가 가지고 있는 정도의 관심밖에는 가지고 있지 않던 뚱뚱한 늙은이로 등장하고 있다. 마찬가지로 제사장이었던 그의 두 아들 홉니와 비느하스는 수고양이 정도의 성도덕을 갖춘 술주정뱅이들이었다.

예레미야가 자기 백성에게 하나님의 말씀을 전하려고 최선을 다하고 있을 때 그를 매질하고 감옥에 가둔 사람은 바로 예루살렘의 대제사장, 임멜의 아들 바스훌이었다(렘 20장).

좋은 제사장들도 있었다. 사무엘과 아히멜렉 그리고 아비아달과 사독이 그 예다. 그리고 (여호사닥의 아들) 여호수아 대제사장은 스룹바벨과 합세해서 유배 시절 이후에 이스라엘을 재건했다(이 이야기는 스가랴서에 나온다).

제사장들이 있는지 없는지도 모를 때가 그들이 일을 제일 잘하고 있을 때다. 그들이 눈에 띄기 시작하는 순간 우리는 경계하게 된다. 평신도건 목회자이건 그가 우리를 위해서 하나님의 일을 대신해 주는 행세를 할 때 경고음이 울리기 시작한다. 우리가 결코 이름을 알지 못할 수천 수만 명의 좋은 제사장들이 있었다. 그들의 익명성은 그들의 진정성을 암시한다. 조지 허버트(George Herbert)의 시 "아론"은 건강한 제사장직의 본보기다.

자기 자신도 제사장이었던 조지 허버트는 성경에서 말하는 그리고 오늘날 말하는 좋은 제사장직을 증언하기 위해서 이 시를 썼다.[2]

머리에는 거룩,
가슴에는 빛과 완전,
아래에는 조화로운 종소리로 죽은 자를 살리고,
그들을 생명과 안식으로 인도하네.
진정한 아론들은 그러한 옷을 입네.

머리에는 불경(不敬),
가슴에는 결점과 어둠,
열정의 소음이 내가 죽었음을 알리고,
안식이 없는 곳으로 나를 이끄네.
그래서 나는 형편없는 제사장의 옷을 입은 자라네.

오직 단 하나의 다른 머리
다른 심장과 다른 가슴을 나는 가졌네.
죽음이 아니라 생명을 가져오는 또 다른 음악,
그분 없이는 내게 안식도 없네.
그분 안에 있으면 나는 좋은 옷을 입은 자가 되네.

그리스도가 나의 유일한 '머리'

나의 유일한 심장이자 '가슴',

나를 죽이기까지 하는 나의 유일한 음악,

그래서 내가 늙어서까지도 안식하고,

그분 안에서 새 옷을 입네.

그리하여 내 '머리'에는 거룩,

내 소중한 '가슴'에는 완전과 빛,

내 교리는 그리스도가 연주하네.

(그리스도는 죽지 않고

내 안에 사셔서 내가 안식하네.)

사람들이여 오시오, 이것이 아론의 옷이라오.

그러나 가야바는 그러한 옷을 입지 않았다. 가야바가 예수님의 재판 장면에 등장했을 때, 그는 결코 익명의 사람이 아니었다. 아론의 후손들이 이어간 제사장직은 적어도 230년 동안 갈수록 악화되기만 했다. 그리고 가야바도 예외가 아니었다.

(주전 520년 경에) 바벨론에서 돌아온 유대인들은 처음에는 페르시아인들의 정치적 지배를 받다가 그 다음에는 그리스인, 그리고 마지막으로 로마인들의 지배를 받았다. (그들의 마지막 왕인 여호야긴이 바벨론 유배 중에 죽고) 정치 지도자가 부재한 상황에서, 그들에게는 종교 지도자 즉 대제사장이 유대인 공동

체에서 가장 두드러지는 강력한 인물이었다. 그럴 수밖에 없었다. 유대인들은 하나님의 백성이라고 불리는 사람들이었다. 그들의 정체성은 하나님과 하나님의 언약과 명령과 예배를 중심으로 형성되어 있었다. 비록 페르시아와 그리스와 로마의 왕과 총독들이 그 나라를 운영한다 해도, 유대인들의 중추는 대제사장이 관장하는 예루살렘 성전이었다.

그런데 제사장직에서 문제가 생기기 시작했다. 야심 있고 계산적인 남자들이 지배 정부로부터 대제사장직을 거래하거나 협상했고 때로는 아예 노골적으로 매수하기까지 했다. (주전 174년에) 대제사장 야손의 음모가 최고 가격을 제시하는 후보자에게 대제사장직이 돌아가게 하는 경매로 전환되자 사태는 더욱 심해졌다. 그로부터 얼마 후 마카비우스 시절 동안에 대제사장직의 부패성은 바닥을 치고야 말았다.

마카비우스의 반란으로 유대인은 다시 한 번 독립 국가를 세울 수 있었다. 정말로 대단한 시기였고, 용감무쌍하고 열정이 가득한 이야기가 많았던 시기였다. 마카비우스 형제 중 막내인 시몬의 아들이자, 다섯 아들을 자유의 전사로 만들어 버린 맛다디아스의 손자였던 요한 히르카누스는 30년 동안 참으로 뛰어난 통치를 했다. 하지만 그는 한 가지 도무지 용납할 수 없는 일을 저질렀다. 그는 새로 독립한 이스라엘 국가의 왕이었다. 그런데 그는 대제사장의 자리까지 차지해 버렸다. 사실 마카비우스 가문에서 그가 처음으로 그렇게 한 것은 아니었다. 그의 삼촌 요나단과 아버지 시몬이 이미 선례를 제공했었다. 그러나 30년의 통치 기간 동안에 요한 히르카누스는 그 직책을 더욱 세속화했다. 그는 강력하고 뛰어난 정치 지도자였는데, 대제사장직마저 강탈하고 나자 대제사장의 임무가 정치 안으로 완전히 흡수되어 버렸다. 그는 계시하는 하나님이나 예배하는 백성에 대해서는 아무런 관심도 없었다. 그는 제사장직을 맡았으나 사실은 제사장이 아니었다.

요한 히르카누스는 원래 바리새파에 속한 사람이었다. 하나님의 백성으로서 자신의 정체성을 지키는 일에 큰 열정을 가지고 열심을 냈던 바로 그 당파의 사람이었다. 그러나 바리새인들이 그의 세속적인 방식을 비난하자 그는 당파를 바꾸어 사두개인이 되었다. 사두개파의 기원은 다윗의 대제사장이었던 사독에게 있었다("사두개파"는 사독이라는 이름에서 파생된 말이다). 그리고 그는 스스로 대제사장이 되었다. 제사장들로 구성된 사두개인들로부터 그는 타락한 제사장직을 물려받았고, 자신의 임기가 끝날 무렵 그 임무를 철저하게 세속화시켜 놓았다. 그 후로 대제사장직은 결코 회복되지 못했다.

주후 18년 가야바가 대제사장이 되었을 때는 단단하게 결속된 예루살렘의 사두개파 제사장들이 하나님은 거의 염두에 두지 않고 살고 있을 때였다. 그들은 부유했고 권력이 있었으며, 철저하게 그리스화되었고, 로마인들과도 편안하게 지냈다. 그들은 성전을 통해서 부를 축적했다. 성전을 운영하면서 성전에서 드리는 제사와 성전세를 독점하고 있었던 것이다. 로마인들이 그들을 그냥 내버려둔 이유는 유대인들의 평화 유지가 전적으로 그들 손에 달려 있기 때문이었다.

가야바는 다른 대제사장들보다도 그 임무를 더 잘 수행해 냈음이 분명하다. 헤롯이 주전 37년에 로마에 의해 왕으로 임명되었는데, 그는 즉시 바벨론에서 이름 없는 제사장 아나넬을 데리고 와서 대제사장으로 세웠다. 자기 마음대로 부릴 수 있는 사람을 대제사장으로 두기 위한 전략이었다. 이제 마카비우스의 제사장 왕 시대는 갔다. 헤롯은 자신의 통치에 경쟁적 요소가 될 만한 것은 다 제거하기 위해서 대제사장의 임무를 관료적 사무직으로 강등시켰다.[3) 헤롯의 통치가 시작된 주전 37년부터 예루살렘 성전이 파괴된 주후 70년에 이르기까지 28명의 대제사장이 교체되었지만 그 와중에도 가야바는 대제사장의 직위를 18년 간이나 유지했다(주후 18-36년). 반면 다른 대제사장들의 평균 임기는 3년 정도에 불과했다.

그 당시의 지도자들은 로마와 사이좋게 지내는 것이 살아남는 길이었다. 가야바는 자신의 장인 안나스와 손을 잡고 로마와의 인맥을 노련하게 쌓아 나갔다. 그 결과 가야바는 종교를 가지고 좋은 돈벌이를 하면서 부유하게 살았다.

가야바의 길이 그토록 두드러졌기에 예수님은 자신을 따르는 사람들이 그 길에 대해서 오해하지 않게 해야 했다. 예수님을 따르는 길은 특권을 누리는 길이 아니었다. 그 길은 자신이 원하는 것을 얻게 되는 길이 아니었다. 수준 높은 삶을 선점할 수 있는 길도 아니었다. 유대교에서나 교회 안에서나, 자신이 하나님의 길에 헌신하고 성실하게 예배를 드리고, 성경을 공부하고, 친구들에게 복음을 증거하고, 자선을 잘 베풀면 모든 일이 놀랍도록 잘 풀릴 것이라고 기대하는 사람들이 언제나 많이 있었다. 하지만 그렇게 매사가 잘 풀리는 삶은 가야바를 따라야 가능하지 예수님을 따라서는 불가능하다. 예수님은 "아무든지 나를 따라오려거든, 자기를 부인하고 자기 십자가를 지고 나를 좇을 것이니라"(마 16:24)라는 말씀을 통해 그 점을 분명히 하셨다.

예수님과 가야바

가야바와 같은 사람을 만나게 되면 종교라고 하는 것에 대해서 매우 비판적이 되어 버리고, 특히나 제도 종교에 대해서 그렇게 되기가 쉽다. 그러한 종교는 이 세상에서 앞서 나가기 위한 종교다. 형식과 사업과 쇼와 영향력의 종교다. 스스로 자기 자신의 신이 될 수 있도록 도와주어서, 아브라함과 이삭과 야곱의 하나님, 우리 주 예수 그리스도의 하나님이자 아버지이신 하나님을 대면할 필요가 없게 만드는 종교다.

오늘날 사람들이 소위 '영성'이라고 하는 것에 폭넓은 관심을 가지는 이유는, 어떤 면에서 제도 종교에 환멸을 느끼고 좌절했기 때문이기도 하다. 이렇게 생겨난 새로운 영성은 대부분 전례와 재정, 모금 운동과 건물, (신학적 문제를 놓고 사소한 것까지 따지고 들면서 성령을 법제화하고 길들이는) 교회의 관료와 위원회 등의 온갖 겉치레들을 피하려고 한다. 이 새로운 영성은 그러한 모든 것에 반대한다. 그리고 우리의 더 높은 의식을 탐험하고, 아름다움과 깨달음을 계발하고, 같이 대화하고 기도하고 여행할 수 있는 같은 생각을 가진 친구들을 찾으라고 격려한다. 이들에 따르면 영성은 우리 영혼의 깊이를 탐험하는 내면으로의 여행이다. 영성은 교리와 건축 운동과 형식적 예배와 신학자들을 중요하지 않게 여긴다.

이와 같은 주장이 타당한 면이 있기는 하지만, 그렇게 귀기울일 만하지는 않다. 잔학성과 억압, 전쟁과 편견과 증오, 허례허식과 형식에 치우치는 일 등에 대해서 종교계가 큰 책임이 있는 것은 사실이다. 종교적이라는 말이 곧 선하다거나 신뢰할 만하다는 것을 의미하지는 않는다. 종교는 거의 모든 종류의 죄를 덮어주는 제일 좋은 가리개다. 교만, 분노, 탐욕, 탐심은 종교라고 하는 마루판 밑에서 번식하는 기생충들이다. 종교 기관이나 종교 계통에서 일하는 사람들은 부단히 주의해야 한다. 마귀는 오히려 교회에서 최고의 성과를 올리는 때가 있다.

우리는 이와 같은 반(反)제도주의가 만연한 시대에 살고 있다. 상황에 따라서 다양하게 변주되는 주제가 바로 "예수님은 사랑하지만 교회는 싫어합니다"이다.

그렇기 때문에 교회를 반대하는 무리들 사이에서 어떤 면으로는 비교적 큰 인기를 누리고 있는 예수님이 반제도적이지 않으셨다는 사실은 흥미롭다. 예수님은 "나를 따르라"라고 말씀하시고는 자신의 추종자들을 데리고 당시 사회의 주요 종교 기관이었던 두 곳, 즉 회당과 성전을 정기적으로 다니셨다. 그 두 개의 기관 모두 부족하고 흠 있고 실패한 곳이었다. 특히나 성전은 부패, 타락, 불의, 차별이 가득한 곳이었다. 가야바와 그의 심복들은 성전 뜰에다가 노점상을 차리게 했고, 세금을 통제하고, 희생제물들을 통해서 큰 이윤을 남겼고, 매일 열리는 기도 모임과 큰 축제들을 관장했다.

성전은 거대하고 아름다웠다. 헤롯 대제는 유대인들을 감동시키고 그들의 환심을 사기 위해서 수년 전에 그 건물을 세웠는데, 실제로 그 성전은 감동적이었다. 바로 이 건물이 예수님의 제자들이 "선생님, 보십시오, 얼마나 굉장한 돌입니까! 얼마나 굉장한 건물들입니까!"(막 13:1, 새번역)라고 말한 그 건물이다. 건물을 크게 짓기로 유명한 헤롯이 거대한 규모로 세운 건축학적으로 빼어난 이 성전은 유대인들의 생활의 중심이었고, 그 성전에서 가야바는 권력을 행사하고 부를 축적했다.

그러나 예수님은 감동하신 것 같지 않다. 제자들의 말에 예수님은 이 거대한 성전 건물이 나중에는 돌무더기로 끝나게 될 것이라고 말씀하시면서 그들의 견해를 무시하셨다(막 13:2). 그럼에도 불구하고 예수님은 그 곳을 배척하지 않으셨다. 예수님은 회당도 성전도 회피하지 않으셨다. 예수님은 갈릴리 지방 곳곳에 흩어져 있던 소도시의 회당에서 열리는 기도 모임에 예수님은 정기적으로 참석하셨다. 그리고 유월절, 오순절, 초막절, 봉헌식 등 예루살렘 성전에서 열리는 절기 축제 때면 수천 명의 동족들과 함께 정기적인 순례의 여행을 하셨다.

예수님을 따르던 사람들은 예수님을 따라서 그 건물들을, 그 종교 기관들을 드나들었다. 예수님이 승천하시고 난 후에도 그들은 계속해서 (주후 70년에 파괴되기 전까지는) 성전과 회당을 자주 드나들었다. 나는 예수님이 예배의 장소로 동네에 있는 교회보다는 골프장을 더 좋아하는 오늘날의 기호를 지지하지 않으실 것이라고 생각한다. 네 명의 복음서 저자들이 우리를 위해서 기록한 이야기로 미루어 보건대, 예수님이 오늘날 나타나셨고 우리가 그분을 따르라는 초대를 받았다면 예수님이 우리를 이끌고 주일 아침에 도시를 떠나 교외로 산책을 나가는 일은 없을 것 같다. 아스팔트 주차장을 떠나서, 복음보다는 수다에 더 관심이 많은 사람들로 가득한 교회 건물을 떠나서, 도시의 소음과 냄새를 떠나서, 조용한 풀밭이 있고 조용한 시내가 흐르는 곳에서 야생화들 틈에 앉아 아침 묵상을 하는 일은 없을 것 같다.

우리는 때로, 교회는 건물이 아니라고 생각 없이 말한다. 교회는 건물이 아니라 사람이라고 말이다. 나는 잘 모르겠다. 회당과 성전, 성당, 예배당, 그리고 상가의 강당은 예수님을 따르는 사람들 사이에서 예수님의 뜻이 이루어지도록 예수님이 일하시는 장소와 공동체에 연속성을 부여해 준다. 어떤 장소, 혹은 특정 건물은 거기에서 벌어지는 이야기들을 모으고 거기에서 서로가 맺는 관계들을 발전시킴으로써, 우리가 지역적인 깊이와 넓이 그리고 연속성을 가지고 예수님을 따를 수 있게 해준다. 예수님을 따르면서 우리가 예수님보다 더 영적이 되려고 해서는 안 될 것이다. 예수님을 따른다는 것은 예수님을 따라서 죄인들이 많이 모여 있는 곳, 그 중에 어떤 죄인들은 유난히 더 눈에 띄기도 하는 그러한 성스러운 건물들로 들어가는 것이다. 예수님은 그러한 죄인들을 개의치 않으셨던 것으로 보인다.

제도적 구조나 지원이 없는 영성은 아주 빠르게 방종에 빠지고 주관적이 되며 한 세대 이상 존속하지 못한다. 이러한 일들에 대해서 지혜를 가졌던 박학한 학자 프리드리히 폰 휘겔(Friedrich von Hügel)은 이 문제에 대해서 오랫동안 깊이 생각한 끝에 제도 종교는 절대적으로 필요하다는 주장을 펼치게 되었다. 제도 종교는 기독교 신앙의 핵심적 특징인 성육신의 한 측면이라는 것이다.

폰 휘겔이 사용한 이미지를 일부 사용해서 한 가지 유용한 유추를 얻을 수 있다. 기독교 신앙은 마치 나무와도 같다. 흙과 수백 만 개의 미생물 틈에 박혀 있는 땅 밑의 뿌리에서 보이지 않게 그 신앙은 시작된다. 나무의 생애에서 그와 같은 깊이의 차원을 보는 사람은 아무도 없지만, 그것이 거기에 있다는 사실을 의심하는 사람도 없다. 나무가 살아 있다는 증거는 나뭇잎에서 볼 수 있는데, 나뭇잎은 보이지 않는 공기 속에 묻혀서 위에서부터 생명을 받는다. 우리 눈에 보이지 않는 그 땅 속의 뿌리와 우리 눈에 보이지 않는 위의 공기를 연결시켜 주는 것은 나무의 몸통을 둘러싸고 있는 얇고 섬세한 막이다. 이 막은 형성층이라고 불리는데, 뿌리에서부터 나뭇잎으로 이어지는 생명의 흐름은 그 막을 통과해서 지나간다. 하지만 이 형성층도 우리 눈에는 보이지 않는다. 형성층은, 눈에 보이기는 하지만 완전히 죽어 있는 나무 껍질로 뒤덮여 있다. 표면이 거친 이 죽은 나무 껍질이 숨어 있는 섬세한 형성층을 보호해 준다. 결국 나무의 **생명**(뿌리, 형성층, 공기)은 눈에 보이지 않는다는 말이다.

종교 기관과 영성 생활의 관계는 마치 나무 껍질과 형성층의 관계와도 같다. 우리 눈에 보이는 것은 죽은 나무 껍질이지만 그 죽은 나무 껍질이 보호하고 있는 것은 생명이다. 예를 들어 성(性)이나 식사처럼, 어떤 활동이 더 친밀하고 인격적일수록 우리는 그것이 남용되거나 변질되거나 파괴되지 않도록 더 많은 의식과 관습들을 개발하게 된다. 인간의 모든 활동 중에서도 가장 친밀하고, 인격적이고, 강렬하게 살아 있는 것이 바로 영적인 생활 즉 우리의 예배와 기도와 묵상, 믿음과 순종이다. 그러나 의식과 교리와 권위로부터 그것이 보호를 받지 않으면 기독교 영성은 쉽게 변질되고 더럽혀진다. 또 한 가지 주의해야 할 중요한 점은 나무 껍질이 형성층을 가리고 보호하기는 하지만 그것을 만들어 내지는 않는다는 사실이다. 나무 껍질은 죽은 것이다. 마찬가지로 종교 기관도 생명을 만들어 내지는 않는다. 생명은 아래

와 위에 있는 보이지 않는 것들, 흙과 공기, 삼위일체의 모든 작용으로부터 오는 것이다.[4]

예수님이 "나를 따르라"고 말씀하시고 우리가 예수님을 따르게 된다 하더라도 사람들은 여전히 우리가 교회에 드나들고 선교 단체에서 일하는 모습을 보게 될 것이다. 그러나 그들은 예수님을 따르면서 우리가 되어 가는 모습, 성령으로 형성된 우리의 생명은 보지 못할 것이다. 우리의 뿌리가 박혀 있는 거대한 대지, 그리고 우리가 생명의 빛을 받아들이는 끝도 없이 펼쳐진 대기는 그들도 보지 못하고 우리도 보지 못한다. 땅속 깊숙이 뻗어 있고, 지평선 너머까지 뻗쳐 있고, 저 높은 곳까지 뻗어 있는 우리의 생명을 그들은 보지 못하고, 우리도 보지 못한다.

에세네파

예수님 당대에 예루살렘 성전에 들어가기를 거부한 사람들의 무리가 있기는 했다. 그 곳이 너무도 부패해서, 불경한 야망과 교만의 중심지여서 그 곳에 들어가기를 거부한 그들은 에세네파라는 이름으로 분류된다.

예수님이 사셨던 시대에 우리의 흥미를 돋우는 부류 중 하나가 그들이다. 그러한 무리가 존재했다는 사실은 늘 알고 있었지만, 그들이 매우 급진적이었다는 것(그들은 당대의 제도적 유대 종교 즉 가야바 무리를 격렬하게 반대했고 금욕적인 생활을 했

다) 이외에 그들이 무엇을 믿었는지 혹은 무슨 일을 했는지에 대해서는 별로 알려진 바가 없었다. 그러다가 1947년에 사해의 북서쪽 해변에서 상당한 수의 고대 두루마리("사해 사본")가 발견되었다. 그 사본을 베껴 쓰고 기록했던 분리 분파("쿰란 공동체")가 발굴되었던 것이다. 학자들이 에세네파를 이 쿰란에 있던 사해 공동체와 연결시키는 데는 그리 오랜 시간이 걸리지 않았다. 이 발굴로 그 사람들은 국제적인 관심을 받게 되었고 그들에 관한 수많은 자료들이 빛을 보게 되었다.

이 발굴의 이야기는 우선 사해 위쪽에 총탄 구멍처럼 곳곳에 동굴이 있는 그림자 진 절벽 쪽으로 일하러 다니던 세 명의 베두인(Bedouin) 목동들에게서 시작된다. 그 목동 중 한 사람이 재미 삼아 동굴 입구 쪽으로 돌을 던져 올리곤 했다. 그렇게 돌을 던져 넣던 중에 하루는 도자기가 깨지는 소리가 들렸다. 다음날 또 다른 목동이 무언가 깨지는 소리가 들린 것에 호기심이 발동해서 위로 올라가 그 동굴을 살펴보았다. 거기에서 그는 열 개의 도자기 항아리와 세 개의 두루마리를 찾아내었다. 나중에 네 개의 두루마리가 더 발견되어 그 첫 번째 동굴에서는 총 일곱 개의 두루마리가 발견되었다. 그 뒤로 몇 년에 걸쳐서 열한 개의 동굴에서 800개의 사본이 발견되었고, 그것으로 베두인 목동들은 최고의 발견자들이 되었다.[5]

에세네파의 이야기는, 사해 사본과 쿰란의 발굴로 더 많은 사실을 알게 된 오늘날 더욱 중요하게 다가오는 이야기다. 왜냐하면 그 사람들은 제도 종교에는 진저리가 난, 메시아의 길을 예비하는 데 헌신되어 있던 1세기의 일부 유대인들에게 가장 매력적인 대안 중 하나를 제공해 주었기 때문이다. 이와 같은 에세네파의 변종이라고 할 수 있는 것들이 오늘날까지도 많은 그리스도인들에게 매력적으로 다가오기 때문에 그들에 대해서 좀더 자세히 살펴볼 가치가 있다.

에세네파의 삶에는 두 가지의 조류가 있었다. 한 가지 조류는 팔레스틴 전역과 멀리는 이집트에까지 퍼져서 소도시와 마을에서 어느 정도 공동 생활을 했던 사람들이다. 사람들은 예루살렘 성전의 공식 지도부에 항거하는 의미로 서로를 지지하고 격려하며 함께 살았고, 정결 의식으로서 세례를 실행했다. 그렇게 산 사람들이 약 4천 명 정도 되었을 것이라고 추정하는 사람도 있다.⁶⁾ 또 다른 조류의 사람들은 좀더 급진적이고 목적이 분명한 사람들이었는데, 그들은 쿰란에 있는 공동체로 흘러들어 왔다. 쿰란은 사해에서 몇 백 미터 정도 떨어진 곳에서 발굴된 유적지다. 아마도 그들은 100-200명을 넘지 못하는 규모의 공동체였을 것이다. 우리가 가장 잘 알고 있는 에세네파 공동체가 바로 그 공동체다.

에세네파는 마카비우스 형제들이 유대인들의 자유 국가를 세우던 초기(주전 2세기)에 촉발되었다. 에세네파가 어떻게 생겨나게 되었는지에 대해서는 우리가 자세히 아는 바가 없지만, 사해 사본에서 얻은 자료들을 짜 맞추는 학문적인 추리를 통해서 가능한 시나리오를 생각해 볼 수 있다. 앞에서 이미 언급한 것처럼 마카비우스 형제 중 한 사람이 독립 국가를 세운 후에 새롭게 해방된 나라의 왕이 되었다. 그러나 극적으로 얻은 정치적 자유와 독립에 만족하지 못한 그는 자기 자신을 대제사장으로 임명했다. 제사장 왕이 되었던 것이다. 마카비우스 중 어느 형제가 그렇게 했는지 우리는 모른다. 대부분의 학자들은 요나단이 아니면 시몬이었을 것으로 생각하고 있다.

왕이 이처럼 잔인하게 그리고 불법적으로 대제사장직을 강탈한 사건에서 아마도 에세네파가 하나의 분파로서 형성되는 결과가 나오게 되었을 것이다. 제사장 왕의 불경스러운 행위가 성전에서 일하던 제사장 중 한 사람을 격분시켰다. 격분한 그 제사장의 이름은 언급되지 않고 직함으로만 알려져 있는데, 그 직함은 바로 의의 스승(Teacher of Righteous)이다. 그리고 마카비우스 왕의 이름도 언급되지 않고 다만 사악한 제사장(Wicked Priest)으로만 언급되어 있다. 제사장직은 이미 상당 기간 동안 내리막 길을 걷고 있었고 권력과 특권의 지위로 부패해 버렸으며, 하나님에 대한 관심도, 백성들이 하나님 앞에서 사는 것에 대한 관심도 없었다. 그렇게 이어진 부패와 타락의 길은 예수님 당대에까지도 계속 되어서 대제사장이 된 가야바에까지 이르렀다.

의의 스승은 성전에서 물러나 자신을 따르는 무리들을 이끌고 60킬로미터 정도 떨어져 있는 사해 근처의 쿰란으로 갔다. 그 곳은 황폐하고 고립된 곳이었다. 그 곳에서 그들은 공동체를 세웠다. 제사장 왕의 부패하고 불법적인 음모와 성전에서 벌어지는 불경한 일에 대한 저항이자 대안이었다. 그들은 야생의 오염되지 않은 순수한 공기 속에 사막의 수도원을 세우고 엄격한 규칙을 따르며 그 곳에서 살았다. 도시의 소음도, 도시의 냄새도 도시의 군중도 없는 곳이었다.

그들은 예루살렘 사회에 대한 대안적 사회가 되었다. 예루살렘은 물건을 사고팔고, 간통과 간음이 벌어지고, 야망과 도적질, 폭력과 범죄, 가난과 탐욕, 거지와 창기 등 대도시라면 어디에서나 일어나는 일과 대도시라면 꼭 몰려드는 사람들로 북적대는 곳이었다. 그리고 그들은 성전에 대해서도 대안적 사회가 되었다. 그들은 너무도 쉽게 부패해 버리는 제사 제도를 내팽개쳐 버리고, 앞으로 오실 메시아를 예비하며 성경을 베끼고 주석을 달고 연구하는 데 헌신했다. 그렇게 그들은 편안하게 방종 가운데 사는 인생을 은폐하기 위해서 종교를 이용하며 성전을 관장하는 방탕한 제사장 왕, 사악한 제사장, 제사장이라고도 할 수 없는 대제사장으로부터 벗어났다.

에세네파는 거의 모든 면에서 예루살렘 성전의 세계와 대조를 이루면서, 단순하고 목적이 뚜렷하고 도덕적으로 순결하고 성경적으로 엄격한 삶을 살았다. 에세네파는 메시아의 도래가 순조롭게 이루어질 수 있게 하는 임무를 떠맡은 영적인 엘리트들이었다. 그들은 하나님 나라의 특수 부대였다. 그들은 강도 높은 훈련을 받았고, 수양이 잘 되어 있었고, 단 하나의 목적만을 가진 남자들의 공동체로서 게으름이나 나태나 죄를 용납하지 않았다.

그들은 다음의 이사야서 말씀에서 자신들의 사명을 발견했다.

너희는 광야에서 여호와의 길을 예비하라.
사막에서 우리 하나님의 대로를 평탄하게 하라(사 40:3).

히브리어로 광야를 일컫는 포괄적인 단어는 '미드바'(*midbar*)다. 그런데 광야를 일컫는 또 다른 단어인 '아라바'(*'arabah*)가 있는데, 이 단어는 요단 강이 사해로 흘러들어 가서 아무것도 살지 않는 죽은 소금 용액에 흡수되는 그 광야 지대를 특별하게 일컫는 단어다. 유배 시절의 예언자가 사용한 단어가 바로 '아라바'다. 의의 스승의 지도 하에서 그들은 주의 길을 예비하기 위해 바로 그 광야('아라바')로 나갔다. 메시아가 오실 터인데 준비되지 않은 사람들, 선과 악 그리고 진지함과 어리석음이 혼재된 가운데 부패하고 부패시키는 종교 주변을 혼잡스럽게 다니는 사람들, 골목마다 나타나는 피할 수 없는 더러움과 죄로 오염된 사람들에게로 메시아가 오실 수는 없는 노릇이었다. 게다가 사악한 제사장이 이끄는 성전으로는 분명히 오시지 않을 터였다. 어떻게 메시아가 사악한 제사장이 관장하는 장소와 사람들에게로 오실 수 있단 말인가?

그래서 이 에세네파는 짐을 싸 들고 발에 묻은 먼지를 털고는,

세상과 타협한 친구들을 떠나 하나님을 위한 대로를 만들기 위해서 사막으로 이주했다. 그들은 금욕적이고 엄격하게 규율을 지키는 삶을 살면서 기도와 연구와 도덕적 수양에 몰두했다. 그들은 침을 뱉지 않는다거나 대화 중에 있는 다른 사람을 방해하지 않는다거나 하는, 일상적으로 매우 세세한 부분에 이르기까지 자기 삶의 모든 부분을 감시하는 공통된 규율 아래서 살았다. 그들은 긴 수습 기간을 두었는데, 오늘날 수사들이 말하는 지원 기간 혹은 수련 기간에 해당하는 기간이다. 그들은 온전한 회원으로 받아들여지기 전에 1-2년 동안 이 엄격한 생활을 감당할 능력이 있음을 입증해야 했다.

쿰란 공동체는 남성 독신자들만이 들어갈 수 있는 공동체였을 가능성이 매우 크다(이것은 쿰란 정착지의 독특한 특징인데, 팔레스틴의 여러 지역에서 살았던 에세네파는 자기 가족들과 함께 살았기 때문이다). 그들은 완전한 자급자족의 생활을 하면서 음식과 의복과 주택 문제를 직접 해결했다. 그들은 정결과 관련된 모든 문제에 대해서는 빈틈없는 신중을 기했다. 믹바(*Mikvah*)라고 불리는 정결 의식은 그들의 일상 생활의 특징이었다. 그들은 공동으로 식사를 했다. 그들의 가장 두드러진 활동 중 하나는 성경을 베끼고 거기에 주석을 다는 일이었다. 그들의 그러한 작업이 오늘날 유명한 사해 사본이라는 결과물을 낳았다.

그들은 종말에 대한 인식이 강했다. 메시아가 오고 계셨고 그들의 임무는 그 메시아의 도래를 준비하는 것이었다. 그들이 작성한 문서 중 하나인 전쟁 문서(War Scroll)는 빛의 아들들과 어둠의 아들들 사이에서 벌어지는 전쟁을 자세하게 묘사하고 있는데, 그들은 그 전쟁이 메시아의 시대를 열 것이라고 믿었다. 그들은 당시의 사건들에 생생한 관심을 가지고 있었고 종말의 전투에서 누가 자신들과 싸우게 될지를 규명하곤 했다. 그러나 그들이 직접 역사에 참여하지는 않았다. 자신들이 할 일은 스스로를 정결하게 하고 앞으로 오실 메시아를 위해 길을 예비하고 잘못된 일을 바로잡는 일이라고 생각했다. 어느 순간이 되면 하늘에는 천사들이 가득할 것이고, 우주적 전쟁이 시작될 것이고, 메시아가 하늘에서 내려와서 성전을 깨끗하게 하고, 사악한 제사장들을 순식간에 해치울 것이다. 그들은 하나님이 정확하게 무슨 일을 하실지를 예상하고 공동체의 순결을 감독하는 일에 강박적으로 매달리는 분파가 되었다. 그들은 고전적인 의미에서 그야말로 하나의 종파였다. 아무런 신비도 모호함도 없었다. 그들은 모든 것을 통제하고 있었다.

세례 요한이 예수님을 예비하는 자신의 공적인 예언자 사역을 시작하기 전에는 사막의 쿰란 공동체 일원이었을 가능성이 크다고 생각하는 사람들이 많다. 몇 가지 내용들이 그러한 가능성을 암시한다. 예를 들어, 요한의 부모는 요한을 임신하고 낳았을 때 무척 나이가 들어 있었기 때문에 그가 아직 어렸을 때 그들이 사망했을 가능성이 있다. 사막의 에세네 공동체가 어린 고아 소년들을 받아들이고 양육했으며, 그들이 주님의 길을 따르도록 훈련시키는 관습을 가지고 있었다는 사실을 우리는 알고 있다. 요한에 대해서 기록된 누가복음의 본문에 보면 "아이가 자라며 심령이 강하여지며 이스라엘에게 나타나는 날까지 빈들에 있으니라"(눅 1:80)라고 되어 있다. "아이"와 "빈들"이라고 하는 단어가 결합된 것으로 보아 요한이 그 공동체가 받아들인 소년들 중 하나였을 가능성은 분명히 있다.

또 다른 내용들도 있다. 요한이 이사야의 말을 빌려서 했던 "주의 길을 예비하라"라는 말은 에세네파가 택한 본문이었다. 메시아를 예비하는 일은 에세네파의 삶의 핵심이었으며, 메시아를 예비하는 일은 요한이 전한 설교의 초점이었다. 평범하고 단순했던 요한의 검소한 옷차림과 식사도 에세네파의 금욕적인 생활을 연상시킨다. 요한의 예언자 사역의 특징이었던 세례도 에세네파답게 들린다. 쿰란 공동체는 자신들이 거주하는 건물에 세례를 위한 공간을 따로 마련해 놓고 있었다. 요한이 처음으로 공적인 자리에 모습을 나타낸 곳이 사해 근처의 요단 강이었을 가능성이 있는데, 그곳은 쿰란 유적지에서 그리 멀지 않은 곳이었다.

물론 이 모든 것이 확실한 것은 아니지만, 요한의 사역이, 성전에 본부를 두고 있던 부패하고 착취적인 종교—"독사의 자식들아!"(마 3:7-12)—와는 대조적으로, 긴급하고 진지한 도덕적 헌신이라는 맥락 속에서 확고하게 메시아이신 예수님을 선포하는 사역이었음을 보여 주는 것은 사실이다. 에세네파가 만들어 놓은 환경으로 미루어 볼 때 예수님이 "나를 따르라"고 말씀하신 그 시점에는 이미 가야바가 이끄는 당시의 종교에 격렬하게 반대하는 도덕적 진지함과 영적인 강렬함으로 메시아에 대한 기대를 키웠던 그룹이 잘 구성되어 있었음을 알 수 있다. 그리고 그들은 자신의 지속력도 입증했다. 요한과 예수님이 등장했을 때는 그들이 기도와 연구의 생활을 이어 온 지 이미 200년이 되었을 때였다. 요한의 설교는 매우 인기가 있었다. 마가가 "온 유대 지방과 예루살렘 사람이" 세례를 받으러 요단 강으로 내려갔다고 말할 때는(막 1:5) 그 수가 상당했을 것이다.

회개의 세례를 외친 요한의 설교는 사람들의 이목을 끌었다. 사해 사본에서 비밀스럽게 밝힌 마카비우스 시대의 사악한 제사장과 자신들의 대제사장 가야바 사이의 병치 관계를 간파한 사람들이 그들 중에 있었을까? 그것을 보지 못했다면 오히려 이상했을 것이다. 그것은 우리가 간파하기에도 그리 어려운 부분이 아니다. 헤롯이 안티오코스 4세 에피파네스의 정치적 잔학 행위를 그대로 따라한 것처럼, 가야바는 마카비우스 제사장 왕의 종교적 모독 행위를 재생산했다.

요한의 인기는 예수님 당대의 사람들이 도덕적 명료함과 확고한 행동이 특징을 이루는 삶의 방식을 갈망했고 요한이 그 갈망을 일깨웠다고 하는 강력한 증거다. 많은 사람들이 가야바의 제도 종교가 보여 준 나태함과 방종 그리고 바리새인들이 보여 준 편협한 강박증에 넌더리가 나 있었음이 분명하다. 그들은 좀더 열정적인 무엇을 경험할 준비가 되어 있었다. 인생에 목적을 주고 인생을 크고 깊게 만드는 하나님 앞에서의 삶, 그리고 아브라함과 모세와 다윗과 예레미야가 살았던 삶과 어느 정도 연속성을 가지는 삶의 방식을 그들은 경험하고 싶어했다.

예수님과 에세네파

하지만 다음의 사실도 기억해야 할 것이다. 예수님은 분명 에세네파가 아니셨다. 예수님은 성전을 자주 드나드셨고 부패한 대제사장이 지배하고 있던 성전의 축제도 다니셨다. 예수님은 성전에 대한 심판을 예언하셨지만 성전을 배척하지는 않으셨다. 예수님은 순결에 대해서 깐깐하지 않으셨다. 예수님은 일반 창기들 그리고 돈을 위해서라면 못하는 일이 없는 세리들과 자유롭게 관계를 맺으셨다. 예수님은 나병 환자처럼 의식상 정결하지 못한 사람들을 만지셨고, 의식상 정결하지 못한 여인이 자신을 만지자 그의 믿음을 칭찬하시며 치유해 주셨다.

예수님이 말씀하신 "나를 따르라"는 사막으로 가서 배타적이고 자급자족하는 분파에 가담하라는 뜻이 아니었다. 예수님은 사회에서 도덕적·영적으로 상위 계층에 속한 사람들을 추종자로 모으지 않으셨다. 예수님은 임박한 종말론적 전투를 위해서 믿을 만하다고 검증된 사람들, 시험을 거쳐 입증된 투사들, 강도 높은 훈련을 받은 군대를 모집하시는 것이 아니었다. 예수님은 상한 사람, 병든 사람, 버림받은 사람(병자와 죄인들)을 공개적으로 초청하셨다.

"나를 따르라"라는 예수님의 명령적 초대를, 선별된 영적인 무리를 모집하는 것으로 해석하게 되면 예수님이 하신 일을 전혀 이해할 수 없다. 하나님 나라에 특별히 유용하겠다고 생각되는 사람들(유명한 사람, 부자, 하나님 나라에 유익을 끼칠 수 있는 지도자의 능력이 검증된 이들)을 겨냥해서 초대한다면 우리는 예수님의 방식을 완전히 무시하는 것이다.

대부분의 사람들은, 적어도 가끔씩은 에세네파의 전략에 엄청난 유혹을 받는다. 우리는 헌신되고 진지한 교회와 단체, 에세네파처럼 잘 정리된 전략을 가지고 향방이 분명하고 명확한 목표를 가진 교회와 단체를 원한다.

그러나 예수님은 에세네파가 아니셨다. 예수님은 "나를 따르라"고 말씀하셨고 결국 모인 사람은 많은 실패자들이었다. 그런데 이 실패자들이, 끝에 가서는 자기 자신의 미덕이나 재능과는 전혀 상관없이 성도가 되었다. 예수님은 최고가 아니라 최악을 찾아다니셨다. 예수님은 잃어버린 자를 찾아서 구원하시려고 이 땅에 오셨다.

예수님의 길의 내용을 자세히 들여다볼 때 우리는 예수님이 일하신 배경을 인식할 필요가 있다. 예수님 주변에서 사람들이 어떤 대안들을 추구하고 있었는지를 알아야 한다. 예수님의 길이 가야바처럼 편안한 생활 속에서 누리는 하나님과의 관계를 추구하지 않는다는 것은 분명하다. 그러나 예수님의 길은, 스스로를 하나님이 이 세상에서 하시는 일의 최전선에 서 있는 특별한 선구자로 정의하는, 사회로부터 격리된 금욕주의 단체에 들어가는 것을 의미하지도 않는다.[7]

우리가 예수님을 따른다는 것은 그 구체적 의미를 모른다는 뜻이다. 적어도 자세하게는 말이다. 우리는 예수님을 따르면서 예수님이 길을 선택하시도록 하고, 시간표를 짜시도록 하고, 우리가 알아야 할 필요가 있는 것들을, 우리가 알아야 할 필요가 있을 때에만 알려 주시도록 한다. 가야바는 자신이 무엇을 원하는지, 어디로 가고 있는지를 정확하게 알고 있었고, 거기에 도달하는 방법도 비교적 잘 알고 있었다. 그는 종교를 통해서 자신이 원하는 것을 얻어내는 데 명수였다. 또한 에세네파도 메시아를 도래하게 하는 데 필요한 것이 무엇인지를 정확하게 알고 있었다. 그들은 시간표를 다 짜 놓았고 자신들이 조연의 역할을 하기 위해서 해야 하는 일이 무엇인지도 다 알고 있었다.

예수님이 "나를 따르라"고 말씀하시고 그래서 우리가 예수님을 따르게 된다 해도, 우리는 다음에는 어디로 가게 될지 무엇을 하게 될지 알지 못한다. 그렇기 때문에 우리는 그것을 알고 계신 분을 따르는 것이다.

도마와 함께 기도하며 가는 예수의 길

이처럼 전적인 신뢰의 자세와 이 '알지 못함'의 자세를 개발하는 일에 놀랍도록 적합한 기도가 있다. 이 알지 못함의 자세는 우리가 알지 못하는 세상으로 인도받는 데 참으로 중요한 전제 조건이다. 그 기도는 바로 도마가 부활하신 예수님이 자기 앞에 나타나셨을 때 드렸던, 간결한 네 마디의 기도다. "나의 주님, 나의 하나님!"(요 20:28, 새번역). 이 기도는 예수님을 따르는 수단과 방법을 다루는 모든 문제에 기초가 되는 기도다.

칼 바르트는 이 기도가 "신약 성경 메시지의 절정에서" 드려진 기도라고 지적했다.[8] 이 기도는 그토록 최근에 죽어서 묻히신 예수님이 살아서 자기 앞에 계신 사실이 놀라워서 외치는 소리다. 그것은 도마가 전혀 기대하지 않은 일이었다. 예수님을 따를 때 이런 일까지 경험하게 되리라고는 생각하지 못했다. 그는 이제 예수님을 따르는 일은 끝이 났다고 생각했다. 이제는 혼자 알아서 자기 인생을 살아가야 한다고 생각했다. 다른 제자들이 예수님이 그 난폭한 십자가형 이후에 다시 살아나셨다고 증언했을 때 그는 그 사실을 받아들이지 않았다. 그는 예루살렘까지 예수님을 따라간 사람들 중 하나였다. 그는 명령을 받은 대로 자기 자신을 부인하고 십자가의 길을 따라갔다. 그러다가 그는 탈퇴하고 말았다. 자기 눈으로 직접 예수님을 따르는 일이 막다른 길임을 목격했기 때문이다. 그는 예수님의 손에 못이 들어가는 것을 보았고 그 못이 예수님을 십자가에 고정시키는 모습을 보았다. 그는 창이 예수님의 옆구리를 찢는 모습을 보았고 거기에서 피가 쏟아져 나오는 것을 보았다. 그는 모든 것이 끝났다는 결론을 내렸다. 그 길은 이제 막다른 지점에 도달했다. 더 이상 예수님을 따르는 일은 없다.

부활하신 날 저녁에 예수님이 제자들에게 나타나셨을 때 도마는 거기에 없었다. 왜 거기에 없었을까? 그 이유는 그가 더 이상 예수님을 따르지 않았기 때문이다. 다른 제자들도 썩 잘하고 있는 것은 아니었다. 그들은 가야바의 심복들이 무서워 죽을 지경이어서 문에다 자물쇠를 채워 놓았다. 그래도 그들은 제자였다. 그들은 추종자였고 그래서 거기에 있었다. 그러나 도마는 거기에 없었다. 그는 예수님을 따르는 일이 자신을 어디로 이끌게 될지 직접 보고 싶었는데, 그 길이 자신을 그 어디로도 이끌지 않는다는 사실을 직접 보고야 말았다. 그는 증거를 원했다. 그는 직접 통제권을 쥐고 싶어했다. 그리고 자신에게 필요한 모든 증거를 얻었다. 알고 보니 거기에는 아무것도 없었다.

만약에 거기에 무엇인가가 더 있었다면, 도마는 지도를 요구했을 것이다. 못이 들어갔던 구멍을 직접 보고 또 그 구멍을 만져 보고, 창으로 찢긴 옆구리에도 손을 넣어 보고, 십자가형이 부활로 뒤바뀌는 사건이 자기 앞에 그려지는, 예수님을 따르는 데 필요한 지도를 요구했을 것이다.

그 때의 도마는 사해 근처에서 번창하던 쿰란 공동체, 성경을 다 해석해 낸 그 종교 단체의 일원이 될 자격을 갖춘 최고의 후보였다. 그 공동체는 자신이 가야 할 길을 잘 알고 거기에 도달하기 위해서 해야 할 일이 무엇인지를 정확하게 알고 있는 공동체였다.

그로부터 일주일 후 제자들은 다시 한 번 함께 모였다. 이번에는 도마도 같이 있었다. 그는 쿰란으로 가지 않았던 것이다. 그리고 그 때 예수님이 다시 한 번 나타나셨다. 도마의 눈은 온통 예수님께로 쏠려 있었다. 예수님은 그를 자비롭게 대하시면서 자기 손의 구멍과 자기 옆구리의 상처를 "증거"로 제시해 주셨다. 그러자 도마의 입에서 그 기도가 터져 나왔다. "나의 주님, 나의 하나님!"

도마의 기도는 우리가 다음에 올 일을 대비할 수 있게 해준다. 우리의 삶을 주님으로서 통치하시는 예수님 그리고 가장 예상하지 못했던 때에 하나님으로서 우리에게 예배를 명령하시는 예수님에 대해 깨어 있게 해준다. 예수님을 따르는 일은 우리가 하나님 나라에서 유용한 사람이 되기 위해서 습득하는 기술이 아니다(이것은 에세네파의 길이다). 예수님을 따르는 일은 하나님 나라가 우리에게 유용한 것이 되도록 우리에게 주어지는 특권이 아니다(이것은 가야바의 길이다). 예수님의 길은 순종이다("나의 주님!"). 그리고 예배다("나의 하나님!").

우리가 얼마나 많이 알든, 예수님이 다음에 하실 일을 알 만큼 충분히 알지는 못한다. 그리고 하나님 편에 섬으로써 알게 되는 전통과 관습과 특권에 아무리 익숙하다 하더라도, 거기에 예수님이 어떻게 맞아들어 가는지를 알 만큼 충분히 익숙지 못하다.

그 누가 습득하는 그 어떠한 종교적 기술도 부활을 만들어 낼 수 없으며, 우리가 고안해 내는 그 어떠한 영적인 전략도 부활을 만들어 낼 수 없다. 예수님을 따르는 일은 우리가 원하는 곳으로 우리를 데려다 주지 않는다. 예수님을 따르는 일은 예수님이 가시는 곳, 우리가 부활에 대한 놀람으로 예수님을 만나게 되는 곳으로 데려다 준다. "나의 주, 나의 하나님!"

요세푸스의 길   10

아침마다 자리에서 일어나서 새로운 마음으로 예수님을 따르고자 할 때, 우리는 예수님의 길이 어떤 방식을 취하는지에 지속적으로 반복해서 몰입할 필요가 있다. 성령께서 우리 안에 그리스도를 형성해 나가실 때, 예수님이 과거에 어떻게 하셨고 오늘날도 계속해서 사용하시는 방식이 무엇인지 생각해야 한다. 지금까지 우리가 살펴본 바로는 예수님의 길은 참으로 독특하다. 그러한 독특함은 예수님이 참으로 확고하게 반대하셨던 다른 주요한 길들(헤롯과 바리새인들, 가야바와 에세네파 그리고 앞으로 살펴보게 될 요세푸스와 열심당)을 곁에 놓고 볼 때 더욱 선명하게 부각된다. 예수님은 근본적으로 독특한 방식으로 자신의 인생을 사심으로써 그러한 길들에 반대하셨다. 2천 년이 지난 오늘날까지도 이 다른 길들은 널리 칭송되고 있고 실천되고 있다. 우리는 참으로 독특한 예수님의 길과는 선명한 대조를 이루는 교차로에 서 있을 때가 종종 있다. 거기서 우리는 선택을 해야만 한다.

🌱

요세푸스에 대해서는 인상적인 면들이 제법 있지만 사실 존경할 만한 요소는 하나도 없다. 그는 참으로 감탄할 수밖에 없는 사람이지만, 일단 이야기의 전말을 알고 나면 그가 얼마나 비열한 사람인지 알게 된다. 요세푸스는 예수님이 부활하시고 7년이 지난 후에 기독교의 이야기에 등장하는 사람이다. 그의 이름이 성경에 언급되지 않기 때문에 앞에서 다룬 헤롯이나 가야바처럼 잘 알려지지도 않고 우리에게 친숙하지도 않다. 헤롯과 가야바는 예수님의 탄생과 죽음 시에 요직에 있던 사람들이었다. 요세푸스는 예수님의 추종자들이 부활 공동체로 형성되어 가던 시기에 매우 활발하게 활동한 사람이었다.

요세푸스는 베드로가 교회의 주요 설교자이자 목사로 활동하고 있고 바울이 지중해 유역을 다 돌아다니며 교회를 시작하던 시절에 성장기를 보냈다. 그는 바울이 하나님 나라에서 사는 법을 배우고 있던 회중을 향해 조언과 격려의 편지를 쓰던 그 시기에, 유대/로마의 팔레스틴 지방에서 일어나는 외교적, 군사적 업무에 매우 적극적으로 관여하고 있었다. 그리고 그는 자신이 쓴 장황한 역사서에 비하면 상대적으로 얄곽하고 간소한 복음서들이 마태, 마가, 누가, 요한의 이름으로 그리스도인들 사이에서 회람되고 있던 바로 그 시기에 엄청난 양의 책을 저술했다. 교회가 생존을 위해 몸부림치던 그 시절에 요세푸스는 때를 잘 만나서 현저하고도 확고한 지위를 얻었다. 그는 인생의 전반부는 유대인들과 함께 팔레스틴에서 살았고, 인생의 후반부는 로마인들과 함께 로마에서 살았다.

요세푸스는 예수님이 무덤에서 일어나시고 하늘로 승천하신 지 7년 만에 태어났다. 그 때는 교회가 막 형성되기 시작하던 초기였다. 사도행전을 보면 이제 갓 태어난 부활 공동체의 이야기가 기록되어 있다. 요세푸스의 이름은 그 책에 등장하지 않는다. 그리고 요세푸스가 쓴 책에는 예수님의 이름이 단 한 번 등장하는데, 그나마도 곁가지의 이야기로 등장할 뿐이다.

누가가 요세푸스의 이름을 언급하리라고는 우리도 기대하지 않는다. 왜냐하면 비록 그가 누가와 동시대인이라 할지라도 누가가 글을 쓰던 시절에는 아직 그렇게 지명도가 있는 사람이 아니었기 때문이다.[1] 하지만 요세푸스가 예수님의 이름을 지나가는 정도로만 언급한 사실은 좀 이상하다. 왜냐하면 그는 1세기의 팔레스틴에서 일어나는 일은 무엇이든 다 기록으로 남기려고 강박적일 만큼 세밀한 주의를 기울였기 때문이다. 특히 종교와 관련된 사건에 대해서는 더욱 그랬다. 요세푸스와 기독 교회에 속한 사람들은 동시대인이었고, 같은 동네에서 함께 성장했다. 교회가 주후 37년에 태어난 요세푸스보다 7년 먼저 시작되었지만, 그 정도의 차이는 그리 크다고 할 수 없다.

성장기 때의 요세푸스는 매우 종교적인 사람이었다. 그는 (16세에서부터 19세까지) 십대 후반에 자기가 선택할 수 있는 대안들(바리새파, 사두개파, 에세네파)을 다 공부했고 어느 정도는 실험도 해 보았다. 그리고 사막으로 가서 바누스(Bannus)라는 은둔자와 함께 3년 간 공부했다. 선택할 수 있는 종교적인 대안들을 탐험해 보려는 열의가 대단한 젊은이였던 그가 그리스도인의 그룹을 자신이 개인적으로 시도해 본 단체로 언급하지 않는다는 사실은 무척 특이하다. 이 모든 단체들을 실험해 본 후에 그는 바리새인이 되기로 선택했다. 그러나 처음에는 고통스러울 정도로 느리게 출발했지만 나중에는 천하를 어지럽게 할(행 17:6) 흥분되고 즐거운 기독교 운동에 그가 흥미를 가졌다고 하는 증거는 하나도 없으며, 그는 교회가 존재했다는 사실 정도만 겨우 인식했을 수도 있다. 기독교는 그가 자기 인생에서 고려할 만한 요소가 아니었던 것이다.

훗날 책을 쓰기 시작하면서 그는 자신이 그 운동에 대해서 조금은 알고 있었다는 사실을 보여 주는 이름을 세 개 언급한다. 그는 간략하게 세례 요한, 예수, 의인 야고보를 언급하고 있다. 요세푸스 학자들 사이에서는 예수님의 이름이 언급된 사실을 놓고 그 진위를 따지는 논쟁이 있다. 어떤 사람들은 그리스도인 사본가가 예수님의 이름을 삽입한 위조 문서라고 확신하고 있고, 또 다른 사람들은 요세푸스가 직접 기록한 것이 분명하다고 확신하고 있다.[3] 어쨌거나 그가 기독교 공동체를 진지하게 생각했다는 증거는 하나도 없다. 혹 인지했다 하더라도 무시했음이 분명하다.

당시는 혁명의 기운이 감돌던 시기였다. 사람들은 무장 혁명을 꿈꾸었다. 유대인들은 갈수록 정도가 심해지는 억압적인 로마의 통치에 진저리를 쳤다. 이제는 무력으로라도 로마를 해치우려는 온갖 분파와 단체들이 그 나라에 들끓고 있었다. 로마의 관리들 그리고 로마와 사이좋게 지내는 사두개파 제사장들이 자주 그들의 표적이 되었다. 그 시절에는 사람들의 어깨와 팔꿈치가 엉켜 지나가는 복잡한 거리에서 갈비뼈 사이에 단검이 들어와도 누가 그랬는지 아무도 모르는 경우가 많았다.

이와 같은 분파를 통틀어서 "열심당"이라고 불렀는데, 엄격하게 말하자면 "열심당"은 특정한 한 분파다. 그러나 오늘날에 와서는 그 용어를 포괄적인 의미로 흔히 사용한다. 로마를 제거하기 원하고 그렇게 하기 위해서 폭력도 마다하지 않겠다는 사람이라면 누구나 열심당이었다. 열심당에는 다양한 변종들이 있었지만 그들의 행동 방식에는 언제나 폭력이 들어가 있었다. 로마와 로마의 동조자들을 처치하자. 예수님의 열두 제자 중에도 그러한 사람이 적어도 한 사람은 있었는데, 바로 열심당원 시몬이다. 가룟 유다가 혁명적인 열심당 단체들 중 하나인 시카리(Sicarri)와 연관이 있었을 것으로 추정하는 사람들도 있다['가룟'은 원어로 *ish-sicarii*인데, 이 말은 "시카리에 속한 사람" 혹은 "단검의 사내"라는 뜻이다(sica는 단검이라는 뜻이며, 시카리들은 단검을 숨기고 다니다가 그것으로 암살했다)].³⁾

예루살렘 탈무드에 보면 로마에 대항해서 무장 반란을 일으키는 데 투신한 분파들이 24개나 언급되고 있다.⁴⁾ 그들은 언덕진 지역에 은신처를 두고 거기에 칼과 창과 단검들을 숨겨 놓았다. 그들은 음모를 꾸몄고, 무대 뒤에서 은밀하게, 이름도 없이 일했다. 간혹 지도자 한 사람이 공개적으로 모습을 드러내고 로마에 맞서 반란을 일으키기도 했다. 그러나 언제나 로마는 그들이 감당할 수 있는 상대가 아니었다. 그러한 반란들은 순식간에 진압되었다. 예수님의 생애 동안 열심당원들은 예수님이 가르치시고, 설교하시고, 하나님 나라의 일원들을 모집하신 본부였던 가버나움 마을에서 불과 16킬로미터 정도밖에 떨어져 있지 않은 가말라(Gamala)에 본거지를 두고 있었다.

예수님이 공적인 사역을 시작하셨을 때 많은 사람들이 예수님을 열심당원과 혼동한 사실은 이해할 만하다. 어쨌거나 예수님도 열심당의 본거지였던 갈릴리 출신이셨고, 이 세상의 전복과 새로운 나라의 도래를 선언하셨으니 말이다. 예수님은 열심당이 사용하는 메시아 관련 별칭들을 그대로 받아들이셨다. 예수님이 하시는 말씀을 듣다 보면 정말로 예수님이 열심당일 수도 있겠다는 생각이 절로 들었다. 하지만 예수님을 따르던 사람들은 거지않아 그것이 무엇이든 간에 일단 열심당과 관련된 것은 아니라는 사실을 깨달았다. 예수님은 마음이 가난한 자에게 복을 주시고, 적을 사랑하라고 명령하시고, 가이사에게 세금을 내는 것을 인정하시고, 전쟁에는 아무 쓸모도 없을 온갖 종류의 사람들을 자기 주변에 끌어들이셨다. 거기에는 여자들과 아이들, 병든 자와 약한 자들이 있었다. 바울의 말대로 지혜로운 자도 별로 없고, 권세 있는 자도 별로 없고, 태생이 고귀한 자도 별로 없었다(고전 1:26).

그러나 예수님이 유월절 주간에 감람산에서 내려와 예루살렘에 입성하셨을 때는 정말 무슨 일이 일어날 것만 같았다. 그 많은 사람들이 고함을 지르고 "찬송하리로다. 주의 이름으로 오시는 이여!" 하고 외치며 노래하는 모습은 참으로 대단했다.

그렇지만 예루살렘의 안토니아 요새에서 주둔하고 있던 로마의 수비대에게는 그 무리가 그다지 위협적으로 보이지 않았을 것이다. 주로 여자와 아이들이었고, 그들은 칼이 아니라 야자나무 가지를 들고 있었고, 분위기도 흥겨웠고, 예수님도 껑충껑충 뛰는 말이 아니라 터벅터벅 걷는 당나귀를 타고 계셨으니 말이다. 물론 그렇다고 로마 군대가 만약의 사태를 대비하고 있지 않았던 것은 아니다. 그들은 열심당을 다루는 데 익숙해 있었고, 특히나 유월절 주간은 반(反)로마 폭동을 일으키기에 좋은 조건을 제공해 주었다. 예수님의 생애 동안에 로마의 수비대는 이보다 훨씬 더 심한 폭동도 진압했고 수백 명의 열심당원들을 십자가형에 처했다. 그래서 그들이 준비는 하고 있었겠지만, 그렇다고 그 사태를 우려했을 것이라고 생각하기는 힘들었을 것 같다.

예수님이 열심당이 아니었다고 하는 결정적이고도 설득력 있는 증거는 예수님이 십자가형에 처해지고 나서도 아무런 반란이나 폭력 행위가 일어나지 않았다는 사실이다. 약탈도, 살인도, 아무 일도 일어나지 않았다.

요세푸스는 교회가 형성되던 예수님 부활 이후의 세계, 1세기의 세계에 일찌감치 출세의 길에 나섰다. 그는 똑똑하고 재능이 있었다. 십대 후반과 이십대 초반에 유대교의 다양한 조류를 독학하고 난 후에 그는 예루살렘의 유대인 지도자들 사이에서 조숙하다는 평판을 들었다. 몇몇 유대인 제사장들이 로마의 행정관 펠릭스에게 체포되어 사슬에 묶인 채 로마로 이송되었을 때, 그들의 석방을 협상하는 외교적 사명을 안고 로마로 파견될 사람으로 요세푸스가 선발되었다. 그 때 그의 나이가 스물여섯을 갓 넘었을 때였다. 그토록 젊은 나이에 눈에 띄어서 그토록 예민하고 중요한 사안을 위해 선발되었다고 하는 사실은 그에게 무언가 결정적으로 카리스마적인 요소가 있었을 것이라는 생각을 하게 한다. 그의 임무는 성공적이었다. 그가 제사장들의 석방을 협상해 낸 것이다. 그것으로 그의 능력은 확증되었다. 그의 성과에 감탄한 사람은 단지 팔레스틴에 있는 동료 유대인들만이 아니었다. 그가 그와 같은 외교상의 성공을 거둔 것은 그가 네로의 두 번째 부인이었던 포파이아 사비나와 친분을 맺어서 그의 도움을 받을 수 있었기 때문이기도 했다.

이와 같은 외교적인 대성공은 주후 64년에 있었던 일이다. 요세푸스가 로마에서 유대인 제사장들의 석방을 협상하면서 포파이아 사비나와 같은 주요 인물들과 인맥을 트려고 애쓰고 있던 그 시기에 사도 바울이 같은 도시에 네로의 죄수로 감옥에 갇혀 있었을 확률이 높다. 네로는 곧 그를 죽일 참이었다. 이 두 사람의 관계는 참으로 흥미롭다. 둘 다 매우 유명한 그러나 서로가 무척 다른 유대인이었다. 요세푸스는 유대교의 뜨는 별이었고, 바울은 새롭게 형성되고 있는 기독 교회의 열렬한 선교사였다. 요세푸스는 네로의 왕실과 친분을 다지면서 유대인 제사장들을 출옥시켜 주고 있었고, 바울은 네로의 감옥에 갇혀 곧 죽게 될 처지였다(아니면 막 처형당했는지도 모른다. 바울의 연대는 정확하지 않다. 아마도 바울은 주후 63년과 64년 사이에 처형되었을 것이다).

자신의 외교적 사명을 완수한 요세푸스는 다시 팔레스틴으로 돌아왔고, 선교 여행을 마친 바울은 죽어서 묻혔다. 한편 팔레스틴에서는 반란의 열기가 뜨거워지고 있었다. 로마에 대항하는 열심당의 폭동은 늘어났고 로마는 거기에 본격적인 공세로 대응했다. 이제 스물아홉이 된 젊은 요세푸스는 로마에서 외교적 승리를 거두고 등장한 새내기로서 유대인 회의에서 갈릴리의 총독으로 임명되었다. 그의 임무는 혁명으로 인한 사회적 불안을 잠재우고 로마의 군사적인 위협을 막아 내는 것이었다.

갈릴리는 열심당과 그와 유사한 단체들로 들끓었고, 그들은 로마의 세력을 자극하고 선동하면서 그 세력에 도전했다. 요세푸스는 가능하다면 그 지역을 진정시켜서 로마와의 본격적인 군사적 대결을 피하게 하는 한편, 만약에 교전 사태가 벌어질 경우를 대비해서 군대를 조직해야 했다. 그는 십만 명의 청년으로 구성된 군대를 일으킬 수 있었다. 갈릴리는 북쪽에서부터 쳐들어올 로마 세력에 맞서는 방어의 최전선이었다. 요세푸스는 할 일이 무척이나 많았다. 결국 그는 갈릴리를 배회하던 몇몇 반란 세력을 잠재우는 데 실패했고, 유명한 로마의 장군 베스파시아누스가 도착하자 대대적인 전쟁이 벌어졌다. 베스파시아누스의 목표는 예루살렘이었다. 그는 유대인 문제를 단번에 해결할 참이었다. 그러나 일단은 갈릴리를 통과하는 것이 과제였다.

요세푸스와 그의 신병들은 베스파시아누스가 이끄는 노병들의 상대가 되지 못했다. 오합지졸의 부대가 빽빽하게 늘어선 병사들 앞에 선 꼴이었다. (우리가 아는 한) 요세푸스는 전쟁 경험은 없었지만, 숙련된 베스파시아누스 장군의 우위 세력 앞에서 타고난 교활함으로 전략과 음모를 꾸몄다. 드디어 요타파타(Jotapata)에서 그는 적수를 만났다. 요타파타는 나사렛에서 불과 몇 킬로미터밖에 떨어져 있지 않은 갈릴리의 언덕에 자리 잡은, 난공불락의 벽으로 둘러싸였다고 하는 도시였다. 베스파시아누스 장군은 그러한 성벽으로 둘러싸인 자그마한 도시를 포위했고, 비록 요세푸스가 영리하고도 교묘하게 그를 상당 시간 막아 내기는 했지만, 47일 동안 성벽을 맹렬하게 포격하던 로마의 군대가 결국에는 성벽을 뚫고야 말았다. 4만 명의 갈릴리 사람들이 살해되었고 그 도시와 요새는 완전히 불태워졌다. 때는 주후 67년 7월이었다.

그러자 요세푸스는 자신을 하루만에 영웅에서 악한으로 바꾸어 버린 일을 저질렀다. 유다가 자신의 지도자 예수를 배신하고 예루살렘의 유대인 지도자들에게 넘겨준 지 37년 만에 요세푸스는 유대 민족을 배신하고 그들을 로마에 넘겨주었다. 그가 요타파타에 들어섰을 때는 아마도 팔레스틴에서 가장 똑똑한 최고의 유대인 청년이라는 명성을 안고 들어섰을 것이다. 그러나 떠날 때는 가장 파렴치한 배신자라는 오명을 안고 떠났다. 그는 유대인의 역사에서, 가룟 유다가 기독교 역사에서 차지하는 것과 동일한 자리, 그리고 미국 역사에서 베네딕트 아놀드(Benedict Arnold, 미국 독립전쟁 시기의 대표적인 반역 장군-역주)가 차지하는 것과 동일한 자리를 차지하고 있다. 사건의 정황은 다음과 같다.

베스파시아누스가 요타파타의 벽을 뚫고 들어오자 요세푸스는 도망치기 위해서 구덩이 안으로 뛰어들었는데 그 구덩이가 어떤 동굴과 터널로 이어져 있다는 것을 알게 되었다. 터널을 지나 그 동굴 안에 들어서 보니 그 도시의 상류층 사십 명이 요세푸스보다 먼저 거기에 와 있었고, 그들은 충분한 식량과 물을 가지고 있었다. 한편 베스파시아누스는 그 도시를 샅샅이 뒤지고 시체들을 확인하면서 그 유명하고 똑똑하고 카리스마 넘치는 청년 요세푸스를 찾고 있었다. 사흘이 되도록 그는 요세푸스를 찾지 못했는데, 사흘 째 되던 날 어떤 여인이 붙잡혀 왔고 그는 요세푸스와 그의 무리들이 숨어 있는 곳을 가르쳐 주었다.

베스파시아누스는 밀사들을 보내어 그들이 동굴에서 나오면 안전한 통행권을 주겠다고 약속했다. 요세푸스는 스타였고, 베스파시아누스는 전승 기념물로 그를 전시할 수 있기를 바라고 있었다. 요세푸스는 밀사들과 협상을 벌일 참이었지만, 그 동굴에 있던 나머지 사십 명은 결코 응하지 않았다. 그것은 불명예요, 매우 치욕스러운 일이라고 생각한 그들은 자살을 주장했다. 요세푸스는 자살을 반대하는 감동적인 연설을 펼쳤다. 하지만 그들은 설득당하지 않았고 칼을 휘두르며 그를 죽이려고 다가왔다.

그들은 그가 명예보다도 목숨을 택하고, 모세의 율법에 충실한 자유로운 유대인으로 죽기보다는 오히려 이방인 로마에 굴종하기로 선택한 것에 혐오감을 느꼈다. 언제나 달변이었던 요세푸스는 타협안을 제시했다. 자살은 잘못된 것이다. 그러나 전쟁에서 죽는 것은 명예로운 일이다. 따라서 제비를 뽑아서 차례로 서로를 죽이자. 마지막에 남은 사람만 자살을 하자. 이 제안이 그들은 마음에 들었다. 사십 건의 살인이 행해지지만, 자살은 단 한

건일 것이기 때문이었다. 그들은 제비를 뽑아서 실행에 옮겼다. 한 사람씩 차례로, 다음 순번 사람의 칼에 자기 목을 내놓았다. 그렇게 서른아홉 명이 죽고 나자 마흔 번째 사람이 자신들의 대의를 위해 자기 목숨을 내놓을 차례가 되었다. 요세푸스는 계략을 써서 자신이 마지막 순번이 되도록 제비뽑기를 조작했다. 그 살인의 순환을 마감하는 것은 요세푸스의 손에 달려 있었다. 그가 마흔 번째 사람을 죽이고 스스로 자기 목숨을 끊으면 되는 것이었다. 그러나 남은 두 사람은 살인은 이제 충분하다는 데 합의했다. 그들은 동굴에서 나와 로마에 항복했다.

베스파시아누스는 요세푸스의 목숨을 살려 주었고 그를 포로로 삼았다. 그러자 요세푸스는 그 때까지보다 더 뛰어난 기지를 발휘했다. 그는 베스파시아누스와 티투스(베스파시아누스의 아들)와 사적으로 만날 수 있게 해 달라고 요청했다. 그리고 세 사람만이 남게 되자 그는 거룩한 예언자의 행세를 하면서 베스파시아누스가 이제 곧 로마의 카이사르이자 황제가 될 것이라고 예언하기 시작했다. "장군이시여, 각하는 저를 생포하심으로써 단지 포로 한 명을 손에 넣었다고 생각하시겠지만, 저는 각하에게 다가올 위대한 일을 전하는 전령으로 각하 앞에 서 있습니다.···하나님이 직접 저를 보내셨습니다.···베스파시아누스 각하는 카이사르이자 황제이십니다. 각하와 여기에 있는 각하의 아들이 그렇습니다."5) 처음에는 그를 의심하던 베스파시아누스도 점차 설득을 당하게 되었다. 그는 요세푸스의 예언을 받아들이기 시작했다. 그는 요세푸스를 2년 동안 포로로 잡아 두었다. 아마도 바울이 이전에 마찬가지로 2년 동안(대략 주후 58-60년) 갇혀 있었던 가이사랴에 그를 잡아 두었을 것이다. 그러나 그는 좋은 대우를 받았다. 예루살렘에서 성전과 도시를 수호하는 사람들이 자살도 마다않는 광적인 활동을 벌이자, 베스파시아누스는 요세푸스를 풀어 주고 그를 예루살렘으로 데리고 와서 동료 유대인들을 설득하도록 시켰다. 로마에 항복하면 너희 목숨도 살고 성전도 지킬 수 있다.

요세푸스는 반복해서 유대인 세력에게 호소했다. "로마는 단지 여러분의 최선을 위할 뿐입니다. 이제라도 구할 수 있는 것은 구하십시오." 요세푸스의 전기를 쓴 작가 제프리 윌리엄슨(Geoffrey Williamson)은 그 장면을 이렇게 묘사했다. "그는 계속해서 포위당한 예루살렘 성을 위험할 정도로 가까이에서 돌면서, 승산이 있다고 착각하며 성을 지키고 있는 사람들에게 계속해서 저항해 보아야 소용이 없다고 설명했고, 로마는 오직 고통을 끝내고 싶어할 뿐이라며 자비로운 로마에게 항복하라고 눈물을 흘리며 간청했다."[6] 유대인들은 그러한 그를 경멸했다. 아주 최근까지도 그들의 투사였던 요세푸스에게 유대인들은 욕설과 저주를 퍼부었다. 한번은 그가 열렬히 연설하던 중 어떤 사람이 던진 돌에 머리를 맞아서 기절한 적이 있었다. 유대인들은 그가 죽었다고 생각했지만 그는 곧 회복되어 다시 그 일을 하기 시작했다. 그는 베스파시아누스의 충실한 대변자 노릇을 했고 그가 내뱉는 말은 전부 유대인들을 배신한 겁쟁이라고 하는 자신의 정체성을 자기 동족들 사이에서 더 강화시킬 뿐이었다.

그리고 예루살렘 성은 완전히 파괴되었다. 사십 년 전에 예수님이 "돌 하나도 돌 위에 남지 않고 다 무너뜨려지리라"(막 13:2)고 예언하신 대로 그 성과 성전은 완전히 파괴되어 버렸다.

베스파시아누스는 요세푸스가 너무도 마음에 든 나머지 그를 입양했고 그에게 플라비우스 요세푸스(Flavius Josephus)라고 하는 로마 이름을 붙여 주었다(그가 태어났을 때 지어진 이름은 요셉 벤 맛다디아스였다). 유대인 전쟁이 끝나고 예루살렘의 성과 성전이 다 파괴되고 나자 요세푸스는 로마로 이주했다. 그 때 그의 나이 서른다섯이었다. 그는 자신의 아내이자 아이들의 어머니였던 세 번째 부인과 이혼을 하고 크레타 출신의 귀족적이고 부유한 여성과 네 번째로 결혼을 했다(그의 첫 번째 부인은 요타파타에서 살해되었고, 그의 두 번째 아내는 그를 떠났다). 그는 로마 제국의 명예 시민이 되었고 넉넉한 연금을 받으면서 로마에 있는 황제의 궁전에서 여생을 살았다. 그는 세 명의 황제 베스파시아누스, 티투스, 도미시아누스와 잇따라서 개인적인 친분을 가졌고 그들이 비밀을 털어놓을 수 있는 막역한 상대가 되었다. 그리고 그들보다 오래 살았다. 그는 주후 100년에 예순셋의 나이로 생을 마감했다.

유대인 전쟁은 그의 인생의 중간 지점이었다. 그 후로 나머지 30년 동안 그는 로마에서 작가로 활동했다. 그는 특이한 책들을 썼다. 그의 첫 번째 책은 자신이 그토록 중요한 역할을 했던 전쟁에 대한 역사였고(「유대인의 전쟁」, *The Jewish War*), 그의 가장 유명한 책은 유대인의 역사를 방대한 분량으로 다시 쓴 책이었다(「유대인의 고대 유산」, *Antiquities of the Jews*).[7] 그러나 그의 저작 전체에는, 유대인들은 지나치게 유대인답고자 하는 태도를 버려야 한다는 메시지가 은연중에 깔려 있었다. "이제 이 세상의 미래는 로마다. 그렇게 답답하게 굴지 말고 고집 피우지 마라. 대세를 따르라. 로마 유대인이 되는 것이 진정한 유대인이 되는 길이다." 말하자면 그는 로마를 전하는 선교사였다.

요세푸스는 유대인이 되는 것이 유리할 때는 유대인이 되었다. 그리고 로마인이 되는 것이 유리할 때는 로마인이 되었다. 그는 최고로 유능한 기회주의자였다. 그러나 언제나 요세푸스 자신이 우선이었다. 요세푸스, 요세푸스, 요세푸스.

예수님과 요세푸스

요세푸스가 활동하던 시기는 교회가 형성되던 시기이기도 했다. 성령께서 오순절에 120명의 남자와 여자들에게 내려오셨고 그렇게 기독 교회는 시작되어 부활하신 예수님을 따라갔다. 그들은 예수님이 살아 계시다는 사실을, 그 어느 때보다도 생생하게 그들 안에 살아 계시다는 사실을 깨달았고 그래서 그분을 따르는 길에 나섰다. 부활 공동체의 초기 회심자였던 누가는, 만약에 요세푸스가 마땅히 눈을 돌렸어야 할 곳으로 눈을 돌리고 마땅히 들어야 할 사람들로부터 이야기를 들었더라면 썼을 수도 있는 이야기를 기록했다. 그러나 요세푸스는 엉뚱한 곳에 있었고 엉뚱한 사람들의 이야기를 들었다. 요세푸스는 자신의 타고난 카리스마를 이용하고 자신의 재능과 매력을 사용해서 자신이 처한 상황이 무엇이든 거기에서 최선의 것을 얻어내려 했다. 요세푸스는 유명 인사였고, 무대 위에서 조명을 받을 때 가장 자기다웠다. 그에게는 아무런 도덕도, 윤리적 인식도, 원칙도, 인품도 없었다. "너 자신을 부인하라"는 말을 그는 알지 못했다. 그는 오로지 자신만을 위했다.

1세기의 팔레스틴은 생존 경쟁이 치열했던 시기라는 것을 우리는 알고 있다. 게릴라전, 무작위로 행해지는 암살, 군사 집단과 준군사 집단, 음모 등이 횡행하던 시기였다. 폭력이 그 사회를 물들이고 있었다. 그 곳에 질서가 유지될 수 있었던 유일한 이유는 거대한 로마 군대가 주둔하고 있기 때문이었다. 그러나 그 사회의 이면에는 언제든 끓어오를 수 있는 격렬한 반란의 기운이 부글거리고 있었다.

예수님을 따른 초대교회 사람들의 자리에 서 보고자 한다면 이와 같은 배경을 이해하는 것이 중요하다. 그들은 처음부터 이러한 폭력을 경험했다. 예수님이 십자가 처형을 받으심으로써 교회가 시작될 수 있는 조건이 마련되었다. 새롭게 형성된 교회는 우선 조롱을 당했고, 그 다음에는 교회의 지도자들이 체포되어 감옥에 갇혔다. 베드로와 요한은 예수님의 십자가형을 배후에서 조종한 가야바 앞으로 끌려가 심문을 당했다. 이번에는 가야바 곁에 장인 안나스와 그의 두 아들 요한과 알렉산더도 있었다. 참으로 대단하고 악명 높은 대제사장 가족이었다(행 4:1-12). 베드로와 요한은 그 사람들 앞에 주눅이 들고 위협감을 느꼈어야 했다.

그러나 그들은 주눅 들지 않았고, 그래서 다시 감옥에 갇혔다. 그러자 이번에는 천사가 그들을 꺼내 주었고 그 과정에서 유명한 유대인 랍비 가말리엘(행 5:17-42)의 지원을 받게 된다.

그로부터 얼마 후 스데반이 살해되었고(행 7장) 수많은 그리스도인 순교자의 시조가 되었다. 그는 부활로 이어질 죽음을 받아들임으로써 예수님의 죽음과 부활을 설교했다. 이제 그리스도인들은 사방에서 추적당하기 시작했다.

그리스도인이 되기 전에 바울은 예수님을 반대하는 일에 앞장서서 폭력을 주도하며 광적으로 그리스도인들을 잡아다가 감옥에 집어넣었다(행 9장).

그 다음에는 헤롯의 이름이 다시 등장한다. 이번에는 헤롯의 손자인 헤롯 아그리파 1세였다. 이 헤롯은 오래 전에 돌아가신 자기 할아버지만큼이나 잔학했다. 그는 세베대 형제들 요한과 야고보 중에서 야고보를 죽였고, 그것이 유대인들을 기쁘게 하는 것을 보고는 이번에는 베드로를 잡아다가 감옥에 넣었다. 그리고 바로 그 날 밤에 천사가 베드로를 꺼내 주었다(행 12:1-11).

헤롯 아그리파 2세가(그는 요세푸스의 절친한 친구였다) 그리스도인 박해의 전통을 이어 갔다. 혁명적 폭력은 가속되었다. 로마에 대한 폭력, 사두개파에 대한 폭력, 그리고 이제는 그리스도인에 대한 폭력까지. 그리고 로마는 모든 전선에 마찬가지의 폭력으로 대응했다. 폭력의 문화였다.

하지만 놀라운 사실이 하나 있다. 바로 예수 운동은 그 폭력에 가담하지 않았다는 사실이다. 예수님을 따른 무리 중에서 그 시절에 폭력을 단 한 건이라도 행사한 사람이 단 한 사람도 없었다. 폭력에 가장 가까운 행위라고 한다면 예수님이 체포되시던 날 밤에 겟세마네에서 베드로가 칼을 뽑아 대제사장의 종 말고의 귀를 벤 일이었다. 그러나 예수님은 그에게 그만두라고 하셨고 그 사람의 귀를 고쳐 주셨다(눅 22:51). 그리고 그것으로 끝이었다.

이러한 사실이 그토록 놀라운 이유는 그 당시 팔레스틴에서 일어나고 있었던 대부분의 혁명적 폭력들이, 적어도 유대인 편에서 보자면 종교에 의해서 촉발된 폭력들이었기 때문이다. 하나님 백성의 해방에 대한 관심, 그들을 부패시키는 이방인 로마에 대한 열심에 찬 저항, 그들을 오염시키는 헬레니즘의 세속주의에 대한 단호하고도 분노에 찬 거부, 오로지 하나님만이 주님이시라는 확신에서 비롯되는 폭력이었다. 유대인들은 질투하시는 하나님을 섬겼고 그들은 하나님을 대신해서 그 질투심을 발휘하고 있었다. 그들은 거룩한 전쟁이라는 오랜 전통을 따르고 있었다. 롯을 해방시켜 준 아브라함, 이집트 탈출을 이끈 모세, 가나안을 정복한 여호수아, 블레셋 사람들을 죽인 다윗, 그리스의 셀레우코스 왕조에 대항해서 게릴라전을 펼친 마카비우스 형제들에 이어서, 그들은 아무도 제어할 수 없는 열심당의 활동을 로마가 점령한 지방에서 펼치고 있었다. 전염병과도 같은 폭력이었다. 바로 이와 같은 환경 속에서 태아기의 연약한 부활 공동체가 형성되고 있었다.

이와 같은 폭력은 전부 **종교적** 싸움이었다. 로마와 거짓 신과 느슨한 도덕이 자신들의 나라를 침범하는 것에 대항해서 하나님을 대신해서 싸우는 싸움이요, 자신들의 율법의 순결성을 지키고 안식일의 신성함과 예배의 자유를 지키기 위한 싸움이었다.

그런데 알고 보니 요세푸스는 자신의 야망을 더욱 키우기 위해서 전쟁을 이용하는 데 달인이었다. 전쟁의 문화 속에서 성장한 것이 그에게는 놀라운 선물이었다. 전쟁과 폭력은 강력한 동기 부여의 역할을 한다. 전쟁이라는 대의가 촉발하는 에너지는 가장 쉽게 불러일으킬 수 있는 에너지였고, 카리스마적인 지도자가(만약에 그가 충분히 양심 불량이라면) 개인적인 권력을 휘두를 때 가장 손쉽게 사용할 수 있는 에너지였다. 사람을 도취시키는 살인이라는 마법에 빠지면 합리적 지성은 마비되고, 주변 사람들의 감정은 그 무엇을 위해서든 이용할 수 있다. 요세푸스는 그와 같은 폭력의 문화를 두 손에 거머쥐고 능수 능란하게 그것을 사용해서 우선은 유대인으로서 명성을 얻어내고, 그 다음에는 로마 문학계의 우상이라는 명성을 맘껏 누렸다.

요세푸스는 가야바처럼 종교적인 경력을 쌓는 사람이 아니었다. 그의 종교적인 열정은 청소년기를 지나자 사라져 버렸다. 그러나 종교의 찌꺼기 같은 것은 여전히 남아 있었다. 그는 과거에 영적인 것에 잠깐 손을 대었던 경력을 가지고 종교를 선전하는 대가가 되었다. 종교적 선전은 도덕이 없는 종교, 진리(신학)가 없는 종교, 관계성이 없는 종교다. 그것은 순전히 '수단'에 불과하다. 요세푸스는 자신의 타고난 카리스마를 증진시키기 위해서 자기 필요에 맞게 종교를 개조했다. 그것은 특정 대의를 위해 만들어진 가짜 종교였다. 그 대의는 성공을 약속하는 것이라면 그 어떠한 수단도 정당화해 준다. 전쟁의 문화는 그가 편리하고 손쉽게 사용할 수 있는 자리에 준비되어 있었다. 그는 능숙하게 그 문화를 사용해서 명성과 부를 얻었다. 요세푸스에게 반대파를 죽이는 것은 목적이 아니라 수단이었다. 요세푸스의 대의는 바로 요세푸스였기 때문이다.

그러나 예수님을 따른 이 첫 세대의 추종자들은 사람을 죽이지도 않았고, 폭력을 사용하지도 않았다. 당시의 종교적 분위기상 그것이 가장 자연스러운 일이었는데도 말이다. 왜 그들은 그렇게 하지 않았을까? 간단하게 대답하자면, 그들은 부활하신 예수님을 따르고 있었고 이제 그들 가운데 살아 계시는 그 예수님이 아무도 죽이지 않으셨기 때문이다.

열심당

이 시점에서 우리는 요세푸스가 열심당이 아니었다는 사실을 아는 것이 중요하다. 요세푸스는 열심당으로 가득한 세상에서 활동했고, 자신이 모집한 군사들 중에서 다수가 열심당이었던 갈릴리의 전투에서 장군으로 활동했다. 그러나 열심당은 **믿는** 사람들이다. 열심당은 자신들이 하나님의 대의라고 믿는 대의에 헌신된 사람들이었다. 그들은 그 대의를 위해 죽음까지도 불사하는 사람들이었다. 열심당은 오직 하나님만이 충성을 명령하시는 분이며, 억압자인 악에 대항하기 위해서는 폭력이 정당하고 심지어 필요하기까지 하다는 확신이 자신의 정체성의 전부인 사람들이었다.

열심당은 정의와 공평에 열의를 품은 사람들이었다. 그들은 이리저리 떠밀리고 이용당하는 사람들에게 관심이 있었고, 희생자와 박해받는 자들에게 관심이 있었다. 그들은 더 나은 세상에 대한 비전을 가진 사람들이었고, 그것을 위해 죽을 준비가 되어 있는 사람들이었다. 그들의 태도는 하나님이 정의를 원하시며, 하나님이 자신의 백성을 위해서 로마인들이 줄 수 있는 그 어떤 삶보다도 더 나은 삶을 주시기를 원하신다는 확신에 뿌리를 두고 있었다. 그 삶은 자유의 삶, 특히 하나님을 예배할 수 있는 자유, 안식일을 지키고 할례를 받을 수 있는 자유, 로마의 백성이 아니라 하나님의 백성으로서 자신들의 핵심적 정체성을 지킬 수 있는 자유가 있는 삶이었다.

청년 시절에 종교에 대해서 이런저런 실험을 해 보았음에도 요세푸스의 영적인 성향은 결코 신념으로 발전되지 못했다. 요세푸스는 오로지 자기 자신만을 위했다. 그에게는 아무런 충성심도 원칙도 없었다. 그는 승자들과 나란히 서기 위해서 편을 바꾸었고, 편의에 따라서 자기 이름을 바꾸었으며, 시기에 따라서 자기 신을 바꾸었고, 이익에 따라서 자기 아내를 바꾸었다. 그는 자신이 이 세상에서 생존하고 성공하기 위해서 희생시킬 단한 사람이 있으면, 요타파타에서 자신과 함께 동굴에 있었던 그 사십 명의 사람들처럼(!) 누구든지 희생시켰다.

유대인들 사이에서 열심당은 인기 있는 영웅이었다는 사실을 우리는 기억해야 한다. 열심당은 자기 나라를 위해서 목숨을 내놓을 준비가 되어 있는 사람들이었고 많은 사람들이 실제로 그렇게 했다. 사람들이 멋있다고 여기는 영웅주의, 용맹, 약자를 위한 투쟁 등, 이 모든 평판이 열심당을 따라다녔다. 열심당의 여러 분파들은 때로는 서로 경쟁하고 때로는 전략적인 이유로 서로 협력했다. 그러나 그들에게는 공통의 적이 있었다. 바로 악이었다.

요세푸스는 열심당의 활동을 다섯 개의 혁명 단체로 요약한다. 첫 번째는 시카리로서, 갈릴리 출신 유다의 후손들이었다. 갈릴리 출신 우다는 주후 6년에 시리아의 로마 총독 퀴리누스가 세금을 부과한 것에 항거한 사람이다(이 유다가 바로 행 5:37에서 가말리엘이 초대교회 지도자들을 변호할 때 언급했던 바로 그 유다이다). 그 다음에는 제사장 엘리에셀이 이끄는 정통 열심당이 있었다. 주후 67년에서 68년에 이방인들이 성전에 미친 나쁜 영향을 제거하는 중에 엘리에셀은 유대인과 로마의 전면전을 촉발시켰다. 세 번째 단체는 기샬라의 요한이 이끌었는데, 그는 많은 추종자들을 끌어들인 갈릴리 사람으로서, 그 무리는 방랑하는 산적 떼에 더 가까웠다. (기샬라의 요한은 요세푸스를 싫어했는데, 그는 요세푸스가 비록 똑똑하고 명석하고 카리스마적이기는 하지만 원칙이 없다고 느꼈다. 말하자면 줏대가 없는 사람이라고 그는 생각했다. 물론 머지않아 온 국민이 다 요세푸스가 줏대가 없는 사람이라는 사실을 알게 되었지만 말이다. 요한은 요세푸스를 경멸했고, 요세푸스도 똑같이 그를 경멸했다.)

네 번째 단체는 시몬 바 지오라가 이끌었는데, 그는 하층민의 투사로서 예루살렘 방어전 때 가장 큰 병력을 이끌었다. 다섯 번째 단체는 예루살렘 전쟁에서 주요 역할을 담당했던 이두메 사람들로 구성되어 있었다. 그 이외에 사도행전에서는 열심당과 비슷한 두 개의 다른 단체들을 언급하고 있는데, 하나는 가말리엘이 언급하는 혁명가 드다가 이끄는 단체였고(행 5:36), 또 하나는 광야에서 익명의 이집트인이 이끈 4천 명의 암살자들(시카리)이었다(행 21:38).

이제 대충 그림이 그려질 것이다. 그 나라는 열심당이 들끓는 곳이었고, 그들은 때로는 서로 싸우기도 하고, 때로는 로마와 로마의 동조자들과 싸우기 위해서 서로 힘을 합하기도 했다. 그러나 그들은 언제나 하나님의 이름으로 싸웠다.

🌱

유대교에서 열심당의 활동은 고귀한 유산을 가지고 있다. 주전 163년에 일어난 마카비우스의 반란이 결과적으로는 "열심당"이라고 하는 이름을 얻게 된 유대교 운동의 배경이 되었다. 모데인의 늙은 제사장 맛다디아스에 대해서는 이미 앞에서 언급했다. 그는 다섯 아들과 함께 이방인 압제자인 사악한 안티오코스 4세 에피파네스에 대항해서 반란을 일으켰다. 안티오코스 4세는 예루살렘의 지성소에 악명 높은 "멸망하게 하는 가증한 것"을 세운 사람이다. 유다 마카비우스는 더렵혀진 성전을 일소하고 그 곳을 하나님을 예배하는 곳으로 다시 헌납하고는 이교의 영향하에 놓인 나라를 정화하는 일에 착수했다. 그와 그의 형제들은 외국의 지배로부터 자유로운 나라를 이루어 내고야 말았다. 유다가 다시 한 번 자유의 나라가 된 것이다! 마카비우스 시절의 대담하고 위험을 무릅쓰는 용맹스러운 이야기들은 오늘날도 여전히 흥미진진한 이야깃거리다. 요한복음(10:22)에서 언급되고 있는 하누카(*Hanukkah*, 수전절)라고 하는 대단한 겨울 축제는 마카비우스의 승리와 성전의 재헌납을 기억하는 연간 축제로서 오늘날까지도 유대인들은 그 기념일을 지키고 있다.

여기에서 흥미로운 곁가지 이야기를 하나 하자면, 예수님이 예루살렘 성전에서 가르치시던 어느 날 그 곳에 있던 몇몇 사람들이 예수님께 당신이 그리스도냐고 물었다. 예수님의 대답에 만족하지 않았던 그들은 마카비우스 식의 반응을 보였다. 예수님을 죽이기 위해 돌을 집어 들었던 것이다(요 10:22-39). 하나님의 대의를 위한 폭력이었다. 하나님을 생각하는 예수님의 동시대인들 중에서 많은 이들의 혈관에는 마카비우스의 피가 상당량 흐르고 있었음이 분명하다.

마카비우스 계통의 왕들이 100년 간 통치하고 난 후에 로마인들이 쳐들어와서 그 왕조를 마감해 버렸다. 자유의 운동은 1세기 만에 끝나 버렸으며 그 후로는 로마인들이 그 나라를 지배했다. 그리고 몇 년 후(주후 37년)에는 로마인들이 헤롯을 왕으로 임명했다. 머지않아 사람들은 다시 우상 숭배의 종교와 이교의 도덕이 퍼뜨리는 오염에 직면해야 했다. 예수님이 태어나시고 몇 년 후에 갈릴리 사람 유다가 압제적인 로마의 징세에 대항해서(주후 6년에) 반란을 일으켰다. 그 반란은 곧 열심당의 결성으로 이어졌다. 마카비우스의 옛 정신이 여전히 그들의 민족 정신 속에 들끓고 있었다. 갈릴리 사람 유다가 불을 지핀 열심당의 활동은 마카비우스 시대의 민족주의에서 근본적인 힘을 얻고 있었는데, 마카비우스 시대는 민족주의가 최고조에 달한 때로서 유대인의 역사에서 전무후무한 시기였다.[8] 열심당은 로마의 존재가 너무도 강력해서 정면으로 싸우기는 힘들었다. 그러나 열심당의 정신은 지속되었고 널리 퍼져나갔다. 그로부터 60년 후에 갈릴리 사람 유다의 아들 엘리에셀이 사람들의 증오심에 불을 붙였고 그 결과 로마와의 대대적인 전쟁이 치러졌으며 그 전쟁은 예루살렘의 파괴로 끝났다.

※

예수님의 길이 그 당시의 세대에게 얼마나 급진적으로 보였는지를 이해하려면 열심당 사람들이 전반적으로 존경을 받던 시절이라는 사실을 계속 상기해야 한다. 열심당원들은 용기가 있다는 평판을 얻고 있었다. 그들은 (자신들이 생각하기에) 하나님이 복을 주신 마카비우스의 유산을 이어 가는 사람들이었다. 열심당원은 하나님과 하나님의 백성을 위해서 순식간에 자기 목숨을 내놓을 수 있었다.

예수님의 부활 공동체와 동시대에 활동했던 그러나 그들과는 대조적이었던 열심당 운동에서 가장 극적인 사건은 예전에 헤롯 대제가 지은 거대한 요새 마사다에서 있었던 전투다. 유대인 전쟁이 끝나갈 즈음 요세푸스가 로마인들에게로 도피했던 그 무렵에, 열심당원들은 (쿰란 공동체가 있던 곳에서 남쪽으로 약 50킬로미터 떨어진) 사해 서쪽 해변의 마사다로 퇴각했다. 그 곳은 사실상 난공불락의 요새였지만, 로마의 장군 실바는 굳은 결의로 끈기 있게 밀어붙여서 끝내는 그 곳을 뚫고 들어가고야 말았다. 요새를 뚫고 들어간 그는 960명의 열심당원들이 모두 자살하여 죽어 있는 것을 발견했다. 그들은 불경한 이방 로마의 통치하에서는 단 1분도 살지 않기로 택한 것이다. 로마인들이 시체들 사이를 돌아다니다가 동굴 속에 숨어 있는 두 명의 여인을 발견했는데, 그들이 거기에서 일어난 일을 이야기해 주었다.

열심당은 자신들이 성경의 전통을 이어 가고 있다고 생각했다. 그들은 스스로를 시므리와 그의 미디안 여자 친구 고스비를 죽인 비느하스의 후계자라고 생각했다(민 25장). 그들은 스스로가 갈멜 산에서 450명의 바알 예언자들을 죽인 엘리야의 전통에 속해 있다고 생각했다. 그들은 스스로가 여호수아와 사무엘과 다윗의 후손으로서 싸운다고 생각했다. 그들은 하나님을 위해 열심을 냈고, 하나님 편에서 싸웠다.

그와 같은 폭력의 정신은 제자들이 예수님을 따르고 있던 그 시절에도 여전히 남아 있었다. 예수님이 마지막으로 예루살렘에 가시는 길에, 제자들이 사마리아 지방에서 불친절한 대우를 받자 성미 급한 세베대 형제들 야고보와 요한은 예수님께 이렇게 말했다. "주여 우리가 불을 명하여 하늘로부터 내려 저들을 멸하라 하기를 원하시나이까?"(눅 9:54) 그들이 그렇게 질문을 한 데는 그럴 만한 성경의 선례가 있기 때문이었다. 그 곳은 엘리야가 바로 그렇게 했던 사마리아 지방이었다. 그 때 엘리야는 하늘에서 불을 명해서 군사 오십 명의 부대를 연달아 세 개나 불태워 버렸다(왕하 1장). 게다가 그 문화에 팽배했던 열심당의 분위기가 제자들을 부추겼던 것은 말할 것도 없다.

그러나 예수님은 그냥 야고보와 요한을 "꾸짖으셨다"(눅 9:55). 아무런 수사적 표현도, 논쟁도 없었다. 그냥 안 된다고 하셨다. 하나님의 대의에는 그 어떠한 폭력도 쓰면 안 된다. 이상 토론 끝.

그 꾸짖음은 오늘날까지도 유효하다.

열심당의 활동은 지금도 계속되고 있다. 그리고 여전히 많은 사람들이 그러한 활동을 존경한다. 인간의 정신에서, 특히 종교적인 인간의 정신에서 그것을 제거하기란 무척 힘들다. 하나님이 우리 편이라고 믿게 되면, 하나님이 인가하신 사명을 우리가 수행해야 한다고 믿게 되면, 하나님 앞에서 승리하기 위해서 우리가 효과적이라고 생각하는 것은 무엇이든 하기가 쉽다. 힘을 사용하고, 밀어붙이고, 강요하고, 조종하고, 그리고 죽이기까지 한다. 반대파를 악이라고 규정하고 나면 그와 같은 폭력은 못 견디게 매혹적이다.

토머스 머튼(Thomas Merton)은 단도직입적으로 단호하게 경고한다.

> 우리는 열광자의 열심이나 열심당의 열심처럼 맹목적이고 비성숙한 열심을 경계해야 한다. 그러한 열심은 우리에게 부족한 깊은 인격적 자질들을 광적으로 벌충하려고 하는 대표적인 자세다. 열심당은 자신의 대의를 위해, 더 이상 "자기 자신을 찾을" 수 없을 정도로 "자기 자신을 잃은" 사람이다. 그러나 역설적으로 이와 같은 자기 자신의

"상실"은 그리스도가 명령하신 유익한 자기 망각이 아니다. 그것은 오히려 자기 자신의 고집스러운 의지에 몰입하는 것인데, 자신은 그러한 고집을 추상적인 어떤 것, 비인격적인 세력(프로젝트나 프로그램의 세력)의 의지라고 생각한다.[9]

기독 교회는 이와 같은 일을 저지른 이력이 유감스럽게도 길다. 유럽의 십자군, 스페인의 종교 재판, 뉴잉글랜드의 마녀 화형, 영국의 크롬웰 혁명, 중미와 남미를 정복한 스페인 사람들.

우리가 사는 기독교 국가의 사람들은 오늘날도 여전히 예수님의 이름으로 서로를 죽이고 있다. 때로는 권총으로, 때로는 말로 그렇게 한다. 예수님이 말로 죽이는 것을 칼로 죽이는 것과 동일시하신 사실을(마 5:21-22) 우리는 그토록 쉽게 잊는 것일까? "종교적인" 사람들이 말이나 이미지나 무기를 사용해서 하나님에 대한 자유로운 반응을 조종하거나 방해하려고 하는 열심당의 정신이 지금도 우리 주변에는 참으로 많다.

그러나 예수님의 꾸짖음은 아직까지 취소되지 않았다. 초대교회의 어느 목사가 말했듯, "완력은 하나님의 속성이 아니다."[10]

예수님과 열심당

열심당의 에너지와 집중력과 열심을 폭력 없이 보유하는 방법은 없는 것일까? 나는 있다고 생각한다. 그 증거는 (우리가 속한 폭력의 문화와 별반 다르지 않은) 폭력의 문화 속에서 폭력적이 되지 않으면서 예수님을 따르는 법을 배우고 있었던 초대 기독교 공동체에 있다. 그들은 또한 폭력에 위협을 느끼지도 않았고 폭력 때문에 입을 다물지도 않았다. 그들은 안전한 게토로 물러날 수도 있었지만 그렇게 하지 않았다. 그들은 열심당이 그랬던 것처럼 공적으로 활동했다. 그러나 열심당과는 달리 계속해서 비폭력적이었다.

폭력이 없는 열심당의 활동이 어떠한 모습인지 그리고 그것이 무엇으로 구성되어 있는지를 보여 주는 중요한 단어가 하나 있다. 그 단어는 바로 '호모쑤마돈'(*homothumadon*)이다. 번역을 해서는 안 되는 단어가 있다. 우리는 "아멘"을 번역하지 않는다. "할렐루야"도 번역하지 않는다. "호산나"도 번역하지 않는다. 이 단어들은 수세기를 지나오면서 많은 의미의 겹들을 쌓으면서 풍성한 연상과 의미상의 관계들을 내뿜는다. 그러한 단어들을 번역하게 되면 그 의미가 너무 밋밋해져 버린다. '호모쑤마돈'도 바로 그러한 단어 중 하나다. "번역 불가능한 단어들" 목록에 그 단어가 포함되지 못한 것은 참으로 유감스러운 일이다. 그 단어를 분해했다가 다시 붙이면서 최선을 다해 이해해 볼 수밖에 없는 노릇이다.

이 단어는 누가가 사도행전에서 부활 공동체의 이야기를 들려주면서 열두 번 사용했고, 바울이 로마서에 한 번 사용했다. 이 단어는 주로 "만장일치로" 혹은 "한마음으로" 혹은 "마음을 같이 하여" 등으로 번역된다.

120명이 다락방에서 모여서 기도하며 성령의 은사를 기다리고 있을 때 그들은 '호모쑤마돈' 했다(마음을 같이했다; 행 1:14).

성령께서 내려오신 그 위대한 오순절 모임 이후에 그리스도인들은 계속해서 날마다 '호모쑤마돈'하여(마음을 같이하여) 성전에 다니고 가정에서 기도하며 떡을 뗐다(행 2:46).

베드로와 요한이 천사의 도움으로 감옥에서 나와 친구들에게 그 일을 보고했을 때 그들은 모두 "'호모쑤마돈'으로(한마음으로) 소리를 높여" 기도했다(행 4:24).

표적과 기사가 행해지던 그 초대교회 시절에 그들은 '호모쑤마돈'하여(다 마음을 같이하여) 솔로몬의 행각에서 아픈 친구들과 가족 구성원들을 고쳐 달라고 데리고 오는 사람들을 맞이했다(행 5:12).

빌립이 설교하러 사마리아로 갔을 때 "무리가 빌립의 말도 듣고 행하는 표적도 보고 '호모쑤마돈'으로(한마음으로) 그가 하는 말을 따르더라.…그 성에 큰 기쁨이 있더라"(행 8:6, 8).

예루살렘 회의에서 사도들은 회심한 유대인들과 이방인들이 함께 지낼 수 있는 정책을 힘들여 만들고 그 결과를 안디옥에 전하면서 이렇게 말했다. "'호모쑤마돈'으로(만장일치로) 결정하였노라"(행 15:25).

바울은 로마에 있는 그리스도인들에게 쓴 자신의 위대한 편지 마무리에 "'호모쑤마돈'(한마음)과 한 입으로 하나님 곧 우리 주 예수 그리스도의 아버지께 영광을 돌리게 하려 하노라"(롬 15:6)라고 기도함으로써 신약 성경에서 마지막으로 그 단어를 사용하고 있다. 선교 여행의 동료였던 누가와 바울 중에서 누가 먼저 그 말을 썼을지 나는 궁금하다. 우리의 초대 선조들이 하나님이 하시는 일에 반응하고 그 앞에 나아갔던 방식을 특징적으로 보여 주는 이 경쾌한 복합 음절의 부사를 누가 먼저 생각해 내었을까? 그들은 전적으로 참여했지만 그들에게 폭력의 흔적은 하나도 없었다.

"한마음으로" 혹은 "마음을 같이하여" 혹은 "만장일치로" 등의 번역은 내 생각에 너무 뜻이 약해 보인다. '호모쑤마돈'은 복합 단어다. '호모'(*homo*)는 "같다"라는 뜻이고, '쑤마스'(*thumas*)는 강력한 분노의 감정을 뜻하고, 마지막 음절인 '돈'(*don*)은 이 단어가 부사형이라는 것을 알려 준다. 여기에서 번역되지 않는 단어는 가운데 부분인 '쑤마스'다. '쑤마스'는 에너지가 들끓는 불같은 단어다. 욱하거나, 울컥하거나, 격분하는 그러한 의미를 담고 있다. 다만 부활 공동체에서는 그 단어에 아무런 부정적인 의미가 담겨 있지 않다. 비열함도, 폭력도 없다. 그토록 강렬하고, 불같은, 그러나 집중되고 통제된 에너지를 어떤 단어로 옮겨야 사랑과 평화의 에너지가 넘치고, 같은 마음의 공동체가 에너지로 넘친다는 의미가 다 전달될 수 있을까? 그러한 단어를 나는 찾을 수 없다. 그렇기 때문에 나는 그냥 '호모쑤마돈'이라고 말하고 싶은 것이다.

예수님을 따르던 그 사람들 안에는 무엇인가가 불타고 있어서 그들을 같은 마음과 영혼으로 끌어 모았다. 그것은 분노의 에너지와 비슷했지만 거기에 분노는 없었다. 열심당만큼이나 불 같았지만 열심당의 폭력은 없었다.

우리가 만장일치에 대해서 이야기할 때는 대체로 다음과 같은 그림이 그려진다. 밤늦게까지 이어지는 회의에서 절반의 사람들은 집으로 갔고 나머지 사람들은 지친 몸으로 고개를 꾸벅꾸벅하는데, 그 꾸벅거림을 동의한다는 의미로 해석하고는 만장일치로 통과되었다고 말한다. 그것은 '호모쑤마돈'이 아니다. '호모쑤마돈' 안에는 불이 있다. 그것은 하나님이 하시는 어떤 일에 대해서 합의하고 만장일치로 반응하는 열정이다. 그것은 우리가 애써 만들어 내는 열정이 아니다. 그 열정은 언제나 하나님이 이제 막 하신 일, 혹은 이제 곧 하실 일, 혹은 우리가 참여하는 어떤 일에 달려 있다. 그것은 갈등을 해결하거나 중재해서 얻어내는 그러한 성질의 합의가 아니다. 그것은 불이다. 그리고 그것은 성령에 의해 형성되어 가는 교회의 특징이다.

이 의미를 제대로 이해하기 위해서는 '호모쑤마돈'이라는 단어가 신학적인 혹은 영적인 단어가 아니라는 사실을 아는 것이 중요하다. 나는 앞에서 하나님에 대한 우리의 반응을 묘사하는 단어로 '호모쑤마돈'이 사용된 용례를 일곱 개 인용했다. 그런데 사도행전을 보면 그 단어가 부정적인, 비열한, 혹은 단순히 중립적인 감정에 대해서 쓰인 경우가 네 번 나온다(행 7:57; 12:20;

18:12; 19:29). 그러니까 '호모쑤마돈'이라는 단어 자체가 어떤 미덕을 지니고 있는 것이 아니다. 이 단어에서 열심당의 폭력이 배제된 열심당의 열정을 발견하게 되는 것은 오직 사도행전에 나오는 이야기에서 부활이라고 하는 실제적인 맥락을 바짝 쫓아갈 때에만 가능하다. 부활이라고 하는 맥락이 없다면 그 단어는 흉한 의미로 변해 버린다. 축구 경기에서 자기가 응원하는 팀이 득점을 할 때 축구 팬들은 '호모쑤마돈'을 경험하지만, 그러한 감정은 때로 폭동을 일으키기도 한다. 반면에 아기가 태어날 때 같은 방에 있는 사람은 모두 새롭게 탄생한 생명의 신선한 아름다움 앞에서 '호모쑤마돈'을 경험한다. 부활 생명을 예시하는 그 신비 앞에서 경외감을 느끼는 것이다.

그런데 초대교회의 독특한 점은 그들이 부활하신 예수님을 따르는데, 저 바깥에서 일어난 어떤 일이 이제는 그들 가운데서 왕성하게 일어나고 있다고 하는 강력한 의식을 가지고 예수님을 따랐다는 점이다. 성령께서는 예수님 안에서 무엇인가를 행하셨고 그들 안에서도 그 일을 행하셨다. 최초의 행동은 우선 예수님 안에서 일어나고 그 다음에 우리 안에서 일어난다. 우리의 한계를 넘어서는 어떤 일이 이제 우리 안으로 들어온 것이다. 우리는 그저 예수님을 따르면서 믿고 예배할 뿐인데, 이 때 '호모쑤마돈'이 일어난다.

이것은 예수님에 대한 열광적인 감정을 확 불러일으키는 것이 아니다. 사람들과 논쟁을 하거나 사람들을 설득해서 등의하게 만드는 것이 아니다. 개인의 다양한 관심사들을 잘 관리해서 실행 가능한 프로그램이나 계획으로 만드는 것이 아니다. '호모쑨마돈'은 우리가 고안해 낼 수 있는 것이 아니다.

그러나 우리는 반드시 '호모쑨마돈'을 알아보아야 한다. 이 독특한 기독교적 '호모쑨마돈'이 가능하려면 부활하신 예수님이, 자신이 늘 해 오시던 일을 아직도 하고 계시고, 그것을 우리가 사는 세상에서 우리가 사는 동네에서 하고 계시다는 확신이 있어야 한다.

'호모쑨마돈'을 경험하기가 어려운 전형적인 이유는, 우리가 부활하신 예수님께 주의를 기울이지 않거나, 무엇을 찾아야 할지를 알지 못하거나, 기다리다가 조급증이 났거나, 지름길을 약속하는 좀더 매혹적이고 황홀한 사건이나 상황에 한눈을 팔기 때문이다.

요세푸스의 세계에서는 '호모쑨마돈'이 결코 부족하지 않았다. 전쟁은 우리가 한마음으로 '호모쑨마돈'해서, 같이 느끼고 생각하고 행동하게 하는, 인간 경험에서 아마도 가장 강력한 활동일 것이다. 그런데 크건 작건, 동네에서 벌이지는 작은 충돌이건 본격적인 전투건 간에, 그러한 전쟁들이 초대교회가 형성되던 그 시기에는 매일같이 터지고 있었다. 어떻게 기독교 공동체는, 말로 하는 폭력이든 칼로 하는 폭력이든, 그러한 폭력에 사로잡히지 않으면서도 그 불 같은 열정을 유지할 수 있었을까? 어떻게 그리스도인들은 예수님을 따르는 그 길에서 벗어나지 않을 수 있었을까?

부활의 그리스도인들과 함께 기도하며 가는 예수의 길

그렇지 않다는 의견들이 많음에도 불구하고 사실 그리스도인의 삶을 사는 데 특별한 비결 같은 것은 없다. 선행 조건으로 요구되는 어떤 태도가 있는 것도 아니다. 그 길을 가는 데 더 혹은 덜 유리한 조건이란 것은 없다. 그리스도인의 삶을 사는 일은 어디에 있든지 누구나 할 수 있는 일이며, 아무 때나 시작할 수 있는 일이다.

그러나 그 일은 결코 기도 없이는 일어나지 않는다. 기도가 기본이다. 기도가 기본인 이유는 기도가 예수님의 길에서 일어나는 모든 일을 말할 수 있는 근원적인 언어를 제공해 주기 때문이다. 우리가 미국의 쇼핑 센터에 가면 원하는 물건을 사기 위해서 영어로 말한다. 프랑스 식당에 가면 음식을 주문하기 위해서 불어로 말한다. 그리스를 여행할 때는 아크로폴리스로 가는 길을 묻기 위해서 그리스어로 말한다. 그리고 만약 우리가 그리스도인이 되어 예수님을 따르기로 결심했다면 우리는 기도한다. 우리가 기도하는 이유는 예수님 안에 계시된 하나님께 우리가 이야기할 수 있는 유일한 언어이기 때문이다. 또한 기도는 하나님이 예수님을 통해서 우리에게 전해 주시는 명령과 복과 인도를 들을 수 있는 유일한 언어다. 인격적인 면을 뺀다면 하나님에 대해서 이야기할 것이 하나도 없다. 하나님과 우리 인간은 언어를 사용할 때 가장 인격적이고 가장 자기답다. 그 언어가 하나님과 우리, 우리와 하나님과 관련된 것일 때 우리는 그것을 기도라고 부른다.

내가 강조하고 싶은 것은 기도가 그리스도인의 삶에 덧붙여지는 잉여의 것이 아니라는 사실이다(따져 보면 그 어떠한 삶에도 기도는 잉여의 것이 될 수 없다). 기도라는 언어로 그리스도인의 삶이 살아지고, 양육되고, 발전되고, 계시되고, 정보를 얻는다. 기도라는 언어로 그리스도인이 믿고, 사랑하고, 탐험하고, 추구하고, 찾는다. 거기에는 지름길도 우회로도 없다. 기도는 "새로 태어난" 사람들이 쓰는 요람의 언어이며, 예수님의 길을 따르기 위해 성장해 가면서 쓰는 친밀하고 친숙하고 발전되는 언어다.

그러나 우리의 세속화된 사회에서는 기도가 종종 "영적"인 일에 관심을 가지고 있는 사람들이 수행하는 일과 연관되거나 아니면 전문적인 지도자들이 인도하는 공식적인 행위와 연관되기 때문에, 기도란 우리와 함께 거리를 걸으시는 예수님과 이야기할 때 우리가 쓰는 거리의 언어라고 하는 사실에 이따금씩 주의를 기울이게 할 필요가 있다. 우리가 "잘할 때까지" 기도를 미룰 수는 없다. 기도는 우리의 독특하고 특별한 자신, "변명하거나 덧붙이지 않은 있는 그대로의 우리"가, 예수님 안에서 "자기 자신의 모습 그대로" 오신 하나님과 날마다 이야기를 나눌 수 있는 유일한 언어다.

요세푸스와 열심당의 세계에서 부활로 형성된 초대의 그리스도인들이 했던 일이 바로 기도다. 그 기도 때문에 그들의 삶은 폭력적이지 않으면서도 불타올랐고, 죽이기보다는 활기를 불어넣었다. 요세푸스의 기회주의와 열심당의 폭력에 대해서 경고하는 것으로는 충분하지 않다. 기회주의와 폭력은 여전히 우리 사회와 문화의 일부이기 때문에 우리는 젖먹이 시절부터 그것을 빨아들인다. 요세푸스 식의 음모로 조종을 해서든 열심당의 단검을 사용해서든, 사태를 우리 손으로 직접 해결하고 승리를 얻으라고 부추기고 유혹하고 압력을 넣고, 그렇게 한 사람들의 선례가 가득한 세상 속에서도 어떤 사람들은 예수님께 기울이는 주의를 놓치지 않고 부활하신 예수님을 용케도 따라갔다. 그것은 지금도 가능한 일이다.

하지만 오직 기도를 통해서만 가능하다. 우리는 오직 '기도'로 예수님을 따르는 길로 우리 삶을 이끌어갈 수 있다. 이러한 기도의 상당 부분이 우리 안에서 기도하시는 성령이다. 우리가 따르는 그 길은 내면화되고 구체화되어야 한다. 기도는 예수님을 내면화하고 구체화한다. 그 길을 가는 다른 길은 없다. 유다는 자기 발로 예수님을 따라 팔레스틴 전역을 다녔지만, 그 길은 결코 유다 안으로 들어가지 못했다. 그는 끝까지 기회주의자였다. 베드로도 예수님을 따라 팔레스틴 전역을 다녔지만, 그 동산에서 위기에 처하자 그는 어쩔 수 없는 열심당원으로 돌변해 상대편의 최고 요원에게 칼을 휘둘렀다. 기도는 (단지 느낌이 아니라!) 예수님을 따르는 그 행위를 우리 안에 집어넣는 방법이다. 다르게 표현하면, 시편 84편의 그 놀라운 문장이 말하는 대로 우리는 "그 마음에 시온의 대로가 있는"(시 84:5) 사람이 된다.

오순절에 교회가 탄생하고 나서 처음으로 기록된 기도는 초대 그리스도인들이 드렸던 기도다(오순절 전에 드렸던 기도는 행 1:24-25에 기록되어 있다). 베드로와 요한이 이제 막 가야바에 의해 감옥에서 풀려났고, 친구들을 만나 자신들의 경험을 보고했다. 그 보고를 들은 그들의 자발적인 반응은 기도였다. 내가 보기에 그 기도는, 한쪽 편에는 요세푸스의 넓은 길이 그리고 다른 한쪽 편에는 열심당의 넓은 길이 놓여 있는, 좁은 길을 우리가 따라갈 때 사용할 수 있는 매우 적합한 기도인 것 같다. 그 기도는 아래와 같다.

> 그 보고를 듣고 그들은 놀라운 조화를 이루며('호모쑤마돈') 목소리를 높여 기도를 드렸다.
>
> 강하신 하나님, 당신은 하늘과 땅과 바다와 그 안에 있는 모든 것을 만드셨습니다. 성령을 통해서 당신은 당신의 종이자 우리의 선

종인 다윗의 입을 통해서 이렇게 말씀하셨습니다.

나라들아 왜 시끄럽게 구느냐?
사람들은 왜 비열한 음모를 꾸미느냐?
세상의 지도자들은 한 자리 차지하려 애를 쓰고,
유력자들은 정상 회담을 위해 만나지만,
그들은 모두 하나님을 부인하고, 메시아에 도전하는 자들이다!

그들은 정말로 모여서 회의를 열었습니다. 헤롯과 본디오 빌라도가 나라들과 백성들, 심지어 이스라엘까지도 같이 만나서 바로 이 도시에서 당신의 거룩한 아들 예수님, 당신이 오래 전에 시작하신 그 계획들을 이행하기 위해서 메시아로 세우신 그분에 대항하는 음모를 꾸몄습니다. 그런데 그들이 이제 또 그 일을 꾸미고 있습니다! 그들의 협박을 하나님께서 처리해 주시고, 당신의 거룩한 종 예수님의 이름으로 행해지는 치유와 기적과 기사에서 당신의 손을 우리에게 뻗어 주실 때, 당신의 메시지를 설교하는 당신의 종들에게 두려움을 모르는 확신을 주옵소서(행 4:24-30, *The Message*).

이 기도는 예수님을 죽음에서 일으킨 성령의 불로 가득 차 있었지만 무장 궐기해서 폭력을 사용하지는 않았던, 부활 공동체의 대표적 기도라고 할 수 있다. 그들은 세상과 교회 모두에 폭넓게 퍼져 있던 폭력을 거부했다. 상대편을 저주하고, 협박하고, 거절하고, 죽이는 그러한 폭력은 사람들을 하나님으로부터 멀어지게 해서 온갖 종류의 맹목적 길과 막다른 길로 인도해 결국 인생을 낭비하게 할 뿐이다.

이 기도에서 가장 눈에 띄는 요소는 하나님이 통치하신다는 인식이다. 사람들은 놀랍고도 생생한 조화('호모쑤마돈')를 이루며 자신들의 전능하시고, 모든 것을 포괄하시는 "강한 하나님"(*Despota*)을 부른다.

강한 하나님. 겸손과 짝을 이루는 확신은 이와 같은 기도에서 발전된다. 만약에 하나님이 총괄하시는 것이라면, 내가 한다고 말할 수 없다. 지금 벌어지고 있는 일이 무엇이든 그 일은 하나님이 하시는 일이거나 아니면 하나님이 허락하시는 일이라는 확신 속에서 살 뿐이며, 또한 내가 그 하나님의 통치에 포함되어 있다고 하는 확신 속에서 살 뿐이다. 나의 참여가 그 통치의 일부를 이룬다. 초기 그리스도인들이 하나님의 말씀을 계속해서 전할 수 있는 담대함을 위해서도 기도하지 않았던가? 그것은 하나님의 주되심에 중요하게 참여한다는 뜻이다. 내가 존재하고 느끼고 생각하고 기도하는 모든 것은 하나님의 통치의 일부다. 하나님의 "보좌가 하늘에 있다"(시 11:4)는 말은 (우리의 성경에서든, 예수님의 계시에서든, 최고의 목사들이나 신학자들에게든, 예수님의 길을 가는 우리의 많은 일상적 친구들이나 동료들에게든) 하나님이 우리에게 "너는 그냥 네 일을 하고 이 우주와 역사의 운영은 다 내게 맡겨라"고 말씀하신다는 의미가 결코 아니었다. 전혀 그렇지 않다. 이 기도는, 로마와 로마에 복종하는 팔레스틴의 심복들, 헤롯의 심복들이 좌지우지하는 세계, 대제사장 가족 가야바가 지배하는 종교적 성전 기구가 이스라엘의 종교와 관련된 모든 문제에 대해서 최종적인 발언권을 가지는 세계, 요세푸스가 모든 영예를 누리고 열심당이 활동의 중심이 되었던 세계에서 드려졌던 기도다. 그러나 이 기도는 로마의 정치, 종교 기구, 신문의 머리기사를 다 므시했다. 그들이 뭐라 하건 사실은 강하신 하나님이 여전히 통치의 사업을 하고 계신다는 확신 때문이었다.

이러한 일을 하는 데 있어서 우리와 사정이 별반 다르지 않았던 초기 그리스도인들은 자신들이 그 통치에 확실하게 참여하는 자임을, 하나님이 하나님 자신의 통치하심에 자신들을 포함시키시고 있음을 확신했다. 그리고 그들은 그와 같은 확신을 반영해 줄 담대함, 하나님의 통치를 변명 삼아 역사의 방관자들이 되는 수동적인 자세로 물러서지 않게 해줄 담대함을 위해서 기도했다. 하나님인 체하지 않고 인간으로 머물러 있다는 의미의 겸손을 개발하면서도 아무렇게나 짓밟히지 않는 방법은 무엇일까? 도덕성과 지혜의 경계 안에서 일한다는 의미의 겸손을 개발하면서도 편협하고 옹졸하고 길들여지지 않는 방법은 무엇일까? 그 이상도 그 이하도 아닌 그냥 있는 그대로 우리 자신의 모습이 된다는 의미의 겸손을 개발하면서도 에너지가 넘치고 목숨을 걸고, 하나님의 명령을 거침 없이 따르는 사람이 될 수 있는 방법은 무엇일까?

우리는 예수님을 따를 때 바로 그렇게 할 수 있다. 그리고 그러한 기도를 드린다. 하나님의 통치에 대한 군건한 확신과 우리의 인간성에 대한 유연한 수용을 서서히 그러나 꾸준히 내면화하고 구체화하는 그러한 기도를 드린다.

이 기도는 신약 성경 저자들이 좋아하는 시편이었던 시편 2편을 많이 묵상하고 기도한 데서 발전된 기도다. 시편 2편은 신약 성경에서 아홉 번 인용 혹은 언급되었다(마 3:17; 행 4:25-26; 13:33; 히 1:5; 5:5; 벧후 1:17; 계 2:26-27; 12:5; 19:15). 시편 2편은 시편 110편과 함께 신약 성경에 가장 많이 인용된 시편의 영예를 누리고 있다. 이러한 사실이 우리 시대와 이루는 대조는 의미심장하다. 우리가 가장 좋아하는 시편은 무엇인가? 우리가 외우고 있는 시편은 어느 시편인가? 시편 23편이 1등을 차지하고 있다. 그리고 시편 1편과 100편과 121편이 그 뒤를 따르고 있다. 하지만 시편 2편이라고?

시편 2편은 이 세상의 길(헤롯과 가야바와 요세푸스의 길, 그리고 그 길에 대항해서 바리새파와 에세네파와 열심당이 추구했던 길) 그리고 강하신 하나님과 그분의 메시아 사이에 고정적으로 놓여 있는 건널 수 없는 심연을 우리가 개인적으로 깨닫고 내면화해서 우리의 창자와 근육에서까지 느낄 수 있게 해주는 기도다. "시온에 왕이 있는 줄을 너희는 모르느냐?"(시 2:6, *The Message*)

초기 그리스도인들은 하나님의 나라가 가까이 왔다고 선포하신 예수님의 말씀을 문자 그대로 받아들였다. (관념적 나라가 아니라) 진짜 왕이 있는 진짜 나라로 그들은 받아들였다. 그리고 그 왕은 예수님이셨다. 시편 2편의 단어와 문장들은 그러한 모든 다른 길들의 주장을 무시하고 왕이신 그리스도가 자신들의 설교와 기도와 따르는 행위에 스며들게 한다. 그들은 승리와 찬양의 분위기 속에서 부활하신 예수님을 따랐다. 복음은 아늑한 자기 집이나 자기 마음속에서 계발하는 사적인 것이 아니었다. 그것은 인간의 역사에서 가장 강력한 세력이었고, 사람들의 영혼뿐만 아니라 나라들의 운명에까지도 영향을 미치는 공적인 일이었다.

그리고 또 한 가지 중요한 사실은 그 기도가 삼위일체적이라는 사실이다. 그 기도는 창조주 하나님께 드려졌다. "강하신 하나님, 당신은 하늘과 땅과 바다와 그 안에 있는 모든 것을 만드셨습니다"(행 4:24). 그리고 이 기도는 하나님이 "성령을 통해서" (25절) 말씀하신 다윗의 영감 받은 말을 원문으로 취하고 있다. 그리고 이 모든 행동이 "당신의 거룩한 아들…메시아"(27절)에 중심을 두고 있다.

우리의 초기 선조들이 자신들이 믿는 바를 말하고 기도할 때 기독 교회에서는 독특한 일이 일어났다. 하나님이 거룩한 삼위일체라는 공식으로 이루어진 것이다. 이 기도는 그와 같은 공식이 이루어지는 토대를 놓고 있다. 2천 년이 지난 오늘날에도 삼위일체는 헤롯, 가야바, 요세푸스라고 하는 강력하고도 대중적인 반(反)삼위일체적 방식들이 지배하는 이 세상에서 우리가 예수님을 따르고 예수님을 따르는 일의 독특한 의미를 늘 자각하는 자세를 잃지 않게 해주는, 가장 간결하고도 가장 포괄적인 방법이다.

하나님은 성부, 성자, 성령이라고 하는 세 인격이시며 공동체 속의 하나님으로서 존재하신다고 주장함으로써, 우리는 하나님이 확고하게 인격적이심을 알 수 있다. 하나님이 스스로를 계시하시거나 우리들 가운데서 일하시는 유일한 방식이 바로 인격적인 방식이다. 하나님은 성부, 성자, 성령이라고 하는 인격적인 명칭을 가지신 인격적인 분이시며, 그 이외의 방식으로는 결코 존재하시지 않는다. 결코 비인격적인 세력이나 영향력으로 존재하시지 않으며, 결코 비인격적인 사상이나 대의로 존재하시지 않는다.

이 세상에서 우리에게 가장 쉬운 일은, 말을 일종의 추상적 진리나 원칙으로 사용하고, 복된 소식을 정보의 요약 형태로 전달하는 것이다. 그러나 삼위일체는 우리가 그렇게 하지 못하게 막는다. 우리는 더 쉽게, 혹은 더 단순하게, 혹은 더 편리하게 하기 위해서 복음이나 하나님을 탈인격화하는 것에 대한 책임을 결코 면하지 못할 것이다.

그리고 삼위일체는, 우리가 예수님의 길을 따를 수 있는 유일한 길은 개인적으로 직접 참여하는 길밖에 없다는 사실을 계속해서 상기시켜 준다. 단순히 바른 생각을 하거나 부과된 임무를 수행함으로써가 아니라, 하나님이 각자 이름과 얼굴을 아시고 관여하시는 바로 그 인생들 속에 우리도 기도와 믿음으로 관여함으로써만 그 길을 갈 수 있다.

어떻게 그것이 가능한지 사실 나도 잘 모르겠다. 나는 이 시편의 내용을 뒷받침해 주고 초기 그리스도인들의 기도를 확증해 주는 분명한 경험적 증거를 제시해 줄 수 없다. 뉴스를 보든, 신문을 보든, 역사책을 보든, 금융계를 보든, 전 세계로부터 계속해서 보도되는 대학살과 홍수와 태풍과 기아와 공중 납치 사건을 보든, 그 시편의 내용이 믿을 만하다고 입증해 주는 사건이 하나도 없다.

하지만 기억해야 할 것은, 초기 그리스도인들도 그 내용을 입증해 줄 증거 자료를 가지고 있지 않았다는 사실이다. 로마 제국의 후원 하에 요세푸스가 편안한 죽음을 맞이하고, 마사다에 있던 열심당 애국자들의 이야기가 모든 유대인 소년 소녀들에게 자부심을 심어 주던 1세기 말엽에도 기독 교회에 속한 사람들은 여전히 사회의 주변부에서 은밀하게 지내고 있었다. 그들에게는 주권자이신 하나님이, 팔레스틴이나 그리스나 로마의 그 어떤 지도자의 상대도 되지 못한다고 하는 사실에 대한 경험적 증거가 하나도 없었다. 그리고 만약에 그들이 이 세상의 잘못을 바로잡을 수 있는 일을 하고 싶었다면(분명히 그들은 그렇게 하고 싶었다) 그들에게는 헤롯과 가야바와 요세푸스라고 하는 눈에 띄는 성공적 지도자의 모델과 아울러 바리새파, 에세네파, 열심당이라고 하는 대항적 모델들을 손쉽게 따를 수 있었다.

비록 예수님이 새롭고도 바른 길을 시작할 수 있게 해주시기는 했지만, 이제는 자신들이 소위 "생활 전선"에 뛰어들었고 예수님의 나라라고 하는 것을 세우는 실제적인 업무에 들어간 만큼, 헤롯과 가야바와 요세푸스는 어떻게 했는지 살펴보고 그들의 기술과 전략들을 사용하거나, 바리새파, 에세네파, 열심당들에게서 동지를 찾는 것이 현명할 것이라고 주장하는 사람은 아무도 없었던 것 같다. 그들은 그렇게 하지 않았다.

그들이 지나쳐 간 이 모든 선택안들에 대해서 생각해 볼 때 한 가지 두드러지는 사실은, 예수님을 따르는 것이 유일무이한 삶의 방식이라고 하는 사실이다. 그 삶은 다른 어떤 삶과도 같지 않다. 그것에 비교될 만한 것이나 사람이 하나도 없다. 예수님을 따르는 일은 우리가 필요하다고 혹은 원한다고 혹은 바란다고, 흔히 생각하는 것을 거의 혹은 전혀 가져다주지 않는다. 예수님을 따르는 일은 이 세상이 제시하는 안건은 하나도 성취하지 못한다. 예수님을 따르는 일은 이 세상이 가정하는 것과 목표로 삼는 것에서 우리를 끌어내어 이 세상을 거꾸로 뒤집고 전복하는 지레를 설치할 수 있는 곳으로 데려다 준다. 예수님을 따르는 일은 모든 면에서 이 세상과 상관이 있지만, 이 세상과는 거의 아무런 공통점도 없다.

주후 1세기가 끝날 무렵에 요세푸스는 로마에서 성공적인 외교관이요, 군사 지도자요, 작가로서 편안하고 호화로운 죽음을 맞이했다. 예수님이 부활하신 지 70년이 지난 시점이었지만, 아직까지도 예수님을 따르는 사람들은 그 어디에도 눈에 띄는 흔적을 남기지 못했다. 유대교도, 헬레니즘도, 열심당 운동도, 바리새인들도, 로마의 통치도 그대로였다.

그럼에도 불구하고 그들은 계속 그 일을 했다. 그리고 우리도 계속해서 그 일을 하고 있다. 왜냐하면 예수님을 따르면서 하나님 나라에 대해서 헤롯이 몰랐던 것을 배웠고, 하나님에 대해서 가야바가 몰랐던 것을 배웠으며, 영혼에 대해서 요세푸스가 몰랐던 것을 배웠기 때문이다. 그리고 우리는 하나님이 통치하시는 이 나라와, 예수님 안에 계시된 이 하나님과, 성령께서 거룩하게 해주시는 이 영혼이 실재하며 영원하며 진리라는 사실을 확신한다. 다른 그 어떤 것도 아닌, 오직 이 세 가지가 우리가 알고 있는 이 세상을 붙들고 있다.

이러한 사실을 가장 강력하게 증언하는 성경의 증언은 바로 성경의 마지막 책인 요한계시록이다. 이 책은, 예수님의 나라가 이름 없는 그리스도인들의 삶을 통해 그러한 사람들이 존재하는지조차도 모르는 이 세상에서 구원의 일을 해 나가는, 그 나라의 현존하는 실재를 활발하게 일깨우며, 소란스럽게 찬양하며, 다채롭게 증언하는 책이다. 사도행전 4장에 기록된, 예루살렘에 있던 그 초대의 부활 그리스도인들이 드렸던 그 기도는, 그 후로 70년의 세월이 지나면서 요한계시록에 전시된 웅대한 예배로 확장되었다.

그 기도를 드리고 나니 "그들 모두 성령으로 충만해서 하나님의 말씀을 담대히 말하게 되었다"(행 4:31, 새번역)고 누가는 기록하고 있다. 그들은 자신들이 기도한 대로 되었던 것이다.

헤롯, 가야바, 요세푸스는 모두 자신의 생애 동안 예수님보다 더 영향력 있고 더 유능했다. 예수님이 하나님 나라의 현존을 선포하시고 예수님의 부활 교회가 형성되고 있던 시기에 부각되었던 세 개의 저항 운동(바리새파, 에세네파, 열심당)은 모두 예수님보다 훨씬 더 많은 추종자들을 끌어 모았다.

우리의 정신이 번쩍 들게 하는 사실 하나는, 오늘날도 여전히 그렇다는 것이다. 우리는 이 놀라운, 아니 어쩌면 그리 놀랍지 않은 모순 앞에 서 있다. 가장 존경받고, (그럭저럭) 가장 많은 예배의 대상이 되고, 자신에 대한 글이 가장 많이 쓰인 예수님. 그러나 가장 적은 수가 따르는 예수님.

그러나 모든 세대에서 몇몇 사람들은 확실히 예수님을 따랐다. 그들은 자기를 부인하고, 자기 십자가를 지고, 예수님을 따랐다. 그들은 자신의 생명을 버림으로써 그것을 구했다. 그리고 자기 자신의 생명과 함께 다른 많은 사람들의 생명도 구했다.

주

들어가는 글: 우리의 수단을 정결케 하기

1) 여기에서 내가 "북미"를 언급하는 이유는 내가 북미 문화권에서 살고 일했으며, 내가 가장 잘 아는 문화권이기 때문이다. 하지만 다른 나라에 사는 내 친구들로부터 들은 이야기에 의하면, 북미의 것과 비슷한 수단과 방법의 교육 과정이 대부분의 서구 세계에 침투해있다고 한다. 다른 문화권에 사는 그리스도인들은 이 글을 읽어 가면서 자신의 상황에 맞도록 말을 바꾸어서 적용할 필요가 있을 것이다.
2) Jacques Maritain, *Freedom in the Modern World*(New York: Charles Scribner and Sons, 1936), p. 133를 보라.
3) 이러한 "형성"에 대해서는 내가 쓴 책 *Christ Plays in Ten Thousand Places*(Grand Rapids: Eerdmans, 2005), pp. 206-211에서 자세히 다루고 있다.「현실, 하나님의 세계(IVP).
4) 이와 같은 작업을 하고 있는 우리 시대 최고의 철학자는 Albert Borgmann이다. 특히 그의 책 *Technology and the Character of*

Contemporary Life(Chicago: University of Chicago Press, 1984)를 보라.
5) Charles Taylor, *Sources of the Self: The Making of Modern Identity*(Cambridge, Mass.: Harvard University Press, 1989), p. 244에 인용됨.
6) 우리 정체성의 경계를 분명하게 그어 주는 용어로서 세례에 대한 자세한 논의는 나의 책 *Christ Plays in Ten Thousand Places*, pp. 300-331를 보라.

1. 예수님: "나는 길이요…"

1) 그러나 예수님의 제자였던 도마는 혼란스러워했던 것 같다. 도마는 아마도 열두 제자 중에서 말을 가장 문자적으로 이해하는 사람이었을 것이다. 예수님이 길이라는 용어를 사용하시는 것을 들었을 때 그는 예수님이 "가버나움으로 가는 길" 혹은 "베다니로 가는 길"에서 의미하는 그러한 길이라고 생각했다. 그러나 예수님은 곧바로 도마가 그 용어를 은유로서 이해하게 해주셨다. 요 14:5를 보라.
2) Neil Postman, *Amusing Ourselves to Death*(New York: Vintage Books, 1985)를 보라. 「죽도록 즐기기」(참미디어).
3) Austin Farrer, *The Triple Victory*(London: Faith Press, 1965), p. 44.
4) E. F. Schumacher, *Small Is Beautiful*(New York: Harper and Row, 1973), p. 24에 인용됨. 「작은 것이 아름답다」(문예출판사).
5) George Steiner, *Grammars of Creation*(New Haven: Yale University Press, 2001), p. 4.
6) Charles H. Kahn, *The Art and Thought of Heraclitus*(Cambridge: Cambridge University Press, 1979), p. 74.
7) Walter Chalmers Smith의 찬송가 "Immortal, Invisible, God only Wise" 중에서. *The Hymnbook*(Philadelphia: Presbyterian Publishing Co., 1955), p. 82.

8) Robert Pirsig, *Zen and the Art of Motorcycle Maintenance*(New York: William Morrow, 1974), p. 198.
9) Dorothy Day, *The Long Loneliness: An Autobiography*(San Francisco: Harper and Row, 1952), p. 247.

2. 아브라함: 모리아 산을 오르다

1) Everett Fox, *The Five Books of Moses*(New York: Schocken Books, 1995), p. 92.
2) Alexander Whyte, *Bible Characters*(London: Oliphants, 1952), vol. 1, p. 77.
3) Emily Dickenson, *The Complete Poems*, ed. Thomas H. Johnson(Boston: Little, Brown and Company, 1925), p. 507.
4) 명사 faith(*pistis*)와 동사 believe(*pisteuō*)는 그리스어로도 어원이 같다.
5) "그리고 아침이 밝아 오면서 그 천사들의 얼굴이 미소 짓는다/ 그 후로도 나는 오랫동안 그것을 사랑했으나 잠시 잃어 버렸도다." John Henry Newman, "Lead, Kindly Light", *The Hymnbook*(Philadelphia: Presbyterian Publishing Co., 1955), no. 331.
6) 아브라함이 살던 시절의 우르에 있었던 이 신전(ziggurat)은 고고학자 C. L. Wooley가 발굴했다. 피라미드와 같은 구조로 되어 있던 이 신전은 이집트의 피라미드만큼 위압적이지는 않았지만, 지상 3층의 높이를 이루고 있었던 만큼 여전히 위압적이었다. *The Anchor Bible Dictionary*(New York: Doubleday, 1992), vol. 6, p. 766를 보라.
7) Jeanne Murray Walker, "Sacrifice," in *A Deed to the Light*(Chicago: University of Illinois Press, 2004). p. 17.
8) Søren Kierkegaard, *Fear and Trembling*, trans. Walter Lowrie(Garden City, N. Y. Doubleday, 1954[first publisehd in 1843])을 보라. 「두려움과 떨림」(민음사).
9) Emily Dickinson, "Renunciation—is a piercing Virtue", in *The*

Complete Poems, P. 365.
10) Jack Leax, "On Writing Poetry", in *Grace Is Where I Live*(La Porte, Ind.: Wordfarm, 1993, 2004), p. 74. Leax는 자신의 시를 논평하면서 자신이 T. S. Eliot의 다음 말에 영향을 받았음을 언급하고 있다. "여기에서 일어나는 일은 현재 자신의 모습 그대로의 자기 자신을, 자신보다 더 소중한 무엇을 위해서 계속해서 포기하는 일이다. 예술가가 진보하는 길은 끊임없는 자기 희생, 끊임없는 개성의 소멸을 통해서다." 아브라함의 길에서 "예술가"는 "그리스도인"과 동의어다.
11) "이 이야기에 나오는 참으로 많은 내용들이 어둡고 불완전하다. 게다가 그것을 읽는 독자는 하나님이 숨은 신이라는 것을 알기에, 그 이야기를 해석하려는 그의 노력은 끊임없이 새로운 요소를 발견한다." Erich Auerbach, *Mimesis*, trans. Willard Trask(Princeton, N. J.: Princeton University Press, 1968), p. 15.
12) Kierkegaard, *Fear and Trembling*, p. 48.

3. 모세: 모압 평지에 서다

1) Jon D. Levenson, *The Hebrew Bible, the Old Testament, and Historical Criticism*(Louisville: Westminster/John Knox, 1993), p. 2. Levenson은 다음과 같이 주장한다. "성경의 '역사적인' 맥락을 복원함으로써 우리는 가장 큰 '문학적인' 맥락을 갉아먹는 대가를 치르게 되었다. 이 문학적 맥락은 성경의 전통을 뒷받침해 주는 것으로서, 성경의 전통은 그러한 문학적 맥락에 기초해서 세워졌다"(p. 4). 그는 역사 비평의 가치는 문제 삼지 않지만 제국처럼 모든 것을 지배하려 드는 역사 비평의 태도는 설득력 있게 비판한다.
2) Brevard Childs는 그러한 작업을 하기 위해서 "정경 비평"이라는 방법론을 도입한다. 그의 책 *Introduction to the Old Testament As Scripture*(Philadelphia: Fortress, 1979), pp. 132-135를 보라. 그리고 James A. Sanders, *Torah and Canon*(Philadelphia: Fortress, 1972)도

보라.
3) 신약 성경에서 모세의 이름은 81회 언급되고 있다. 그 뒤를 이어서 다윗이 56회 그리고 이사야가 23회 언급되고 있는 것과 비교된다.
4) Walter J. Ong, S. J., *The Presence of the Word*(New Haven: Yale University Press, 1967), p. 191.
5) Umberto Cassuto, *The Documentary Hypothesis and the Composition of the Pentateuch*, trans. I. Abrahams(Jerusalem: Magnes, 1961), pp. 102-103.
6) Levenson, *The Hebrew Bible*, p. 65(저자 강조).
7) Eugen Rosenstock-Huessy, *Speech and Reality*(Norwich, Vt.: Argo Books, 1970), p. 10.
8) "A Conversation with Scott Cairns", *Image*(Seattle: Center for Religious Humanism), no. 44(Winter 2004-2005).
9) Introduction to *The Brothers Karamazov,* by Fyodor Dostoevsky, trans. Richard Pevear and Larissa Volokhonsky(San Francisco: North Point, 1990), p. xviii. 「까라마조프 씨네 형제들」(열린책들).
10) 창 2:4(하늘과 땅), 5:1(아담), 6:9(노아), 10:1(노아의 아들들), 11:10(셈), 11:27(데라), 25:12(이스마엘), 25:19(이삭), 36:1(에서), 37:2(요셉).
11) Robert R. Wilson, in *Anchor Bible Dictionary*, ed. David Noel Freedman(New York: Doubleday, 1992), vol. 2, p. 930.
12) Eugen Rosenstock-Huessy, *The Origin of Speech*(Norwich, Vt.: Argo Books, 1981), p. 5.
13) 공동체로 함께 하루하루 사는 것과 관련된 광범위한 내용들을 다루는 법규들을 이와 비슷하게 모아 놓은 또 다른 본문들은 출 34:11-28, 레 17-26장("거룩에 관한 규례"), 민 5-6, 19장이다.
14) Robert Lowell, *Lord Weary's Castle and the Mills of the Kavanaughs*(New York: Harcourt, Brace and World, 1951), p. 63.

4. 다윗: "내 죄악을 숨기지 아니하였더니"

1) 다윗에 대한 더 자세한 논의는 나의 책 *Leap over a Wall: Earthy Spirituality for Everyday Christians*(San Francisco: HarperSanFrancisco, 1997)을 보라. 「다윗: 현실에 뿌리박은 영성」 (IVP).
2) Doris Lessing, *A Small Personal Voice*(New York: A. A. Knopf, 1974), p. 5.
3) Robert Alter, *The David Story*(New York: W. W, Norton, 1999), p. xxiv.
4) John Calvin, *Commentary on the Book of Psalms*, trans. James Anderson (Grand Rapids: Eerdmans, 1949), p. xxxvii.
5) Peter Ackroyd, *Doors of Perception: A Guide to Reading the Psalms*(London: SCM, 1978), pp. 35-36, 74-76.
6) 이는 3장에서 논의한 것처럼, 성경의 기초를 이루는 첫 다섯 권의 책에 모세의 이름이 저자의 일관성을 부여해 주는 방식과 다르지 않다.
7) flood(띄우다)로 번역된 동사는 문자적으로는 "내가…헤엄을 치다"라는 뜻이다. "내가 눈물의 강에서 헤엄을 칩니다"로 번역할 수 있을 것이다. 사 25:11 그리고 겔 47:5을 보라. Charles Briggs, *The Book of Psalms*(Edinburgh: T & T Clark, 1952), vol. 1, p. 50.
8) Blaise Pascal, *Pensees*(New York: Random House, 1941), #552, p. 176. 「팡세」(민음사)
9) Simon Tugwell, O. P., *Ways of Imperfection*(Springfield, Ill.: Templegate, 1985).

5. 엘리야: "너는…그릿 시냇가에 숨고"

1) Alexander Whyte, *Bible Characters*(London: Oliphants, 1952), vol. 1, p. 362-363.

2) 이 형용사(vigorous)는 John Bright가 사용한 말이다. *A History of Israel*(Philadelphia: Westminster, 1959), p. 220를 보라.「이스라엘의 역사」(은성).
3) Jerome T. Walsh는 모세와 엘리야 사이에 15개의 대응 관계가 있음을 밝혔다. *The Anchor Bible Commentary*(New York: Doubleday, 1992), vol. 2, pp. 464-465에 나오는 표제어 "엘리야"를 보라.
4) Kornelis H. Miskotte, *When the Gods Are Silent*(London: Collins, 1967), p. 121.
5) *John of the Cross, Selected Writings*, ed. Kevin Kavanaugh, O. C. D.(New York: Paulist, 1967), p. 223.
6) 이 문구는 엘리야의 계보라고 할 수 있는 미국의 예언자적 시인인 Wendell Berry가 쓴 것이다. "Manifesto: The Mad Farmer Liberation Front", in his *Collected Poems*(San Francisco: North Point, 1985), p. 151를 보라.
7) 여덟 개의 주변부적 사건은 다음과 같다. 그릿 시냇가(왕상 17:1-7), 사르밧(17:8-24), 로뎀 나무(19:1-8), 호렙(19:9-18), 엘리사의 농장(9:19-21), 사마리아에 있는 나봇의 포도원(21장), 엘리야의 산꼭대기(왕하 1장), 요단 강(2:1-12).
8) 엘리야보다 앞서서 주님의 길을 갔던 위대한 전임자 모세가 자신의 회중에게 했던 제단에서의 요청과 거의 동일하다. "내가 생명과 사망과 복과 저주를 네 앞에 두었은즉…생명을 택하고"(신 30:19).
9) Abraham Heschel, *The Prophets*(New York: Harper and Row, 1962), p. 399.
10) Gerhard von Rad, *Old Testament Theology*(New York: Harper and Row, 1965), vol. 2, p. 18.

6. 예루살렘의 이사야: "거룩"

1) Karl Barth, *Church Dogmatics*(Edinburgh: T & T Clark, 1956), vol.

1, pt. 2. p. 63. 「교회 교의학」(대한기독교서회).
2) 이 본문은 일부 신학자들이 매우 진지하게 다루는 본문이지만, 주로 예정의 문제와 관련해서, 특히 칼뱅이 "무서운 판결"이라고 부른 멸망에 대한 예정의 문제와 관련해서만 그 본문을 다룬다. *Institutes of the Christian Religion*, ed. John T. McNeill, trans. Ford Lewis Battles(Philadelphia: Westminster, 1960), vol. 2, p. 955를 보라. 「기독교 강요」(크리스챤다이제스트).
3) Wallter Brueggemann, *Isaiah 1-39*(Louisville: Westminster/John Knox, 1998), p. 12.
4) Kornelis H. Miskotte, *When the Gods Are Silent*(London: Collins, 1967), p. 183.
5) Vincent Gillespie and Maggie Ross, "The Apophatic Image." Belden Lane, *The Solace of Fierce Landscapes*(New York: Oxford University Press, 1998), p. 63에 인용됨.
6) George Adam Smith, *The Book of Isaiah*(London: Hodder and Stoughton, 1889), vol. 1, p. 117.

7. 유배 시절의 이사야: "산을 넘는 발이 어찌 그리 아름다운가"

1) 이 숫자는 대략적인 숫자다. 왕하 24:14, 16을 보면 그 숫자는 예레미야가 기록하고 있는 3,023명보다(렘 52:28) 훨씬 많음을 알 수 있다. 어떤 사람들은 예레미야가 여자와 아이들은 숫자에 넣지 않았다고도 한다. William F. Albright 교수는 사막을 건너가는 길에 상당수의 사람들이 죽었다는 사실 때문에 그와 같은 숫자상의 차이가 있을 것이라고 주장했다. Louis Finkelstein, ed., *The Jews: Their History, Culture and Religion*(New York: Harper and Brothers, 1949)를 보라.
2) Iaian Provan, V. Philips Long and Tremper Longman III, *A Biblical History of Israel*(Louisville: Westminster/John Knox, 2003), pp. 232-233를 보라.

3) John Bright, *The Kingdom of God*(New York: Abingdon, 1953), p. 129. 「하나님의 나라」(크리스챤다이제스트).
4) 한 벌의 옷을 벗고 다른 한 벌의 옷을 입는, 그리고 그렇게 갈아입는 동안에 과도기적인 벌거벗음(무)이 있음을 암시하고 있는 이 은유는 사도 바울의 은유다. 골 3:1-17을 보라.
5) Rowan Williams, *Christian Spirituality*(Atlanta: John Knox, 1980), pp. 159, 169.
6) Walter Brueggemann, *Isaiah 40-66*(Louisville: Westminster/John Knox, 1998), pp. 8-9.
7) 이사야서의 저작권에 대한 일반적인 합의는, 이사야라는 이름의 예언자가 직접 기록한 부분은 1-39장까지라는 것이다. 유배 시절에 이름이 알려지지 않은 한 예언자가 이사야의 뒤를 이어서 이야기를 계속해 나갔다(40-55장). 편의상 나는 그를 그냥 예언자라고 부르겠다. 예루살렘의 이사야는 경고와 심판의 메시지를 전했고, 우상 숭배에 가까운 자기 몰두에 빠진 그들을 일깨우려고 애를 썼지만 성공하지 못했다. 그들이 듣고, 회개하고, 순종하기를 거부한 결과 그들은 황폐한 유배 생활을 하게 되었다. 유배 시절의 이사야, 즉 예언자는 이 백성을 위로하고, 그들 가운데서 구원이 이루어져 가면서 그들이 신뢰하고 찬송하는 순종의 삶을 살도록 그들을 이끄는 임무를 맡았다. 마찬가지로 이름이 알려져 있지 않은 세 번째의 예언자는 유배 생활 이후의 메시지를 전하는 책임을 맡았다(56-66장). 세 명의 설교자가 기록했고 상당한 시간에 걸쳐서 기록되었다는 사실을 생각할 때(대략 200년 정도 될 것이다), 많은 독자들이 (적어도 나 자신은) 이 모든 부분이 참으로 놀랍도록 일관되게 흐르고 있다는 점에 감탄하게 된다.
8) Elie Wiesel, *Night*(New York: Avon, 1969), p. 9. 「나이트」(예담).
9) Wiesel, *Night*, p. 10.
10) John Calvin, *Commentary on Isaiah*(Grand Rapids: Associated Publishers and Authors, n. d.), p. 178.
11) Kornelis H. Miskotte, *When the Gods Are Silent*(London: Collins,

1967), p. 421.
12) O. Schilling, in *Theological Dictionary of the Old Testament*, ed. G. Johannes Botterweck and Helmer Ringgren, trans. John T. Willis, vol. 2(Grand Rapids: Eerdmans, 1975), p. 315.
13) F. Dale Bruner, *The Christbook, Matthew 1-12*(Waco, Tex.: Word, 1987), p. 130.
14) Karl Barth, *Church Dogmatics*(Edingburgh: T & T Clark, 1958), vol. 3, pt. 1, pp. 228ff.를 보라.
15) George Adam Smith, *The Book of Isaiah*(London: Hodder and Stoughton, 1889), vol. 2, p. 253.
16) Smith, The Book of Isaiah, p. 174.
17) Jon Levenson, *The Hebrew Bible, the Old Testament, and Historical Criticism*(Louisville: Westminster/John Knox, 1993), p. 144.
18) Bernd Janowski, *The Suffering Servant: Isaiah 53 in Jewish and Christian Sources*, ed. Bernd Janowski and Peter Stuhlmacher, trans. Daniel P. Bailey(Grand Rapids: Eerdmans, 2004), pp. 53-54.
19) Miskotte, *When the Gods Are Silent*, p. 385.
20) Brueggemann, *Isaiah 40-66*, p. 147.

8. 헤롯의 길

1) 그리스어의 동음이의어를 가지고 만든 재치 있는 표현이다. *hys*=돼지; *huios*=아들. F. Dale Bruner, *The Christbook, Matthew 1-12*(Waco, Tex.: Word, 1987), p. 50를 보라.
2) Philip W. Eaton, *SPU Response*(Seattle: Seattle Pacific University Publications, Summer 2005), p. 7에 인용됨.
3) 마카비우스 전쟁에 대한 자세한 내용은 *Anchor Bible Commentary*, volumes 41 and 41A(Garden City, N. Y.: Doubleday, 1976 and 1984)에 나오는 Jonathan Goldstein의 번역과 주석을 보라. 안티오코스 에피

파네스에서부터 헤롯에 이르기까지의 기간 전체에 대한 역사를 보려면 Emil Schurer, *The History of the Jewish People in the Age of Jesus Christ*, revised and edited by Geza Vermes and Fergus Millar (Edinburgh: T & T Clark, 1973)를 보라.
4) W. H. Auden, *For the Time Being*(a Christmas Oratorio), in *Collected Poems*, ed. Edward Mendelson(New York: Random House, 1976), p. 308.

9. 가야바의 길

1) Helen K. Bond, *Caiaphas: Friend of Rome and Judge of Jesus?* (Louisville: Westminster/John Knox, 2004), pp. 157-158.
2) In *Major Poets of the Earlier Seventeenth Century*, ed. Barbara K. Lewalski and Andrew J. Sabol(New York: Odyssey, 1973), p. 363.
3) James C. VanderKam, *From Joshua to Caiaphas: High Priests After the Exile*(Minneapolis: Fortress, 2004), p. 395.
4) 영적 삶의 문제에서 제도의 필요성과 그것이 차지하는 위치에 대한 지혜로운 설명에 대해서는 Friederick von Hugel, *The Mystical Element of Religion*, vol. 1 (London: J. M. Dent and Sons, fourth impression 1961), pp. 50-82를 보라.
5) 이 이야기는 다양한 형태로 존재하는데, 그 중에서 아마도 가장 간단명료한 이야기는 James C. VanderKam, *The Dead Sea Scrolls Today*(Grand Rapids: Eerdmans, 1994), pp. 1-24에 나오는 이야기일 것이다.
6) William Fairweather, *From the Exile to the Advent*(Edinburgh: T & T Clark, 1894), p. 159.
7) 나는 에세네파처럼 분파적인 공동체와 묵상을 위해 의도적으로 세워진 공동체를 구분한다. 후자의 사람들은 스스로를 교회와 유기적인 관계 속에 있는 것으로 이해하고, 전체적으로 교회에 속한 형제자매들을 대

신해서 중보와 갱신의 기도를 드리는 데 자신을 바치는 사람들이다.
8) Karl Barth, *Church Dogmatics*, trans. G. T. Thompson(Edinburgh : T & T Clark, 1936), vol. 1, pt. 1, p. 365.

10. 요세푸스의 길

1) 여기에서 나는 누가복음과 사도행전이 예루살렘이 함락된 주후 70년 이전에 기록되었다고 가정하고 있다. Joseph Fitzmyer는 그보다 더 후대의 날짜를 주장하는데, 그는 주후 80-85년 경에 기록되었다고 보고 있다. 만약에 그렇다면 사도행전에 요세푸스의 이름이 언급되지 않았다는 사실이 이상하다. Joseph Fitzmyer, S. J., *The Gospel according to Luke I-IX*(Garden City, N. Y. : Doubleday, 1979), p. 57를 보라.
2) 여러 논쟁들에 대한 개요를 살펴보고 싶다면, G. A. Williamson, *The World of Josephus*(Boston : Little, Brown, and Co., 1964), pp. 308-310 ; 그리고 Mireille Hadas-Lebel, *Flavius Josephus*, trans. Richard Miller(New York : Macmillan, 1993), pp. 224-229를 보라.
3) 이것과 그 외에 다른 가능한 해석들은 Fitzmyer, *The Gospel According to Luke*, p. 620에 나와 있다.
4) David Noel Freedman, ed., *The Anchor Bible Dictionary*(New York : Doubleday, 1992), vol. 3, p. 984.
5) Josephus, *The Jewish War*, trans. G. A. Williamson(Baltimore : Penguin, 1959), p. 203.
6) Williamson, *The World of Josephus*, p. 285.
7) 그 외에도 두 권의 책이 더 있다. 자신이 유대인들을 배신했다고 하는 비난에 반격하며 유대인 전쟁에서 자신이 저지른 행위를 변증적으로 변호하는 *A Life*라는 책이 있고, 반(反)유대주의 악담에 대해서 맹렬한 반격을 펼친 *Against Apion*이라는 책이 있다.
8) William Farmer, *Maccabees, Zealots, and Josephus*(New York : Columbia University Press, 1956)를 보라.

9) Thomas Merton, *Seasons of Celebration*(New York: Farrar, Straus and Giroux, Noonday paperback, 1977), p. 18.
10) *The Epistle of Diognetus*, Douglas Steere, Dimensions of Prayer(New York: Harper and Row, 1962), p. 19에 인용됨.

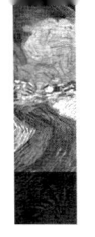

부록: 예수님의 길을 분별하는 데 도움을 주는 작가들

이쯤이면 예수님을 따르는 일이, 일종의 십계명 형식처럼 단순히 무엇을 하고 하지 않는 문제보다 훨씬 더 많은 것을 담고 있다는 사실이 분명해졌으리라고 생각한다. 그리고 사도신경에 제시된 대로 바르게 믿는 것보다도 훨씬 더 많은 것이 들어 있다. 이 것과 저것을, 그리고 언제 어떻게를 계속해서 분별해야 할 필요가 있다. 그 길을 가는 조건들은 계속해서 변하고 있고, 동료와 친구들도 때에 따라 바뀌고, 마귀의 유혹도 놀랍도록 다양해지고 있고, 날씨도 예고 없이 조용한 햇빛에서 요란한 천둥과 위험한 번개로 변한다. 비록 내게 필요한 지도가 있고 기본 생존에 필요한 근본적인 것들이 갖추어져 있기는 하지만, 이런 저런 일들이 일어나고 사람들이 등장해서 나를 당황하게 한다. 설상가상으로 내가 살고 있는 문화는 충고자들로 넘치는 문화다. 나를 도와주려고 하는 사람들이 그토록 많다는 사실에 나는 처음에는 기쁘다가 그 다음에는 불안해진다. 누구의 말을 들어야 하지? 누구를 믿어야 하지?

나는 즉석에서 충고를 주는 전문가들을 경계한다. 마귀도 종종 빛의 천사로 가장하고 나타난다는 경고를 나는 이미 받았다. 나는 또한 예수님의 길이 지속적인 공격을 받고 있다는 사실을 알고 있지만, 그 공격이 정말로 공격처럼 보이거나 느껴지는 경우는 드물다. 거기에는 상당히 많은 교묘한 속임수가 들어 있다. 아모스 윌더(Amos Wilder)가 현명하게 지적하듯이, "성령을 소멸해서는 안 되지만, 영들은 시험해 보아야 한다."[1]

예수님의 방식들을 분별하기 위해서는 내가 위험이라고 인식하지 못하는 위험들을 부단히 경계하는 지혜롭고 깨어 있는 그리스도인 친구들이 필요하다. 눈먼 인도자와 거짓 예언자들로 혼잡한 거리를 뚫고 예수님을 따르는 일이 얼마나 복잡한지를 아는 단순하지 않은 친구들, 그러나 동시에 아름다움과 경이에 온전히 깨어 있어서 내 주변을 둘러싸고 있는 삶의 풍요로움을 보고 감탄하고 반응할 줄 아는 친구들이 필요하다. 예수님의 길을 따라가는 방식들을 분별하는 일에 대해서 신뢰할 수 있는 친구들이 필요하다.

---

[1] Amos Niven Wilder, *Theopoetic* (Philadelphia : Fortress, 1976), p. 22.

내가 필요할 때 그러한 친구들이 늘 가까이에 있는 것은 아니다. 그러나 그들이 쓴 책이 있다면 나는 그들과 지속적인 대화를 나눌 수 있을 것이다. 그들은 나로 하여금 늘 깨어 있게 하고 그 길을 가는 데 필요한 분별을 돕는다. 나에게 도움이 되었고 지금도 도움이 되고 있는 일곱 명의 친구들을 소개한다.

알버트 보그만, 「기술과 현대 생활의 특징」(*Technology and the Character of Contemporary Life*)

오늘날 우리가 삶을 사는 방식에는 기술의 확산이 주요한 요소인데, 어쩌면 유일하게 주요한 요소인지도 모르겠다. 몬태나 대학의 철학 교수인 보그만은 기술이 어떻게 우리로 하여금 사물과 사람에 대해 직접적이고도 인격적으로 참여하지 못하게 하고 그럼으로써 우리가 "이 세상과 친해지는"(그의 표현이다) 길들을 어떻게 파괴하는지, 그 은밀한 방식들을 가장 예리하게 분석하는 분석가다. 그는 우리가 기술을 제거하거나 심지어 축소해야 한다고도 제안하지 않는다. 그는 기술이 작동하는 방식을 우리가 이해하기를 바란다. 그는 우리가 삶을 사는 방식을 기도와 지혜로 분별할 수 있도록, 우리가 몸담고 있는 기술 세계의 성질을 진단해 준다. 그의 조언과 지혜는 이 길을 가면서 예수님과 서로에 대해서 인격성을 유지하고 현존하기로 결심한 사람들에게 상당한 함의를 가진다(Chicago: University of Chicago Press, 1984).

존 뮤어, 「존 뮤어의 광야 세계」(*The Wilderness World of John Muir*)

길은 무엇보다도 지형의 특징을 지칭하는 단어다. 도로, 보도처럼 말이다. 그 길이 가지고 있는 다른 의미가 무엇이든 일단 우리가 발을 땅에 디뎌서 어딘가로 걸어갈 수 있어야 그 길이 시작된다. 그리고 걸어가면서 우리 밑에 그리고 우리 주변에 무엇이 있는지 주의를 기울여야 한다. 영성은 장소에서 시작된다. 모든 사랑과 예배와 믿음과 순종은 장소에서 일어난다. 영에 속한 삶은 신학과 기도에 대한 것이지만 또한 지질학과 지리학에 대한 것이기도 하다. 존 뮤어는 1849년에 아버지와 함께 스코틀랜드에서 미국으로 이주해 왔다. 당시 그는 열한 살이었다. 그 후로 65년 동안 그는 북미 대륙을 하나님을 예배하는 지성소처럼 대했다. 내게는 그가, 산과 시내, 호수와 평야, 꽃과 숲과 빙하와 같은 땅의 영성을 발견하고 탐험하는 길로 나를 인도해 준 저명한 이들의 무리 중에서 첫 번째의 사람이다. 이러한 땅의 것들은 내가 이 세상에서 기도와 희생, 예배와 순종의 길을 추구하는 동안에도 내 발이 땅을 딛고 있도록, 내가 '땅'에 기초하도록 해준다. 이와 같은 창조의 세상을 칼뱅은 "하나님의 영광의 무대"라고 명명했다(Boston: Houghton Mifflin Company, 1954. Edited and with comments by Edwin Way Teale).

마르바 던, 「권세들, 약함, 그리고 하나님의 장막」(*Powers,*

Weakness, and the Tabernacling of God)

하나님 나라라는 의제를 성취하기 위해서 우리가 이 세상의 방식들, 육신, 마귀를 사용하려고 할 때마다 교회는 약해지고 믿음은 쇠퇴한다. 복음은 정말로 독특하고 복음의 "방식들"도 정말로 독특하다. 마르바 던은 우리가 하는 일의 독특성에 초점을 맞추는데 특히 그 독특성이 예배에서 표현될 때 그 모습에 초점을 맞추고 있다. 그는 소비주의 문화의 전략들을 사용해서 복음을 팔려고 하는 일의 사기성을 폭로하는 작업을 고집스럽고 끈질기게 해내고 있다. 나는 번지르르한 동시대성의 "사람을 기만하는 혀"에 속지 않기 위해서 그의 책들을 읽었다. 그의 신중하고도 정직한 해석학적 작업과, 우리 교회와 우리 문화를 부패시키고 있는 우리 문화의 거짓말과 망상들을 최전선에서 다룬 수년간의 경험이 그의 책에 잘 결합되어 있다. "권세들"이 조장하는 영혼의 무력함에 대항하는 그의 예언자적 목소리가 힘 있고 명쾌하다(Grand Rapids: Eerdmans, 2001).

도로시 데이, 「긴 외로움」(_The Long Loneliness_)

예수님을 따르면 우리는 마지막 심판 때의 양과 염소의 비유, 그리고 여리고 성으로 가는 길의 선한 사마리아인의 비유를 예수님으로부터 듣게 된다. 예수님의 이야기는, 우리가 예수님을 따르기로 선택한다면 그 길에서 사회적 책임을 피할 수가 없다는 사실을 분명하게 말해 주고 있다. 사람들은 곤경에 처해 있고 도움을 필요로 한다. 가난, 사회적 불안, 계급 갈등, 실업, 노숙자 문제, 그리고 전쟁 등은 단순한 표어로 해결될 수 없는 복잡한 이슈들이다. 물 한 컵은 어떻게 건네 줘야 하는지, 상처는 어떻게 싸매야 하는지 등, 그러한 모든 일들을 어떻게 해야 하는지에 대해서 예수님은 우리에게 단계적인 지침을 주지 않으셨다. 예수님은 단지 우리가 그 일을 해야 한다고만 말씀하셨다. 1930년대에 미국에서 집중적으로 일어났던 사회적 난제들은 미국인들의 삶에 주요한 위기를 가져왔다. 미국의 민주주의와 미국의 교회는 시험을 당하게 되었다. 그 둘 모두 살아남기는 했지만, 둘 다 상처를 피할 수는 없었다. 미국의 그리스도인들이 그 시기를 살아낸 방식은 어떤 이에게서는 최선을 모습을 그리고 어떤 이에게서는 최악의 모습을 이끌어내었다. 도로시 데이의 경우는 최선의 모습이 드러난 경우였다. 그의 자서전은 미국이라고 하는 도상에서 실천된 예수님의 길을 정직하게 기록하고 있다. 신실한 그러나 열려 있는 그리스도인으로서 그는 가난한 자들에 대해 열정을 품었고, 노숙자와 실업자들과 함께 도시에서 지칠 줄 모르고 일했다. 그는 영혼과 육체, 사회적 필요와 개인의 구원, 자기 생존과 자기 희생이 놀랍도록 통합되어 있는 보기 드문 모습을 보여 주고 있다. 도로시 데이는 그리스도께서 그토록 분명한 말로 축복하신, 가난한 자들 사이에서 살아낸 그리스도 중심적 삶의 대표적 인물이다(San Francisco: Harper and Row, 1952).

조지 베르나노스, 「어느 시골 사제의 일기」(*Diary of a Country Priest*)

이 책은 내가 40년 전에 대륙 횡단 비행을 하는 동안에 읽으려고 공항 가판대에서 페이퍼백 판형으로 샀던 책이다. 그 저자의 이름은 한 번도 들어 본 적이 없었다. 책 제목의 힘에 끌려서 구입했을 뿐인데, 나는 그 이야기에 매료되고 말았다. 나는 종교적인 세상에서 예수님을 따르는 방법을 배우고 있는 중이었고, 그러면서 지배적인 가치와 관습들과 계속해서 부딪히는 나 자신을 발견하게 되었다. 이 책이 일기의 형식으로 되어 있기 때문에 자서전일 것이라고 생각했다. 예수님을 따르는 일에 필요한 분별이 가난과 굴욕의 상황 속에서 행해지는 내용들을 읽으면서 나는 가능할 것이라고 생각하지 못했던 진정성의 깊이와 복음적인 순종에 감명을 받았다. 나중에 나는 그 책이 소설이라는 것을 알게 되었고 그 책을 다시 읽었다. 그 책이 허구의 이야기일지는 모르지만 거기에는 거짓의 느낌이 하나도 없었다. 문장 하나하나가 다 진실처럼 들렸다. 여러 번 반복해서 읽으면서 그 내용은 나의 상상력을 침투해 들어왔다. 나에게는 이 책이, 실재 대신에 종교적인 관습과 환상들을 설치한 문화 속에서 실제의 예수님, 계시된 예수님을 따르는 데는 파악하기 힘든 미묘함이 따라올 수밖에 없음을 증언해 주는 주요한 책이다[Garden City, N. Y.: Image Books, a division of Doubelday, 1954 (first printing, 1937)].

스탠리 하우어워스, 「비전과 미덕」(*Vision and Virtue*)

내가 예수님의 길을 따르는 데 적합한 방식들을 분별하는 문제에 있어서 40년 동안 대화의 상대로 선택한 신학자는 스탠리 하우어워스였다. 그는 다작을 하는 작가이며, 아무런 합의도 제시해 주지 않는 사회나 교회에서 살면서 미국인들이 자신의 구원을 이루어 가야 하는 사실상 모든 분야에서 제기하는 문제들을 용감하게 다룬다. 그는 우리가 지니고 다니다가 필요한 상황이 닥치면 거기에다가 적용할 수 있는 "해결책"이나 "해답"을 제시해 주지 않는다. 그보다는 예수님의 길에 충실한 인격적 관계 속에서 우리 삶의 모든 내용이 구체화되는 내러티브의 세상에 잠기게 한다(Notre Dame, Ind.: University of Notre Dame Press, 1981).

체슬로 밀로츠, 「시에 대한 보고서」(*A Treatise on Poetry*)

스스로를 그저 증인이라고 겸손하게 밝히는 이 폴란드의 시인은 호의적이지 않은 상황 속에서 진실하게 사는 데 필요한 여러 분별들을 매우 다양하게 제공해 주고 있다. 그의 시는 20세기 거의 전체를 아우르는 세월 동안에 자신이 통과해 왔던 지뢰밭들(독일의 나치즘, 소련의 공산주의, 프랑스의 세속주의, 미국의 소비주의)을 잇달아 지나면서 그가 생존의 분별을 해 가며 자신의 길을 선택하면서 기록한 현장 기록이다. 그가 처음 길을 나섰던 끝도 없는 악의 구덩이와 그 후에 이어진 유배의 상황 속에서 이루어진 그의 성숙은 그의 예술을 자극해 자기 인생과 시대의 특수성 속에서 하나님의 진리와 아름다움을 분별하게 해주었다. 1980년에 노벨상을 받았을 때, 그는 "내가 지금 이 연단에 서 있다고 하는 사실은, 생명을 하나님이 주셨고, 놀랍도록 복잡하고 예측 불가능한 것이라고 칭송하는 모든 사람들의 논거가 되어야 할 것"이라고 말했다. 그의 시는 비록 개인적, 문화적, 정치적 상황이 깊이 배어 있기는 하지만, 이 세상의 방식들과 타협함으로써 예수님의 길을 희석시키는 일은 하지 않겠다고 하는 나의 결심을 계속해서 강화시켜 준다. 그의 시는 "한 연의 명쾌한 시는/마차 하나 분량의 정교한 산문보다 더 무겁다"고 말한 자신의 신념을 증명해 보이고 있다(New York: Ecco, 2001. Translated by Robert Hass).

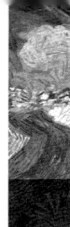

인명 색인

Alter, Robert 150, 484
Auden, W. H. 383, 489
Auerbach, Erich 109, 482

Barth, Karl 239, 294, 424, 485, 488, 490
Bellow, Saul 337
Bernanos, Georges 499
Berry, Wendel 339, 485
Borgmann, Albert 479, 495
Brueggemann, Walter 319, 486, 487, 488,
Bruner, F. Dale 291, 488
Buber, Martin 45
Buechner, Frederick 232

Cairns, Scott 129, 483
Calvin, John 151, 286, 484, 486, 487, 496
Chesterton, G. K. 167
Childs, Brevard 482

Dawn, Marva 1, 12, 496, 497
Day, Dorothy 83, 481, 497, 498

Eliot, T. S. 482

Fitzmyer, Joseph 490
Frost, Robert 49

Gandhi, Mahatma 69
Gillespie, Vincent 256, 486
Glasgow, Ellen 231

Hall, Joseph 24
Hauerwas, Stanley 500
Heber, Reginald 233
Heraclitus 76, 480
Herbert, George 399, 400
Heschel, Abraham 224, 485

Janowski, Bernd 316, 488
John of the Cross, St. 214, 274,

275, 485

Kierkegaard, Søren 107, 111, 481, 482

Leax, Jack 108, 482
Lessing, Doris 150, 484
Levenson, Jon 118, 120, 126, 482, 483, 488
Lowell, Robert 144, 483
Luther, Martin 35, 283, 397

Maimonides 125, 126
Maritain, Jacques 17, 36, 479
Melville, Herman 198
Merton, Thomas 457, 491
Milosz, Czeslaw 500
Miskotte, Kornelis 213, 485, 486, 487, 488
Muir, John 496

Newman, John Henry 94, 481

Ong, Walter 122, 483

Pevear, Richard 131, 483
Pirsig, Robert 82, 481

Rodin, Auguste 324
Rosenstock-Huessy, Eugen 128, 483,
Ross, Maggie 256, 486

Sheldon, Charles 77
Smith, George Adam 260, 304, 305, 486, 488
Steiner, George 70, 480

Von Hügel, Baron Friedrich von 409, 489

Whyte, Alexander 87, 187, 481, 484
Wiesel, Elie 281, 282, 283, 285, 286, 487
Wilder, Amos 494
Williams, Rowan 275, 487
Williamson, Geoffrey 442, 490
Wright, N. T. 363

인명 색인 503

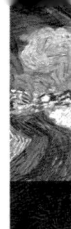

주제 색인

1세기 그리스도인(Christians, first-generation)
  과 '그 길'(and "the Way") 51
  과 기도(and prayer) 465-478
  과 제사장(and priests) 34-35

가말리엘(Gamaliel) 373, 446
가버나움(Capernaum) 359, 363
가야바(Caiaphas) 389-427
  가야바의 생애(biography of) 390-391
  와 사두개파(and the Sadducees) 391, 403
  와 예수님(and Jesus) 405
  와 제도 종교(and establishment religion) 420
  와 제사장직(and priesthood) 391-392, 396, 401, 404-405
  와 초대교회(and the early church) 446
  와 헤롯(and Herod) 389-390, 404
  의 가문(house of) 390-391
갈릴리의 유다(Judas the Galilean) 451, 454
갈멜 산(Mount Carmel) 199-205, 211, 219, 223
거룩의 길(holy, way of The)
  과 '거룩'이라는 단어(the word "holy") 230
  과 '거룩하신 분'(and the Holy of Holies) 255
  과 '거룩한 그루터기'(and the "holy stump") 251-252, 259-265, 280
  과 '거룩한 씨'(and the "holy seed") 251, 262, 280, 285-286
  과 모세의 놀라움(and Moses' surprise) 241
  과 성경(and Scripture) 232-233, 266-267
  과 이사야를 향한 하나님의 메시지(and God's message to Isaiah)

250-265
과 이사야의 환상 체험(and Isaiah's vision experience) 233, 239-240, 255-256
과 정결(and purification) 246
과 하나님과의 대화(and conversation with God) 247-248
과 하나님의 거룩(and God's holiness) 254-258
에 대한 무시(contemporary ignorance of) 263-265
에 참여함(participation in) 244-250
위험하고도 강렬한 거룩(as dangerous/intense) 238, 249-250
을 세 번 반복하신 예수님(and Jesus' triple repetition) 230
을 인식함(recognizing) 265
을 체험한 밧모 섬의 요한(John of Patmos and experience of) 241-242
을 추구하는 사람들(quests for) 265-266
진부함이 된 거룩(contemporary banalization of) 231
타협할 수 없는 거룩(as nonnegotiable) 265-268
"예루살렘의 이사야"도 보라.
거룩한 그루터기(Stump, holy) 251-254, 259-265, 280
거룩한 씨(seed, holy) 251-254, 261-262, 280, 285-286
고라신(Chorazin) 360, 363

「곰돌이 푸」(Winnie the Pooh, Milne) 341-343
광야(wilderness)
'아라바'(arabah) 416
다윗과 엔게디(David and Engedi) 152-154, 157
길르앗 광야에 피신한 엘리야(Elijah hiding in Gilead) 196-199
와 에세네파(and Essenes) 416-417
구두 언어의 전통(oral traditions) 120-122
'규례와 법도'("Statutes and Ordinances") 139-141
그 길을 예비함(waiting on the way) 176-179
그리스 제국(Greek empire) 364-373
과 로마의 위협(and the Roman threat) 366
과 바리새인(and the Pharisees) 367-368, 370-371, 373
그리스화 캠페인(evangelization campaign) 364-373
기도(prayer)
기도의 훈련(practice of) 382-383
기본이 되는 기도(as basic) 465
담대함을 구하는 기도(for boldness) 470-473
도마의 기도(of Thomas) 424-427
마리아의 기도(of Mary) 383-387
삼위일체적인 기도(trinitarian)

473-474
세속 사회에서의 기도(in secular society) 466
시편에 나타나는 다윗의 회개 기도(and penitential David prayers in Psalms) 150-152, 162-182
언어로서의 기도(as language) 465-466
오순절의 기도(of Pentecost) 468-470, 477
와 '호모쑤마돈'(and *homothumadon*) 468-470
와 1세기 그리스도인(and first generation Christians) 465-478
와 겸손의 계발(and developing humility) 470-473
와 그리스도인의 삶(and Christian life) 465-478
와 예수님의 길(and the Jesus way) 381-387, 467, 475-478
와 폭력의 거부(and refusing violence) 469-470
기샬라의 요한(John of Gischala) 452

'나라'("Kingdom") 257
"나를 따르라" 명령("Follow me" imperative) 47-49
과 에세네파(and the Essenes) 421-422
과 예수님의 공적 사역(and Jesus' public ministry) 363, 375, 381

과 예수님의 길을 따른다는 것의 의미(what it means to follow way of Jesus) 423, 426-427
과 제도 종교의 구조(and institutional religious structures) 405-406, 411
나봇의 포도원(Naboth's vineyard) 215-221
「나이트」(*Night*, Wiesel) 281-283, 284
네로(Nero) 437
누가복음(Luke's Gospel)
과 '복음'이라는 단어(and word "gospel") 290
과 '호모쑤마돈'(and word *homothumadon*) 459
과 모세의 언어(and the language of Moses) 143-144
과 이사야의 환상 후반부(and second part of Isaiah vision) 266-267
과 이야기(and storytelling) 79
과 혁명적인 유대/로마의 팔레스틴(and revolutionary Jewish/Roman Palestine) 431, 445
니고데모(Nicodemus) 373, 378

다윗(David) 40, 148-184
과 거인을 죽인 사건(and giant-killing) 148-149
과 그 길에서의 기다림(and waiting on the way) 176-179
과 미갈(and wife Michal) 157,

160-161
과 사울 왕(and King Saul) 153-
　　157
과 엔게디 광야(and wilderness of
　　En-gedi) 152-153, 157
과 요나단(and Jonathan) 157
과 절망의 눈물(and tears of
　　despair) 164-167
시편의 기도(prayers of Psalms)
　　151, 162-164
의 고결함(nobility of) 161
의 명성(popularity of) 149
의 불완전함(imperfections of)
　　159-161
의 삶의 내러티브(narrative of his
　　life) 152-162
의 이야기를 다시 읽기(rereading
　　story of) 150
"완벽함"도 보라.
대제사장 야손(Jason, high priest)
　　402
대제사장 여호수아(Joshua, high
　　priest) 399
도마(Thomas the apostle) 424-426
디베랴(Tiberius) 362-363

라합(Rahab) 301, 323
로마(Rome)
와 요세푸스 시절의 팔레스틴(and
　　Palestine in time of Josephus)
　　429-444, 445-452
와 헤롯의 권세(and Herod's
　　power) 355-356

요세푸스와 로마의 황실(Josephus
　　and imperial) 443-444
요세푸스의 유대 국가에 대한 배반
　　(Josephus's betrayal of Jewish
　　nation to) 439-443
르호보암(Rehoboam) 93-194

마가복음(Mark's Gospel)
과 모세의 언어(and the language
　　of Moses) 143-144
과 복음(and gospel/*euangelion*)
　　289-290
과 이사야의 환상 후반부(and
　　second part of Isaiah vision)
　　266-267
과 이야기(and storytelling) 79
마르둑(Marduk) 276
마리아의 기도(Mary's prayer) 383-
　　387
마사다(Masada) 455
마지막 때(End time) 413, 417-420
마카비우스 반란(Maccabean war)
　　369, 402
마태복음(Matthew's Gospel)
과 '복음'이라는 단어(and word
　　"gospel") 290
과 모세의 언어(and the language
　　of Moses) 143-144
과 이사야의 환상 후반부(and
　　second part of Isaiah vision)
　　266-267
과 이야기(and storytelling) 79
'만인 제사장설'("Priesthood of all

believers") 35, 397
맛다디아스(Mattathias) 369, 402, 453
매춘(harlotry) 200
멜기세덱(Melchizedek) 398
모리아 산(Mount Moriah) "모리아 산에서의 이삭의 결박"을 보라.
모리아 산에서의 이삭의 결박(Binding of Isaac on Mount Moriah) 85-86, 90, 97, 100-113
  과 하나님과 아브라함의 대화(and conversation between God and Abraham) 101-102
  본문의 맥락(context of the text) 102-103
  에서의 말(language of) 87
  와 믿음의 시험(and testing of faith) 103-113
  의 이해 불가능성(incomprehensibility) 85-87
모세(Moses) 115-144
  거룩의 체험(experience of The Holy) 240-243
  말을 더듬는/유창한 설교자(as stutterer/eloquent speaker) 115-116
  미디안 유배(exile in Midian) 241
  와 엘리야(and Elijah) 207-209
  와 예수님의 변모(and Jesus' transfiguration) 186
  와 오경(and the Five Books, Torah) 116-126
  와 이야기(and storytelling) 134-138
  와 이정표(and signposting) 138-142
  와 족보(and names/genealogies) 133-134
  와 종의 정체성(and identification of the Servant) 306-307, 318
  와 회중의 언어(and congregational language) 130-142
  와 히브리 구두 언어 전통(and Hebrew oral traditions) 120-123
  의 말/언어(words/language of) 130-144
  의 이름(name of) 186-189
  호렙에서의 모세(on Mount Horeb) 210-211
  "언어"도 보라.
미갈(Michal) 157, 160
미국 문화(American culture)
  와 예수님의 길(and Jesus way) 17-22, 64, 67, 70
  와 유혹(and temptation) 64, 67, 70
'미드라쉬'(*midrash*) 285
믿음의 삶(Faith, life of)
  과 시험(and testing) 97, 102-113
  과 아브라함(and Abraham) 88-96
  과 아브라함의 여정(and Abraham's journeys) 92-93, 110
  과 희생(and sacrifice) 96-102, 112

보이는 것과 보이지 않는 것의 결
합(as marriage of Invisible and
Visible) 88
에서의 모험(risks in) 88-90
을 위한 재설정(reorientation
necessary for) 88-90
의 정의(defining) 91-92

바리새인(Pharisees) 364-381
과 예수님(and Jesus) 373-381
과 요세푸스(and Josephus) 432
규칙과 관습(rules and customs)
370-371
그리스화를 반대함(opposing
Hellenization) 367-368, 370-
371, 373-374
언어 사용(use of language)
377, 380
이 생각한 스스로의 역할과 위치
(defining their role/their posi-
tions) 367-368, 370-371
바벨론 유배(Babylonian Exile) 270-
280, 299-303, 369
와 '무'의 경험(experience of
nada) 273-275
와 비젤(and Wiesel) 281-286
와 예레미야의 증거와 애가(Jere-
miah's witness and lamenta-
tions) 270-273, 277
와 침묵(and silence) 277
"유배 시절의 예언자"도 보라.
'바사'(*Basar*) 289-290
바알 신앙(Baal cult) 192-195, 199-
205, 219, 223, 226
과 "예배 체험"의 왜곡(and per-
version of "worship experien-
ce") 202-203
과 갈멜 산 제단(and Mount
Carmel altar) 199-203
과 감각적 참여(and sensory parti-
cipation) 199-200
과 매춘(and harlotry) 200
과 아합의 성전(and Ahab's
temple) 194-195
과 엘리야의 갈멜 산 설교(and
Elijah's Mount Carmel ser-
mon) 199-205, 211, 219, 222
과 여호와 신앙(and Yahweh wor-
ship) 199-203
과 이스라엘 왕국(and kingdom
of Israel) 193-194
바울(Paul)
과 '복음'이라는 단어(and word
"gospel") 289-290
과 '종'이라는 용어(and term "ser-
vant") 310-311
과 '호모쑤마돈'(and term homo-
thumadon) 460, 461
과 이사야의 환상(and Isaiah's
vision) 265, 267
광야에서의 시간(time in the
wilderness) 62
'그 길'에 관한 말씀(on the "Way")
50-51
그리스도인이 되기 전의 바울(pre-
Christian) 446

믿음과 시험에 관한 말씀(on faith and testing) 113
아브라함의 믿음에 관하여(on faith of Abraham) 90-92
밧모 섬의 요한(John of Patmos) 34, 128, 233, 241-242
베드로(Peter)
  가야바에게 심문을 받음(questioned before Caiaphas) 446
  와 '호모쑤마돈'(and *homothumadon*) 460, 468
  와 왕 같은 제사장(and royal priesthood) 34
베스파시아누스(Vespasian) 438-443
벳세다(Bethsaida) 360, 363
보이는 것/보이지 않는 것(Visible/Invisible)
  의 결합인 믿음(faith as marriage of) 88
  과 은유(and metaphor) 53
복음(*Euangelizo/euangelion*) 288-291
복음(Gospels)
  과 모세의 언어(and the language of Moses)
  과 모세의 전통(and Moses tradition) 122
  과 이사야의 환상 후반부(and second part of Isaiah's vision) 266-268
  과 이야기(and storytelling) 79
  세례 요한과 예수님의 세례(on John the Baptist and Jesus' baptism) 60-61
  "복음"이라는 용어("Gospel," as term) 288-292
분별(discernment) 57-59, 493-510
「불타는 영혼」(*Souls on Fire*, Wiesel) 283

사독(Zadok) 399, 403
사두개인(Sadducees) 391, 403-405
사르밧의 과부(Zarephath, widow in) 197-199
사무엘(Samuel) 40, 152-162, 399
사울 왕(Saul, King) 40, 153-158
사해 문서(Dead Sea Scrolls) 412, 417
산상 수훈(Sermon on the Mount) 51
세례 요한(John the Baptist) 60
  과 에세네파(and the Essenes) 418-420
  요세푸스의 책에 언급된 세례 요한(references to, in Josephus's writings) 432
세례(baptism) 32, 60
세 배대의 아들 야고보(James, Zebedee brother of John) 446
세포리스(Sepphoris) 362-363
소비주의(consumerism) 21-22, 64-65
솔로몬(Solomon) 40
'수단을 정결케 하기'("purification of means") 16-17, 36
'쉐마'(*Shema*) 138

스데반(Stephen) 446
스룹바벨(Zerubbabel) 399
시드기야 왕(Zedekiah, King) 271
시몬 바 지오라(Simon bar Giora) 452
시카리(Sicarii) 451
시편(Psalms, Book of)
  과 '그 길' 은유(and metaphor of the "Way") 49-51
  과 그 길을 기다림(and waiting on the way) 176-179
  과 절망의 눈물(and tears of despair) 164-167
  과 죄를 용서하는 하나님의 책임 (and God's responsibilities in dealing with sin) 181-182
  과 죄의 부인(and denial of sin) 167-169
  과 죄의 용서(and forgiveness of sin) 167-169
  과 죄의 육체적/사회적 차원(and sin's physical/social dimensions) 169-171
  관계성/고립(relationality/isolation) 174-176
  기도와 하나님의 상황(on prayer and God conditions) 179-181
  다윗의 기도(David prayers in) 150-152, 162-182
  와 참회의 기도(and prayer of confession) 169, 171-174
십계명(Ten Commandments) 138-140

아나넬(Ananel) 404
아달랴(Athaliah) 222, 225
아론(Aaron) 398, 399
"아론"("Aaron", Herbert의 시) 399-401
아름다움(beauty) 322-336
  계시로서의 아름다움(as revelation) 326
  과 죄(and sin) 328
  을 보지 못함(failures to recognize) 326-327
  전형적인 아름다움(stereotypes of) 325
  "유배 시절의 예언자"도 보라.
아리마대 요셉(Joseph of Arimathea) 373
아브라함(Abraham) 85-113
  과 믿음의 표현으로서의 여정(and journey as expression of faith) 92-93
  과 희생(and sacrifice) 96-99
  믿음과 아브라함의 이야기(faith and the story of) 88-96
  이삭의 결박과 모리아산 시험 (binding of Isaac and the Moriah test) 85-86, 90, 97, 100-113
  하나님과의 대화(conversation with God) 101-102
  "믿음의 삶"도 보라.
아비아달(Abiathar) 399
아사랴(Azariah) 234
아세라(Asherah) 192

'아케다'(*akedah*) "모리아 산에서의 이삭의 결박"을 보라.
아하시야 왕(Ahaziah, King) 189, 221-225
아합(Ahab)
  과 나봇의 포도원(and Naboth's vineyard) 215-216
  과 바알 성전(and Baal temple) 194-195
  아이들의 이름(children's names) 221-222
  엘리야의 첫 설교(Elijah's first sermon to) 191-195
아히멜렉(Ahimelech) 399
안나스(Annas) 391, 404, 446
안티오코스 4세 에피파네스(Antiochus IV Epiphanes) 368, 370, 420
알렉산더 대제(Alexander the Great) 365
앗수르인(Assyrians) 259, 264, 270, 279, 290
언약의 책(Book of the Covenant) 139
언어(language)
  건강한 언어의 필요(necessity of healthy) 128-129
  공시적인 읽기(reading synchronically) 125-126
  성경의 언어(biblical/scriptural) 129-130
  에 대한 경외(reverence for) 129
  와 구두 언어의 전통(and oral traditions) 120-123
  와 말(and words) 126-130
  와 모세(and Moses) 130-144
  와 바리새인들(and Pharisees) 377
  와 역사 비평적 방법(and historicalcritical method) 116-119, 123-126
  와 이야기(and storytelling) 134-138
  와 이정표(and signposting) 138-142
  와 족보(and names/genealogies) 133-134
  와 창조(and creation) 127
  와 토라(and the Torah) 116-126
  의 유혹(temptations of) 142
  통시적인 읽기(reading diachronically) 124-125
  하나님의 언어(of God) 127
  회중의 언어(congregational) 130-142
  "은유"와 "모세"도 보라.
에세네파(Essenes) 411-423, 416
  마지막 때/메시아의 때를 예비함(preparation for end time/Messiah) 413, 416, 419
  와 광야(and wilderness) 416
  와 대제사장직(and high priesthood) 413-414
  와 사해 문서(and Dead Sea Scrolls) 412-413
  와 세례 요한(and John the Bap-

tist) 418-420
　　와 예수님(and Jesus) 421-423
　　와 의의 스승(and the Teacher of
　　　Righteousness) 414, 416
　　와 쿰란 공동체(and Qumran
　　　community) 411-421, 426
　　의 기원(origins of) 413-415
　　의 두 조류(two streams of) 413,
　　의 삶의 양식(lifestyle of) 415-418
　　제도 종교의 거부(impatience with
　　　establishment religion) 420
에스겔(Ezekiel) 276
엘리(Eli) 399
엘리야(Elijah) 185-228
　　갈멜 산 설교(sermon on Mount
　　　Carmel) 199-205, 211, 219
　　길르앗 광야에서의 엘리야(in the
　　　Gilead wilderness) 196-198
　　모세의 땅으로의 순례(pilgrimage
　　　into Moses country) 206-209
　　아합을 향한 첫 설교(first sermon
　　　to Ahab) 191-195
　　엘리야의 이름(name of) 185-187
　　여호와와의 대화(conversation
　　　with Yahweh) 214
　　와 나봇의 포도원(and Naboth's
　　　vineyard) 216-221
　　와 모세(and Moses) 207-211
　　와 바알 신앙(and Baal cult) 192-
　　　195, 199-205, 219, 223, 226
　　와 불(and fire) 190
　　와 사르밧의 과부(and widow in
　　　Zarephath) 197-198

　　와 아하시야(and King Ahaziah)
　　　189, 221-226
　　와 여호와 신앙(and Yahweh
　　　worship) 201-202
　　와 여호와의 이름(and the Name,
　　　Yahweh) 210-211
　　와 예수님의 변모(and Jesus'
　　　Transfiguration) 186
　　와 이세벨(and Jezebel) 192, 205,
　　　216, 219, 226
　　와 주변부의 삶(and life on the
　　　margins) 190, 219-220, 227-
　　　228
　　와 하나님의 섭리(and God's
　　　providence) 196-198
　　와 하나님의 숨으라는 지시(and
　　　God's instruction to go into
　　　hiding) 191-192
　　와 하나님의 이미지(and the
　　　image of God) 212-213
　　와 히브리 예언자(and Hebrew
　　　prophets) 187-189
　　유다로의 도피(escape to Judah)
　　　205
　　의 매력(attractiveness of) 189-
　　　190
　　호렙에서의 엘리야(at cave of
　　　Horeb) 211
엘리에셀(Eleazar) 452, 454
여로보암(Jeroboam) 193, 194
여호람(Jehoram) 222, 225
여호와 신앙(Yahweh worship)
　　과 갈멜 산 제단(and Mount Car-

mel altar) 199, 201-204
과 감각적 참여(and sensory participation) 202
역사 비평(Historical criticism) 116-120, 123-126
열심당(Zealots) 433-436, 450-465
  과 '호모쑤마돈'(and *homothumadon*) 459-465, 468
  과 마카비우스 반란(and the Maccabean revolt) 453-455
  과 예수님(and Jesus) 434-436, 458-465
  과 요세푸스(and Josephus) 450-451
  과 초기 기독교 공동체(and early Christian community) 458-465
  과 폭력(and violence) 455-458
  의 다섯 그룹(five groups of) 451-452
  현대의 열심당(contemporary) 457-458
열심당원 시몬(Simon the Zealot) 433
'영성'("spirituality") 22, 343-346, 405-406
'영화'("spiritualization") 299-300
예레미야(Jeremiah)
  애가(lamentations of) 271-272, 277
  와 바벨론 유배(and Babylonian exile) 270-274, 277
예루살렘 성전(Temple, Jerusalem)
  과 마카비우스 반란(and the Maccabean revolt) 453
  과 예수님(Jesus and) 407-408, 416
  과 유배 시절 이후 유대 공동체의 대제사장(and high priests in post-exilic Jewish community) 401-402
  유대인의 공적 삶의 중심(as center of institutional Jewish life) 407
  을 더럽힌 웃시야(Uzziah's desecration of) 234-236
예루살렘의 이사야(Isaiah of Jerusalem) 229-268
  거룩에 관한 설교(preaching regarding holiness) 254-258
  거룩에 참여한 이사야(as participant in The Holy) 244-250
  설교의 실패(preaching failures) 254, 257-258
  와 '거룩한 그루터기'(and the "holy stump") 251-252, 259-265, 280
  와 '거룩한 씨'(and the "holy seed") 251, 262, 280, 285-286
  와 성전을 모독한 웃시야(and Uzziah's desecration of the temple) 234-236
  와 유다 왕국(and world of Judah) 234-236
  와 하나님이 주신 설교 메시지(and God's message regarding preaching) 250-265
  와 환상 체험(vision experience)

233
환상을 통해 받은 본문(vision text) 252-253
"거룩의 길", "유배 시절의 예언자"도 보라.
예배 체험(worship experiences)
  과 성만찬(and Eucharist) 20-21
  과 제도 종교(and institutional religion) 405-409
  과 제사장의 역할(and role of priests) 394-396
  의 현대의 왜곡(contemporary perversions of) 202-203
예수님(Jesus)
  과 가야바(and Caiaphas) 404-405
  과 에세네파(and the Essenes) 421-423
  과 요세푸스(and Josephus) 431-432, 444-449
  과 헤롯(and Herod) 350-363
  광야에서의 시험(temptation in the desert) 63-74
  예수님이 의도하신 '나라'("kingdom" for) 356-359
  의 공적 사역(public ministry) 356-363
  의 기적(miracles of) 65-68
  의 세례(baptism of) 60
  의 출생 장소(birth site of) 350-352
  팔레스틴에서의 예수님(in Palestine context) 356-363

예수님의 길(Jesus way) 18, 47-83
  과 기도(and prayer) 381-387, 477-478
  과 대안적 '영성'(and alternative "spirituality") 343-344, 405-406
  과 분별(and discernment) 57-59
  과 유혹(and temptation) 59-74
  과 제도 종교(and institutional religion) 405-411
  과 하나님 나라(and kingdom of God) 478
  과 현대 미국 문화(and contemporary American culture) 17-22, 64-65, 67, 70
  "나는 길이요" 진술(statement "I am the way") 47-49
  따른다는 것의 의미(what it means to follow) 49, 424-427
  "믿으라"는 명령("believe" imperative) 48
  방법과 수단에 대한 서구의 커리큘럼(western ways and means curricula of) 13-27
  에 대한 인식을 발전시킬 의무(responsibilities to develop awareness of) 25-27
  은유로서의 예수님의 길(as metaphor) 50-59, 74-75, 80-83
  추상화할 수 없는 예수님의 길(as not reducible to abstraction) 74-75
  하나님이 우리에게 오시는/우리가

하나님께로 가는 길(as God's way to us/our way to God) 76-78
"회개하라"는 명령("repent" imperative) 48
"'나를 따르라' 명령"도 보라.
예수님의 길을 분별하는 데 도움을 주는 작가들(writers on discerning the way of Jesus) 493-501
「예수님이라면 무엇을 하셨을까?」(*What Would Jesus Do?*, Sheldon) 77
예언자(prophets)
　와 엘리야(and Elijah) 186-187, 189
　의 역할(roles of) 187-189, 217-218, 227-228
오므리(Omri) 194
오순절(Pentecost) 460, 468-470, 477
완벽함(Perfection)
　기독교 공동체에서의 완벽함(in the Christian community) 145-147
　다윗의 불완전함(David's imperfections) 159-162
　"다윗"도 보라.
요나단(Jonathan) 157
요세푸스(Josephus) 429-478
　와 누가복음과 사도행전(and Luke-Acts) 431, 445
　와 바리새인(and the Pharisees) 432
　와 바울(and Paul) 437
　와 열심당(and the Zealots) 450-451
　와 예수님(and Jesus) 431-433, 444-449
　와 유대인 전쟁(and the Jewish war) 437-444
　와 초기 교회(and the early church) 431-433, 444-449
　와 폭력의 문화(and culture of violence) 447-449
　유대 국가를 배반함(betrayal of Jewish nation) 439-443
　의 삶(life of) 431-433, 436-437, 443-444
　의 외교적 임무(diplomatic missions of) 436-437
　의 저술들(writings of) 431-433, 444
　의 죽음(death of) 476-477
　종교적 선전가인 요세푸스(as religious propagandist) 449
　총독 요세푸스(as Governor-General) 438
　혁명적인 유대/로마의 팔레스틴(revolutionary Jewish/Roman Palestine) 429-444, 445-452
요한 히르카누스(John Hyrcanus) 403
요한(John)
　가야바에게 심문을 받음(questioned before Caiaphas) 446

과 '호모쑤마돈'(and homothumadon) 460, 468
요한계시록(Revelation, St. John's) 241-242, 477
요한복음(John's Gospel)
  과 '복음'이라는 단어(and word "gospel") 290
  과 모세의 언어(and the language of Moses) 143-144
  과 이야기(and storytelling) 79
우상 숭배(idol worship)
  와 유배 시절의 예언자(and Prophet of the Exile) 297-298
  와 하나님의 이미지(and images of God) 212-213
  "바알 신앙"도 보라.
웃시야 왕(Uzziah, King) 234-236
웃시야의 인도자 스가랴(Zechariah, Uzziah's pastor) 234
유다 마카비우스(Judas Maccabeus) 369, 453
유다(Judah)
  엘리야의 피신(Elijah's escape to) 205
  웃시야와 유다 왕국(King Uzziah and government of) 234-236
  이스라엘의 나누어진 왕국과 유다 (split kingdoms of Israel and) 192-195
유대인 전쟁(Jewish war) 437-444, 454
유배 시절의 예언자(prophet of the Exile) 229-337, 416
  "아름다움"도 보라.
  복음의 선포(proclaiming of the gospel) 290-292
  와 '복음'이라는 용어(and term "gospel") 288-292
  와 '영화'(and "spiritualization") 299-300
  와 "보라"는 명령(and instruction to "Behold!") 18, 290, 332, 335
  와 기억(and memory) 333
  와 네 개의 종의 노래(and the four servant songs) 304-306, 311-322
  와 바벨론 유배(and the Babylonian exile) 270-280
  와 상상력(and imagination) 333
  와 아름다움(and beauty) 322-336
  와 우상 숭배(and idol-worship) 296-299
  와 이사야의 설교(and Isaiah's preaching) 285-286
  와 이사야의 환상(and Isaiah's vision) 278-280
  와 종(and the Servant) 303-322
  와 출애굽(and the Egyptian Exodus) 272, 299-303
  와 하나님의 형상/은유(and images/metaphors of God) 292-296
  의 목소리(voice of) 278-280, 285-286

의 설교/말(preaching/words of) 286-303, 335
유혹(temptation) 59-74
　과 비인격화(and depersonalization) 73-74
　과 현대 미국 문화(and contemporary American culture) 64-65, 67, 70
　세 가지 유혹을 거절하신 예수님(Jesus' three great refusals of) 72-74
　세상을 통치하기 위해 예수를 사용하고픈 유혹(to use Jesus to rule the world) 68-72
　예수님의 광야에서의 유혹(of Jesus in the desert) 60-74
　예수님의 도피주의와 스릴로 축소시키는 유혹(to reduce Jesus to escapism and thrills) 65-68
　자신의 욕구를 채우고픈 유혹(to fulfill own needs) 63-65
은유(metaphors)
　구원자/구속자로서의 하나님의 사역(God's work as Savior/Redeemer) 293-294
　분별과 '그 길'(discernment and "the Way") 57-59
　시편의 은유(in Psalms) 50-51
　예수님과 '그 길'(Jesus and the Way) 50-57, 74-75, 80-83
　예수님의 이야기와 비유들(Jesus' stories/parables) 375-380
　와 바리새인의 언어(and Pharisees' use of language) 377-378
　와 보이는/보이지 않는 세계(and visible/invisible worlds) 52-53
　와 의미의 그물망(and web of meanings) 379
　와 참여(and participation) 376-377
　유배 시절의 예언자의 은유(of prophet of the Exile) 292-296
　의 상실(loss of) 56
　의 효력(working of) 54-56
　창조주로서의 하나님의 사역(God's work as Creator) 292-296
　초기 기독교 공동체와 '그 길'(early Christian community and "the Way") 51
　히브리/그리스어 성경의 은유(in Hebrew/Greek testaments) 50-51
의의 스승(Teacher of Righteousness) 414-415
"의인들의 길"("Way of the righteous") 37
의인 야고보(James the Righteous) 432
이름(names)
　모세(Moses) 186-187
　아합의 자녀들(Ahab's children) 221-222
　엘리야(Elijah) 187
　여호와(Yahweh) 209-211

히브리 성경의 족보(Hebrew Bible genealogies) 133-134
이세벨(Jezebel) 192, 205, 216, 219, 226
이야기(storytelling)
  와 모세(and Moses) 135-138
  와 정보(and information) 137
  와 참여(and participation) 135-136
  의 성경적 배경(scriptural context of) 79-80
  정직한 이야기(honest) 136-138
'이웃'("neighbor") 377
이정표(signposting) 138-143
이집트에의 속박(Egyptian bondage) 272, 301-303, 306-309
임멜의 아들 바스훌(Pashur, son of Immer) 399

제도 종교(institutional religion) 405-411
  를 거부한 에세네파(Essenes' impatience with) 419-420
  와 예루살렘 성전(and Jerusalem temple) 407-408
  와 예배의 처소(places of worship/sacred buildings) 407-410
  의 문제(problems of) 405-406
제사장직(priesthood) 390-405
  '만인 제사장설'("priesthood of all believers") 35, 397
  과 1세기 그리스도인(and first-generation Christians) 34-35
  과 가야바(and Caiaphas) 390-391, 396, 401, 403-405
  과 에세네파(and Essenes) 413-415
  과 예배/희생(and worship/sacrifice) 394-395
  루터의 제사장직의 민주화(Luther's democratization of) 35, 397
  마카비우스의 제사장직 찬탈(Maccabean brothers and usurpation of) 413-414
  성경에 나타나는 제사장직(in Scripture) 398-399
  우리와 하나님 사이의 중개자(as intermediaries between us and God) 394-395
  유배 이후 유대 공동체에서의 제사장직(in post-exilic Jewish community) 402-403
  의 역할(roles of) 392-394, 401-402
  좋은/나쁜 제사장(good/bad) 396, 399-401
종(Servant)
  과 네 개의 종의 노래(and the four servant songs) 304-306, 311-322
  과 마리아의 기도(and Mary's prayer) 383-387
  과 신약 성경 기자들(and New Testament writers) 311
  과 유배 시절의 예언자(and the

Prophet of the Exile) 303, 322
　모세와 '종'의 이미지(Moses and
　　"servant" image) 306-309, 318
　의 정체성(identification of the)
　　317-320
　이신 예수님(Jesus as) 317-318,
　　319-320
　이집트에의 속박과 출애굽(during
　　the Egyptian bondage and
　　Exodus) 306-310
　익명의 종(unnamed) 311-312
　현대에서의 종의 길(contem-
　　porary way of) 321
종교개혁(Reformation) 35
죄(sin)
　와 고립(and isolation) 174-176
　와 시편(and Psalms) 167-176,
　　181
　와 아름다움의 길(and way of
　　beauty) 328-329
　와 하나님의 책임(and God's
　　responsibilities) 181-182
　의 부인(denial of) 167-169
　의 용서(forgiveness of) 167-169,
　　163-174
　의 육체적/사회적 차원(physical/
　　social dimensions of) 169-171
　의 정화(purification of) 246
　흙과 더럽힘(dirt and the defile-
　　ment of) 171-174
주변성과 엘리야의 삶(marginality
　　and life of Elijah) 190, 219-
　　220, 227-228

"엘리야"도 보라.
지역 회중(Local congregations) 18-
　　19

카이사르 아우구스투스(Caesar
　　Augustus) 354
쿰란 공동체(Qumran community)
　　412-420, 426
"에세네파"도 보라.

토라(Torah) 116-126
　모세의 저작권과 모세의 전통
　　(Moses' authority and the
　　Moses tradition) 121-123
　믿음의 책(as book of faith) 120
　와 역사 비평(and historical
　　criticism) 116-120, 123-126
　와 히브리의 구두 언어 전통(and
　　Hebrew oral traditions) 120-
　　121
　의 공시적 읽기(synchronic read-
　　ing of) 124-126
　의 통시적 읽기(diachronic read-
　　ing of) 124-125

페르시아(Persians) 364
평신도 신화(laity myth) 28-36
포파이아 사비나(Poppaea Sabina)
　　437
플라비우스 요세푸스(Flavius Jose-
　　phus) 443
"요세푸스"도 보라

「하나님의 사자들」(Messengers for God, Wiesel) 283
헤로디움(Herodium, burial mountain castle) 352, 353
헤롯 아그리파 1세(Herod Agrippa I) 446
헤롯 아그리파 2세(Herod Agrippa II) 447
헤롯 안티파스(Herod Antipas) 359, 362
헤롯(Herod) 347-387
  '나라'와 헤롯의 권세("kingdom" and power of) 358-359
  과 가야바(and Caiaphas) 389-390, 404
  과 그리스화(and Hellenization) 373
  과 마카비우스 반란(and Maccabean war) 369
  과 바리새인(and the Pharisees) 364-372
  과 예수님(and Jesus) 350-363
  로마와 헤롯의 권세(Rome and power of) 355-358
  의 건축 사업(building projects of) 356, 361
  의 죽음과 장례(death and burial of) 350-355
'호모쑤마돈'(homothumadon) 459-464, 468-470
희생(sacrifice)
  과 믿음(and faith) 96-102, 113
  아브라함의 희생(Abraham and) 96-99
  채워지기 위한 조건으로서의 희생 (as prerequisite to fulfillment) 99
  희생의 삶(a sacrificial life) 99-100
히브리 문화(Hebrew culture) 39-40
  "바벨론 유배"와 "이집트에의 속박"도 보라.
히브리 성경(Hebrew Bible)
  과 '그 길'의 은유(and metaphor of the "Way") 50-51
  과 이야기(and storytelling) 79
  에 나오는 족보(genealogies/name lists in) 133-134

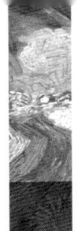

성구 색인

창세기
1:2   *293, 294*
1:3   *288*
2:1   *294*
2:4   *483*
2:18   *174*
5:1   *483*
6:9   *253, 483*
10:1   *483*
10:6   *126*
11:10   *483*
11:27   *483*
12:1   *93*
12:1-9   *93, 94*
12:4   *93*
12:5   *93*
12:6   *93*
12:8   *93*
12:9   *93*
15   *284*
15:6   *91*
22:1   *61, 90*
22:1-9   *93*
22:2   *93*
22:3   *93*
22:5   *93*
22:6   *93*
22:8   93
22:19   *93*
25:12   *483*
25:19   *483*
36:1   *483*
36:12   *126*
36:39   *126*
37:2   *483*

출애굽기
3:5   *241*
3:11   28
4:10   *116*
7:16   *308*
8:1   *308*
8:20   *308*
9:1   *308*
9:13   *308*
10:3   *308*
10:7   *308*
10:8   *308*
10:11   *308*
10:24   *308*
12:31   *308*
14:12   *308*
14:31   *307, 309*
15:1   *303*
19:6   *34, 272*
19:19   *214*
20:2   *126*
20:2-17   *138*
20:22-23:33   *139*
21:13   *140*
21:27   *140*
22:14   *140*
22:16-17   *140*

24:4   *121*
24:7   *139*
32:32   *318*
33:22   *209*
34:11-28   *483*
34:27   *121*

레위기
17-26   *483*
19:2   *230*
22:26   *140*
24:5   *140*
25:35   *140*
25:55   *307*

민수기
5-6   *483*
5:11-22   *140*
19   *483*
25   *456*

신명기
6:4   *126*
6:4-9   *139*
12:1   *139*
17:8-13   *140*
18:15   *307*
18:18   *307*
30:19   *485*
31:9   *121*
31:24   *121*

사무엘상
13:14   *163*
16   *152*
18-20   *161*
18:6-7   *149*
18:10-11   *156*
18:12-16   *156*
18:27   *156*
18:30   *156*
19:1   *157*
19:9-10   *157*
19:11-17   *157*
20   *157*
22:6-23   *157*
23:1-5   *156*
23:14   *157*
23:25-29   *157*
24:8   *154*
25   *161*
26   *161*
30   *161*

사무엘하
1   *161*
3:16   *160*
5:17-21   *156*
5:22-25   *156*
6   *161*
7   *161*
8:1   *156*
9   *161*
16   *161*
19   *161*

21:20-21   *149*
23   *161*
23:1   *163*

열왕기상
2   *152*
9:19-21   *485*
12:26-33   *193*
13:33-34   *193*
16:25   *194*
16:30   *194*
17-19   *187*
17:1   *191*
17:1-7   *485*
17:8-24   *485*
18   *199*
18:21   *199, 222*
19:1-8   *485*
19:8   *209*
19:9-18   *485*
19:12   *214*
21   *187, 485*
21:19   *216*
22   *221*
22:37-38   *216*

열왕기하
1-2   *187*
1   *223, 456, 485*
2:1-12   *485*
9:21-26   *225*
9:30-37   *225*
9:36-37   *213*

성구 색인 523

11:1-16 *226*
11:1-20 *226*
24:14 *486*
24:16 *486*
25:12 *271*

역대하
26 *234*
26:15 *234*

욥기
5:7 *164*
9:13 *301*
26:12 *301*

시편
1:6 *37*
2 *472, 473*
2:6 *472*
5:3 *396*
6 *164, 165*
6:1 *165*
6:2-3 *165*
6:6-7 *166*
6:7-8 *165*
6:10 *165*
7:5 *165*
10:12 *302*
11:4 *470*
12 *128*
12:2 *128*
12:8 *128*
14:3 *179*

16:10-11 *303*
17:10 *235*
17:14 *235*
18:9-10 *303*
22:3 *302*
23 *472*
29:5 *303*
29:8 *303*
32 *164, 167, 168*
32:5 *169*
33:9 *288*
34:8 *326*
38 *164, 169*
38:15 *171*
51 *164, 171*
56:8 *167*
77:19 *303*
78:19 *196*
80:1 *302*
84 *78, 468*
84:5 *198, 303, 468*
87:2 *271*
87:4 *301*
89:10 *301*
102 *164, 174*
102:12 *175*
102:23-24 *175*
102:25-28 *175*
110 *472*
119 *50*
123 *310*
126:2 *68*
130 *164, 176*

130:4 *177*
137 *276*
139:16 *95*
143 *164, 179*
143:3 *181*
143:5 *180*
143:9 *181*
143:12 *181*
144:5 *303*

이사야
2:3-4 *159*
6 *232, 244, 250, 251, 252*
6:1-8 *251*
6:3 *233*
6:5 *245*
6:6-7 *166, 246*
6:8 *247*
6:9 *253*
6:9-13 *251, 260*
6:11 *259*
6:13 *251, 261*
11:1 *280*
11:1-2 *262*
11:6 *36*
11:10 *286*
25:11 *484*
30:7 *301*
33:20 *280*
35:1 *280*
35:8 *133*
35:10 *280*

37:31 *280*
40:3 *304, 309, 416*
40:9 *288, 289, 290, 304, 312, 332, 334, 335*
40:10 *312*
40:10-11 *295*
40:12-17 *293*
40:15 *312*
40:19-20 *299*
40:21-31 *293*
40:26 *293*
40:28 *293*
41:5-7 *299*
41:11 *312*
41:14 *296*
41:15 *312*
41:17-20 *293*
41:21-24 *299*
41:24 *312*
41:27 *289*
41:29 *312*
42:1 *293, 312*
42:1-9 *304, 313*
42:6 *270*
42:17 *299*
43:1 *293*
43:1-7 *294*
43:11-21 *294*
43:19 *309*
43:25-28 *294*
44:2 *293*
44:6 *294*

44:9-20 *298*
44:22-24 *294*
44:24 *293*
45:8 *293*
45:12-18 *293*
45:17-22 *294*
45:20-21 *299*
45:22 *295*
46:1-2 *299*
46:6-7 *299*
46:12-13 *294*
47:4 *294*
47:12-14 *299*
48:7-13 *293*
48:17-20 *294*
49:1-7 *304, 313*
49:6 *270*
49:7 *294*
49:11 *304*
49:15 *296*
49:22-26 *294*
49:26 *294*
50:4-9 *304, 313*
50:9 *314*
51:4-8 *294*
51:9-11 *301*
51:13 *293*
51:16 *293*
52:3 *294*
52:7 *289, 325, 335*
52:7-10 *294*
52:13-53:12 *304, 314*

52:13 *315*
52:13-15 *314, 315*
52:14 *325*
53 *316, 319, 320, 322, 329, 330, 336, 488*
53:1-11a *314*
53:2 *325*
53:11b *315*
53:11b-12 *314, 315*
53:12 *319*
54-55 *336*
54:5 *293*
54:5-8 *294*

예레미야
3:1ff *200*
5:7 *200*
13:27 *200*
17:9 *104*
20 *399*
23:10 *200*
23:14 *200*
29 *276, 277*
52:28 *486*

예레미야애가
1:1 *271*

에스겔
16 *200*
23 *200*
47:5 *484*

다니엘
11:31 *368*
12:11 *368*

호세아
1:2ff *200*
4:12 *200*

아모스
2:7 *200*

미가
1:7 *200*

마태복음
3:7-12 *419*
3:17 *472*
4:1-11 *59*
5:21-22 *458*
7:13-14 *51*
12:36 *128*
13:9 *128*
13:10-15 *267*
16:24 *405*
17 *186*
20:25-28 *386*

마가복음
1:5 *420*
1:12-13 *59*
1:15 *48, 357*
1:17 *48*
2:11-12 *288*

4:10-12 *267*
8:15 *359*
8:34 *45*
10:45 *320*
13:1 *407*
13:2 *407, 443*

누가복음
1:38 *383*
1:73 *92*
1:80 *419*
4:1-13 *59*
8:9-10 *267*
9:54 *456*
9:55 *456*
10 *378*
13:31 *359*
22:42 *384*
22:51 *447*
23:8-9 *67*

요한복음
1:14 *77*
3:17 *246*
6:23 *363*
8:53 *92*
10:10 *66, 266*
10:14 *379*
10:22 *453*
10:22-39 *454*
12:24 *280*
12:39-40 *267*
14:5 *480*

14:6 *17, 44*
15:5 *379*
17:11 *230*
17:17 *230*
17:19 *230*
20:22 *214*
20:28 *424*
21:15 *379*

사도행전
1:14 *460*
1:24-25 *468*
2:46 *460*
4:1-12 *446*
4:24 *460, 473*
4:24-30 *469*
4:25 *473*
4:25-26 *472*
4:27 *473*
4:31 *478*
5:12 *460*
5:17-42 *446*
5:36 *452*
5:37 *451*
7 *446*
7:2 *92*
7:57 *462*
8:6 *460*
8:8 *460*
9 *446*
9:2 *51*
11:26 *51*
12:1-11 *447*

12:20　*462*
13:22　*163*
13:33　*472*
15:25　*460*
17:6　*432*
18:12　*463*
19:8　*51*
19:23　*51*
19:29　*463*
21:38　*452*
22:4　*51*
24:14　*51*
24:22　*51*

로마서
3:8　*173*
3:23　*179*
4:3　*91*
4:5　*91*
4:9　*91*
4:11　*91*
4:12　*91*
4:16　*91, 92*
4:18　*91*
4:19　*91*
4:20　*91*
6:1　*173*
8:19-26　*382*
12:1　*320*
15:6　*461*

고린도전서
1:26　*435*

10:13　*113*

고린도후서
11:14　*183*

갈라디아서
1:17　*62*
4:4　*270*
6:2　*320*

에베소서
4:13　*19*

빌립보서
2:10-11　*71*

골로새서
1:15-23　*382*
1:19-20　*24*
1:20　*61*
3:1-17　*487*

히브리서
1:5　*472*
4:15　*184*
5:2　*184*
5:5　*472*
11:1-12:2　*91*
12:1　*19*
12:29　*238*

베드로전서
2:5　*397*

2:9　*34, 397*

베드로후서
1:17　*472*

요한계시록
1:5　*71*
1:6　*35*
2-3　*128*
2:26-27　*472*
4:8　*233*
5:10　*35*
12:5　*93, 472*
13:8　*317*
19:15　*472*

옮긴이 **양혜원**은 서울대학교 불어불문학과를 졸업하고 이화여자대학교에서 여성학으로 석사 과정을 공부했으며 미국 클레어몬트 대학원에서 종교학으로 석·박사 학위를 받았다. 일본 난잔종교문화연구소의 객원 연구원을 거쳐, 현재 이화여자대학교 한국여성연구원에서 연구 교수로 재직하고 있다. 지은 책으로 『유진 피터슨 읽기』『페미니즘 시대의 그리스도인』(공저, 이상 IVP)과 2021년 상반기 세종도서(교양 부문)에 선정된 『종교와 페미니즘, 서로를 알아 가다』를 비롯하여 『교회 언니의 페미니즘 수업』『교회 언니, 여성을 말하다』(이상 비아토르) 등이 있다. 옮긴 책으로 『사랑하는 친구에게』『인간의 번영』(이상 IVP), 『물총새에 불이 붙듯』『하나님의 진심』(이상 복있는사람) 등이 있다.

그 길을 걸으라

초판 발행 2007년 9월 15일
2판 발행 2018년 11월 8일 | 2판 4쇄 2025년 4월 25일

지은이 유진 피터슨
옮긴이 양혜원
펴낸이 정모세

편집 이성민 이혜영 심혜인 설요한 박예찬
디자인 한현아 서린나 | 마케팅 오인표 | 영업·제작 정성운 이은주 조수영
경영지원 이혜선 이은희 | 물류 박세율 정용탁 김대훈

펴낸곳 한국기독학생회출판부 | 등록번호 제2001-000198호(1978.6.1)
주소 04031 서울시 마포구 동교로 156-10
대표 전화 (02) 337-2257 | 팩스 (02) 337-2258
영업 전화 (02) 338-2282 | 팩스 080-915-1515
홈페이지 http://www.ivp.co.kr | 이메일 ivp@ivp.co.kr
ISBN 978-89-328-1656-2
ISBN 978-89-328-1659-3 (세트)

ⓒ 한국기독학생회출판부 2018

책값은 뒤표지에 있습니다.
무단 전재와 복제를 금합니다.